고종 황제의 가계도

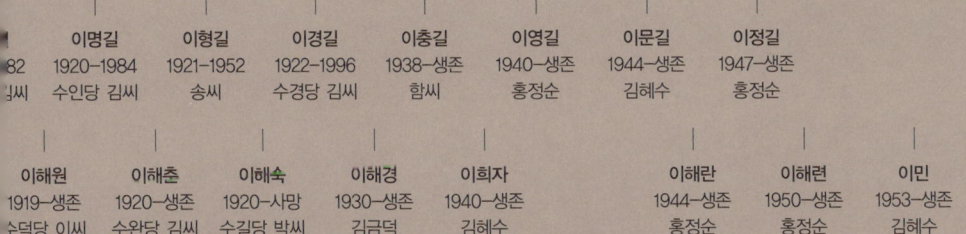

* 고종 황제의 가계도는 실록과 기타 자료를 토대로 작성했다. 부끄럽지만 상세한 생몰연대는 찾아내지 못했다. 영보당 이씨가 고종 황제의 2녀를 낳았는지의 여부도 확언할 수 없다. 특히 영보당과 내안당 소생의 두 옹주는 출생년도를 확인하지 못했지만 편의상 현재의 위치에 그려넣었다. 따라서 영보당 이씨 소생의 옹주가 1875년부터 1877년 사이에 태어났다는 뜻은 아니다. 이는 내안당 이씨 소생의 옹주에게도 똑같이 적용된다.

* 의친왕 이강의 가계도는 1954년 9월 27일 편제된 이강의 호적과, 《나의 아버지 의친왕》에 나온 가계도, 후손의 증언 등을 참조하여 작성했다. 호적의 특성과 기억의 불확실성을 고려할 때 틀린 생몰연대가 있을 수 있다. 이해완의 경우 호적엔 1918년생으로 기재돼 있다.

제국의 후예들

국립중앙도서관 출판시도서목록(CIP)

제국의 후예들-대한제국 후예들의 삶으로 읽는 한반도 근현대 백년사 /
정범준 지음; — 서울 : 황소자리 출판사, 2006

ISBN : 89-91508-18-9 03900 : ₩ 35,000

911. 059-KDC 4
951. 902-DDC 21   CIP2006001006

제국의 후예들

정범준 지음

황소자리

| 일러두기 |

1. 가능한 한 모든 자료의 출처를 본문 속에 밝혔다. 뺄 수 없는 설명이지만 글의 흐름을 방해하는 부분은 각주로 처리했다.
2. 상황을 극화하기 위해 등장인물의 대화 내용을 작위적으로 꾸미지 않았다. 이 책의 큰따옴표 안에 든 등장인물의 대화는 하나도 빠짐없이 다른 자료나 문헌에 근거를 둔 것이다. 단 어법에 맞지 않는 내용과 한글 맞춤법에 어긋나는 단어나 구절은 고쳐 옮겼다.
3. 인용문 안의 문장은 한글 맞춤법과 현대 표기법에 맞게 고친 것도 있다. 인용문의 원문에는 없지만 한자가 필요하다고 생각될 경우 한자를 삽입했다.
4. 일본인의 이름은 일본어 원음대로 쓰되 원음을 찾지 못한 경우 한자음으로 표기했다.
5. 일본 황족에 대한 호칭은 일본의 관례를 굳이 무시하지 않았다. 단 일본 천황의 죽음은 서거逝去로 표기했다.
6. 되도록 경칭은 생략했다.
7. 날짜는 모두 양력으로 환산했고, 그렇지 않을 경우 음력이라고 표시했다. 특별한 부가 설명이 없을 경우 인물의 나이는 한글로 쓴 것은 '우리나라 나이'이고, 숫자로 쓴 것은 '만 나이'이다.
8. 등장인물에 대한 호칭은 대한제국 당시의 호칭을 기본으로 삼았다. 고종 황제는 시대적 상황에 따라 여러 호칭으로 불렸지만 이 책에서는 글의 흐름상 불가피한 경우를 빼고는 '고종 황제'로 통일했다. 기타 명칭도 제국帝國의 관례에 따랐다. 예를 들어 시대적으로는 홍거薨去, 왕적王籍, 왕족, 왕세자로 써야 옳은 단어도 붕어崩御, 황적皇籍, 황족, 황태자로 표기했다.
9. 이 책에 실린 사진 대부분은《李王宮秘史(이왕궁비사)》·《皇室皇族聖鑑(황실황족성감)》·《朝鮮紳士名鑑(조선신사명감)》·《朝鮮貴族列傳(조선귀족열전)》같은 일본어 문헌과《조선궁중풍속연구》등의 한국문헌 그리고 이방자의 자서전과 기타 사진집에 이미 수록된 것들이다. 그 외 이해원·이학진·민병휘 등 후손들이 소장한 사진을 허락을 받고 사용했고, 이구 선생의 영결식 사진은 필자가 찍은 것이다.

■ 책머리에

　우연찮게 이 책을 쓰게 되었다. 번잡하고 사적인 부분이 있어 세세한 설명은 피하려 하지만 이 책을 쓰는 동안 우연 비슷한 일을 세 번이나 겪었디. 우연이 세 번이면 필연이라 우겨도 좋지 않겠는가. 이 정도의 강변은 용서해주시리라 믿는다.

　다른 기회가 없어 여태까지 글 쓰는 일을 대략 직업으로 삼아왔다. 세상 어느 일이 쉬운 게 있을까마는 밥벌이로 글을 쓰는 일도 여간 어려운 게 아니다. 그래서인지 나는 이 일을 별로 좋아하지 않았다. 기사를 쓰기 위해 또는 이런저런 지면을 메우기 위해 사람을 만나고 머리를 쥐어짜는 일이 언제나 즐거운 것만은 아니었다.

　그런데 이상했다. 내 이름으로 책을 낸다고 생각하니 전혀 다른 느낌이었다. 컴퓨터 앞에 앉는 일은 여전히 두려웠지만 자료를 모으고 책의 구성에 골몰하는 것이 마냥 좋고 즐거웠다. 언뜻 이것이 나의 길일지도 모른다는 생각을 했다.

* * *

이미 대한제국 황실에 관한 많은 책이 세상에 나와 있었고 신문기사나 방송 프로그램, 연극이나 영화로 다뤄진 경우도 꽤 있었다. 그런데 사실과 다른 대목이 너무 많았다. 그 오류의 대부분은 일제에 대한 증오나 언론매체의 선정적인 보도에서 비롯된 것이었다. 예를 들어 대한제국 황실의 대를 끊기 위해 일제가 불임 진단을 받은 이방자李方子를 영친왕[1] 이은李垠과 강제로 결혼시켰다는 주장이 대표적이다.

일본 황족이었던 이방자의 본명은 나시모토노미야 마사코梨本宮方子(이본궁방자). 남편의 성을 따르는 일본의 풍습에 따라 성을 고쳤다. 이방자의 '자서전'《세월이여 왕조여》에는 이런 대목이 나온다.

나는 아이를 못 낳을 체질이라 하여 한·일 융화의 미명 아래 이은 전하의 배필로 정했다 한다. 내가 아이를 못 낳으니까 조선 왕가에 보내 조선 왕자를 절손시키자는 속셈이었던 모양이다. 내가 나중에 아들을 낳자 나의 불임설을 주장했던 전의典醫 세 명이 모두 처형당했다고 한다.

이방자의 기록은 일제의 '악랄함'을 드러내는 유력한 증거로 많은 문헌에서 인용되었다. 하지만 결론부터 말해 이방자는 이런 말을 한 적이 없다. 자서전은 종종 대필자에 의해 집필되는 경우가 있는데 그 과정에서 착오와 오류가 심심찮게 일어난다. 이방자는 불임 진단을 받은 적이 없고 석녀石女도 아니었다. 자세한 설명은 본문으로 미루기로 한다.

이런 오류도 있다. 일본으로 끌려가 정신질환자가 된 덕혜옹주德惠翁主도 정략적 강제결혼의 희생자였다. 덕혜옹주가 남편인 소 다케유키宗武志에게 구타를 당해 유산을 했다는 증언이 있다. 그러나 덕혜옹주는 유산을 한 적이 없으며 소 다케유키로부터 구타를 당했다는 증거도 발견되지 않는다. 이에 대한 근거 또한 본문에서 제시하려고 한다.

대한제국의 존속기간은 고종 황제가 칭제건원稱帝建元을 선포한 1897년부터 일제에게 나라를 빼앗긴 1910년까지 13년 여에 불과하다. 제국의 역사가 짧은 까닭에 황족이라 칭할 수 있는 인물은 생각보다 많지 않다.

대한제국 황족은 고종 황제의 직계 후손들과 일부 방계 혈족뿐이다. 고종 황제는 9남 4녀를 두었다. 자녀 대부분이 장성하기 전에 죽었고 3남 1녀만이 그런대로 천수를 누렸다. 순종 황제, 영친왕 이은, 의친왕 이강李堈이 그 세 아들이고, 덕혜옹주가 고종 황제의 고명딸이다.

이들이 낳은 자녀, 그러니까 고종 황제의 손자, 손녀들은 물론 황족에 속한다. 순종 황제는 불행히도 후사가 없었지만 영친왕 이은은 이진李晉과 이구李玖 두 아들을 두었다. 이진은 생후 8개월 만에 조사早死했고, 이구는 2005년 7월 타계했다. 이구는 불행한 죽음이 여러 언론매체에 보도되어 황실 역사에 생소한 세대들에게도 이름이 널리 알려졌다.

의친왕 이강은 12남 9녀를 두었다고 전해진다. 이들 모두가 황손임에는 분명하지만 공식적으로 황적皇籍에 오른 사람은 장남 이건李

鍵과 차남 이우李鍝 뿐이다. 둘은 이미 타계했고, 나머지 자녀 가운데 4남 7녀가 2006년 1월 현재 생존해 있다.

고종 황제의 친형인 이재면李載冕과 그 아들 이준용李埈鎔도 황족의 대우를 받은 인물이다. 두 사람은 1912년과 1917년 각각 세상을 떠났다. 이준용의 서녀庶女 이진완李辰琬도 황적에 이름이 올랐다. 의친왕 이강의 딸들이 단 한 명도 황적에 오르지 못한 사실을 감안하면 매우 운이 좋은 경우라 할 수 있다.

이 책은 대한제국 황족들의 이야기를 담고 있다. 이 책이 다루는 주요 인물은 영친왕 이은, 의친왕 이강, 덕혜옹주, 이구, 이건, 이우 등이다. 여기에 영친왕비 이방자와 의친왕비 김덕수金德修, 영친왕의 약혼녀였던 민갑완閔甲完, 이구의 전 부인 줄리아 뮬록이 포함된다. 민갑완은 이은과 이방자를 다룬 장에서 비중 있게 소개할 것이고 이재면, 이준용, 이진완은 간단한 언급 정도로 그칠 것이다.

그런데 이건과 이우를 제외한 의친왕의 다른 자녀들은 어떻게 볼 것인가. 그들은 황적에 오르지 못했지만 황손임에 틀림없다. 그동안 언론이나 방송은 그들의 불우한 삶에만 초점을 맞춰왔다. 황손 아무개가 양로원에서 쓸쓸히 죽었다거나, 무허가 단칸방에 머물고 있다는 식이었다. 취재를 위해 만난 어느 황손은 이런 말을 했다.

어느 언론사의 기자가 찾아오더니 대뜸 "그 동안 고생했던 얘기를 해주시죠"라고 물었습니다. 문득 인터뷰를 해서는 안 되겠다는 생각이 들었습니다. 언론이나 일반인의 관심은 그런 데 초점이 맞춰져 있다는 걸 느꼈습니다. 황실 역사의 올바른 복원보다는 '거지가 된 왕자' 같은 선정적인 이야기에만 흥미를 느끼나봅니다. 내가 성공하고 떳떳해야만 세상에 나설 수 있다고 생각했습니다.

이 말을 듣지 않았다 해도 이 책에서 그들의 불우한 삶에 초점을 맞추지는 않았을 것이다. 나에겐 영친왕, 의친왕, 덕혜옹주, 이방자 등 주요인물의 생애에 관한 올바른 고증과 복원이 훨씬 시급했다. 책을 쓰기 위해 자료와 증언을 취합하다보니 이 일부터 먼저 해야겠다는 생각이 들었다. 다만 황적에 오르지 못한 의친왕의 남은 자녀들이 불우한 생을 살 수밖에 없게 된 배경이라든가, 그들의 근황 정도는 간략하게 다루려 한다.

*　*　*

우리나라에는 대한제국 황족을 다룬, 제대로 된 평전이 거의 없다. 더러 보이는 좋은 책들은 소중한 사실史實과 일화를 담고 있긴 하지만 본격적인 평전과는 거리가 있다. 일본에는 덕혜옹주와 이방자 여사를 다룬 평전이 각각 두 권씩 출간되어 있다. 이런저런 경로를 통해 확인한 것이 '두 권씩'이라는 뜻이지 더 있을 가능성도 있다. 그러나 우리나라에는 한 권도 없다. 이방자 여사야 원래 일본인이니까 그렇다고 쳐도 덕혜옹주를 다룬 평전 하나 없는 것은 우리나라의 부끄러운 현실이라고 생각한다.

그렇다고 이 책이 '제대로 된 평전'이라는 뜻은 아니다. 각 장을 떼어놓고 보면 평전이라 하기엔 분량이 너무 모자란다. 인물 개개인을 입체적으로 조명하려는 시도는 아예 엄두를 내지 못했고 그저 전체적인 생애의 복원에만 급급할 수밖에 없었다. 그럼에도 자부하고 싶은 것은 이런 시도조차 이 책이 최초라는 점이다.

나 역시 '오해'를 지닌 채 출발했다. 어느 매체에 '황실 가족사진 최초 공개'라는 기사가 실리면 의심 없이 이를 받아들였다. 나중에 실상을 파악하고 나서야 언론매체의 보도에 얼마나 오류가 많은지 알았다. '마지막'이나 '최초'라는 단어를 남발하여 결과적으로 오보가 된 기사가 하나 둘이 아니었다. 스스로 황손이라고 주장하는 사람의 증언을 사실 확인도 없이 보도한 사례도 많았다.

황실에 대해 서술한 일부 저서도 오해를 양산하고 있었다. 처음 그런 책을 접했을 때는 '악랄한 일제의 만행'에 분노하고, '황족의 빛나는 독립운동'에 가슴이 뜨거워지기도 했지만 사실에 접근해갈수록 느껴지는 허망함은 어찌할 도리가 없었다.

진실을 추적하는 과정은 '퍼즐 맞추기'에 가까웠다. 왜 이 기록과 저 기록은 앞뒤가 맞지 않을까, 무슨 법을 만들고 누구를 처형했다는데 구체적인 근거는 왜 제시하지 않았을까. 이방자의 모든 자서전을 분석하고, 자료와 문헌에 나타난 기록을 당대 신문·잡지·실록의 기사와 비교해나가자 실체가 드러나기 시작했다. 결과는 이 책의 본문이 말해줄 것이다.

되도록 많은 기록과 증언을 원문 그대로 인용하고자 노력했다.[2] 원전原典이 지닌 힘에 의지해 황실에 관한 오류를 바로잡고 싶었기 때문이다.

* * *

이 책을 쓰는 동안 꾸밈없는 행복을 느꼈다. 적지 않은 고통이 따랐으나 고통은 지나자마자 행복의 얼굴로 모습을 바꾸곤 했다. 지금 생각해보면 어떻게 이 책을 끝냈는지 도무지 알 길이 없다. 모든 것이 부끄럽고 감사할 따름이다.

언젠가 약속했던 까닭에 이 분들에게는 꼭 감사의 말씀을 전해야 한다. 지금은 지나간 추억이 되었지만 조선일보 사료연구실 사람들과 1년 반 동안 함께 생활했던 시절이 없었다면 이 책은 나오지 못했을 것이다. 마음 깊은 곳에서부터 애정과 고마움이 솟아난다. 김현호 부장님 이하 김광인·이선주·신용관·주숙경·이한수 선배, 유나니·조성녀 씨, 정진석·조영복 교수님, 모두모두 감사드린다.

나를 정범준鄭範俊으로 만들어준 친구 서규범徐圭範, 박기범朴基範, 안준용安俊勇에게는 무슨 말을 어떻게 해야 할지 모르겠다. 부족하지만 이 책을 당신들에게 바친다. 너무 정색하고 헌사獻辭를 올려 농담 한마디 해야겠다. 니들 책이라 생각하고 많이 노력해주길 바란다. 제목 잘 보이게 해서 차 뒤쪽에 화장지 대신 올려놓거라.

또 다른 벗들 김성만, 강태욱, 박병호도 빠뜨릴 수 없다. 부산 금성고錦城高가 아니었다면 이 좋은 친구들을 만나지 못했을 것이다. 소중한 증언을 해주신 황실 후손들, 이 책의 아이디어를 주시고 출판을 맡아주신 황소자리 지평님 대표와 직원들께도 감사의 말씀을 전한다. 마지막으로 부모님과 동생에게도.

2006년 서늘한 봄에
정범준

• 차례 •

책머리에 • 5
프롤로그 • 17

1장 고난의 황태자 영친왕 이은

일본 황태자의 방한 21 | 타국의 밤 24 | 황태자의 탄생 28 | 단 한 번의 만남 31 | 황태자의 유년 37 | 낙선재의 조약돌 41 | 엄 황귀비의 훙거 46 | 가례를 올리다 51 | 민갑완, 잔인한 날들의 시작 58 | 이어지는 불행 63 | 상하이로 망명을 떠나다 69 | 싹트는 민족의식 75 | 유럽 여행 77 | 그대에게 구하는 바 없노라 82 | 차라리 죽기로 마음먹다 87 | 제왕의 풍모 93 | 전쟁의 소용돌이 98 | 사라져라 번뇌여 101 | 해방 혹은 종전 107 | 신정부에 충성을 다하겠다 113 | 영친왕저 문제 117 | '일본인'이 되다 123 | 약해지는 황태자 130 | 다시 쓰러지다 132 | 세 번의 통곡과 영면 139

2장 두 조국의 사이에서 이방자

유년의 기억 147 | 엄격한 황실 교육 150 | 약혼 발표 153 | '기막힌 법' 황실전범 157 | 추모시와 연가戀歌 161 | 신혼의 행복 165 | '석녀' 이방자 170 | 첫 방한 176 | 첫 아들 진을 하늘로 보내고… 180 | 새로운 신앙 185 | 국상을 치르다 187 | 이구의 탄생 191 | 휩쓸려가는 사람들 194 | 해방과 6·25 199 | 남편의 분노를 보다 205 | 막다른 곳 209 | 일본이여 안녕, 일본이여 안녕 214 | 문화재보호법 217 | 쪽발이 물러가라 220 | 고독한 이를 위해 기도해 달라 223 | 장애인 복지사업 229 | 명휘와 가혜 234 | 애끓는 모정 239 | 여로의 끝 243

3장 황태자 아들과 탄광부의 딸 이구와 줄리아

폭풍우 속의 출발 249 | 미국 생활 253 | 줄리아라는 여성을 만나다 257 | 처음 밟은 한국 땅 261 | 다툼과 균열 267 | 분노와 배신감에 휩싸여 한국을 떠나다 272 | 아리타 기누코 275 | 사기 사건에 휘말리다 279 | 영구 귀국 281 | 줄리아의 마지막 편지 284 | 아카사카에 지다 288

4장 덕수궁의 금지옥엽 덕혜옹주

황제의 여인과 자녀들 295 | 덕수궁의 꽃이 태어나다 301 | 황제의 밀약 305 | 아버지 고종 황제의 붕어 310 | 끌려가는 옹주 314 | 순종 황제의 붕어 320 | 고아가 된 덕혜옹주 322 | 병이 시작되다 327 | '고아들'의 결혼 330 | 아기씨에 대한 추억 333 | 병의 재발 338 | 그들은 정말 사랑했을까 340 | 언니의 기억 344 | 김을한의 충격적인 증언 348 | 이혼이 성립되다 353 | 정혜의 죽음 356 | 성대한 환대 360 | 덕수궁의 꽃이 지다 364

5장 극과 극의 평가를 받은 왕자 의친왕 이강

불우한 탄생 369 | 보빙대사 활동 후 귀국 372 | 유럽 순유는 없었다? 376 | 역모에 연루되다 382 | 이토 히로부미의 계략 387 | 신변의 위협 393 | 엇갈리는 평가 398 | 배일과 울분의 나날 402 | 3·1운동과 그의 역할 406 | 가장 빛나는 불꽃 411 | 정운복의 역할 424 | 유고에 담긴 뜻 428 | 다시 어둠 속으로 432 | 경비관계철 435 | 그의 최후 440 | 의친왕비의 부덕婦德 444

6장 일본인이 된 황족 이건

출생의 비밀 451 | 일본식 교육 455 | "나는 천황을 존경하기로 결정지었다" 460 | 재빠른 적응 464 | 이혼과 소송 468

7장 원폭에 희생된 미남 황손 이우

운현궁의 새주인 475 | 일본 유학 479 | '민족과 해협' 482 | 박영효의 기지와 열성으로 결실을 맺은 결혼 486 | "나는 일본 것이라면 병적으로 싫습니다" 490 | 안타까운 죽음 496

8장 남아 있는 황실의 후예들

황실 재산 몰수 505 | 의친왕의 12남 9녀 510 | 살아 있는 황손들 518

에필로그 • 525
참고문헌 • 528
주석 • 533
찾아보기 • 554

■ 프롤로그

  2005년 7월 20일 오후 4시 20분경 인천 국제공항. 도쿄 나리타成田발 대한항공 편에 실린 한 남자의 시신이 내려지고 있었다. 몰려든 보도진과 유가족들이 이 광경을 지켜봤다. 시신은 곧 빈청賓廳이 마련된 창덕궁 낙선재로 옮겨졌다. 이날 저녁 각 방송사 뉴스는 '대한제국 마지막 황세손'의 운구 소식을 일제히 보도했다.
  남자의 이름은 이구李玖. 고종 황제의 손자이자 영친왕 이은李垠의 아들이다. 나흘 전 도쿄 아카사카호텔에서 시신이 발견되었다. 향년 74세. 사인死因은 심장마비로 추정된다.
  대한제국의 마지막 황세손이라는 그가 일본에서 떠돌다 생을 마쳐야 했던 까닭은 무엇일까. 이야기는 약 100년 전, 다시 인천으로 거슬러 올라간다. 훗날 이구를 낳게 될 영친왕 이은이 한 일본인을 기다리고 있었다.

고난의 황태자

영친왕 이은

1장

이은은 고국으로 돌아갈 수 있다는 생각에 가슴이 벅차올랐다. 그러나 정치적으로 이용당할 가능성은 여전했다. 그는 신중한 태도를 보였다. 호외적이있다는 점에 그 차이가 있지만 이은을 정치적인 관점으로 대한 건 장면 정부 역시 마찬가지였다. 이승만 정부가 이은의 정치적 영향력을 경계하여 박대했다면, 장면 정부는 이은의 국민적 인기를 이용해 새 정부의 지지도를 끌어올리려 했다.

일본 황태자의 방한

1907년 10월 16일 일본 황태자 요시히토嘉仁 일행이 인천항에 도착했다. 요시히토는 1912년 천황에 올라 다이쇼大正 천황으로 불리게 된 인물이다. 대한제국 황태자 이은李垠이 인천으로 영접을 나갔다. 이은은 당시 열한 살이었다.

양국의 황태자 일행은 함께 서울로 왔다. 실록에 따르면 요시히토는 5일 동안 대한제국에 체류하면서 창덕궁과 경복궁을 '관람'한 것 외에는 특별한 활동을 보이지 않았다. 10월 20일 순종 황제는 일본으로 떠나는 요시히토 일행을 배웅하기 위해 남대문역(서울역)까지 나갔고, 황태자 이은은 인천항까지 전송했다.

이상한 방문이었다. 그저 왔다간 셈이다. 한말 애국지사 황현黃玹은 "일본 황태자의 방한訪韓은 그 뜻을 헤아릴 수 없었다"고 《매천야록》에 쓰면서 "이때 어떤 사람들은 나라를 엿보러 왔다고 말하기도 하고, 혹은 목인睦仁(메이지 천황)이 그의 아들이 용렬한 것을 우려하여 항시 민간인과 어울려 놀도록 하였던 바 이 행차도 그를 피곤하게 하여 단련하도록 하였다고 한다"는 소문을 전하고 있다.

이은과 일본 황태자. 이토 히로부미는 일본 황태자의 방한을 빌미로 삼아 이은의 도일을 추진했다. 앞줄 왼쪽부터 일본 황태자 요시히토, 영친왕 이은, 한 사람 건너 이토 히로부미.

그러나 통감 이토 히로부미에게는 다른 속셈이 있었다. 그는 대한제국의 황태자를 볼모로 끌고 가기 위해 주도면밀한 준비를 하고 있었다. 얼마 후 황현은 이렇게 적었다.

> 이때 이등박문(이토 히로부미)은 태자(이은)가 영민하고 숙성하므로 일찍 신학新學을 전공해야 한다고 극력 간청하고 또 그는, "일본 황태자가 초빙되어 왔으니 어찌 보빙사報聘使(답례사신)로 가서 사례를 하지 않을 수 있겠습니까?"라고 하므로 태황제(고종)는 그의 뜻을 어기지 못하고 눈물을 흘리며 보냈다. | 황현, 《매천야록》 |

이토 히로부미가 일본 황태자의 방한을 빌미로 삼았을 개연성은 높다. 고종 태황제와 엄 황귀비는 이은의 일본 유학을 애초부터 강력하게 반대했다. 고종 황제는 "수학원修學院[1]에서 공부하면 될 것을 멀리 일본에까지 갈 것이 무엇이냐?"고 못마땅해했고, 엄 황귀비는 "인질로 잡아가는 것"이라고 단언하며 펄쩍 뛰었다.

이토 히로부미는 위협과 설득을 동시에 구사했다. 그는 일본 황태자의 방한에 '답례' 하기 위해 대한제국의 황태자도 도일渡日해야 한다고 은근히 협박하면서도 "매년 여름방학에는 반드시 한 번씩 귀국하시게 하겠습니다."라고 약속했다. 이토 히로부미는 '유학'을 명분으로 내세웠지만 황실의 종친들과 조선 백성들은 너나할 것 없이 볼모로 끌려간다고 생각했다. 삽시간에 '이토 히로부미가 영친왕을 업어간다'는 소문이 퍼졌다.[2]

한 달 후 순종 황제는 황태자 이은의 일본행을 허락한다는 '지시'를 내렸다.

우리 황태자는 영특하고 슬기로움이 일찍이 이루어져서 실로 태자다운 덕이 있으므로 일찍감치 유학을 보내야 하고 깊숙한 태자궁에만 있게 해서는 안 된다. 그래서 대자태사인 통감 공작公爵 이등박문으로 하여금 일본에 데리고 가서 도와주고 깨우쳐주게 하며 교육하는 방도에 관계되는 모든 것을 전적으로 대일본 대황제에게 의논하여 꼭 성취시키도록 하려고 한다.[3]

이 말은 순종 황제가 한 것으로 실록에 기록돼 있지만 그의 본심이라 믿기 어렵다. 뒷부분만 빼면 황현이 《매천야록》에서 전한 이토 히로부미의 말과 매우 흡사하기 때문이다.

순종 황제의 허락이 떨어진 11월 19일, 이토 히로부미는 태자태사太子太師로 임명돼 대한제국의 황태자를 가르치는 '스승'이 됐다.

사흘 뒤에는 이완용李完用이 태자소사太子少師에 임명됐다.

타국의 밤

이은이 덕수궁을 나와 창덕궁 낙선재로 거처를 옮긴 것은 이보다 엿새 전인 11월 13일이다. 이날은 순종 황제의 처소가 덕수궁에서 창덕궁으로 옮겨진 날이다.

12월 4일 이은이 덕수궁에 입궁했다. 고종 태황제와 엄 황귀비에게 마지막 문안 인사를 드리기 위해서였다. 김을한金乙漢[4]의 《인간 영친왕》에는 이때 부자 간에 벌어진 일화가 소상하게 묘사돼 있다. 그의 기록을 그대로 빌리는 게 옳을 듯하다.

마침 무엇을 쓰고 계시던 황제(고종)는 "아기야. 너 이런 글귀를 아느냐?"고 하시며, 일부러 다음과 같은 문구文句를 손수 써 보이셨다.
선천하지우이우先天下之憂而憂
후천하지락이락이라後天下之樂而樂.
'천하의 걱정은 먼저 걱정하고, 천하의 낙은 나중에 즐긴다', 즉 남의 제왕帝王이 되는 사람은 백성의 걱정은 백성보다 먼저 걱정하고, 백성의 즐거움은 백성보다 나중에 즐겨야 한다는 뜻이다.
영친왕이 그 글의 뜻을 대강 해명해 올리니, 고종 황제는 인자한 눈에 대견한 표정으로 태자를 보시며 "일본에 가거든 아무리 곤란한 일이 있더라도 모든 것을 꾹 참고 때가 오기를 기다려라"고 모필毛筆로 커다랗게 참을 '인忍' 자를 한 자 써 주셨다.

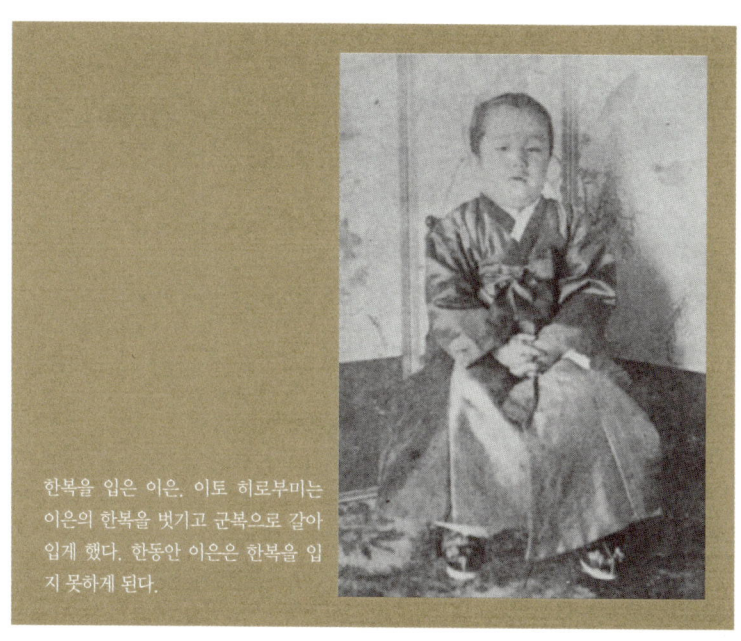

한복을 입은 이은. 이토 히로부미는 이은의 한복을 벗기고 군복으로 갈아 입게 했다. 한동안 이은은 한복을 입지 못하게 된다.

이튿날인 12월 5일. 이은이 일본으로 떠나는 날이었다. 날은 매섭게 추웠다. 이토 히로부미가 "법석을 떨며" 낙선재로 들어와 이은에게 무릎을 꿇고 절을 했다. 이토 히로부미는 태자태사 자격으로 도쿄까지 황태자를 수행할 예정이었다.

상궁과 내인들은 "입을 삐죽거리며" 눈을 흘겼다. 겉으로 차마 말은 못했지만 속으로는 이토 히로부미에게 욕을 퍼부었다. 이토 히로부미는 이은의 한복을 벗기고 군복으로 갈아입게 했다. 이은은 이토 히로부미와 함께 순종 황제를 알현하고 마지막 인사를 올렸다. 순종 황제는 "먼길에 몸 건강히 잘 가라"는 당부를 건네고 얼굴이 붉어졌다.

순정효황후純貞孝皇后[5]를 모신 창덕궁 상궁 김명길金命吉에게 이날의 기억은 "낙선재에 대해 남아 있는 최초의 기억이며 지금도 생생

1장 | 고난의 황태자 · 영친왕 이은 25

히 남아 있는 일"이었다. 김명길은 이렇게 증언한다.

> 순종을 알현하고 나오던 태자는 눈물을 흘리며 전송하는 궁녀들에게 "잘들 있소"라는 한마디를 하고는 말을 못 이으셨다. 그리고는 이등伊藤을 따라 인천에서 만주환滿洲丸을 타고는 숙명의 길을 떠나셨다. 그때 나를 비롯한 상궁들은 어찌나 울었는지 뼈마디가 다 쑤실 정도였다. | 김명길, 《낙선재 주변》|

대한제국의 대신들이 황태자를 수행했다.[6] 실록에는 경학원經學院[7] 학생 조대호趙大鎬와 서병갑徐丙甲도 이은과 함께 유학을 떠났다고 기록돼 있다. 서병갑은 도일한 지 3년 만에 사망해 "유족에게 돈 600원을 내렸다"는 기록이 있고, 조대호는 조중응趙重應[8]의 아들로 1919년 조중응이 죽자 자작 작위를 물려받게 된다.

또 한 명의 유학생인 엄주명嚴柱明[9]은 실록에 이름이 기록되지 않은 것으로 미루어 비공식적인 동행으로 보인다. 엄 황귀비의 친정 조카인 엄주명은 이은과 외사촌간이다. 나이도 동갑인데다 덕수궁 구름다리를 건너다니며 함께 놀던 사이여서 소꿉친구나 다름없었다.

엄주명의 동행은 급작스럽게 이뤄졌다. 이은이 일본으로 떠나기 하루 전날이었다. 엄주명은 덕수궁 근처 이발관에서 머리를 깎고 나오다가 대한문 앞에 군중들이 모여 있는 것을 보았다. 무슨 일이냐고 물었더니 뜻밖에도 이은이 일본으로 떠난다고 했다. 대한문 앞에서 지켜보던 엄주명은 마침 마차를 타고 나오던 이은과 눈이 마주쳤다. 그날 밤 엄주명의 집으로 전화가 왔다. 이은과 함께 일본으로 떠나라는 것이었다. 이은이 엄주명의 동행을 간청한데다, 서로 말벗이 되어 의지하라는 엄 황귀비의 뜻이 반영됐다고 한다.

인천항에는 일본 군함 만주환滿洲丸(만주호)이 대기하고 있었다. 인천은 이은에게 낯설지 않은 곳이었다. 이은은 몇 해 전 일어난 러일전쟁의 포성 소리를 뚜렷하게 기억하고 있었다.[10] 어린 나이지만 만감이 교차했을 듯하다.

이날 오후 4시 인천항을 떠난 만주환은 이틀 후 부산항에 입항했다. 부산을 떠난 이은이 처음 밟은 일본 땅은 시모노세키下關였다. 이곳에서 이토 히로부미는 이은을 어느 일식집으로 안내했는데 훗날 이은은 "일본 요리가 어찌나 맛이 없던지 혼이 났었다"고 기억했다. 시모노세키부터 도쿄까지 황태자 일행이 가는 길목마다 환영 인파가 쏟아져나왔다.

일본인들에게 대한제국 황태자의 도일은 큰 뉴스였다. 훗날 이은의 한 동기생은 "오늘날까지도 기차가 들어가지 않은 두메산골인 와카미야若宮의 고향에서 소학교에 다닐 무렵, 조선의 황태자 전하께서 이등박문을 따라 시모노세키에 닿으셨다는 것을 소문으로 들어 알게 되었다"고 쓸 정도였다. 우리에게는 비통한 일이지만 일본인에게는 어쨌든 좋은 구경거리였다. 그들은 '융성한 일본의 국운'을 새삼스럽게 느끼며 기뻐했다.

황태자 요시히토를 비롯한 일본 황족과 귀족들이 도쿄 심바시新橋 역으로 영접을 나왔다. 그 자리에는 이방자의 어머니 이츠코伊都子도 끼여 있었다. 집으로 돌아간 이츠코는 이방자에게 "의젓하고 귀여운 황태자"라며 이은에 대한 인상을 말해주었지만 일곱 살의 이방자는 곧 잊어버렸다.

도쿄에 도착한 그날 밤이었다. 이은과 엄주명은 같이 욕실에 들어갔다. 갑자기 이은이 물었다.

"규성圭成[11]아, 너 어머니 보고 싶지 않니?"

결국 이은은 울음을 터뜨렸다.

황태자의 탄생

고종 황제.

이은은 1897년 10월 20일 태어났다. 이야기는 그로부터 2년 전인 을미사변까지 거슬러 올라간다. 명성황후가 시해되지 않았다면 엄 황귀비가 덕수궁으로 돌아오지 못했을 테고, 엄 황귀비가 아니었다면 아관파천俄館播遷도 이은의 출생도 없었을 것이다.

엄 황귀비는 본래 명성황후를 모시는 시위상궁侍衛尙宮이었다. 을미사변이 발발하기 10년 전 엄 상궁(엄 황귀비)은 우연히 고종의 승은承恩을 입었다. 명성황후는 엄 상궁이 고종과 잠자리를 함께 한 것을 알고 크게 노했다. 명성황후는 엄 상궁을 죽이려 했지만 고종 황제의 간곡한 만류로 궁궐에서 내쫓는 선에서 그쳤다.

1895년 10월 8일 명성황후가 시해되자 고종 황제는 며칠 후 엄 상궁을 불러들였다. 황현은 이렇게 썼다.

전前 상궁 엄씨를 불러 계비繼妃로 입궁시켰다. 민후閔后(명성황후)가 생존해 있을 때는 고종이 두려워하여 감히 그와 만나지 못하였다. 10년 전 고종은 우연히 엄씨와 정을 맺었는데, 이때 민후는 크게 노하여 그를 죽이려고 하였으나 고종의 간곡한 만류로 목숨을 부지하여 밖으로 쫓김을 당하였다가. 이때 그를 다시 부른 것이다.

민후의 시해사건이 발생한 지 겨우 5일째 되던 날이었다. 고종은 이와 같이 중심이 없었으므로 도성 사람들은 모두 한탄하였다.

| 황현, 《매천야록》 |

황현은 "엄씨는 얼굴이 민후와 같고 권략權略도 그와 같았으므로 입궁한 후 크게 총애를 받았다"면서 "그는 국정을 간섭하고 뇌물을 좋아하여 민후가 있을 때와 동일하였다"고 덧붙였다. 황현이 엄 황귀비에 대해 '권략이 명성황후와 같다'고 한 것에 주목해야 한다. 도성 사람들은 명성황후가 시해된 지 며칠 만에 엄 상궁을 입궁시킨 것을 두고 한탄했지만 고종 황제의 심정을 이해 못할 바는 아니다.

을미사변은 고종 황제의 눈앞에서 벌어진 참변이었다. 경복궁 한복판까지 난입한 일제의 폭도들에게 국모國母가 능멸을 당하고 무참하게 살해됐다. 그들이 또 어떤 만행을 어떻게 저지를지 누구도 알 수 없는 일이었다.

고종 황제는 정신적인 공황상태에 빠졌다. 을미사변 직후 고종 황제의 모습을 묘사한 기록이 있다.

러시아 공사 웨베르Karl I. Waeber와 미국의 대리공사 알렌H. N. Allen이 총성을 듣고 아직 일본 공사가 남아 있던 왕궁으로 달려와서, 바로 전에 일어났던 사건에 대해 왕으로부터 들어 어느 정도 알게 되었다. 불쌍한 왕은 그날 밤의 놀라운 경험과 그에게 우상화된 왕비의 잔인한 살해가 있은 후 보기에도 딱할 정도로 완전히 기진맥진할 정도의 충격상태에 있었다. 수천 명이나 되는 왕실의 친구들, 친척들, 관리들, 군인들, 하인과 수행원들도 거의 모두 심한 공포에 빠져 있었다. 모두가

하나같이 궁정에서 도망치려고 거의 미친 듯이 서둘렀으며 궁중에 있는 사람으로 식별될 수 있는 제복이나 다른 것들을 앞뒤 가리지 않고 찢거나 내던져버렸다. 미국, 러시아, 영국 대사관은 조선 반역자의 무리들의 손에서 벗어나려는 사람들로 붐볐다. | 릴리어스 호톤 언더우드,[12] 〈상투의 나라〉 |

고종 황제는 정치적 책략이 뛰어난 엄 상궁을 입궁시켜 어떻게든 난국을 타개하고자 했다. 엄 상궁은 그 기대를 저버리지 않았다. 넉 달 후, 을미사변 직후 수립되어 국정을 농단하던 친일내각을 단숨에 엎어버렸다.

1896년 2월 11일 새벽, 두 채의 가마가 덕수궁을 빠져나왔다. 고종 황제와 엄 상궁, 왕세자(순종)와 상궁 한 명이 한 채씩 나눠 타고 있었다. 이날 오전 10시쯤 고종 황제 부자가 러시아 공관으로 피신했다는 소식이 알려졌다. 런던 〈데일리 메일〉의 극동 특파원이었던 매킨지는 "파천播遷은 용의주도하게 계획된 것"이라고 설명한다.

1주일 이전부터 궁녀들은 자신들이 빈번하게 왕래한다는 것을 궁정 수비대에게 보여 주기 위해 대궐의 여러 문을 가마를 타고 수없이 드나들었다. 그리하여 두 대의 가마가 나가던 그날 아침에도 수비대들은 별다른 주의를 기울이지 않았다. | 프레드릭 아서 매킨지, 〈한국의 독립운동〉 |

매킨지는 '궁녀들의 용의주도함'이라고 표현했지만 실은 엄 상궁의 책략이었다. 매킨지가 궁중의 사정까지 상세히 알지 못했던 까닭이다. 아관파천은 친러파 이완용과 이범진李範晉 등이 주도한 일이었지만 엄 상궁 역시 이들과 사전 모의를 통해 고종 황제를 빼돌리

는 데 결정적인 역할을 해낸 것이다.[13]

고종 황제가 덕수궁으로 환궁한 것은 이듬해 2월 20일이다. 아관파천 후 1년이 조금 지난 시점이었다. 러시아 공사관에서 고종 황제의 수발을 들던 엄 상궁은 그 사이 아기를 잉태했다. 그해 10월 12일 고종이 제위帝位에 오르면서 대한제국이 설립됐고, 10월 20일 엄 황귀비는 이은을

이완용. 이은의 태자소사였다.

낳았다. 우리나라 역사상 처음이자 마지막인 황태자의 탄생이었다.

이은이 정식으로 황태자에 책봉된 것은 그로부터 10년 후다. 일제는 1907년 헤이그 밀사 사건을 빌미로 삼아 고종 황제의 제위를 빼앗았다. 7월 20일 고종 황제와 순종 황제가 참석하지도 않은 기형적인 '양위식讓位式'이 열렸고, 8월 7일 이은은 황태자로 책봉됐다. 이보다 앞선 3월 14일, 민영돈閔永敦[14]의 딸 민갑완閔甲完이 세자비로 간택됐지만 이은의 유학으로 흐지부지되고 말았다.

단 한 번의 만남

이은의 세자비로 간택됐던 민갑완은 일제의 강요에 의해 파혼을 당한 후 평생을 수절한 비운의 여인이다. 공교롭게 이은과 같은 날 태어났는데 두 사람의 인생이 약속이나 한 듯 고난의 여정이었던 까

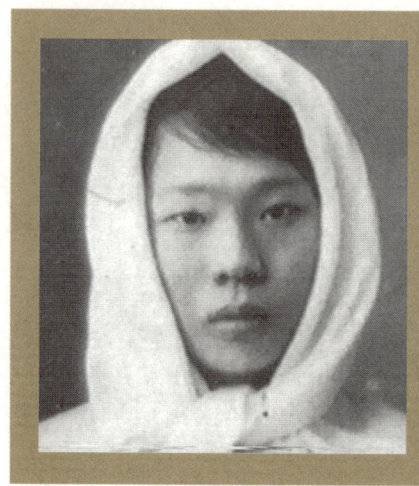

민갑완. 상하이로 망명할 때 여권에 쓴 사진이다. 아직 앳된 얼굴이다.

닭에 왠지 예사롭지 않은 일처럼 느껴진다.

민갑완의 조모는 자신의 회갑回甲에 태어난 손녀딸을 위해 갑완甲完이라는 이름을 지어주었다. 원래는 민갑완 위로 5남매가 있었지만 민갑완이 태어났을 때는 언니 둘만 살아 있었다. 큰언니는 이씨 문중으로 시집을 갔고, 둘째 언니는 윤덕영尹德榮의 아들과 혼인을 맺었다. 둘째 언니 부부는 모두 젊은 나이에 세상을 떴다.

윤덕영이 당시 매국노로 악명이 높았기 때문인지 민갑완은 평생 둘째 언니에 대해 이야기하는 것을 꺼렸다. 민갑완은 《백년한百年恨》[15]이라는 자서전을 남겼는데 이 책에서도 둘째 언니와 윤덕영에 관한 기록은 찾아보기 어렵다.

민갑완은 어릴 때부터 영특하고 기가 셌다. 장난도 너무 심해 별명이 '난봉'이었다. 하루에 치마를 서너 개씩 갈아입어도 당해내지 못해 결국엔 남자아이 옷을 입혔다. 누가 "너 시집 어디로 갈래?"라고 물으면 말도 다 배우지 못한 계집아이의 대답은 열 번이고 스무 번이고 한결같았다.

"삼청동 이씨 집으로 가요."

왕궁으로 시집을 간다는 뜻이었다. 조모가 흐뭇한 웃음을 띠며 "삼청동에는 꼭지(거지나 딴꾼의 우두머리)집밖에 없는데 그럼 꼭지 집에 가서 빨래나 하고 살련?"하고 놀리면 어린 민갑완은 다듬이 방망이를 끌고 가서 조모를 때리는 시늉을 했다.

민갑완은 '정미년 정월 초엿새(1907년 2월 18일)'라고 날짜까지 정확히 기억하고 있다. 부엌에서 음식 장만을 도와주고 있던 민갑완은 낯선 여자들이 남색 치마자락을 나풀거리며 집 안으로 들어오는 것을 보았다. 남색 치마는 궁인들의 상징이었다. 민갑완은 궁궐에서 나온 사람이라는 걸 직감했다.

민갑완은 옷을 갈아입고 방으로 들어갔다. 궁인 세 명이 간택단자揀擇單子를 앞에 두고 앉아 있었다. 상궁이 내놓은 분홍색 간지簡紙에 민갑완의 생년생시가 큼지막하게 쐬어졌다. 민갑완이 영친왕비 후보로 간택된 순간이었다. 그 시각 150여 명의 다른 규수들 집에도 간택단자가 돌고 있었다.

"나도 이제는 어른 축에 들어가 혼사를 치러야 되나."

열한 살의 어린 마음에도 민갑완은 "야릇한 감정"이 솟아오르는 것을 느꼈다. 간택단자가 궁으로 들어간 후 어머니의 교육은 날이 갈수록 엄해졌다. 아침에는 사서삼경四書三經, 밤이면 가정보감家庭寶鑑을 읽었다. 절하는 방법, 서고 앉는 방법까지 새로 배웠고, 거추장스런 긴 치마를 입고 다루는 법도 배웠다. 놀고 싶은 마음만 가득하고 무슨 징역이라도 사는 것 같았지만 눈 깜짝할 사이에 한 달이 흘렀다.

3월 14일 아침이었다. 수모手母가 들어와 민갑완의 얼굴을 씻기고 지분脂粉을 발랐다. 머리엔 첩지[16]를 하고 갖은 노리개가 달린

화관 족두리를 썼다. 가볍게 요기를 한 후 다홍 하치마와 연두 바탕의 자주 삼호장 저고리를 입었다. 옥양목 외씨버선과 봉황초鳳凰草 비단 꽃신을 신고 나니 단장이 끝났다. 마당엔 사인교四人轎[17]가 대령했다.

화려한 옷으로 치장한 150여 명의 처자들이 덕수궁 대한문으로 모여들었다. 골목골목에 구경꾼이 즐비했다. 이윽고 민갑완의 사인교가 대궐문 앞에 멈춰섰다. 사인교의 문이 열리고 궁에서 나온 상궁과 각시나인(애기나인)이 민갑완을 양 옆에서 부축했.

금관조복金冠朝服을 입고 부복俯伏하여 맞아주는 대신들을 지나 전당殿堂에 이르렀다. 규수들의 곁마기[18] 위에는 부친의 직위와 이름이 적힌 명패가 달려 있었다. 내관內官들이 명패를 보고 규수들을 세 줄로 앉혔다. 고관대신의 딸은 앞줄에, 그보다 '품위가 낮은 집'은 가운데 줄에, 시골에서 올라온 처자들은 뒷줄에 앉았다. 민갑완은 맨 앞줄 한 가운데였다.

"상감마마 듭시오."

내관의 말이 떨어지자 상궁과 나인들이 '나비처럼' 일어나 규수들을 일으켰다. 고종 황제, 황태자(순종), 엄 황귀비가 차례로 들어와 규수들을 일일이 살펴보기 시작했다. 한참 후 자리에 앉은 민갑완은 눈앞에 먹을 것이 보일 만큼 허기를 느꼈다. 뒷줄에 앉은 처자들이 많이 탈락해 전당 안은 꽤 넓게 보였다.

이번에는 황태자비(훗날 순정효황후)가 들어와 처자들을 살폈다. 다시 일어섰다 자리에 앉은 민갑완의 눈에 군복을 입은 노인이 들어왔다. 온몸에서 느껴지는 활력과 형형한 눈빛이 한눈에도 범상치 않은 인물이었다. 민갑완이 물었다.

"상궁, 저기 군복을 하고 서 계신 노인은 누구시오?"

동래부사 시절의 민영돈. 훗날 민갑완 일가는 부산 동래에 정착하게 된다. 단순히 우연만은 아닌 것 같다.

"일본에서 오신 이등박문伊藤博文 통감이십니다."

민갑완은 "풍신도 좋고 눈에 정기가 서린 분이 하필이면 우리나라 사람이 아니고 도리어 우리나라를 빼앗으려고 하는 일본 사람일까." 하고 안타까움을 느꼈다.

고종 황제와 엄 황귀비가 다시 들어왔다. 상궁들은 처자들이 너무 많아 마음을 정하지 못하신 모양이라고 수군거렸다. 들어오고 나가고 일어서고 앉는 사이에 어느덧 날이 저물어갔다.

민갑완은 갑자기 신랑이 어떤 사람일까 궁금해졌다. 멍하게 앉아 있던 상궁을 흔들었다.

"상궁, 다름이 아니구요. 오늘이 간택날이라는데 신랑될 분이 누구신가요?"

상궁들은 배를 쥐고 웃었다.

"아니 처자, 신랑이 뭔지나 아세요?"
"그럼요, 아무렴 그것도 모르고 물었을라구요. 우리 형님(언니)처럼 매부를 신랑이라고 얻어오는 것이에요."
상궁들이 다시 웃었다. 마침 엄 황귀비가 들어왔다. 상궁 하나가 웃음을 참으며 조금 전에 일어났던 일을 얘기했다.
"뭐라구, 어디보자. 아, 승후관承逅官[19] 민공閔公의 따님이로군. 그래 아버지 뵈옵고 싶지 않니?"
"왜 안 뵈옵고 싶겠어요? 무척 뵈옵고 싶답니다."
"그래. 넌 대답도 잘하고 아주 총명하게 생겼구나. 그래 신랑감이 궁금하냐?"
엄 황귀비는 민갑완의 손목을 잡고 '소파' 앞으로 이끌었다. 그곳에는 초립을 쓰고 연두 두루마기를 입은 이은이 또래 친척들과 함께 '세상을 모르는 듯' 뛰놀고 있었다.
엄 황귀비는 민갑완과 이은의 손을 잡고 내전으로 들어갔다. 민갑완과 이은은 등을 맞대고 키를 재보았다. 민갑완이 조금 컸다.

나는 그곳에서 실망 같은 느낌이 좀 들었다. 남자분이 왜 여자보다 작으실까? 그러나 반드시 키가 크기만 하면 인품도 좋다는 법은 없지 않는가 하고 스스로 마음을 달래면서 닥쳐오는 다음 일을 해야 했다. 양전마마께서 계신 앞에서 나는 일종의 구술 시험을 받은 셈이다. 아버님의 직품이시며 우리집 가문의 내력이며 어른들의 생신날과 연세, 또는 제사 날짜까지도 물으셨다. 커갈수록 바보가 됐는지는 몰라도 그때의 내 총기는 따를 사람이 없다고 했었다. 아무리 어려운 말이라도 한 번만 들으면 잊지를 않았다. 아버님께서 귀여워해주신 것도 두뇌가 특출나게 좋은 탓에도 있으리라. 양전마마께서 물으시는 대로 거침없

이 대답을 하자 기특하신지 무릎을 치시며 기뻐하셨다. 그로 말미암아 내정적으로는 거의 나로 확정이 된 셈이다.[20] | 민갑완, 《백년한》 |

민갑완의 회고 속에는 간택 날에 대한 애틋한 그리움과 자랑스러움이 겹겹이 묻어난다. 이날 자정에 가까워서야 민갑완은 다른 두 명의 규수와 함께 영친왕비 후보로 간택되었다. 사인교에 올라 집에 들어오니 첫닭이 울었다. 고되고 기나긴 하루였다. 민갑완은 영친왕과의 이날 만남이 처음이자 마지막이 될 줄은 상상도 못했을 것이다.

황태자의 유년

이은은 고종 황제와 엄 황귀비의 지극한 사랑을 받으며 자라났다.[21] 이은은 사려 깊고 의젓한 아이였다. 그의 유년 시절을 기록한 여러 문헌이 남아 있는데 그 중 몇 가지를 소개해본다. 일제강점기 〈조선일보〉 기자를 지낸 최은희崔恩喜의 글이다.

> 김비(의친왕비)는 때때로 고종 황제를 배알하러 덕수궁에 입궐한다. 엄비가 계신 처소에 들거나 최송설당崔松雪堂이 모시고 계신 영친왕의 처소로 들어간다. 유충한 시동생을 안아도 보고 무릎 위에 올려앉히고 재롱도 본다. (……) 영친왕이 세 살 때 혜당 민영휘閔泳徽 대감이 금수저 한 벌을 해왔다. 한번은 그것을 꺼내 김비의 치마 앞에 놓으며 "이것을 팔아서 형님이 미국에서 나올 여비로 부쳐 달라"고 말했다. 누가 시키지도 않은 엉뚱한 슬기에 김비는 저절로 고개가 숙여지고 크

영친왕 이은. 이은은 모습 그대로 '의 젓하고 귀여운' 황태자였다.

게 감탄했다. | 최은희, 〈한국 개화여성 열전〉 |

의친왕비 김덕수金德修는 이은보다 열일곱 살이 많은 형수였다. 이은이 세 살 때라면 1899년 무렵인데 당시 의친왕 이강은 미국 혹은 일본에 유학중이었던 것으로 추정된다. 창덕궁 상궁 김명길도 어른스러운 이은의 모습을 기억하고 있다.

(창덕궁) 수강재壽康齋가 영친왕의 거처였으며 한문과 한글 등을 배우시던 곳이다. 날씨가 화창한 날이면 낙선재樂善齋의 후원後苑을 오르락내리락 하시며 7~8세의 생각시(생머리를 한 어린 궁녀들과 군대놀이를 즐겨 하시곤 했다. 생각시들에게는 막대기로 총을 만들어주시기

도 하고 태자께서는 대나무를 깎은 큰 칼을 어깨에 메고 앞장을 서서 대장노릇을 하곤 했다. 생각시들과는 같은 또래였지만 아주 위엄을 잘 지키셨으며 아침이면 우리들 상궁들에게 "잘들 잤소?" 하는 인사말을 잊지 않으셨다. | 김명길, 《낙선재 주변》 |

1904년 4월 덕수궁 중화전中和殿에 불이 났을 때였다. 여덟 살의 이은은 "조금도 겁내는 기색 없이" 방 안으로 뛰어들어가 평소 자신이 갖고 놀던 칼, 기관차, 배 같은 장난감을 챙겨 나왔다. 고종 황제의 고문을 지낸 윌리엄 샌즈William F. Sands는 이은에 대해 "애기였을 때 모든 사람들에 의해 철저하게 귀여움을 받아 응석받이가 되었지만 아주 착실하고 좋아할 만한 아이였다"며 "의심할 나위도 없이 왕조의 희망"이라고 했다.[22]

일본에서는 이은의 '귀여움'이 화제가 됐다. 이은이 도쿄에 도착한 당일을 묘사한 글이 있다.

은은 앞서 말한 군복 치림이었다. 새털도 높게 장식한 모자를 쓰고 있었던 것 같다. 이토 히로부미의 손에 이끌려 은이 열차에서 내려왔을 때, 사람들은 그 귀여움에 탄성을 올렸다고 한다. 그러나 7~8세로밖에 보이지 않는 은의 과장된 옷차림은 오히려 가엾게 여겨졌던 것이며, 같은 뜻의 말을 그후에 마사코(이방자)는 양친으로부터 들었다.

이때 히비야日比谷 공원에서는 20발의 예포가 발사되고, 근위 군악대는 봉영奉迎의 곡을 연주하고, 연도에는 수만의 군중이 운집하여 인산인해를 이루고 있었다. | 혼다 세츠코, 《비련의 황태자비 이방자》 |

1907년 12월 5일 인천항을 출발한 이은이 도쿄에 도착한 것은 열흘 뒤였다. 길게 잡아도 4~5일이면 충분한 거리인데 열흘씩이나 걸린 것을 보면 곳곳에서 환영 행사가 열렸던 것 같다. 12월 18일 이은은 황궁에 들어가 메이지 천황을 만났다. 메이지 천황은 몇 가지 선물을 주면서 '쓸쓸할 때는 언제든지 궁성으로 오라'고 했다. 이은도 그 말에 따라 자주 궁성을 드나들었다. 혼다 세츠코에 따르면 일본의 《명치천황기》에는 친손자 히로히토裕仁가 메이지 천황을 배알했다는 기록이 '겨우 세 번' 등장한다고 한다. 메이지 천황은 나름대로 이은에게 애정을 베풀었던 셈이다.[23]

이토 히로부미도 이은을 손자처럼 아꼈다. 이은의 '태자태사'가 된 책임감도 작용했겠지만 인천에서 도쿄에 도착할 때까지 한시도 곁을 떠나지 않았다. 이토 히로부미는 이은의 거처를 자주 찾았고, 쌍두마차에 이은을 태우고 일본의 명승을 찾아 함께 여행도 다녔다. 혼다 세츠코는 이은이 "일본 황태자와 동등한 대우"를 받았다고 썼다.

틀린 말은 아니었다. 오히려 일본 황태자보다 더한 우대를 받기도 했다. 이은을 두고 한 말은 아니지만 윤치호尹致昊도 "동양 역사상 몰락한 왕조가 이토록 존엄한 대우를 받았던 예는 찾아볼 수가 없다"[24]고 했을 만큼 대한제국 황실에 대한 일제의 예우는 남다른 데가 있었다. 겉으로나마 대한제국 황실을 예우하는 듯한 모습을 보이지 않는다면 식민지 통치 자체가 쉽지 않다는 것을 알고 있었기 때문이다.

어쨌든 이은은 메이지 천황 부부와 이토 히로부미에게 개인적인 고마움을 느끼고 있었다. 김을한은 "영친왕은, 그들의 속셈은 어떻든 자기에 대한 호의만은 항상 고맙게 생각하여 왔던 것이 사실"이라고 말한다.

낙선재의 조약돌

이은은 두 달 가량 시바芝 이궁離宮에서 묵었다가 1908년 2월 9일 아자부麻布 도리사카鳥居坂 저택으로 거처를 옮겼다.[25] 시종들은 거의 중년 이상 남자였다. 가정적인 분위기는 찾아볼 수 없었고 마치 '기숙사 생활' 같았다. 덕수궁과 창덕궁에서 수많은 궁녀들의 시중을 받으며 자랐던 이은으로서는 더욱 외로움을 느꼈다.

이때의 생활은 오무라 도모노조大村友之丞가 편찬한 《조선귀족열전》에 자세히 기술되어 있다. 곽학송郭鶴松이 편찬한 《이방자》에는 그 일부가 번역되어 있다.

> 순일본식으로 마루 위에 다다미를 깔고 방한 기구로선 전기 난로를 사용했으며 항상 방석을 사용했다. 생활은 규칙적으로 되어 있어서 마치 학교 기숙사의 일과를 연상케 했다. 동궁(일본 황태자)이 보낸 책상에서 예습 복습을 했다. 겨울에는 아침 7~8시, 여름에는 6~7시에 기상하여 세면한 뒤, 군복을 착용하고 정원을 산보하는 것을 일과로 했다. 10시에 아침 식사를 한 뒤 공부방으로 들어갔다. 정오에 점심 식사를 하고 다시 오후 1시부터 3시까지 공부했다. 그 후는 운동 등 자유시간을 보내고, 6시에 저녁 식사, 그 후는 당구 등 오락, 9~10시에 취침하는 것이 일과였다. 하루도 빠짐없이 고국의 부모에게 편지 또는 그림엽서로 문안드릴 만큼 효심이 두터웠다. 매일 쓴 그림 엽서에는 '문안, 세자 은'이라고 썼다. | 곽학송 외, 《이방자》 |

1908년 1월 8일부터 본격적인 교육이 시작됐다. 이은은 일본 최고의 교수진으로부터 개인교습을 받았다. 이은은 3년여 간 자신의

이은과 이토 히로부미. 인질로 데려간 셈이지만 이토 히로부미는 이은을 극진하게 보살폈다.

거처에서 공부한 뒤 1911년 1월 9일 일본의 황족·화족 교육기관인 학습원學習院 중등과에 입학했다. 이은이 학습원에서 수학한 기간은 8개월이 조금 넘는다. 이은은 그해 8월 26일 육군 중앙유년학교의 시험을 치렀고 곧 같은 학교 예과 2학년에 편입했다.

학습원에서의 성적은 뛰어난 편이었다. 3월에는 동급생 55명 중 4등을 했고, 7월에는 44명 중 5등을 했다. 두 번 모두 우등상을 탔다. 일본말에 서툴렀을 텐데 놀라운 성적이 아닐 수 없다. 순종 황제는 전보를 보내 "나이도 비교적 어린데도 성적이 곧 이처럼 잘하니 매우 가상하다. 앞으로 더욱더 힘써 노력하기를 바라는 바이다"라고 격려했다.[26]

그 사이 이은의 운명에 결정적인 영향을 끼친 두 가지 사건이 발생했다. 첫 번째는 이토 히로부미의 죽음이다. 1909년 10월 26일 이토 히로부미가 안중근安重根 의사의 저격을 받고 사망했다. 두 달 전 이토 히로부미와 함께 일본 홋카이도北海道를 여행했던 이은은 적지 않은 충격을 받았다. 이은은 태자소사 이완용의 지시에 따라 3개월간 상복을 입었다.

이토 히로부미에게 이은은 정치적 전리품이었겠지만 오히려 그런 이유 때문에 이은에게 각별한 태도를 취했던 것 같다. 이은은 훗날 "이토 공은 참으로 성실하게 돌보아주었다"며 "내가 공부를 끝내고 새로운 지식을 조선으로 가지고 돌아가서 고국에서 활용할 것을 기대하고, 그와 같이 구상하고 있었던 것 같다"고 아쉬움을 토로했다. 이은은 이방자에게 그렇게 말할 때마다 "이토 공이 살아계신다면……" 하고 덧붙였다. 이토의 죽음으로 이은의 강력한 후원자가 사라졌다.

두 번째는 대한제국의 소멸이었다. 나라를 빼앗기면서 이은의 지위가 격하됐다. 1910년 8월 29일 메이지 천황은 이른바 '조서詔書'와 '칙령'을 공포했고, 이는 고스란히 실록에 기록돼 있다. 주 내용은 다음과 같다.

- 전 한국 황제(순종)를 책봉하여 왕으로 하고 창덕궁이왕昌德宮李王이라 칭한다.
- 황태자(이은) 및 장래 세습할 자를 왕세자로 하며, 태황제(고종)를 태왕太王으로 하여 덕수궁이태왕德壽宮李太王이라 칭한다.
- (왕·왕비·왕세자·왕세자비) 모두 황족의 예로써 대하여 특히 전하殿下의 경칭敬稱을 사용한다.

- 한국의 국호國號는 고쳐서 지금부터 조선이라 칭한다.
- 조선에 조선총독부를 설치한다.[27]

하루아침에 이은의 신분이 황태자에서 왕세자로 바뀌었다. 이은은 이날 어떤 심경이었을까. 한일 양국의 기록을 비교해본다. 먼저 혼다 세츠코의 글로, 〈도쿄니치니치신문〉의 기사에 근거를 둔 것이다.

(……)일체의 방문객을 사절한 이왕 저택에 오전 10시 반에 순종 황제로부터 한일합병을 전하는 장문의 전보가 도착하여, 곧 양육 주임인 이토 히로쿠니伊藤博邦(이토 히로부미의 양자)가 관보의 호외를 가지고 와서 전하에게 장시간에 걸쳐서 그 문장을 설명했다. 은은 잘 알았다고 고개를 끄덕였다고 한다.

은에 대한 대우는 시종의 제복이 황태자 전하와 같은 것에서 보통 황족과 같은 제복이 되었을 뿐이며, 다른 변경은 일절 없었다고 전하고 있다. 그러나 이것은 단순한 시종의 제복 변경만으로 끝나지 않게 된다. | 혼다 세츠코, 《비련의 황태자비 이방자》 |

김을한은 상황을 극화했다. 김을한은 1951년부터 10여 년 간 이은과 수많은 이야기를 주고받았다. 이은으로부터 직접 들은 얘기같다.

그날도 영친왕은 책상에 의지하여 책을 읽고 있었는데, 시종무관 조동윤趙東潤이 신문 호외를 가지고 들어와서 당황한 목소리로 말했다.
"전하! 한일합병이 되었습니다."
"무어?"
"합병입니다. 한국은 일본의 일부가 되었습니다."

시종무관 조동윤. 조동윤은 이은에게 한일병탄 소식을 알려주었다.

"그러면 일본의 속국이 되었단 말이요?"

"황송합니다."

영친왕은 자기도 모르는 가운데 가슴이 뭉클해지며 눈시울이 뜨거워졌다. 눈물을 아랫사람에게 보이지 않으려고 애를 쓰건만, 두 눈에서는 뜨거운 눈물이 자꾸 넘쳐흘렀다. | 김을한, 《인간 영친왕》 |

김을한은 "영친왕은 조동윤을 내보낸 뒤 생후 처음으로 목을 놓고 울었다"며 "나중에 들은 이야기이지만, 영친왕은 평생에 세 번 몸부림쳐 운 일이 있는데, 첫 번째는 한일합병으로 나라가 없어진 때요, 두 번째는 어머님 엄비가 돌아간 때요, 세 번째는 부왕 되시는 고종 황제가 승하하신 때"라고 부언했다.

정확한 시기는 알 수 없지만 이은은 이때를 전후해 '낙선재에 깔린 조약돌을 보내달라'는 편지를 고국에 보냈다. 고종 황제나 엄 황귀비가 그 편지를 읽었다면 마음이 어떠했을까. 김명길은 "마침 일본에 가는 사람이 있어 그 편에 보내드렸더니 태자께서는 그 돌을 어루만지며 눈물을 흘리셨다니 애처롭기가 이루 말할 수 없었다"고 말하고 있다.

엄 황귀비의 훙거

두 번째 슬픔은 곧 찾아왔다. 이은이 학습원에서 우수한 성적을 거두고 있을 무렵, 덕수궁에서는 이은의 일본 생활을 담은 기록영화가 상영됐다. 아들을 떠나보낸 뒤 4년 동안 얼굴 한 번 보지 못한 엄 황귀비는 애가 닳을 대로 닳아 있었다.

엄 황귀비는 이은의 귀국 문제로 총독 데라우치 마사타케寺內正毅와 크게 다툰 일이 있었다. 엄 황귀비는 '여름방학마다 한 번씩 귀국시키겠다'던 이토 히로부미의 약속을 상기시키며 데라우치에게 따졌다.

"분명히 세자가 일본에 갈 때는 1년에 한 번 씩 보내겠다고 약속을 했는데 왜 안 나오나요. 통감께서는 이 사실을 알면서도 실행하지 않나요, 아니면 아예 잊어버리셨나요."

"그것은 오해입니다. 공부 때문이니 잠깐만 참으십시오."

"학교에는 방학도 없나요? 북해도北海道로 여행시킬 시간이 있으면 마땅히 부모를 만나도록 해야 하지 않을까요? 인정상으로 보나 약속을 지키기 위해서나……."

약속은 지키지 않고 이은을 데리고 홋카이도로 여행을 떠난 이토

조선총독 데라우치 마사타케. 이은의 귀국 문제로 엄 황귀비와 크게 다퉜다.

히로부미의 신의 없는 태도를 꼬집는 말이었다. 데라우치는 화가 머리끝까지 치밀었으나 고종 황제의 만류로 자리를 박차고 나갔다.

기록영화가 상영된 건 1911년 7월의 어느날이고, 엄 황귀비가 훙거薨去한 것은 그 이틀 후라 한다. 《선원보감》[28)]에 수록된 '영친왕행록英親王行錄'에는 "영친왕이 일본에 간 지 4년 만에 군시훈련을 받으며 주먹밥을 먹는 활동사진이 황실에 보내졌는데, 이 모습을 본 엄귀비는 충격을 받고 급체하여 2일 후에 별세했다"고 기록돼 있다. 《선원보감》의 기록을 믿는다면 영화가 상영된 날은 7월 18일이다. 엄황귀비는 7월 20일 훙거했다.

민갑완은 기록영화의 내용을 자서전에 실었는데 묘사가 매우 구체적이다. 승후관承詡官이었던 부친 민영돈의 이야기를 듣지 않았나 생각된다.

앞에는 양전마마(고종 황제와 엄 황귀비)를 비롯해서 신황제(순종 황제)님과 내외 조신들, 각국 공영사, 이러한 순으로 정좌한 후 기적과 같은 영화를 관람하기 시작하였다.

　영화의 내용은 일본의 명승고적과 영친왕님의 생활상이었다. 새벽 여섯 시면 기상을 하여 모든 준비를 하고, 청소도 하고, 학교에 나가 공부하며, 오후에는 산에 올라 교련을 받는다. 때로는 아침부터 야외에 나가 종일토록 행군 훈련을 받으며 바람 부는 산모퉁이에서 울며 도시락을 잡숫는 광경도 나오는 것이다. 그럴 때마다 귀인(엄 황귀비) 마마께서도 흐느껴 우시면서,

　"저 장면 다시 한 번 돌려주오. 응, 어서. 세상에 우리 태자님이 저게 웬말인가?"

　하시며 애통해 하시더니 그만 그 자리에서 관격關格[29]이 되시어 3일 후 한 많은 세상을 떠나시고 만 것이었다. | 민갑완, 《백년한》 |

　민갑완은 엄 황귀비가 영화를 본 지 사흘 만에 훙거했다고 기억한다. '영친왕 행록'의 이틀 후와 별 차이가 없다. 그렇다면 7월 17일 혹은 18일 기록영화가 상영됐다는 얘기다. 실록을 찾아봤지만 양일간에는 기록영화와 관련된 어떠한 기사記事도 발견하지 못했다. 양일 간 실록의 기사 자체가 없었다는 뜻이다.

　기록영화가 실제로 그런 내용을 담고 있는지도 확인하지 못했다. 다만 SBS 〈그것이 알고 싶다〉[30]에서 기록영화의 일부라고 추정되는 몇 가지 장면을 볼 수 있었다. 군복을 입은 이은이 정원으로 보이는 곳에서 학우들과 전쟁놀이를 하는 장면, 홀로 그네를 타고 있는 이은을 일본 관리와 군인들이 지켜보는 장면 등이었다.

　이은이 주먹밥을 먹는 장면은 나오지 않는다. 혼다 세츠코의 책에는 "당시에 찍은 영화에는 은이 전쟁놀이를 하는 장면이 있고, 긴 칼을 휘두르는 은의 지휘하에 병정 역할을 하는 시종과 학우들이 도리

엄 황귀비. 명성황후의 시위상궁 출신이었으나 고종 황제의 총애를 받아 국모國母가 되었다.

사카 저택의 뜰을 뛰어다니고 있다"고 나와 있다. 그러나 그 무렵 사진 속에 담긴 이은의 모습은 한눈에도 매우 처연했다. 영리한 아이가 풀이 죽은 듯한 표정이었는데 그 모습은 무슨 말로도 설명할 수가 없다. 엄 황귀비가 그 장면을 봤다면 가슴이 미어졌을 것이라고 단언한다.

엄 황귀비의 사인이 장티푸스라는 기록도 있다. 김을한의 《인간 영친왕》에는 기록영화에 관한 언급은 일절 없고 엄 황귀비가 장티푸스로 사망했다고 씌어 있다. 《낙선재 주변》을 쓴 김명길도 엄 황귀비의 사인의 장티푸스라고 밝혔다. 사인이 어떻든 간에 엄 황귀비가 아들을 다시 만나지 못한 채 "영원의 한恨"을 품고 떠난 것은 확실하다. 이는 김을한의 표현이다.

모친의 부음을 들은 이은은 이불 속에서 또다시 목놓아 울었다.

1장 | 고난의 황태자 · 영친왕 이은 49

이은이 서울에 도착한 것은 엄 황귀비가 세상을 뜬 지 3일 만인 7월 23일이다. 8월 2일 장례가 치러졌고, 8월 8일 이은은 서울을 떠났다. 불과 보름 만에 황족의 장례를 치른 것이다. 엄주명에 따르면 이때 이은이 "모든 일은 끝났구나. 이제 할 일은 공부뿐"이라고 말했다고 한다.

도쿄로 돌아온 이은은 고종 황제를 위로하기 위해 꼬박꼬박 문안 편지를 올렸다. 김명길은 "태자는 부왕에게 풍경이며 꽃 그림이 담긴 그림엽서를 하루도 빠짐 없이 보내 고종을 위로했다"고 썼다.

그해 8월 26일 이은은 육군 중앙유년학교 입교 시험을 치르고, 9월 1일 동교 예과 2학년에 편입했다. 이은은 유년학교에서도 우수한 학생이었다. 작은 키와 비대한 체중 때문에 술과術科(군사과목)에서는 어려움을 겪었지만 다른 학과목에선 뛰어난 성적을 거뒀다. 수업 시간에 졸거나 그릇된 행동을 하는 일도 없었다. 교과를 받은 중대장은 학생들이 강의를 듣다 졸 때면 "(이은) 전하를 봐, 자세 하나 흐트리지 않고 근엄하게 앉아 계신 전하를……." 하며 주의를 주었다.

남을 배려하는 마음도 깊어 동기생들에게 사랑을 받았다. 동기생 이토 쓰토무伊東力는 이런 일화를 소개했다.

이왕李王 전하하고는 같은 구대區隊에서 근무할 수 있는 영광을 가졌던 대정 연대年代의 초, 중앙유년학교 시절의 일이다. 이 구대에는 중앙유년학교 예과 시절의 학우이자 전하의 부관 노릇을 하던 조대호趙大鎬와 모범생이던 와타나베 마사오渡邊雅夫, 이 두 사람도 같은 구대에 배속되어 있었다.

(……) 장난꾸러기 두셋이 작당해서 저녁 식사를 마친 뒤에는 황족 숙사의 뒤꼍으로 돌아가 '전하, 전하' 하고 부른다. 그러면 전하께서는

2층 창문을 여시고 우리에게 과자, 귤 같은 것을 던져주신다. 교내에서의 간식이 허용되지 못한 우리들을 동정해서 먹을 것을 몰래 던져주시는 것이다. 한창 식욕이 왕성할 나이에 변변한 군것질 한 번 못하는 동료들에 대한 동정심 때문에 모험을 무릅쓰셨을 것이다. 고맙게 받아먹으면서도 송구스럽기가 이를 데 없었다. 한 번 맛을 들인 다음부터는 이따금 그 수를 쓴다. 시종들은 아는지 모르는지 한 번도 들켜보지는 않았다. 전하의 거동으로 보아 시종들 모르게 그러셨던 것으로 보인다. | 김영곤, 〈영친왕 전하〉 |

이은은 1913년 5월 예과를 졸업하고 1915년 5월 본과 과정까지 마쳤다. 같은 해 11월에는 육군사관학교에 입교했다. 학우 조대호도 함께 입학해 육사 동기(29기)가 됐고, 중앙유년학교 시절 신병身病으로 1년 간 휴학을 했던 엄주명은 30기로 입교했다.

가례를 올리다

이은과 이방자의 약혼 기사가 일본 신문에 보도된 것은 육사에 재학 중이던 1916년 8월 3일이다. 자신의 약혼이 일본 궁내성宮內省에 의해 내정된 사실을 사전에 알았는지는 알 수 없지만 그가 받은 충격을 짐작하기란 어렵지 않다.

고종 황제를 비롯한 황실 종친들은 두 사람의 결혼을 달갑지 않게 생각했다. 일본인인 이방자조차도 "원래 총독부에서는, 왕공족을 극력 일본에 동화시키는 동시에, 순수한 왕가의 피에 일본인의 피를 섞는 것을 통치의 비결로 삼고 있었습니다"라고 쓸 정도였다. 이은이나 황실의 어른들이 그 의도를 모를 리 없었다.

몇몇 일본인은 고종 황제가 결혼을 선뜻 받아들인 것으로 기록했다. 이방자의 어머니 이츠코의 일기에는 이런 내용이 있다.

> 이쪽의 슬픔과는 정반대로 조선의 이태왕李太王(고종)은 매우 기뻐했는데, 왜냐하면 그쪽 궁정에서는 귀족들 사이에 골육상쟁의 처참한 세력다툼이 끊임없었고 왕비의 일족이 실권을 장악하는 추악한 투쟁이 계속되고 있었기 때문이다. 그것을 잘 알고 있는 고종은 은이 일본에서 공부하며 성장했고 일본 황족의 왕녀를 아내로 맞이하게 되면 궁정도 평온하게 될 것이라고 안심했다고 한다. | 혼다 세츠코, 《비련의 황태자비 이방자》 |

15여 년 간 이왕직李王職[31] 궁내관을 지낸 곤도 시로스케權藤四郎介도 "고종 전하가 이 혼례에 반대했다는 얘기가 지금까지도 사실처럼 전해지고 있으나, 그것은 전하의 마음을 알지 못한 자의 오해이든지 또는 알고도 고의로 이태왕을 중상하려고 하는 자나, 친일임을 퍼뜨려서 자신의 이름을 팔려고 하는 자의 험담"이라며 "전하는 시대의 흐름에 따라 맞춰가는 일에 아주 현명한 분이었으므로, 이 혼례에 반대하는 일이 자신의 만년을 그르치는 일이라는 정도는 충분히 이해하고 있어서 흔쾌히 찬성하셨다"고 했다.

두 사람의 증언이 아주 틀린 말은 아니라고 본다. 그러나 언제 그런 말을 했느냐가 문제가 된다. 1918년 이후는 이은과 이방자의 결혼이 사실상 확정된 시기였다. 거부하고 말고 할 상황이 아니었다. 그해 1월 대한제국 황실은 민갑완의 집에서 약혼반지를 거둬들였다. 자발적으로 한 일은 아니었지만 10여 년 전에 맺었던 약혼까지

이왕직 궁내관을 지낸 곤도 시로스케. 《이왕궁비사》라는 책을 썼다. 이 책에는 대한제국 황실에 관한 숨은 이야기가 많이 담겨 있다.

깨뜨린 마당에 이은과 이방자의 결혼을 반대할 수 없었다.

그 시점에서 봤을 때 고종 황제가 성혼을 받아들였다는 이츠코와 곤도 시로스케의 증언은 사실에 부합된다. 그러나 고종 황제는 처음부터 결혼에 반대했다. 자신의 '노력' 덕분에 이은과 이방자의 결혼이 이뤄졌다고 주장하는 윤덕영은 "이태왕(고종)께서는 이 일을 반대하시고 민영돈의 딸과 혼약하고서 마치 영친왕의 어머니인 엄비가 살아계셨을 때 약혼해놓은 것처럼 속여 일본 귀족과의 결혼을 방해했다"[32]고 말했다.

대한제국의 백성들도 이 결혼에 대해 심한 거부감을 보였다. 그들의 목소리를 직접 전할 수는 없지만 그 일단을 엿볼 수 있는 신문기사를 옮겨본다. 이은과 이방자의 가례가 이뤄진 후 상하이에서 발행되던 〈독립신문〉은 이렇게 보도했다.

최후의 정죄定罪―이은의 취구녀娶仇女(원수의 여자를 취함)

금일부터 영친왕이라고 존칭하기를 폐廢하리라, 영친왕이던 이은은 무부무국無父無國의 금수禽獸인 고故로.

죄악 많은 이조李朝의 역사는 금일로써 영원히 정죄定罪함을 받았도다. 광무제의 시기를 득得한 붕어와 의친왕의 희한한 의거義擧는 전국민에게 다대한 감동을 주어 500년 과거의 무한한 죄악을 용서하고 몰락의 피등彼等을 위하여 일국一掬(한번 움켜쥠)의 동정의 누루淚를 쇄쇄灑하게 하더니, 아아 이의已矣로다. 적자賊子 이은으로 하여 이조는 영원한 정죄와 저주를 수受하였도다. |1920년 5월 8일자|

'원수의 여자仇女'와 결혼한 이은을 '금수禽獸' '적자賊子'라고 비난하며 '죄를 묻겠다定罪'는 내용이다. 조선인들의 분노가 얼마나 대단했는지 알 수 있다. 이방자와의 약혼이 보도되자 도쿄 도리사카 영친왕 저택에는 연일 투서와 협박전화가 날아들었다. 이방자의 집도 마찬가지였다.

이은은 1917년 5월 육사를 졸업하고 같은 해 12월 25일 육군 소위로 임관했다. 이듬해 1월 이은은 도일 이후 두 번째로 서울을 방문한다. 1911년 엄 황귀비의 장례로 귀국한 것을 제외하면 공식적인 첫 방문이었다.

새해 첫날부터 총독부 기관지 〈매일신보〉는 환영 분위기를 띄우기 위해 애쓰고 있다. 이날 〈매일신보〉는 '총명 정숙하신 방자 여왕'이라는 제목으로 이은의 약혼녀가 된 이방자의 근황을 전했다. 매일신보는 "황송한 말씀이올시다만 여왕 전하께서는 그 고귀하옵신 문벌이라든지 또는 총명 정숙하옵신 천질이시라든지 장래 이왕세자의 비전하로 우리가 경앙하기에 실로 영광스러운 일"이라고 주장했다.

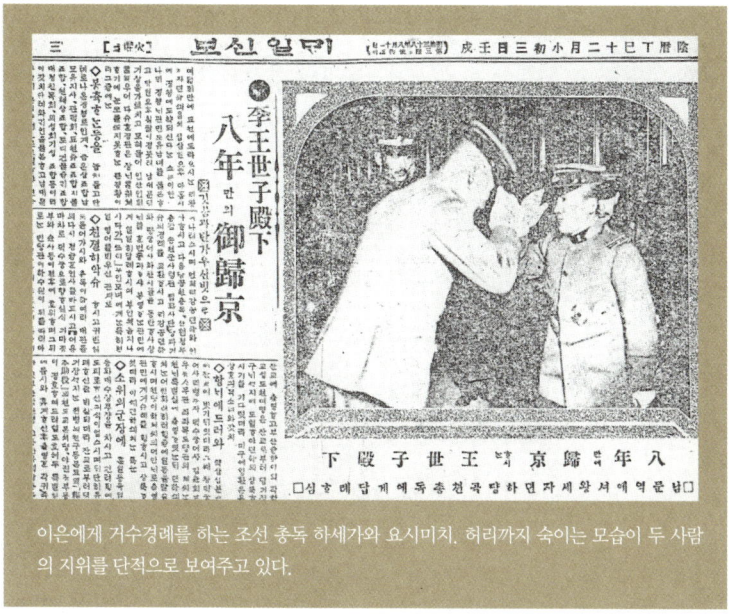
이은에게 거수경례를 하는 조선 총독 하세가와 요시미치. 허리까지 숙이는 모습이 두 사람의 지위를 단적으로 보여주고 있다.

1월 8일부터 이은의 유학 생활을 담은 '이왕세자 전하'(총6회)가 연재됐다. 이은은 1월 13일 서울에 도착했고, 1월 15일자 〈매일신보〉에는 이은이 남대문역에 내리는 장면을 담은 사진이 3단 크기로 실렸다. 사진 속에는 이은과, 이은에게 머리를 숙이며 거수 경례하는 총독 하세가와 요시미치長谷川好道의 모습이 담겨 있다.

같은 날짜 〈매일신보〉는 이은이 고종 황제와 순종 황제를 배알하는 장면도 스케치했다.

> 세자 전하께서는 양 전하 앞에 나오사 조선 절을 하시고 꿇어앉으시매 이태왕 전하(고종)께서는 기꺼움을 이기지 못하시어 용안에 가득히 웃음을 띄우시압고 세자를 바라보시며 "나는 많이 컸는 줄 알았더니 키는 그대로 있구나" 하시고 (……) 세자 전하를 앞으로 가까이 오라

하시어 군복 소매를 어루만지시며 "이것이 소위 少尉 군복이냐…… 이런 모양을 선대 폐하가 보셨다면 얼마나 좋아 하셨을까, 이등 공(이토 히로부미)이 살았던들 얼마나 기뻐하였으랴……"하옵시고 "좀 서보라"고 말씀하사 일어서게 하신 후 친히 손을 잡으시고 등을 어루만지시며 "참 확실하여졌다"고 칭찬하시는 등 깊으신 정의를 다하사(……)

이태왕 전하께서는 삼편쥬(샴페인)와 가스데라(카스테라)를 세자께 권하시며 "너는 내지(일본) 생활을 오래 하였은즉 고추같이 매운 음식은 못 먹겠지, 내지에서 무엇이 생각나더냐"고 자세히 물으시니 세자 전하께서는 "편육 생각이 좀 났었습니다"고 대답하시고 태왕 전하께서는 "오―그렇겠지 너는 어렸을 때 국수에 편육 얹은 것을 좋아하였으니까"하시며(……). | 1918년 1월 15일자, 〈매일신보〉 |

공식적인 첫 귀국이라 그런지 일정은 빡빡하게 짜여졌다.[33] 이은은 보름 여의 일정을 마치고 1월 26일 서울을 출발해 도쿄로 돌아왔다. 그해 8월 다시 서울을 방문했는데 고종 황제의 병 간호를 위해서였다. 일본이 이은의 두 번째 서울행을 허락한 것은 다소 이례적인 일이었다. 고종 황제의 병세가 그리 대단치 않은 것이었기 때문이다.

이방자와의 가례 날짜가 1919년 1월 25일로 결정됐다. 가례 준비는 순조롭게 진행되고 있었다. 그러나 결혼식 나흘 전에 갑자기 고종 황제가 붕어하면서 가례는 무기한 연기되었다. 도쿄를 떠나기 전까지 누구에게도 보이지 않았겠지만 이은은 또다시 몸부림쳐 울었다. 김을한은 이은이 평생 세 번 크게 울었다고 쓴 적이 있다. 이제 이은에게는 더 이상 크게 울 일이 남아 있지 않은 셈이었다.

1월 24일 이은은 급히 귀국해 상복으로 갈아입고 머리를 풀었다.

고종 황제 국상. 경운궁(덕수궁) 대한문 앞이다.

2월 16일 명성황후의 관이 청량리 홍릉洪陵에서 남양주 홍릉으로 옮겨졌다. 순종 황제가 망곡례望哭禮를 행했고, 이은도 황태자로서 예를 따랐다. 3월 3일 고종 황제의 공식적인 '국상식國喪式'이 훈련원에서 치러졌다. 대례복이나 연미복 또는 검은 양복을 입어야만 참석할 수 있는 일본식 국상이었다. 조선인 참석자는 70여 명에 불과했다.

그러나 총독부가 주도한 공식적인 국상의 예식이 끝나고 고종 황제의 영여靈輿(상여)가 남양주 금곡리(홍릉)로 출발하자 금세 수천 명의 조선인이 모여들었다. 순종 황제와 이은이 영여를 따랐고, 길가의 백성들은 무릎을 꿇고 통곡했다.

이은은 3월 8일 삼우제三虞祭[34]까지 모두 끝내고 이틀 후 서울을 떠났다. 이은의 가슴 속에는 부친을 잃은 설움과 함께 3·1운동의 감격과 흥분이 그대로 남아 있었다. 고종 황제의 붕어는 이은 개인에게는 하늘이 무너지는 슬픔이었지만 약혼 기간이 길어짐에 따라 이방자와의 사랑을 키워가는 계기가 됐다. 이은은 휴일마다 이방자의 저택을 찾았다.

이듬해 4월 28일 이은은 자신의 저택에서 이방자와 가례를 맺었다. 바다를 건너 가례에 참석한 김명길은 "영친왕께서는 (결혼식) 내내 싱글벙글하셨다"고 기억한다. 하지만 가례 20여 일 전 한 동포 유학생이 결혼식장에 던지기 위해 폭탄을 제조하다가 체포된 일도 있었다.[35] 조선인의 분노는 이처럼 깊었다.

민갑완, 잔인한 날들의 시작

이은 부부가 달콤한 신혼을 즐기고 있을 무렵, 민갑완은 어떻게 지내고 있었을까. 이은이 이토 히로부미의 손에 이끌려 일본으로 떠난 직후부터 짚어보기로 한다.

1907년 12월 24일[36] 아침 민갑완의 집으로 궁중의 전갈이 왔다. 시국이 혼란스러워 재간택을 할 수 없으니 신물信物을 먼저 보내겠다는 내용이었다. 오후엔 신물이 도착했다. 비단에 쌓인 가락지 두 쌍이었다. 함께 온 종이 위에는 '약혼지환'이라고 씌어 있었다. 신물을 받아 든 민갑완은 "이제 재간택까지 치른 셈으로 영원히 황실의 사람이 된 것"이라고 느꼈다.

그러나 그뿐이었다. 혼사는 치러지지 않은 채 속절없이 10여 년의 세월이 흘렀다. 민갑완의 나이도 어느덧 스물을 넘겼다. 마음속엔 번민이 쌓여갔다.

나이가 먹는 탓인가, 아니면 나의 운명에 마魔가 생기려고 하나, 하여튼 예사로운 일은 아니었다. 처마 끝에 풍경 소리만 들어도 콧마루가 시큰해지고 눈시울이 뜨거워졌다. 그날도 책은 눈앞에 펴놓았으나 생각은 머언 예로 돌아가 어린 날을 회상하고 있었다. 그 누구보다 화려한 과거를 가졌으나 나는 왜 이리도 쓸쓸해야 되나, 하고 홀로 눈물지었다.

여자의 운명은 이러한 것인가. 십여 년 전에 정해놓은 그 분을 위하여 문 밖도 마음대로 못 나가고, 사람도 친척 외에는 피하면서 살자니 정말 고통스러운 생활이었다. 밤도 이젠 퍽 깊었는지 할머님 방에서 내온 뻐꾹시계가 열두 시를 쳤다. 아버님께서 영국을 다녀오신 후로는 봄, 여름, 가을 없이 시간마다 우리집에는 뻐꾸기가 울고 있었다. 뻐꾸기의 울음도 기분이 좋을 때는 신기롭게 들리지만 마음이 언짢거나 쓸쓸할 때는 한결 더 슬픈 것만 같았다. | 민갑완, 《백년한》 |

이은의 공식 귀국 직전 민갑완은 흉한 꿈을 꿨다. 누군가 닭 한 쌍을 집안에 선사膳賜했다. 수탉은 빨간 볏이 늠름했고, 암탉은 포동포동 탐스러웠다. 민갑완은 기분이 좋아 쌀 한 됫박을 뿌려주었다. 모이를 쪼는 닭 한 쌍을 흐뭇하게 바라보고 있는데 난데없이 독수리가 날아와 수탉을 물고는 동쪽 하늘로 날아갔다. 수탉은 피를 철철 흘리며 끌려가지 않으려고 몸부림쳤다. 민갑완은 안타깝게 바라보다가 자리에서 일어났다.

사부師父에게 꿈 얘기를 했더니 "둘이 다 유생酉生인데…" 하며 난처한 표정을 지었다. 민갑완과 이은이 모두 닭띠라는 뜻이었다. 이은에게는 닭띠 해에 태어났다고 해서 '유길酉吉'이라는 아명이 있다. 사부는 액막이를 위해 굿이라도 벌이자고 했지만 민갑완의 어머

윤덕영은 이은과 이방자의 결혼이 자신의 '노력' 때문이라고 주장한다.

니는 그런 일을 마뜩찮아 했다.

보름쯤 지나 민갑완은 집에 배달된 《매일신보》를 집어들었다. 이은이 일시 귀국한다는 기사가 적혀 있었다. 기사의 내용대로 이은은 1918년 1월 13일 서울에 도착했다. 곧 어배식御陪食(일종의 환영 파티)이 열렸고, 이은은 고종 황제를 알현했다. 민영돈도 입궐하여 참례했다.

민갑완은 궁궐 내에서 벌어진 고종 황제와 영친왕의 대화를 자서전에 기록했다. 아버지 민영돈이 전해준 이야기를 기억을 더듬어 옮긴 듯하다.

"유길아, 열한 살 때에 간택 치른 것을 기억하고 있느냐?"

"네, 기억하고 있습니다."

"그럼 어서 가례를 올려야지."

《백년한》에는 고종 황제의 말이 채 떨어지기도 전에 일본인 측근

들이 가로막고 통역을 세웠다고 기록돼 있다. 민갑완과 이은의 가례를 막기 위한 '계책'이었다는 것이다. 고종 황제가 두 사람을 맺어주기 위해 분투했던 것은 분명해 보인다. 이은과 이방자의 성혼成婚이 자신의 '노력'이었다고 주장하는 윤덕영의 회고담이다.

> 왕세자(영친왕) 전하와 일본 귀족과의 혼인은 내가 주장해 온 바요 이것이 이루어진 것은 오로지 나의 노력 덕분이다. 한데 이태왕(고종)께서는 이 일을 반대하시고 민영돈의 딸과 혼약하고서 마치 영친왕의 어머니인 엄비가 살아계셨을 때 약혼해놓은 것처럼 속여 일본 귀족과의 결혼을 방해했다. 이에 이왕가의 흥망이 걸린 문제로 보고 이미 혼약예물로 호박반지까지 보낸 이 사이를 분쇄하는 공작을 자임하고 나선 것이다. 약혼녀의 아버지인 민영돈은 나와는 가까운 인척관계에 있었다. 나의 맏며느리가 바로 민영돈의 큰딸이기에 만약 이 혼사가 이루어지면 후덕이 만만치 않음을 내가 모를 바가 아니다. 이 영화를 버리고 이왕가의 혼약을 밑바닥부터 부숴버린 나의 충심을 아는 사람은 알고 있을 것이다.[37] | 이규태 역사에세이, 1999년 8월 27일자, 〈조선일보〉 |

이해 정월은 민갑완에겐 잔인한 달이었다. 새해 첫 날부터 〈매일신보〉는 이은의 일본인 약혼녀에 대한 기사[38]를 실었다. 뿐만 아니라 이은의 유학 시절에 관한 기사가 일주일 가량 연재됐고, 서울 도착 후에는 그의 일정과 관련된 기사가 연일 실렸다. 지척에 있으면서 약혼자의 얼굴도 못 보는 괴로운 나날이 한 달여 동안 계속됐다.

1월 26일 이은은 공식 귀국 일정을 끝내고 서울을 떠났다. 그로부터 나흘 후였다. 이날 궁중에서 상궁 두 명이 신물을 환수하러 나왔고, 본격적인 '파혼 공작'이 시작되었다. 상궁들은 민영돈 부부에게 문안을 올리고, 용건을 말했다.

"황공하온 말씀이오나 신물을 환수還受하러 나왔사옵니다."

민영돈은 기가 막혔다. 상궁들은 '상上(황제)의 뜻'이 그러하다고 말하다가 '총독부에서 지령한 일이라 어찌 할 도리가 없다'고 실토했다. 민영돈은 기어이 언성을 높였다.

"그건 나는 못 하겠소. 내 자식의 일생을 망치고 게다가 그 동기까지도 폐혼케 하는 그런 일을 어찌 하라고 합니까. 못 해요."

한번 왕세자비로 간택된 처자는 다른 가문에 출가하지 못하는 것이 조선의 관습이다. 시집을 보내려 해도 받아주지 않았다. 형이나 언니보다 먼저 혼례를 치르는 것도 역혼이라 하여 당치 않은 일로 여겼다. 민영돈이 자식의 일생을 망치고, 동기(형제)들까지 폐혼케는 못 한다 한 것은 이를 두고 한 말이다.

이날은 별일없이 물러갔지만 상궁들은 매일같이 민갑완의 집을 드나들며 파혼을 종용했다. 민영돈은 파혼을 사주하는 세력이 누구인지 근친과 지인을 통해 알아보려 했다.

일면 우리를 도와주려는 몇몇 분들은 어떻게 된 내력인가를 조사하여 보고를 하였다. 이번 일은 어명도 아니고 총독부의 지시도 아닌 오직 아부를 밥먹듯 하는 친일파의 간교라고 하였다. 시종원경侍從院卿을 비롯하여 총리대신과 시종부관의 계책이라 전하면서 버티라고 말해주었다. (……) 어느 풍편에는 규수閨秀(민갑완)가 너무나 영리하여서 명성황후는 명함도 못 들일 정도이니 일찍 방비를 해야지 더 두었다간 큰일이 날 것이라는 시종원경과 총리대신의 우려에서 생겨난 비극이라고 한다. | 민갑완, 《백년한》 |

이은의 약혼기사를 보도한 〈매일신보〉. 민갑완은 이 기사를 본 것이 틀림없다.

앞서 소개한 윤덕영의 회고와 비교해보면 상당히 정확한 정보임을 알 수가 있다. 민갑완은 사돈 어른(윤덕영)의 비정함에 치를 떨었을 것이 틀림없다.

이어지는 불행

대세는 기울었다. 이은과 이방자의 결혼은 결정된 거나 마찬가지였다. 어쩌면 민갑완은 마음의 준비를 하고 있었는지도 모르겠다. 2년 전 이미 영친왕과 이방자의 결혼을 허락한다는 일본 천황의 칙허가 있었고, 이 소식은 1916년 8월 3일자 〈매일신보〉에 크게 보도됐다. 민영돈이나 민갑완은 이를 알고 있었을 것이다.

상궁들이 처음 다녀간 지 사흘이 지난 날, 민갑완의 집은 다시 상궁과 나인들로 들끓었다. 이들은 다른 귀족의 자제에게 민갑완을 출가시키라고 성화를 부리면서 박영효朴泳孝 집안이 어떠냐고 운을 띄우기도 했다. 민영돈은 "파혼을 하면 했지 남이야 뉘게 시집을 보내든 무슨 상관이시오."라며 탄식했다. 민갑완의 조모와 모친은 이 날부터 식음을 전폐했다. 조모는 땅을 치며 통곡했다.

상갓집이 따로 없었다. 하인들은 미음을 끓이느라 바삐 움직였고, 민갑완의 나이 어린 동생들은 어찌할 바를 몰라 어른들의 눈치만 살폈다. 상궁들도 딱해 보였는지 울고불고 야단을 떨었다. 민갑완은 가슴이 미어졌다. 무슨 운명을 이리도 박복하게 타고났기에 부모에게 고통만 안겨드리나 싶은 생각이 들었다. 민갑완은 차라리 목숨을 버리고도 싶었지만 그것은 더 큰 불효였다.

열흘 여의 지옥 같은 시간이 흘렀다. 그해 2월 11일은 음력으론 정월 초하루, 설날이었다. 그러나 집안 분위기는 더욱 침통했다. 정월 초사흗날, 민갑완은 상궁들을 방 안으로 불러들였다. 마음만 상하니 상궁들과 대면하지 말라는 부친의 권유도 뿌리친 채 민갑완은 상궁들과 마주앉았다. 상궁들이 먼저 민갑완의 손을 부여잡고 눈물을 쏟았다. 이를 악물고 울음을 참던 민갑완의 눈에도 왈칵 눈물이 쏟아졌다.

"약혼을 파하자고 해서 파하겠다고 허락을 해줬으면 그만이지 그까짓 신물이 무엇이기에 우리를 그토록 괴롭히십니까. 나야 누구와 결혼을 하든 말든 그 편의 생활에 간섭만 않으면 되지 않습니까. 정혼을 한 지 10여 년 간 미우나 고우나 낭군으로 여기고 마음두고 살아온 나에게 그까짓 신물 하나 기념으로 주고간들 무엇이 그리 원통하시겠습니까. 내가 말씀드린 대로 그대로들 가시어서 전갈을 해주

영국 공사 민영돈. 민영돈을 따라 함께 영국에 갔던 이기현은 훗날 민갑완을 상하이로 망명시키는 데 큰 도움을 준다. 이기현은 민갑완의 외삼촌이다.

십시오. 결혼은 물론 다시 마음먹지 않을 것이며 생활에도 간섭치 않을 터이니 신물만은 귀중하다기보다도 억울한 마음의 기념으로 두고 싶사오니 그리 아시옵고 선처해주십사고 아뢰어주십시오."

상궁들은 결사적이었다. 대표격인 어느 상궁은 "신물을 환수치 못할 때에는 저희들의 목은 물론이요, 양궁까지도 존폐를 시킨다고 하옵니다"[39]라고 말하며 매달렸다. 민갑완은 고민했다.

나는 어떻게 해야 하며 나의 앞길은 어떻게 될 것인가, 하고 깊이 생각해보았다. 충신은 불사이군不事二君이요, 열녀는 불경이부不更二夫라고, 비록 살을 맞대고 말을 건네본 적은 없더도 10년이란 긴긴 세월

을 두고 마음속에서 섬기던 분이 정략적으로 나를 배반한다고 해서 나도 그 편과 같이 가문을 망각한 채 배반적인 행동을 할 수가 있을까, 하고 생각하며 다짐해보았다. 그러나 내 마음속에서는 열 번이면 열 번, 백 번이면 백 번 전부가 '아니다'라는 답변만이 나왔다. 안 된다, 다시 다른 곳을 택하여 시집을 가다니 그것만은 안 된다. 여자라고 반드시 결혼해서 살아야 된다는 법이 어디 있는가. 또 내가 결혼을 안 했다고 해서 동생들까지도 결혼을 못하라는 법이 어디 있단 말인가. 내가 어디에 흠이 있어서 파혼된 것도 아니고 나의 가문이 나빠서 쫓겨난 것도 아니며, 그렇다고 내가 화냥질을 한 것도 아닌데 왜 나 때문에 결혼을 못시킬 것인가. 그것은 모두가 허튼소리고 케케묵은 썩은 정신이라고 생각되었다. | 민갑완, 《백년한》 |

민갑완은 "그까짓 금가락지 두 짝이 무엇이 그리 중요하단 말인가"라는 생각에 이르렀다. 자신에게서 신물마저 빼앗아가려는 저들의 심보와 계책이 얄밉고도 분했지만 민갑완은 신물을 돌려주겠다고 결심했다. 대신 "일제日帝의 강압으로 아무런 이유도 없이 신물을 다시 강탈해간다"는 각서[40]를 써달라고 했다.

상궁들은 각서를 쓰지 못 하겠다고 펄쩍 뛰었지만 민갑완이 그러면 못 주겠다고 버티자 할 수 없이 이를 받아들였다. 각서 한 장에 신물을 돌려준다고 생각하자 민갑완의 눈에서 다시 눈물이 쏟아졌다. 민갑완은 겨우 눈물을 삼키고 지필紙筆을 꺼내 '충신불사이군忠臣不事二君, 열녀불경이부烈女不更二夫'라고 쓰고는 황제와 황후에게 전해달라고 했다. 상궁들은 이마저도 자신들의 목이 달아난다며 거부했다.

결국 민갑완은 목을 놓아 울었다. 상궁들도 모두 소리를 내어 울기 시작했다. 민영돈은 이 소식을 듣고 분한 마음을 참지 못해 소리쳤다.

"빼앗고 싶었던 물건을 빼앗았으면 어서 물러들 가실 것이지 남의 집에서 울긴 왜 이리 우시오. 누가 죽는 꼴을 보셔야만 시원들 하시겠소."

건넌방에서 민갑완의 조모와 모친이 달려와 몸부림치는 민영돈을 부축하고 위로했다. 이 틈에 상궁 중의 한 명이 몰래 신물과 각서를 들고 달아났다.

이튿날 민영돈은 가까운 친척으로부터 부름을 받았다. 친척의 집에는 황실과 관계된 대신들이 모여 있다고 했다. 민갑완은 틀림없이 자신의 문제와 관련된 일이다 싶어 부친에게 가지 않는 게 어떠냐고 권유했지만 민영돈은 별일이야 있겠느냐는 생각으로 기어이 가고 말았다. 얼마 후 민영돈은 창백한 안색으로 돌아왔다. 민갑완은 불길한 예감에 무슨 일이 있었느냐고 꼬치꼬치 캐물었다. 민영돈은 서약서를 쓰고 왔다며 괴로워했다. 황제의 대리로 시종부관이 나와 '기막힌 서약'을 강요했다는 것이다.

민영돈은 "신의 여식을 금년 내로 타문에 출가시키지 않으면 부녀가 중죄를 받아도 좋다"는 각서에 서약을 하고 말았다. 민영돈은 민갑완을 보며 "상上(임금)의 뜻이시라니 내 어찌 거역을 할 수 있겠느냐"고 탄식했다.

불행은 그것으로 끝이 아니었다. 조모는 민갑완만 보면 흐느껴 울었다. 안 보이면 안 보인다고 손녀딸을 찾았고, 보이면 보인다고 애통해했다. 정월 보름부터는 아예 자리에 눕게 되었다. 이 광경을 본 어른들은 차라리 따로 떨어져서 지내는 게 서로에게 나을 것이라고 조언했다. 민갑완은 외가로 옮겨 생활하게 됐지만 마음이 편할 리 없었다. 자리에 누워 있는 조모 걱정도 되고, 어머니는 또 어떠신가 해서 조바심이 났다.

1918년 7월 5일. 아침상을 받고 있을 때였다. 청지기가 뛰어들어와 조모가 새벽에 별세했다는 소식을 전했다. 민갑완은 그 말을 듣고 정신을 잃었다. 조모가 별세한 후부터 민갑완은 마음이 심난한 날이면 조모의 궤연(几筵)[41]을 모셔둔 방에 들어가 울고 나왔다. 그러고 나면 기분이 다소 나아졌다.

민영돈은 민갑완의 문제로 속을 썩이며 술을 과하게 마시기 시작하더니, 모친의 상을 치른 후로는 더욱 심해졌다. '친일파'들은 민영돈에게 회유와 압력을 가해왔다. 3만 원을 줄 테니 일본 황족과 결혼을 시키라고 했고, 일본 귀족과 결혼하면 높은 벼슬을 줄 것이며 이로 인해 한일 관계가 두터워지면 좋지 않겠느냐고 꼬드겼다.

이해 11월 초 만취해 귀가한 민영돈이 자리에 눕더니 다시는 일어나지 못했다. 언어장애가 일어나 장안의 명의名醫란 명의는 다 불러들여 치료를 했지만 차도가 없었다. 마지막 방법으로 전의典醫 안상호安商浩의 처방을 받았다. 민영돈은 안상호가 보내온 약을 먹은 후 선지 같은 피를 토하고는 유언 한 마디 남기지 못하고 세상을 떠났다. 1919년 1월 4일이었다. 민갑완은 불과 6개월 사이에 조모와 부친의 초상을 치른 것이다.

맏상제 역할을 해야 했던 남동생 천식은 이제 만 열세 살이었고, 작은상제 만식은 열 살, 여동생 만순은 여덟 살이었다. 어린 상제들이 발을 구르고 울면서 상여를 따라가는 모습에 모든 사람들이 가슴 아파했다. 훗날 민만순은 SBS 〈그것이 알고 싶다〉와의 인터뷰에서 이렇게 말했다.

아버지께서 피를 토하셨습니다. 자식 일생을 망쳤다면서, 살면 뭐하겠느냐고 자꾸 약주만 들이잡수셨습니다. 그땐 집에서 술을 담글 때잖아요. 약주만 드시고 식사는 안 하시고 그러시다가 석 달만에 돌아가셨습니다. 왜 시집 안 보내느냐고, 형사가 오고 경찰이 오고 하여튼 별별 사람이 다 와서 괴롭혔습니다. | SBS 〈그것이 알고 싶다〉, '황실의 후예들' 편, 1995년 2월 4일 방영 |

민영돈이 타계하고 20여 일 후 고종 황제가 붕어했다. 전의 안상호가 일제의 사주를 받아 독살했다는 소문이 떠돌았다. 이 소문을 들은 민갑완은 부친도 안상호에게 독살당했다고 확신하고 몸을 부르르 떨었다. 민갑완은 "같은 의사의 약으로 양가의 부모들이 같은 달에 세상을 버리시다니 이 무슨 얄궂은 운명의 연결이란 말인가."라고 탄식하고 "악독한 것들…… 하늘이 무심치 않으시다면 반드시 벌을 주리라."고 저주했다.

상하이로 망명을 떠나다

부친이 세상을 떠나자 가세마저 기울었다. 민갑완 일가는 1919년 3월 살던 집을 팔고 친척 집에서 더부살이를 시작했다. 민갑완 일가를 받아준 친척은 1901년 민영돈이 영국 공사로 부임할 때 동행했던 이기현李起鉉이다. 그는 민갑완의 모친 이기돈의 친동생이다. 외삼촌 집에서 힘들게 생활하면서도 민갑완은 어린 동생들을 생각하며 삶의 의욕을 잃지 않으려 했다.

그러던 어느날 괴청년으로부터 '민갑완을 사모한다'는 내용의

'해괴망측한 편지'가 날아들었다. 이기돈은 기가 막혔다. 이기돈은 동생 이기현과 이기서를 불러 대책을 논의했다. 이기현은 우려를 나타내면서 해외로 망명하는 게 어떠냐고 제안했다. 그렇게라도 하지 않으면 견딜 수 없는 지경이었다. 민갑완은 가족들 외에는 얼굴도 보이지 않았지만 집 밖에서 하루 종일 배회하는 수상한 청년이 있는가 하면, 민갑완의 치마 끈을 잘라가는 괴한마저 있었다.

영국 공사관에서 근무했던 이기현은 해외 사정에 밝았다. 이기현은 중국 상하이의 지인을 통해 현지에 직장을 마련해두고 망명 준비를 하기 시작했다. 망명일은 일단 1920년 5월경(음력)으로 잡았다. 떠나기 전까지 서너 달 가량 시간이 있었지만 3·1운동 이후 일제의 통제가 심해진 상태에서 출국 허가를 받아내는 게 문제였다.

이기현은 송병준宋秉畯을 만나 교섭에 들어갔다.[42] 이기현은 송병준에게 반년 만에 조모상과 부친상을 당한 민갑완의 처지를 상기시켰다. 그리고 민갑완을 상하이에 보내 바람이라도 쐬게 한 후, 상처가 다소나마 아물게 되면 그때 시집을 보내겠다고 약속했다. 송병준은 민갑완을 출가시키겠다는 이야기에는 반색하면서도 상하이라는 말엔 경계심을 보였다. 민갑완과 이기현이 상하이임시정부와 연계되는 것을 두려워했기 때문이다.

이기현의 계속되는 설득에 송병준과 당국은 몇 가지 단서를 달아 출국을 허락했다. 3개월 이내에 다녀오되 재산을 담보로 잡고 귀국치 않으면 몰수한다는 것이었다. 이기현은 집안에 대대로 내려오는 시흥의 300석지기 전답을 담보로 잡혔.

망명을 위한 모든 준비가 끝났다. 그런데 민갑완이 갑자기 원인 모를 병에 걸렸다. 하체는 '얼음같이' 차가워지고 상체는 '불같이' 뜨거워지는 이상한 병이었다. 그 무렵 도쿄에서 영친왕 이은과 이방

민갑완의 근황을 보도한 1920년 4월 28일자 〈동아일보〉 기사. 이기현과의 인터뷰를 통해 민갑완의 상중喪中 모습을 전했다. 민갑완의 근황 기사와 이은 부부의 사진이 묘하게 대비되고 있다.

자의 결혼식이 거행되었다. 식이 열렸던 4월 28일, 〈동아일보〉는 두 사람의 결혼과 민갑완의 근황을 같은 지면에 보도했는데 민갑완은 이를 두고 "비교 아닌 비난을 하였다"고 표현하고 있다. 이날 〈동아일보〉 기사의 일부를 옮겨본다.

박석고개를 넘어서서 광례교를 지나 북으로 경학원의 옛집을 바라보고 가다가 다시 서편으로 이끼빛이 새롭고 창경원 뒤 담 아래 배꽃과 복사꽃이 난만히 피어 무정한 동풍에 하염없이 우수수 내려앉는 민씨의 댁에는 주인은 이미 작고하여 다른 세상 사람이 되었으나 문패는

여전히 삼년상중임을 말한다. 규수는 외로운 자당을 위로하며 철모르는 어린 동생들을 거두어가며 풀 길 없는 설움을 시름없이 하여 나아가며 지는 꽃 우는 새와 더불어 인간의 박정함을 비웃기도 하고 곰팡내 나는 책상을 일없이 뒤적이며 의지 없는 심사를 위로도 하여 가는 해 지는 달을 무심히 맞고 무심히 보내일 뿐이다. | 1920년 4월 28일자, 〈동아일보〉 |

〈동아일보〉 기자는 민갑완을 직접 만나지는 못했다. 대신 이기현의 입을 통해 민갑완의 근황을 전하면서 이은의 결혼에 대한 민중의 반감을 은근히 드러냈다. 같은 기사에 실린 이기현의 말이다. 민갑완의 병에 대한 언급은 일절 없는데 그 까닭을 알 길이 없다.

(민)영돈 씨는 본래에 청백한 사람인 고로 생전에 남겨둔 천냥(돈)이라고는 하나도 없으므로 그가 작고한 후에는 살던 집까지 팔아버리고 작년 3월에 내 집으로 와서 지금까지 같이 있게 되었습니다. 그리고 보니 그 동안 경과야 이루 말씀할 필요가 있습니까. 규수는 요사이 다만 책자로 벗을 삼아 지내며 외로운 자당의 마음을 위로하기에 매우 극진합니다. 그의 효성으로 말하면 참으로 드물다 할 만하니 초하루 보름이면 스스로 정주(부엌)에 들어서 상망제물을 친히 만들고 그 어머니께 하는 범절도 참으로 여간 사람으로는 어려울만 합니다. 그리고 혼사에 대하여는 규수의 나이가 24세나 되었을 뿐 아니라 사물의 시비를 판단할 만한 지식이 있고 더욱이 지금은 그 부친의 상중이니까 도무지 말이 없이 지냅니다만 규수의 행동은 너무나 엄격하니까 그의 심중은 헤아릴 수가 없습니다. | 같은 날짜, 〈동아일보〉 |

이은과 이방자의 결혼이 크게 보도되자 사람들은 민갑완에게 새삼스러운 관심을 보였다. 문병을 하는 사람들이 인사차 건네는 말도 민갑완에겐 상처가 됐다.

이기현은 민갑완의 병세가 회복될 기미가 보이지 않자 먼저 상하이로 떠났다. 직장을 이미 구해놓은 터라 약속을 어길 수가 없었던 것이다. 민갑완에겐 백약이 무효였다. 놋대야에 찬물을 담아 손을 담그고 있으면 한 시간도 못 되어 물이 뜨끈해졌다. 다행히 어느 전의의 처방이 효과가 있어 1년 여의 투병 끝에 자리에서 일어났다. 민갑완은 스스로 "1년 만에 땅을 디뎠다"고 표현했다.

건강한 몸을 되찾은 민갑완은 상하이행을 서둘렀다. 1921년 7월 어느날 저녁이었다. 상하이로 떠나는 날이 내일로 다가왔다. 민갑완은 덧문을 걸어잠그고 장롱을 열었다. 처음 간택 때부터 10년이 넘게 황실 측에서 철마다 보내온 예단禮緞과 옷감이 보였다. 민갑완은 그 중 흰 옷감과 모시를 꺼냈다. 이기돈은 재봉틀에 앉아 적삼을 짓고 민갑완은 곁에서 치마주름을 잡았다. 딸을 위해 옷을 만들던 이기돈은 기어이 눈물을 보였다. 어머니를 달래던 민갑완도 따라 울었다. 두 모녀는 울며 밤을 지샜다.

이튿날 아침, 민갑완과 이기돈은 퉁퉁 부어오른 얼굴로 떠날 준비에 분주했다. 만식, 만순 남매는 아무것도 모른 채 방 안에서 천진스럽게 놀고 있었다. 민갑완은 중동학교에 다니던 민천식이 귀가하는 것을 기다렸다가 "어머님 모시고 바람 쐬러 가자"며 손을 이끌었다. 누나의 말이라면 한 마디도 거역하지 않던 민천식은 영문도 모르고 모녀의 뒤를 따랐다.

민갑완 일행은 남대문역(서울역)으로 향했다. 난생 처음 타보는 전차와 기차였기 때문에 민갑완에겐 모든 게 생소하고 어설펐다. 민갑완과 이기돈은 극도로 긴장한 상태였다. 1년 전에 총독부의 출국

허가를 받아내긴 했지만 언제라도 표변할지 모르는 그들을 믿을 수는 없었다. 민갑완은 죄수가 탈옥이라도 하듯 마음을 졸였다.

인천역에서 기다리고 있던 작은외삼촌 이기서를 따라 민갑완 일행은 근처의 어느 민가로 몸을 숨겼다. 이기서가 미리 마련해둔 '안가安家'였다. 배의 출항이 갑작스럽게 연기돼 민갑완 일행은 어쩔 수 없이 이곳에서 하룻밤을 묵어야 했다. 이기서는 이기돈에게 민갑완 남매를 남겨두고 집으로 돌아가라고 권유했다. 이기돈이 귀가하지 않으면 당국이 눈치챌지도 모른다는 우려에서였다. 민갑완도 어머니의 귀가를 종용했지만 이기돈은 한사코 일행이 떠나는 것을 보고 가겠다고 고집했다.

다음날 오후, 민갑완 일행은 중국 다롄大連으로 떠나는 상선商船에 올랐다. 소금을 나르는 상선이라 배 안은 짠 내음으로 가득했다. 오후 6시경 출항을 알리는 고동이 울렸을 때 갑자기 사이렌 소리를 내며 경비선이 다가왔다. 경찰관과 형사들이 떼를 지어 올라왔다. 이들은 승객들을 한쪽으로 몰아세우더니 한 사람씩 신원을 조회했다.

다행히도 민갑완을 잡으러온 사람들은 아니었다. 책임자인 듯한 형사는 오히려 민갑완 일행의 안전한 출국을 확인하러 나왔다며 생색을 냈다. 이기돈이 배에서 내리자, 민갑완 남매를 실은 상선은 인천항을 떠나기 시작했다. 바다를 사이에 두고 부두와 선상에서는 통곡 소리가 그칠 줄 몰랐다.

얼마를 울고 갔는지 민갑완은 정신이 없었다. 이기서와 민천식의 만류로 겨우 울음을 그쳤을 때 이미 고국산천은 간 데 없고, 외로운 초승달만이 남쪽 하늘에 걸려 있었다. 민갑완은 사나흘을 울고 나니 다롄에 도착해 있었다고 기억한다. 민갑완 일행은 다시 배를 갈아타고 상하이로 향했다.

싹트는 민족의식

1920년 12월 7일 이은은 일본 육군대학에 입교했다. 이 무렵 이방자에게 태기가 있었다. 이듬해 8월 18일 이방자는 사내아이를 낳았다. 장남 이진李晉이다. 일본의 신문들은 '일본과 한국의 융화를 상징한다' '여기 두 나라가 함께 뭉치다'라고 보도하며 야단을 떨었다. 그러나 이진은 생후 8개월 만인 1922년 5월 사망해 두 사람에게 지울 수 없는 아픔을 주게 된다.

1923년 12월 29일 이은은 육군대학을 졸업했다. 이 무렵 3·1운동으로 더욱 고양된 한국인의 민족의식은 일본 본토에서 대담한 독립투쟁을 가능케 했다. 이때를 전후해 이은의 민족의식을 자극하는 사건들이 잇달아 발생했다. 1924년 1월 5일 의열단원 김지섭金祉燮[43]은 일본 황궁으로 통하는 니주바시二重橋(이중교)에 폭탄을 던졌다. 이보다 앞선 1923년 9월에는 천황 폭살 혐의로 무정부주의자 박열朴烈[44]이 체포되었다. 관동대지진이 일어난 직후였다.

패망 전까지 천황은 일본인들에게 '아라히토가미現人神'로 불리며 '살아 있는 신'으로 떠받들어졌다. 천황이 거처하는 황궁에 폭탄을 던지고, 천황 폭살을 모의했다는 혐의만으로도 일본 사회는 경악했다. 이은은 한국인이라는 이유로 일본 귀족들의 미묘한 시선을 감내해야 했다. 혼다 세츠코는 "조선인도 천황의 자식, 일본인과 같은 민족이라고 했지만 현실적으로는 차별적 분위기가 더해가기만 했다"며, "조선에 관계된 화제가 나올 때마다 주위에서도 마음을 쓰고 방자 일가도 조심하게 되었다"고 말한다.

관동대지진 때 일본인들은 최소 6,000명 이상의 무고한 한국인을 학살했다. 이은은 몸서리를 쳤다.

군사훈련을 받고 있는 이은(앞줄 맨 오른쪽). 이은은 일본 육군유년학교, 육사, 육군대학을 졸업했다.

　이런 일을 듣게 된 은은 너무나도 깊은 슬픔과 분노로 온몸을 떨면서 "기회 있을 때마다 조선이 나쁘다고 단정해버리는 것은 정말로 한심스럽다. 일부 상식에 벗어난 조선인을 보고 저것이 조선인이라는 편견을 지니고 만다"며 한탄했다.
　"우리 두 사람은 민족의 피를 초월한 애정과 이해로 굳게 맺어져 있지만 일본과 조선과의 사이에는 도저히 메울 수 없는 깊고도 넓은 틈이 가로놓여 있다는 것을 이 학살사건으로 생생히 보는 듯했습니다." 라고 방자 여사는 안타깝게 술회한다. 이렇게 말할 때의 그에게는 조선인의 피가 끓고 있었으며 그 피로 일본인에게 대드는 것을 느꼈다.
　| 혼다 세츠코, 《비련의 황태자비 이방자》 |

이은은 괴로웠다. 사소한 물건을 살 때도 경호가 따라붙었고, 연극이나 영화도 마음 편하게 볼 수 없었다. 고달픈 건 이방자도 똑같았다. 혼다 세츠코는 "은은 방자를, 방자는 은을 위로하는 데도 지쳐 있었다"고 했다.

이은은 궁내성에 유럽 여행을 신청했다. '군사상황 시찰'이라는 명목을 달았지만 이은은 지친 심신을 달래고자 하는 마음뿐이었다. 궁내성과 이왕직 관계자는 이은의 유럽 여행을 허락하지 않으려 했다. 사정을 모르는 외국인들이 이은을 '한국의 황태자'로 여기는 것을 두려워했기 때문이다.

평소 말이 없고 유순한 성품을 보였던 이은은 유럽 여행만큼은 강경하게 요구했다. "누가 무어라 하더라도 나는 꼭 가고야 만다"는 태도였다. 이방자는 "왕전하께서 드물게 고집하셨습니다, 꼭 가고 싶다고. 진의 죽음, 형님의 서거, 관동대지진의 일 등 여러 가지 일이 있어서……."라고 증언한다.

유럽 여행

궁내성은 결국 이은의 요청을 받아들였다. 대신 하나의 조건을 달았다. 신분을 숨긴 채 여행을 하라는 것이었다. 이왕직 차관 시노다 지사쿠篠田治策로부터 이에 대한 보고를 받은 이은은 "유럽에서 어떤 대우를 받는다 해도 좋으며, 나는 왕족으로서가 아니라 한 인간 이은으로서 가는 것이니까."라고 말했다. 그만큼 절실했던 것이다. 이방자는 그렇게 말하는 이은의 표정이 "무척 쓸쓸하게 보였으며 석연치 않은 것이 있었습니다."라고 훗날 회고했다.

1926년 3월 3일 이은은 이방자와 덕혜옹주를 대동하고 서울에 도착했다. 유럽 여행을 떠나기 전에 순종 황제에게 문안 인사를 드리기 위해서였다. 이 무렵 순종 황제의 병세가 심상치 않았다. 이은은 궁녀와 내관들에게 '간호원을 둘 것' '한약뿐만 아니라 양약洋藥도 드릴 것' '서양 의사의 처방을 존중할 것' 등을 지시했다.

3월 11일 유럽 여행을 허락하는 천황의 '칙허'가 있었고, 이날 이은은 여행 준비를 위해 서울을 떠나 일본으로 돌아왔다. 4월 5일 순종 황제가 위독하다는 전갈이 서울로부터 날아들었다. 이튿날 이은 부부, 덕혜옹주는 다시 서울행을 서둘렀다. 이방자는 갑자기 편도선이 부어올라 시모노세키에서 잠시 요양을 취했고, 이은과 덕혜옹주만이 4월 8일 서울에 도착했다. 이방자는 닷새 후에 합류했다.

이은이 지난번 귀국 때 지시했던 사항은 하나도 지켜지지 않고 있었다. 이은은 일본에서 가져온 라디오를 순종 황제의 베갯머리에 놓으며 작동법을 설명했다. 이방자도 흰 비단으로 손수 만든 '쿠션'을 선물했다. 순종 황제는 "고맙소, 고맙소, 이제 매우 편하오."라고 말하며 대단히 기뻐했다.

이은 부부는 낙선재를 거처로 삼고 간병을 계속했다. 4월 25일 새벽 1시 이은 부부를 깨우는 급한 전갈이 왔다. 서둘러 대조전大造殿에 올랐지만 순종 황제는 이미 붕어한 뒤였다. 두 사람은 기나긴 국상 절차를 마무리하고 6월 말 도쿄로 돌아왔다.

4월 27일 이은은 왕의 지위를 물려받았다. 형식적인 절차였지만 조선인에게 이은은 새로운 황제나 다름없었다. 황실의 대신과 궁인들도 순종 황제에게 했던 것과 똑같은 태도로 이은을 섬기기 시작했다. 이방자의 표현대로 그것은 "매우 훌륭한 태도"였다.

그해 12월 25일 일본의 다이쇼 천황도 서거했다. 유럽 여행은 또

유럽 여행 중이던 이은과 이방자.

다시 연기되었다. 이듬해(1927년) 5월 23일에야 이은 부부는 하코네箱根 호를 타고 요코하마 항을 떠날 수 있었다. 궁내성의 요구대로 이은은 신분을 백작伯爵으로 감추기로 했다.

첫 기항지는 중국 상하이였다. 상하이로 가는 도중 일본 상하이영 사관으로부터 급전이 날아들었다. 상하이의 독립운동가들이 이은을 납치하려는 '흉계'를 꾸미고 있다는 내용이었다. 중간 기착지인 고베 항에서 종로경찰서 경부警部 미와 와사부로三輪和三郞가 승선했다. 독립운동가에 대한 체포와 고문으로 악명 높았던 미와 와사부로는 이은 주위에 조선인들이 접근하지 못하도록 삼엄하게 경계했다.

동중국해에 떠 있던 군함 아쿠모八雲호가 상하이 쪽으로 기수를 돌려 하코네 호를 호위했다. 상하이 상륙이 금지됐고 이은 일행은 군함으로 숙소를 옮겨 며칠 밤을 보내야 했다. 이방자는 이 사건으로 '약간의 쇼크'를 받았다. 거기에 뱃멀미까지 겹쳐 이방자는 선실에 틀어박혀 흐느껴 울기도 했다.

이후론 순조로운 여행이었다. 이은과 이방자는 이듬해 4월 9일 고베 항으로 돌아올 때까지 주어진 자유를 마음껏 즐겼다. 유럽의 황제와 국왕들은 이은 부부에게 친절한 예우를 아끼지 않았다.

뒷날 밝혀졌지만 여행 중에 이은이 모르는 민감한 사건이 발생했다. 네덜란드 헤이그를 떠나기 전날 오후였다. 이은은 수행원 시노다 지사쿠가 누군가와 말다툼을 하는 소리를 들었다. 잠시 후 떠드는 소리가 그치고 무심히 창 밖을 내다보던 이은은 갈색 양복을 입은 남자가 화가 난 모습으로 호텔 문을 나서는 광경을 목격했다. 이은은 시노다를 불러 자초지종을 물었다.

시노다는 폴란드에서 한약방을 하고 있다는 한국인이 선물을 들고 왔다며 약상자를 내밀었다. '명심단明心丹'이라는 약상자 속에는 다음과 같은 내용의 건백서建白書가 들어 있었다.

영친왕이시어, 전하께서 유럽을 순유巡遊하시와 각국 원수들과 친교를 맺으심은 경하할 일이오나, 한국 왕실이나 한국의 실재實在를 표시하지 않으신 것은 심히 유감으로 생각하는 바입니다. 전하가 만일 고종 황제께서 한일보호조약을 무효로 만들고자 밀사를 일부러 해아海牙(헤이그)에 보내셨던 사실을 잊지 않으셨다면 신문 기자에게 대해서 "나는 일본 황족이 아니고 한국의 황태자"라는 것을 명확하게 선언하소서. 우리들 유럽에 있는 한국인은 그러한 일이 있기를 기대하고 전하를 일제로부터 탈환하여 상해나 노령露領으로 모시고 갈 계획도 하였으나, 첫째 전하의 마음이 약하시와 일본 군인을 선두로 유럽 여

행만 즐기고 계시니 어찌 한심하지 않사오리까? 전하께서는 모름지기 대의명분을 밝히시와 고종 황제의 높으신 뜻을 저버리지 말도록 하소서……. | 김을한, 《인간 영친왕》 |

시노다가 건백서는 빼고 약상자만 전달했기 때문에 이은은 이 건백서를 보지 못했다. 건백서는 훗날 시노다의 일기를 통해 세상에 알려졌다.

한 동포가 건백서를 통해 이은에게 요청한 내용은 상당수 한국인의 마음을 대변하고 있었다. 그들의 눈에는 이은이 일본의 대우에 만족하고 있는 것으로 보였다. "이은의 불효불충을 성토하노라"는 제목의 〈독립신문〉 기사도 그런 시각에서 나온 것이다.

(이은은) 혈기방장한 신체와 육군대학 재학의 상당한 교육이 유有한 자者니 불구자도 아니요 건강한 자며 선천 숙맥도 아니요 총명한 자라. 비록 왜적의 포로가 되야 일동일정一動一靜을 자유로 행동치 못하고 일언일행에 구속을 받는다 하더라도, 요간腰間에 삼척 장검을 왜황倭皇 면전에서 대帶하는 처지에 재在하고 보수설치報讐雪恥의 호기好機를 당하기 용이한 경우에 입立한 자라. 기형其兄 의친왕은 충효강개하야 유폐한 심궁深宮을 출出하고 독립군 대본영의 막하됨을 지원하여 천라지강天羅地網을 돌파하여 모험 출국出國하며 일변 선언서를 반포하야 보수報讐의 대의를 소명하였거늘, 은아垠兒는 주구의 누명을 시석是惜하고 농조籠鳥의 구안苟安을 시탐是貪하여 안락공安樂公 유선劉禪의 진락晉樂을 오誤하며 강호시江戸市 요녀妖女의 미태美態에 혹하는도다. | 1922년 5월 6일자, 〈독립신문〉 |

〈독립신문〉은 이은에게 경칭을 쓰기는커녕 '은아垠兒'라고 비하하고 있다. 뿐만 아니라 이은이 긴 칼을 찬 채 일본 천황을 볼 수 있는 처지에 있으면서도 원한을 갚으려는 생각은 없고 요망한 여자의 미모에 혹해 있다며 비난했다.

〈독립신문〉의 기사를 직접 보지는 못했겠지만 동포들이 그런 식의 기대를 품고 있다는 사실을 이은이 모른 것은 아니었다. 그는 종종 이방자에게 자신의 처지에 대한 고민을 털어놓았다.

"나는 이미 순수한 조선 사람이라고는 할 수 없게 됐소. 그렇다고 일본 사람이 될 수도 없는 일이고, 결국 이것도 저것도 아닌 존재밖에 될 수 없단 말이오."

그대에게 구하는 바 없노라

한편 그 무렵 상하이에 도착한 민갑완 남매는 당분간 영국 조계에 있는 동아호텔에 묵기로 했다. 민갑완 남매를 위로하기 위해 임시정부 요인들이 호텔로 찾아왔다. 독립운동가 김규식金奎植도 그 중 한 사람이다. 김규식은 민갑완에게 독립운동에 나설 것을 강권했다.

"소저, 용기를 내시어 우리 같은 투사가 되십시다. 제가 학교를 알선해드리겠으니 그곳에서 소저는 천행[45]씨와 공부를 하시고, 건강에 유의하시며 굳건히 사시기만 하십시오. 소저의 원수는 저희가 갚아드리겠습니다. 소저의 원수를 갚는 길도 하나의 독립투쟁입니다. 개인과 개인의 시기나 알력에서 우러난 비행이 아니라 국가 대 국가의 투쟁과 다름이 없는 일입니다. 제아무리 일국의 천황이고 황태자라고 할지라도 국가 민족을 망실한 행동을 했을 때는 죽어 마땅하다고 생각됩니다."

하지만 민갑완은 마음속으로 고개를 가로저었다. 원하는 건 복수가 아니었다. 민갑완은 "이 사건은 나 개인의 운명에 관계되는 일이며, 나 혼자만 희생하면 누구 한 사람 상처를 입게 하는 일도 없고, 남을 헤쳐서까지 나의 운명에서 벗어난 행운을 얻으려고 생각하지 않는다"고 대답했다. 김규식은 민갑완의 뜻을 중히 여기겠다고 하면서도 다시 한 번 구국의 일념을 역설했다.

"우린 열 사람의 애국자를 만들기보다도 한 사람의 친일파를 제거하려는 데 뜻을 두고 있습니다. 우리가 배달의 피를 받은 민족이라면 그 핏줄에 끌려 나라를 잃지 않고, 언제인가는 반드시 나라를 되찾을 수 있는 데 필요한 인재를 구하고 양성하려는 것입니다."

민갑완은 감명을 받았다. 민갑완은 "김(규식) 박사의 이러한 말씀은 울며 세월을 보내던 나에게 큰 경종이 되었다"고 했다. 민갑완은 인재양성이라는 뜻을 가슴에 품고 이를 일생의 희망으로 삼았다. 민갑완은 공부에 전념해 의사가 되기로 결심했다.

민갑완 남매는 곧 미국인이 경영하는 학교에 입학했다. 민갑완은 중등반, 민천식은 초등반이었다. 중국 말이 익숙하지 않아 어려움을 겪었지만 1922년 봄부터는 간단한 회화를 할 수 있게 되었다. 3개월간의 호텔 생활을 청산하고 민갑완은 프랑스 조계의 저택으로 거처를 옮겼다. 상하이 버스회사의 '매니저'로 일하던 이기현이 마련한 집으로 이기현 부부, 이기서, 민천식, 민갑완 다섯 식구의 새로운 보금자리였다.

그 무렵 민갑완은 고국의 집안 사정을 알게 되었다. 이기돈은 딸이 걱정할까봐 자세한 사정을 편지에 담지 않았다. 하지만 민갑완은 집안이 엉망이 되었다는 소식을 다른 경로를 통해 전해듣고 충격을

상하이 망명 시절의 민갑완. 민갑완은 역사와 의학에 관한 책을 즐겨 읽었다. 시간이 나면 편물과 뜨개질도 했다.

받았다. 민갑완이 상하이로 떠난 지 3개월 후부터 본가에 형사들이 드나들었다. 형사들은 민갑완의 거처를 추궁했고, 빨리 편지를 보내 귀국시키라고 협박했다. 민갑완의 모친과 외조부를 감옥에 가둬두고 문초를 하기도 했다. 담보로 맡았던 시흥 땅도 빼앗았다.

민갑완은 분노했고 복수심에 불타올랐다. 그러나 어쩔 도리가 없었다. 민갑완은 이기현에게 상하이 임시정부 요인들에게 호소해보자고 말했다. 이기현은 그럴수록 침착해야 한다고 민갑완을 다독였다. 민갑완은 속을 끓이며 공부에 눈을 돌릴 수밖에 없었다. 무엇이든지 남에게 뒤질 수 없다는 자존심 때문이었다.

중국 생활은 어느 정도 안정되어갔다. 의학 공부에 재미를 붙였고, 중국어도 익숙해졌다. 민갑완 자신도 국내에 남아 사람들의 눈과 입에 오르내리는 것보다 차라리 망명을 떠나는 것이 낫다고 생각했을 것이다. 그러나 중국에서도 민갑완의 속을 상하게 하는 사건들이 잇달아 일어났다.

1927년 5월경의 일이다. 아침에 별일 없이 출근했던 이기현이 퇴근시간도 되기 전에 귀가했다. 이기현은 민갑완에게 서둘러 중국 옷을 입고 따라오라고 채근했다. 외숙과 함께 생활한 지 오래됐지만 이런 명령조의 말은 들어본 적이 없었다. 민갑완은 외숙을 따라 영국 조계의 어느 공원에 들어섰다. 강변에 앉아 쉬고 있는데 낯선 외국 여인이 다가와 이기현에게 인사를 했다. 카메라를 둘러맨 젊은 여자였다.

외국 여사는 이기현과 영어로 몇 마디 주고받더니 민갑완의 사진을 찍겠다고 했다. 그때까지 영어를 못 했던 민갑완은 무슨 이유 때문에 그러는지 외숙에게 물었다. 이기현은 이 여자는 임시정부의 일에 관심이 많은, 영국 공사의 딸이라며 사진을 찍어두면 도움이 될 것이라고 민갑완을 진정시켰다. 민갑완은 외숙의 말을 받아들여 몇 장의 사진을 찍었다. 민갑완은 뭔가 석연치 않다는 느낌을 가졌지만 무슨 일이 벌어지고 있는지 알 수는 없었다.

며칠 뒤, 이기현은 대낮에 만취해서 돌아왔다. 평소 이기현은 포도주나 약간 마실 뿐 술을 즐기지 않는 사람이었다. 이기현은 자리에 누워 정신을 차리지 못하더니 얼마 후 일어나 땅을 치며 통곡했다.

"한국놈은 다 죽어야 돼. 나라는 어떻게 되든 돈에만 눈이 어두워 일본놈의 개노릇을 하다니, 망할 것들, 몹쓸 것들. 이 나라가 요 모양 요 꼴이 되었는데도 또 무엇이 부족하여 망명객들 뒤까지 쫓아다니며 훼방을 놓는단 말인가?"

민갑완은 이기현의 이어지는 설명을 듣고 소스라치게 놀랐다.

상하이 임시정부는 유럽 여행을 떠나는 이은 부부가 상하이에 들르는 것을 기회로 삼아 이은을 납치할 계획을 꾸몄다. 그를 설득해 독립운동에 나서게 하겠다는 것이었다. 민갑완의 사진을 미리 찍어둔 것은 이러한 계획을 영국 대사관에 알려 협조를 얻기 위한 조치였다.

이 계획은 사전에 노출돼 실패로 끝났다. 낙담한 임시정부 요인들은 밀고자를 찾기 위해 총력을 기울였다. 며칠 뒤 프랑스 조계의 공원에서 한 조선 여자의 시체가 발견되었다. 임시정부 요인은 이 여자의 남편을 추궁해 자백을 받아냈다. 밀고의 대가로 거금을 받아 집에 돌아왔던 사내에게 아내는 돈의 출처를 물었다. 자초지종을 들은 아내는 임시정부에 자수를 하라고 대들었고, 놀란 사내는 엉겁결에 아내를 목졸라 죽였다. 사내는 임시정부 요인에 의해 처형됐다.

민갑완은 이런 소동을 전해들으며 이은을 떠올렸다. 이은은 동포들이 자신을 납치하려 했다는 씁쓸함을 지닌 채 상하이를 떠났을 것이다. 민갑완은 "문득 〈무소구無所求〉라는 누구의 글귀가 생각났다"며 이런 시를 자서전에 옮겼다.

나는 그대를 사랑하노라.
하고싶어 하는 사랑이며
그대에게 구하는 바 없노라.

나는 그대에게 내 모든 것을 주노라.
주고싶어 주는 것이며
그대에게 원하는 바 없노라.

그대 만일 나를 사랑한다면
기쁘게 알겠노라.
그러나
진정 그대에게 바라는 바 없노라.

이 시는 춘원 이광수李光洙가 지은 것이다. 몇몇 책에는 이 시를 민갑완이 지은 것으로 소개하고 있지만 이는 민갑완의 자서전을 오독誤讀한 소치다.

차라리 죽기로 마음먹다

해프닝으로 끝난 줄 알았던 '영친왕 납치 미수 사건'은 뜻밖의 결과를 불러왔다. 민갑완이 다니던 학교에 일본 영사관 직원이 찾아왔다. 영사관 직원은 민갑완 남매의 신원을 조사한 뒤, 학교 측에 압력을 넣었다. 학교 측은 장시간의 회의 끝에 민갑완을 휴학시키기로 결정한다.

교장은 민갑완을 친히 불러 양해를 구하며 이기현에게 보낼 친서를 전해주었다. 이사하는 게 좋은 것 같다는 조언도 덧붙였다. 졸지에 마음 둘 곳을 잃게 된 민갑완은 부교장의 배웅을 받으며 학교를 떠났다. 집으로 돌아오는 길은 눈물이 앞을 가렸다.

민갑완과 동생들. 왼쪽부터 민만식, 민갑완, 민만순, 민천식.

참담했다. 집에 와서도 울음을 참지 못했다. 민갑완은 커튼을 걷고 빈 방에 앉아 하염없이 하늘을 바라보았다. 고국산천이 절로 그리워졌다. 민갑완은 자살을 결심했다. 동생이 귀가하기 전에 실행하기로 하고 약방에 가서 수면제를 사기로 했다. 우선 부어오른 얼굴을 감추기 위해 분을 찍어 발랐다.

그때였다. 민갑완은 기이한 체험을 하게 된다. 평소보다 훨씬 일찍 귀가한 민천식이 "누님, 누님." 하고 소리치며 뛰어올라왔다. 민천식은 수업시간에 잠깐 잠이 들었다고 했다. 누나가 죽었다고 야단치는 광경을 보고 꿈에서 깨어나 그 길로 누나의 교실을 찾았다는 것이다. 누나가 아침부터 보이지 않는다는 말을 들은 민천식은 곧장 집으로 달려왔다.

민천식은 왜 그렇게 얼굴이 부었냐고 물었다. 민갑완은 "그냥 분을 바르고 싶어서 발랐다"고 얼버무리면서 마음을 고쳐먹었다. 동생의 말이 옳다 싶었다.

> 어머님의 은공을 갚기 위해서라도 우리는 악착같이 살아서 보복을 해야 된다. 보복이라고 해서 반드시 나를 해친 사람을 해치는 것만이 보복은 아닌 것이다. 내 노력으로써 남들이 감히 얻지 못하는 지위와 권력을 가지고 가치 있게 살아가는 것이 보복인 것이다. 그토록 나를 없애려고 애를 써도 기어이 살아나는 것으로서 본보기가 되어주는 것이, 보복이라고 느껴져서 나는 이러한 각오를 새로이 했다. 너희들이 아무리 나를 중상모략하면서 출가시키려고 발악을 해도 나는 기어이 홀로 깨끗이 늙어서 동방예의지국의 표본과, 한국 여성의 절개를 만세계에 알리고 죽겠다는 각오와 결심을 단단히 했던 것이다. | 민갑완, 《백년한》 |

귀가 후 교장의 편지를 읽은 이기현은 한숨부터 지었다. 청춘을 썩히고 있는 외조카를 항상 가슴 아프게 생각해왔던 이기현은 민갑완에 관한 일이라면 어떤 고충이 있더라도 마다하지 않았다. 사흘 후 이기현은 빚을 내어 영국 조계로 집을 옮겼다.

민갑완은 온종일 방 안에 틀어박혀 지냈지만 민천식은 계속 학교에 나갔다. 민갑완이 동생의 앞길을 막을 수 없다 하여 발각되는 날까지 학교에 보내자고 주장했기 때문이다. 이기현이 출근하고, 민천식이 등교하면 집 안엔 외숙모와 민갑완만이 남았다. 이웃에 사는 동포 중에 유 주사라는 사람이 놀러오곤 했는데 가끔 민갑완의 심사를 뒤틀리게 했다. 유 주사는 중신을 서겠다고 주책을 부렸다. 듣고 있던 민갑완은 울화가 치밀었는데 외숙모가 은근히 맞장구를 칠 때면 큰 싸움이 벌어지기도 했다.

"아주머니, 우리 남매가 있는 것이 정 그렇게 싫으시다면 오늘 당장에라도 나가겠어요. 어디 가서 무슨 짓을 한들 하루 밥 세 끼야 못 얻어먹겠어요."

그러면 외숙모는 눈물을 흘리며 이렇게 말한다.

"내가 왜 조카님 남매분이 미워서 그러겠나. 늙은 우리들은 내외가 살면서 청춘의 조카님을 혼자 늙히려하니까 죄스럽고 불쌍해서 그러지."

그렇게 서로 속을 긁고 나면 한동안 중매 이야기는 쑥 들어갔다. 민갑완이 외숙모에게 짐짓 속에 없는 말을 하는 것도 그런 이유 때문이었다.

오래지 않아 민천식도 학업을 중단했다. 일제가 중국에 대한 야욕을 노골적으로 드러내기 시작하면서 한국인을 적대시하는 중국인들이 늘어났다. 한국인과 일본인을 동일시하는 중국인들이 있었고, 만주에서 한중 농민들이 자주 충돌을 일으킨 것도 한 이유가 됐다. 한국인이라는 티를 내면서 상하이 거리에 나다니는 것조차 두려울 정도였다. 일제는 한중 간의 갈등을 은근히 부추겼다.

어쩔 수 없이 민천식은 집에서 독학을 했다. 영어는 이기현에게 배웠고, 한문은 민갑완에게 물었다. 이기현은 젊은 조카가 집에만 있는 게 안타까웠던지 여기저기 줄을 놓아 민천식에게 직장을 주선해주었다. 첫 월급을 타던 날, 민천식은 외숙에게는 셔츠를, 외숙모와 누나에게는 옷감을 선물로 사들고 왔다.

그 무렵 이기현의 장남 강하康夏가 상하이로 건너왔다. 중국인의 반한 감정이 심상치 않다는 소문을 듣고 부친이 걱정되어 망명했던 것이다. 이강하는 민천식과 동갑이었는데 생일은 조금 빨랐다. 이강하는 훗날 상하이 임시정부 청년부장과 재정부 차장 등을 지내며 독립운동에 매진하게 된다. 그는 이헌재李憲宰 전 경제부총리의 부친이기도 하다.

이강하로부터 고국의 소식을 듣는 일은 민갑완에겐 새로운 즐거움이었다. 민갑완은 아침 저녁으로 이강하를 불러 조국의 소식과 집안 사정을 물었다. 같은 말을 묻고 또 물어도 이강하는 불평 한 마디 하지 않았다. 그날도 이강하와 함께 고국에 관한 이야기를 하던 중이었다. 일본 군복을 입은 청년이 찾아왔다는 하인의 말을 들은 민갑완은 두려움에 가슴이 내려앉았다. 보다못한 이강하가 나가 몇 마디 주고받더니 전보 한 장을 들고 왔다.

전보는 일본어로 되어 있었다. 수신자는 민천식, 발신자는 민만식으로 되어 있었지만 일본어를 배우지 않았던 민갑완과 이강하는 무슨 뜻인지 알 수 없었다. 그나마 민갑완보다 일제 치하에서 오래 생활했던 이강하가 조금 나았다. 이강하는 이리저리 생각해보더니 '조선에서 세간살이를 보내온다'는 해석을 내렸다. 민갑완은 아무래도 미심쩍어 유 주사를 불렀다. 유 주사는 전보를 읽자마자 눈물을 흘렸다.

"자당께서 별세를 하셨답니다."

민갑완은 그 자리에서 혼절했다. 정신을 차린 곳은 병원이었다. 그새 이슥한 밤이었다. 침대머리엔 민천식이 흐느끼고 있었고, 이기현도 부은 눈을 하고 있었다. 민갑완은 귀국해 장례에 참석하겠다고 고집을 부렸다. 이기현은 지금 귀국하는 것은 "불을 지고 화약고에 들어가는 격"이라며 극구 만류했다. 이기현은 밤낮으로 민갑완 남매를 불러앉혀 설득했다. 남매는 외숙의 말을 받아들였다.

민갑완의 모친 이기돈, 양쪽은 민만식, 민만순 남매.

    1928년 10월 31일 서울에서는 이기돈의 장례식이 열렸다. 아직 미성년인 민만식, 민만순 남매만이 상여를 따랐다. 같은 날 바다 건너 상하이에서는 민갑완, 민천식 남매가 상복을 입고 통곡했다. 집안에 들어선 중국인 하인들이며, 이웃의 이방인들도 모두 눈물을 닦으며 그 광경을 지켜보았다.

    민갑완은 그 후부터 따뜻한 계절엔 흰옷을, 추운 계절엔 검은옷을 입었다. 일년 내내 상복을 입은 셈이다. 그러던 어느날, 유 주사 부부가 찾아와 조선으로 돌아간다며 하직 인사를 올렸다. 유 주사는 "저희 내외를 죽여달라"며 놀라운 사실을 실토했다. 자신들은 총독부가 보낸 '스파이'이며 민갑완의 부정을 찾아내 총독부에 보고하는 것이 임무였다고 울먹였다.

    민갑완은 소름이 끼치고 온몸이 떨렸다. 그런 줄도 모르고 수 년

간을 허물없이 지내온 것을 생각하니 기가 막혔다. 하지만 그들을 용서했다. 민갑완은 "우리가 서로 이렇게 사귐도 하나의 인연이요, 우리가 서로 이러한 내막을 토로하며 헤어지는 것도 하나의 업보이니 조금도 양심의 가책을 갖지 말고 앞으로는 다시 그러한 일을 되풀이하지 말라"고 타일러보냈다. 유 주사 부부는 눈물로 민갑완 남매의 행복을 빌면서 떠났다.

제왕의 풍모

이은은 열한 살의 나이에 일본으로 끌려왔다. 그는 "일본에 가거든 슬픈 일이나 기쁜 일이나 아예 얼굴에 나타내지를 말고 조심하라."는 고종 황제의 훈계를 가슴 깊이 새기고 살아왔다. 청년이 되고 결혼도 했지만 나라 잃은 황태자로서의 서러움이야 본인밖에 모를 일이다. 일본 황족들의 미묘한 시선이나 동포들의 소리 없는 비원에 대해 그는 아무 말도 남기지 않았다.

그러나 대한제국 황태자로서의 책임감마저 잊어버린 것은 아니었다. 해방 후에 그를 만난 한국인들은 50년 가까이 거의 일본에서만 생활했던 이은이 유창한 우리말을, 그것도 '우아한 궁중 용어'를 쓰는 데 경탄하곤 했다. 어떤 사람들은 그가 남몰래 우리말을 연습했을 거라고 추측했다. 그렇지 않다면 모국어를 잊지 않고 그렇게 유창하게 할 수가 있느냐는 것이다.

해방이 되던 날, 이은을 만난 이형근李亨根의 증언이다. 일본 육사 56기 출신인 이형근은 당시 대위로 복무하고 있었다.

이형근. 해방이 되던 날 이형근은 이은을 만났다. 이형근은 이은에게서 '제왕의 풍모'를 느꼈다고 말했다.

(……) 일본에 끌려와 일본 여성과 정략결혼까지 하게 되었던 영친왕이 이렇듯 유창하게 우리말을 구사하는 데 나는 깊은 감명을 받았다. 일본군 육군 중장이었던 영친왕은 평소엔 중장 군복을 입고 일본말과 일본식 접대 방법으로 나를 대했기 때문에 부득이한 사정이 있겠거니 하고 이해는 하면서도 왠지 허전함을 금할 수 없었던 것이다. 그러나 나는 그날에야 비로소 영친왕으로부터 황제의 모습을 발견할 수 있었다. | 이형근, 《군번1번의 외길 인생》 |

정확한 시기는 알 수 없지만 중일전쟁(1937년 발발) 무렵이다. 이은은 저택의 방 한 칸에 역대 제왕의 신위神位를 모셨다. 이왕직 예식과장 이겸성李謙聖을 시켜 글을 잘 쓰는 남봉우南鳳祐로 하여금 종묘의 81위位의 위패를 베껴오게 했다. 그러고는 해마다 한식과 한가

위가 되면 다례를 지냈다.

김을한은 이에 대해 "그때 영친왕의 생각으로는 전쟁이 점점 확대되어 본국에 귀성하지 못하더라도 종묘에 제사만은 꼭 당신이 지내야겠다는 마음에서 동경 왕저 일실一室에다 제2의 종묘를 마련해 놓은 것"이라고 설명했다. 아들 이구李玖는 "종묘에서 제사를 올리는 날에는 일본식의 제물이었지만, 향로와 술만은 고국에서 쓰는 용기容器를 써서 제사를 올리며 종묘의 제사는 중요한 행사임을 항상 나에게 가르쳐 주셨다"고 기억한다.

이은은 평소 "민족의 장래는 오직 청년들에게 달려 있다"고 말해왔다. 그는 일본에 유학 온 한국 청년들을 위해 여러 가지 지원을 아끼지 않았다. 다수는 아니었지만 해마다 일본 육사에는 동포 학생들이 진학하고 있었다. 일본 생도들과 달리 동포 생도들은 주말이면 갈 곳이 없었다. 일본 생도는 일요일이면 출신 현縣의 지원으로 만들어진 '일요하숙'에서 휴식을 취했지만 한국인 생도에게는 변변한 휴식 공간 하나 없었다.

이은은 왕족부 무관으로 근무하고 있던 김인욱金仁旭을 일본 육사로 보냈다. 김인욱은 한국인 생도 이종찬李鐘贊과 채병덕蔡秉德을 면회했다. 김인욱은 이들에게 "그대들이 일요하숙 문제로 고통을 당하고 있을 것이 짐작되어 왕 전하(이은)께옵서 나에게 그 설치 문제를 말씀하셨다. 마침 내가 잘 아는 집이 있으니 주선하겠다."고 말했다. 일본 육사 49기 동기인 이종찬과 채병덕은 해방 이후 국군 창설을 주도하고 한국전쟁 때 공훈을 세우게 된다. 둘 다 육군총참모장을 지냈다.

1933년 하반기 이은의 시혜 덕분에 도쿄 요쓰야四谷에 동포 생도를 위한 조그만 회관이 마련됐다. 이종찬과 채병덕은 이곳을 일요하숙으로 정하고, 이를 육사 당국에 등록하기 위해 '계림회鷄林會'를 결성했다. 이후 한국 출신 일본 육사생들은 계림회의 일요하숙에 모여 유대를 나눴다. 동국대 교수 이기동李基東의 글이다.

> 그(이은)는 계림회鷄林會의 일요하숙을 위해 그 전부터 비용을 대주고 있었다. 일요하숙의 집세는 매월 15원이었는데 그는 20원을 내놓아 남은 5원은 회원들의 회식비로 쓰게 했다. 더욱이 그는 코오지마치麴町에 있는 그의 저택(현재 도쿄 아카사카 프린스 호텔)으로 가끔 회원들을 불러다가 성적표를 꺼내놓고 그들을 분발시키기도 했다. | 이기동, 《비극의 군인들》|

1940년에는 동포 여학생을 위한 기숙사를 마련했다. 이은은 오래 전부터 도쿄의 이왕직 관사를 동포 여학생을 위한 기숙사로 개방하고자 했다. 궁내성의 허락을 받지 못할까봐 망설이던 이은은 일본의 건국기념일을 이용했다. 그해 기원절을 기념하기 위해 기숙사를 만들겠다고 건의서를 낸 것이다. 기숙사는 '홍희료鴻嬉寮'라고 명명됐고, 동포 여학생 11명이 처음 혜택을 누렸다.

비슷한 시기 이은은 동포 유학생을 위한 장학회 '이화회李花會'도 설립했다. 이화회 출신 장학생 중에는 해방 후 조국에서 활약한 우수한 인재들이 많았다. 이들은 이방자가 1989년 타계하기 직전까지도 그녀를 찾아와 문안을 올렸다. 강용자는 "방자 여사는 이들을 만날 때마다 처음 장학회를 설립했을 때 영왕(영친왕)이 기뻐하던 모습을 회상하곤 했다"면서 "모든 행동에 일본 정부의 감시와 제약을 받아야 하던 영왕의 입장에서 한국인 학생들만을 위해 장학회를 만드는 데는 많은 고통이 따랐고 큰 모험이기도 했다"고 썼다.

이은의 취미는 승마, 난초 재배, 사진 찍기 등이었다.

동포 학생과 얽힌 눈물겨운 일화가 있다. 1940년대 초반의 일이다. 도쿄 이은의 저택에 수학여행차 그곳에 온 숙명여고보 학생들이 방문했다. 숙명여고보는 양정고보, 진명여고보와 함께 이은의 생모 엄 황귀비가 황실의 재산을 하사해 설립된 학교였다. 이들 세 학교의 학생들은 일본으로 수학여행을 올 때마다 이은의 저택을 방문해 문안을 올리는 것이 관례였다.

응접실에 50여 명의 숙명여고보 학생들이 정렬했다. 인솔 교사가 "경례."라고 구령을 붙이자 여학생들은 허리를 숙여 큰절을 했다. 단순한 '경례'가 아니었다. 당황한 인솔 교사는 "바로 서!" 하며 악을 썼지만 누구 하나 고개를 들지 않았다. 곧 여기저기서 오열하는

1장 | 고난의 황태자 · 영친왕 이은 97

소리가 들렸다. 잠자코 서 있던 이은의 눈이 글썽해지더니 이내 눈물이 고였다. 이방자도 손수건으로 눈물을 닦았다.

이 일화는 원래 장혁주張赫宙[46]의 소설 〈비원秘苑의 꽃〉에 소개된 것이긴 하지만 실화에 근거한 것이다. 김을한과 혼다 세츠코도 이 이야기를 이은과 이방자로부터 직접 들었다. 혼다 세츠코는 "은도 방자도 여학생들도 넘쳐흐르는 눈물을 어떻게 할 수 없었다"면서, "이심전심 학대받은 민족의 피가 피에 호응하고 있었던 것"이라고 했다.

전쟁의 소용돌이

1929년 말 이은은 도리사카의 저택을 궁내성에 반환했다. 대신 궁내성은 기오이紀尾井 지역의 2만여 평 땅을 이은에게 증여했다. 이 땅에 새로운 저택이 신축됐고 이듬해 3월 이은은 이곳으로 거처를 옮겼다.

유럽여행을 다녀온 뒤 이은은 정신적인 안정을 찾은 듯했다. 집안에 경사도 있었다. 1931년 12월 29일 아들 이구李玖가 태어났다. 장남을 잃은 지 10여 년 만의 득남이었다. 이은은 새로운 활력을 얻었다. 여러 보직을 거친 끝에 1935년 8월 1일 대좌로 진급하여 보병 59연대장으로 부임한다.

이후 1년 6개월 동안은 이은에게나 이방자에게나 가장 평온한 시기였다. 이은의 부임지는 우쓰노미야宇都宮였다. 이은 일가는 도쿄 외곽에 집을 구해 이사를 했다. 이은과 이방자는 '보통의 민가에 살면서 보통 일반의 가정다운 분위기'를 자유롭게 즐겼다. 이은도 "일

사이토 마코토. 조선 총독을 두 번이나 지내고 내무대신으로 재직하던 중 청년 장교들의 반란 때 살해됐다.

도, 지금까지 있었던 것 가운데 가장 활기 있고 유쾌하다"고 말하곤 했다.

그러나 평온은 길지 않았다. 1936년 2월 26일 도쿄 한복판에서 청년 장교와 1,400여 명의 군인들이 반란을 일으켰다. 수상 관저와 아사히신문사 등이 습격을 받아 내무대신 사이토 마코토齋藤實, 재무대신 다카하시 고레키요高橋是淸 등이 살해됐다. 사이토는 해군 대장 출신으로 두 차례나 조선 총독을 지냈다.

육군성의 긴급 명령을 받은 이은은 59연대를 이끌고 출동했다. 이튿날 도쿄에 계엄령이 선포되고, 반란군에게는 원대복귀 명령이 하달됐다. 얼마 후 2만 4,000여 명의 진압군에게 포위된 반란군들은 속속 원대로 복귀했고, 반란군은 나흘 만에 진압되었다.

야스쿠니靖國 신사 경내에서 대기하던 이은은 반란이 일어난 지 일주일 만에 우쓰노미야로 돌아왔다. 짧은 기간이었지만 이은은 유쾌하지 않은 소문들을 듣고 왔다. 반란을 일으킨 청년 장교들이 "조선의 왕족 같은 것은 말살해버려라."고 떠들었다는 것이다. 이방자도 여러 가지 흉흉한 소문을 듣고 걱정스러운 낯빛을 보였다. 더 심각한 문제는 반란을 계기로 일본에서 군부 독재가 출현했다는 점이었다. 일제는 이듬해 7월 중일전쟁을 일으켰고 군국주의로 치달았다. 이은의 길지 않은 평온은 깨져버렸고, 그도 전쟁의 소용돌이 속에 휘말리게 된다.

반란 진압의 공로를 인정받은 것인지, 황족에 대한 특혜인지는 알 수 없지만 이은은 진급을 거듭했다. 1937년 3월부터 육사 교수부장으로 복무하다가 이듬해 7월 소장으로 진급했다. 그해 12월에는 북차이나방면北支那方面 군사령부에 배속되어 전쟁이 한창인 만주로 떠나게 됐다.

이방자는 남편이 위험한 전쟁터에 나가게 되자 걱정이 됐다. 한편으론 화도 났다. 그녀는 "천황께 직접 청원해서라도 이 명령을 철회시키겠다"고 나섰다. 이은은 아내를 만류하며 이렇게 말했다.

> 내가 만일 망명이라도 하면 조선의 백성들은 어떻게 되겠소. 너희 왕도 도망갔으니 너희들도 잘 대우해줄 필요가 없다고 조선인들을 개돼지 같이 부리고 왕실도 없앨 것이오……. 내가 북경에 가면 그곳의 조선 군인들을 조금이라도 더 보호해줄 수 있소. ㅣ강용자, 《왕조의 후예》ㅣ

이은은 별탈 없이 만주 근무를 마치고 8개월 뒤 도쿄로 돌아왔다. 이은은 근위보병 제2여단장(1939년 8월), 오사카 사단장(1940년 5월)을 지내며 1940년 12월 육군 중장으로 진급했다.

전쟁은 갈수록 확대됐다. 일본은 1941년 12월 8일 하와이 진주만을 공격하고, 미국에 선전포고를 감행했다. 이은은 1942년 8월 제1

항공군사령부에 전속되어 교육 업무를 담당한다. 거친 날씨에도 비행기를 타고 출장가는 일이 많아 이방자는 그 때마다 마음을 졸여야 했다. 그러나 이은은 의연했다. 악천 후의 항공기 속에서 이은을 수행했던 전속부관 이내중성伊奈重誠의 증언이다.

> 항공 지식이 빈약한 나는 속으로 덜컥 겁이 났었다. 이때 조종사는 갈라진 구름 사이를 급선회하여 파고 들어가 구름 아래로 내려오자 바로 쓰쿠바筑波가 눈에 보이지 않는가. 내가 이렇게 속으로 안절부절 못하는 동안에도 전하께서는 도시 한 마디 말씀도 없었을 뿐 아니라 태연한 자세 그대로 계셨었다. 절대적인 신뢰감에서라기보다 이럴 때 공연히 불안해하시는 기미를 보이셨다가는 다른 사람에게 더욱 걱정을 끼친다는 생각이 더 크셨기 때문이었으리라 생각하고, 역시 전하께서는 왕자王者의 품격을 지니신 분이라고 깊은 감명을 받았던 것을 기억하고 있다. | 김영곤, 〈영친왕 전하〉 |

사라져라 번뇌여

상하이에 있는 민갑완의 나이도 어느덧 서른을 훌쩍 넘기고 있었다. 망명한 지도 10여 년이 흘렀다. 가슴 아픈 일이 많았지만 시간의 흐름 속에 아픔도 어느 정도는 무뎌졌다. 이기현과 민천식, 둘이서 벌어들이는 생활이라 경제적으로도 넉넉한 삶이었다. 이기현은 넓고 조용한 새 집을 마련했다.

거울 속에 비친 얼굴을 보며 민갑완은 세월의 무상함을 실감했다. 민갑완은 처녀 티를 '한 점'도 찾을 수 없는 자신의 모습에 한숨을 지었다. 여러 차례 혼담이 들어왔지만 민갑완은 스스로 생각해도 매몰찰 만큼 퇴짜를 놓았다. 열렬한 구혼자 중엔 프랑스 청년도 있었다. 이기현이 다니는 버스 회사의 부사장이었다. 이 청년은 매일같이 이기현을 조르는 한편, 민갑완이 눈에 띌 때마다 뒤를 밟았다.

이기현은 조선 기생 사진을 구해 이 가운데 누구라도 소개시켜주겠다며 달랬지만 허사였다. 거리에만 나가면 청년이 쫓아오는 바람에 민갑완은 버스 대신 전차만 타고 다녔다. 프랑스 청년은 원하는 바를 이루지 못하자 분을 못 이긴 나머지 이기현을 좌천시켰다. 민갑완은 괴로웠다.

나로 인하여 또 많은 사람을 괴롭힐 필요가 있을까. 이래도 한 세상 저래도 한 세상인데, 이렇게 무명초無名草와 같이 인생을 보내기보다는 차라리 부유한 곳으로 시집이나 가서 나로 인하여 고생하고 계시는 아저씨와 천행(천식)이나 행복하게 만들어볼까 하는 생각도 해보았으나 그러나 그런 생각은 일순이요, 또다시 머리를 드는 여성의 절개와 가문 문제가 뇌리를 뒤덮었다. 너는 너의 아버님과 어머님과 너 자신과 가문을 생각해서라도 그래서는 안 된다. 참아라! 청춘의 고뇌는 누구에게나 있는 것이다. 그리고 그 고뇌를 이기고 나면 아무것도 아닌 것이지만, 만일 너 하나로서 가문을 더럽히고 난다면 그 누명은 자손만대에까지 지속될 것이니 청춘의 고뇌를 참아라, 참아라 하고 심장에서 소리치는 것이었다. | 민갑완, 《백년한》 |

상하이 시장의 비서였던 사씨謝氏라는 청년도 민갑완의 마음을 얻지 못했다. 이 청년은 절망감에 빠져 '직장도 부모도 다 버린 채' 미국으로 이민을 떠났다. 민갑완은 문득문득 스스로 떠나보낸 구혼자들을 떠올렸다. 민갑완은 "눈을 감으면 그 동안에 말이 있었던 10여 명의 결혼 대상자들이 진열장의 진열품과 같이 차례차례로 나열이 되면서, 모두가 한 마디씩 원망을 하는 것만 같았다"고 괴로움을 토로했다. 이 무렵 민갑완이 남긴 시[47]는 '사라져라 번뇌여 사라져라 사라져' 라는 구절로 끝을 맺는다.

민갑완의 자서전에는 기록돼 있지 않지만 구혼자 중에 하와이에서 독립운동을 하던 이승만이 끼여 있다는 게 흥미롭다. 민갑완은 올케인 윤정순尹丁順에게 이승만도 구혼자 중의 한 사람이었다고 말해주었고, 윤정순은 훗날 혼다 세츠코를 만나 그 사실을 전했다.[48] 혼다 세츠코는 《비련의 황태자비 이방자》에 이 사실을 기록했다.

민갑완이 서른여덟이 되던 해, 또다시 청천벽력 같은 일이 일어났다. 아침에 멀쩡하게 출근했던 이기현이 귀가하자마자 쓰러졌다. 이기현은 다시는 일어나지 못하고 눈을 감았다. 민갑완은 몸부림치며 통곡하는 이강하를 보며 피눈물이 흐르는 것 같았다. 이기현의 죽음을 계기로 이강하는 모친을 모시고 분가했다. 민갑완 남매는 이기현이 마련한 집에 그대로 남게 되었다.

두 사람이 벌던 살림에서 이제는 민천식이 가장 역할을 해야 했다. 장례비용으로 빚까지 안게 되어 민갑완은 3층에 세를 놓아 월세를 받기로 했다. 사흘 후 한 여자가 방을 보고 가더니 그 다음날 계약을 하고 일주일도 못 돼 이사를 왔다. 치쿠쿠七哥哥라는 병색이 완연한 여자였다. 나이는 민갑완보다 예닐곱이 많았다.

치쿠쿠는 쑨원孫文의 친구인 진해당陳海棠의 누이동생이자 독립운동가였다. 남다른 미모를 지녔던 그녀는 독립운동에 전념하기 위해 스물일곱의 나이에 자궁적출 수술을 받았을 만큼 애국심이 투철했다. 이성異性의 유혹에 현혹되어 혁명사상을 그르치게 되는 것을 두

민천식과 윤정순. 민천식은 서른이 다될 때까지 독신으로 지냈다. 외로운 누나를 배려하는 마음으로 그랬던 것 같다.

려워했기 때문이었다.

　치쿠쿠가 민갑완의 집에 세를 들어왔을 때에는 늙고 병들어 온몸에 맥이 하나 없어 보였지만 혁명가라는 명성만은 중국 내에서 모르는 사람이 없을 정도였다. 치쿠쿠의 방에는 하루가 멀다하고 정부요인이나 유명인사들이 드나들었다. 돈이 필요할 때는 은행에 전화만 걸면 담당자가 돈을 들고 달려왔고, 사소한 생필품도 백화점에 전화를 걸어 해결했다.

그러나 이미 불치의 병에 걸려버린 치쿠쿠는 슬픔과 고독 속에서 몸부림쳤다. 치쿠쿠는 민천식이 출근하고 나면 하릴없이 시간을 보내던 민갑완에게 연민을 느꼈다. 그럴 때마다 치쿠쿠는 민갑완을 불러 결혼을 종용했다.

치쿠쿠는 모처某處에 머물고 있는 부총통을 추천했다. 학식이 있고 재력도 상당하다고 했다. 민갑완은 그녀의 말을 받아들일 수 없었지만 가슴 속에서는 다시 번민의 바람이 일었다. 민갑완은 밤마다 프랑스 여류시인 노아유의 〈어느 5월 밤의 매력〉[49]이라는 시를 암송하며 마음을 진정시켰다.

그런 무수한 밤을 보내는 사이에 치쿠쿠의 병세는 더욱 악화됐다. 보다 못한 진해당은 누이동생을 고향으로 보내 요양케 했다. 세를 들어와 생활한 지 2년 만에 치쿠쿠는 눈물을 흘리며 떠났다. 민갑완도 치쿠쿠를 붙들고 사나흘 간 눈물을 흘리며 이별의 슬픔을 나눴다. 민갑완은 "고독한 사람들끼리 의지하며 살아가던 2년이란 세월이 무척 든든하고도 유쾌했음을 다시 느꼈다"고 썼다.

민천식은 독신으로 늙고 있는 누나가 보기 안타까웠던지 자신도 결혼을 하지 않으려 했다. 그의 나이도 어느덧 서른이 되었다. 고국에 남아 있는 만식, 만순 남매도 20대 중후반이 되어 당시로서는 결혼 적령기를 훌쩍 넘기고 있었다.

휘문고보를 졸업하고 경성제대에 다니고 있던 민만식이 친척 어른들의 종용에 못 이겨 먼저 약혼을 했다. 민만순도 안동 김씨 가문의 김익한金翼漢이란 청년과 혼담이 오고갔다. 상하이에서 그 소식을 듣고 안도하고 있던 민갑완에게 고국에서 뜻밖의 편지가 왔다. 민만식이 결혼을 몇 달 앞두고 장티푸스로 사망했다는 내용이었다. 민갑완, 민천식 남매는 겹치는 불행에 또다시 말을 잃었다.

민만식이 죽자 종친들은 대가 끊기게 생겼다며 성화를 부렸다. 그들은 민천식이 귀국을 해서라도 결혼을 해야한다고 법석을 떨었다. 민갑완 역시 민천식의 독신 생활을 반대했던 터여서 "만일에 네가 끝내 결혼을 안 하고 이렇게 속을 썩혀준다면 난 쥐도 새도 모르게 바람과 같이 아주 사라져버리겠다."라고 말하며 동생을 압박했다.

종친과 누나의 간절한 바람을 모른 척할 수 없었던 민천식은 1935년 결혼을 위해 귀국선을 탔다. 3개월 후 민천식은 아내 윤정순과 함께 상하이로 돌아왔다. 그때 윤정순은 열아홉 살이었다. 민천식보다는 열한 살, 민갑완보다는 열아홉 살이 어렸다. 민갑완은 나이 어린 시누이를 친동생처럼 아꼈다. 윤정순은 곧 임신을 했고 딸을 낳았다. 민갑완은 시누이의 이름 한 자에 항렬를 붙여 '병순丙順'이라는 이름을 조카에게 붙여주었다. 민갑완과 민천식 가족은 병순의 재롱에 시름을 잊었다. 민갑완은 실을 사서 손수 옷을 만들어 입힐 정도로 병순을 아꼈다.

이때부터 해방이 되던 해까지는 민갑완에게 평온한 시절이었다. 민갑완의 자서전에도 특별한 일화가 보이지 않는다. 1937년 중일전쟁이 발발해 민천식이 금속상회로 직장을 옮기는 일이 있었지만, 1941년에는 조카 병휘丙輝가 태어나 새로운 기쁨을 주었다. 훗날 윤정순을 인터뷰한 혼다 세츠코는 민갑완의 일상을 이렇게 쓰고 있다.

갑완의 기상은 매일 아침 5시, 단정하게 단장하고는 독서를 한다. 역사 책 또는 의학 서적이다. 의사가 되고 싶어도 될 수 없었던 그녀의 위안이었을까. 의학에 대해서는 보통 의사보다 상당히 정통했다 한다. 초하루와 보름에 절에 간다. 불교도가 된 갑완이 부처님과 대화하는 날이다. 그날은 생선을 먹지 않는다.

> 시간이 날 때는 편물을 한다. 뜨개질을 잘해서 한때는 집 식구들 것뿐 아니라 일감을 얻어와 아이들의 학비에 보태기도 했다. | 혼다 세츠코, 《비련의 황태자비 이방자》 |

민갑완의 남은 생애는 이방자를 다룬 장에서 좀더 서술하기로 한다.

해방 혹은 종전

1943년 7월 이은은 제1항공군사령부에 부임했다. 전쟁은 절정으로 치달았고, 뭔가 불안을 느끼는 일본인들도 많아졌다. 이듬해 정월 무렵 서울에서 윤홍섭尹弘燮이 이은을 찾아왔다. 윤홍섭은 순정효황후의 친정 오빠다. 그는 윤택영尹澤榮의 장남이었는데 백부 윤시영尹是榮의 양자로 출계했다. 김을한은 윤홍섭에 대해 '황실 관계자 중에서 최고의 신지식인이자 유일한 민족운동자'라고 평가하면서 두 사람 사이의 대화를 소개했다.

순정효황후의 안부부터 전한 윤홍섭은 이은에게 국제 정세를 설명하며 일본의 패망이 기정사실이라고 주장했다. 그리고 카이로 선언을 상기시키며 머지않아 한국이 독립될 것이라고 전망했다. 이은은 말없이 듣고만 있었다. 윤홍섭의 말이 이어졌다.

> 구왕실의 종친뿐만 아니라, 뜻 있는 일반 민중들은 전하께서 하루바삐 일본의 왕족이 아니라 조선의 황태자라는 것을 분명히 하시기를 바라고 있습니다. 만일 그렇지 않으신다면 조선이 독립되었을 때 전하

만년의 이은. 김을한은 이때의 이은을 '흰머리에 어린아이 같은 얼굴의 온후한 신사'라고 묘사했는데 적절한 표현인 듯하다.

께서 서실 땅이 없을 것입니다. 창덕궁 대비마마(순정효황후)가 제일 걱정하시는 것도 그 점입니다. | 김을한, 《인간 영친왕》 |

김을한은 윤홍섭의 말이 이은의 가슴에 격동을 불러일으켰다고 썼다. 그러나 이은은 아무 말도 하지 않았다. 그도 무슨 생각이야 있었겠지만 그 누구에게도 자신의 본심을 보이지 않았다. 그는 무슨 생각을 하고 있었을까.

분명히 알 수 있는 것은 고국을 그리는 그의 마음뿐이다. 아들 이구의 증언이다

종전 전 어떤 날이었다. 누군가가 주둥이가 노랗고 몸집이 까만 새를 아버님께 선사했다. 아버님은 서재 앞에 볕이 잘 드는 방에서 새장에 넣고 기르셨다. 어떤 날 하녀가 방 소재를 하는 동안 자칫 잘못되어 그 새가 날아가고 말았다.

아버님께서는 하녀에게 꾸중의 말씀도 안 하시고 하시는 말씀이,

"저 새도 철새이기 때문에 틀림없이 비원秘苑(창덕궁의 후원)으로 돌아갈 거야……." 하시는 것이었다.

그 말씀을 들은 어린 나의 마음속에서도,

"아버님은 역시 고국을 늘 생각하고 계시는구나." 하고 아버님의 기분을 조금은 알 것 같은 기분이었다. | 곽학송 외, 《세계 퍼스트레이디 전집》 |

이은의 말문이 열린 것은 해방되던 날이었다. 1945년 8월 15일 이은의 저택을 찾아온 한국인 청년이 있었다. 앞서 언급했던 이형근이다. 이은의 저택에는 일본 헌병들의 경비가 삼엄했지만 이형근은 육군 대위 신분이어서 쉽게 통과되었다. 이방자는 점심 준비를 한다며

자리를 피해주었다. 이은은 유창한 우리말로 이렇게 말했다.

> 나는 한말韓末에 볼모로 일본에 잡혀온 이래 동포들에게 사과 한 마디 못해 늘 미안하게 생각해왔소. 해방이 된 이제 내가 무어라 말하기가 곤란하지만 자나깨나 생각해온 얘기 하나만은 꼭 하고 싶어요. 그것은 다름이 아니라 한국이 일본에 합방을 당한 것은 국력, 특히 국방력이 약했기 때문이라는 사실이오. 이 대위도 알다시피 한국은 옛날부터 문존무비文尊武卑의 사상 때문에 문약文弱해졌던 것이오. 황태자였던 나 자신의 어렸을 때 기억을 더듬어보아도 궁중엔 문신들만 즐비했소. 그래 놓으니 얼마 안 가 일본군이 밀고 들어와 우리나라를 빼앗아 버린 것이오. 이런 이조 역대 왕들의 실정失政에 대해 내가 언젠가는 사과하고, 국가에는 독립을 수호할 수 있는 강력한 군대가 필수불가결하다고 호소하고 싶었소. 또한 한국과 일본은 다 같은 유교 국가이면서도 일본은 대대로 무를 존중하고 무사도를 전승했지만 한국은 태평만 구가하면서 시를 짓거나 풍류를 즐기는 데 열중해 자연히 무사, 즉 군사를 소홀히 해왔던 것이오. 그러니 일본에서 최신 군사학을 전공했고 실전 경험도 있는 이 대위 같은 젊은이는 하루 속히 귀국해 국군을 창설하는 일에 헌신해야 합니다. | 이형근, 《군번 1번의 외길 인생》 |

이은의 말은 이형근에게 '일생 잊지 못할 교훈'으로 남았다. 이형근은 그해 10월 한국 출신 장병 1,200명을 인솔하여 귀국했다. 그는 이후 국군 창설을 주도하고 군번 1번을 부여받게 된다.

우리에게는 광복이지만 일본인에게는 패전이었다. 종전 후 일본 사회는 급격한 혼란에 휩싸였다. 일본을 점령한 연합군 사령부는 일본의 군국주의적인 요소를 일소하고 여러 가지 사회개혁을 실시했다. 1947년 5월 3일 일본의 새로운 헌법이 시행되면서 490개 가문에 이르는 귀족 집안은 신분상, 재산상의 특권을 상실했다. 재산세는 같은 해 2월 15일까지 신고하여 3월 15일까지 납부해야 했는데 이은의 경우 재산평가액 960만 엔 가운데 약 78퍼센트에 달하는 750만 엔을 납부해야 했다.

이해 10월 14일 이른바 신적강하臣籍降下가 실시됐다. 이은의 신분이 황족에서 일개 평민으로 강등된 날이었다. 이날 이은 부부는 재일 한국인으로 등록해 일본 국적을 상실했다. 다른 일본 황족들은 평민으로 강등되면서 위로금을 받았지만 군인 신분이었던 이은은 그 혜택을 받지 못했다. 연합사령부의 정책에 따라 군인은 위로금 지급 대상에서 제외되었다. 설상가상으로 이은은 퇴역 군인에게 주어지는 연금도 받을 수 없었다. 퇴역 군인의 연금 대상은 일본인으로 국한되었다.

일정한 소득도 없는데다 엄청난 세금을 납부해야 했던 이은은 하루아침에 생활비를 걱정해야 할 처지에 빠졌다. 이은은 자동차를 처분하고, 닌초를 재배하던 온실도 없앴다. 즐기던 골프도 멀리했지만 느는 것은 빚뿐이었다. 연합사령부가 부과하는 가옥세와 부유세는 그처럼 혹독한 것이었다.

한때는 30여 명에 달했던 시종은 해방 직후 8명으로 줄었고 해가 가면서 5명, 3명으로 줄었다가 나중에는 단 한 명만이 남게 되었다. 1947년 이은 부부는 기오이의 저택을 참의원 의장 공관으로 내주고, 자신들은 하녀들이 쓰던 방을 사용하기로 한다. 매달 30만 엔씩 월세를 받을 수 있었는데 세금 15만 엔을 제한다 해도 이은 부부에겐 큰 돈이었다. 실은 이 월세조차도 참의원 의장의 배려에 의한 것이었다. 당시 참의원 의장 사토佐藤尙武는 이은에게 경제적인 도움을

김을한·민덕임 부부. 민덕임은 덕혜옹주의 유치원 동무이다. 뒤에 서 있는 사람은 윤치호(좌)와 여운형. 당대의 거물 두 명이 김을한의 결혼식에 모였다.

주기 위해 평소에는 사용하지도 않으면서 이은의 저택을 의장 공관으로 빌렸던 것이다.

이은의 저택을 찾아간 김을한은 그 첫 인상을 혼다 세츠코에게 이렇게 전했다.

내가 안내받은 곳이 어딘지 아십니까? 하녀의 방이었습니다. 옛날의 하녀 방에 은 전하가 살고 있었습니다. 은 전하의 첫인상은 흰 머리에 어린아이 같은 얼굴의 온후한 신사였습니다. 나처럼 젊고 더구나 일개 신문기자에 불과한 사람에게 본국에서 왔다는 것만으로, '대통령께서는 어떻게 지내십니까, 대비께서는 어떠하십니까?'라고 먼저 물으셨습니다. 왕이었던 분이 이승만 대통령에 대해 먼저 물으셨지요.

| 혼다 세츠코, 《비련의 황태자비 이방자》 |

신정부에 충성을 다하겠다

그러나 이은을 정치적 라이벌로 생각했던 이승만은 그를 적대적으로 대했다. 1950년 2월 16일부터 3일 간 일본을 방문한 이승만은 연합군사령관 맥아더를 만나 환담하고, 재일동포를 위로하는 행사를 가졌다. 이은과 이승만이 최초로 만난 것은 이때였다.

이은은 주일대사 신흥우申興雨의 연락을 받고 이승만을 예방했다. 이은은 자신의 귀국 문제에 대한 구체적인 언급을 기대했지만 이승만은 "본국으로 오려거든 오라"는 냉담한 어조였다.

두 사람의 회견 모습을 담은 한 장의 사진이 있다. 이승만은 거의 드러누운 자세로 소파에 몸을 묻고 있고, 이은은 팔걸이도 없는 의자에 심각한 표정으로 앉아 있다. 김을한은 "고국의 대통령과 고립무원의 옛 황태자와의 회의는 완전히 의례儀禮로 일관했으며, 쌀쌀한 분위기에서 끝났다"고 적었다.

해방 직후 이은의 귀국 의지는 확고했다. 밀항을 해서라도 귀국하겠다고 말한 적도 있다. 하지만 이승만과의 회견 이후 이은은 적잖이 실망한다. 회견을 수행한 전 주일대사 신흥우의 말이다.

그때의 이 대통령의 심리는 도무지 알 수가 없었습니다. 자기도 걸핏하면 무슨 대군大君의 몇 대손代孫이라는 것을 내세우면서, 황태자는 그만두고라도 개인적으로도 전주 이씨의 종손인 이은 씨에게 대해서 어찌 그리 냉담한지 모르겠습니다. 한 가지 상상할 수 있는 일은 영친왕은 당시 전국민이 동정을 하고 있었고 그만큼 인기도 대단하였으므로 그것이 싫었고, 또 하나는 행여나 '나는 지금도 영친왕이다'라는 생각을 갖지 말라는 뜻에서 처음부터 무시하는 태도로 나온 것이 아닌

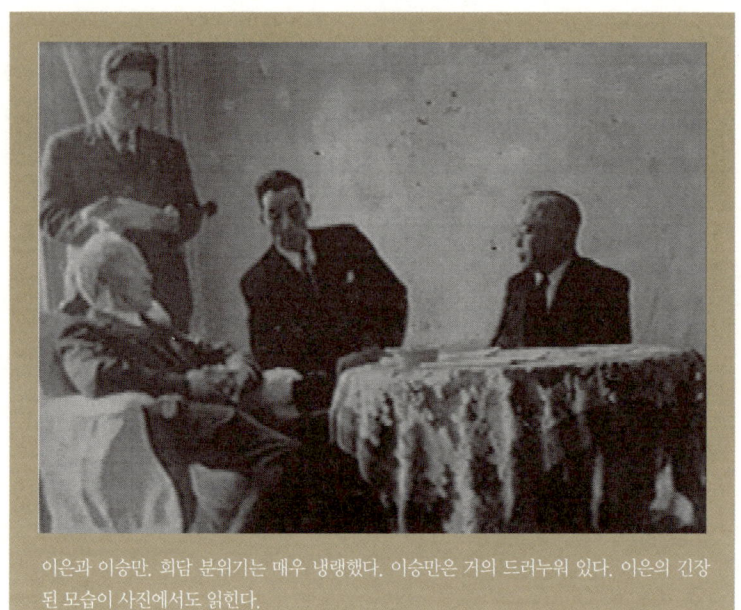

이은과 이승만. 회담 분위기는 매우 냉랭했다. 이승만은 거의 드러누워 있다. 이은의 긴장된 모습이 사진에서도 읽힌다.

가 합니다. 아무튼 이 대통령을 만난 결과로 영친왕이 귀국을 단념하고 일본에서 여생을 보낼 결심을 하게 된 것만은 사실입니다……. | 김을한, 《인간 영친왕》 |

이은은 정말 이승만이 두려워할 만한 정적이었을까. 김을한은 '영친왕이 1952년 8월 대통령선거에 출마했다면 절대 다수로 당선됐을 것'이라고 단언한다.[50]

이은은 자신이 정치적으로 미묘한 위치에 있다는 사실을 자각하고 있었다. 해방 직후 일본 내의 교포 단체들은 좌우익을 막론하고 이은을 끌어들이려고 혈안이었다. 이은의 지원을 받으면 단체의 정치적 입지를 손쉽게 확보할 수 있었다. 그러나 이은은 어느 한 쪽에 힘을 실어주지 않았다. 그가 외견상 정치적 중립을 견지한 것은 일

이은의 근황을 담은 〈삼천리〉 기사. 1948년 9월호.

제의 정략에 의해 오랫동안 꼭두각시처럼 지내왔고 또 그 허망함을 알고 있기 때문이었다.

이은의 귀국 문제는 정치적인 성격을 띠고 있었다. 그가 어느 시점에, 어떤 형식으로 귀국하느냐에 따라 국내 정치의 지형도가 달라질 수가 있었다. 그가 만약 대한민국 건국 이전에 귀국했더라면 어떤 일이 벌어졌을까. 누구도 장담할 수 없다.

어찌됐건 그의 귀국 문제는 정치인·언론인뿐만 아니라 일반 국민들의 관심사이기도 했다. 다음 기사를 보면 이은이 정치적인 중립을 지키기 위해 상당히 고심한 흔적을 느낄 수 있다.

이은 씨는 누구를 찾는 일도 없고 또 누구가 찾아오는 일도 별로 없다고 한다. 그의 환경이 미묘하여서 무슨 말을 함부로 하기도 곤란하고 세상 이목과 없는 소문 있는 소문 나는 그 소문도 듣기 싫어 집 안에서 별로 외출도 아니한다고 한다. 그리고 같은 동포요 동족인 조선 사람들이 동경에 많이 살고 있지만 그 역亦 공산주의자와 민족주의자의 두 갈래로 나누어 있어 늘 일치하지 못한 이 분위기에선 아마 양편에 다 접촉하고 싶지 않다는 심리에서이리라. 박열朴烈 씨 지도하는 조선인 거류민단측이나 김천해金天海 씨 등 지도의 조선연맹측에도 별로 연락이 없이 지낸다고 한다. 또 민단이나 연맹에서도 찾아가는 일도 별로 없다고 한다.

어떤 인편에서 들으니 이은씨는 여러 가지 미묘한 공기 때문에 본국인 '대한大韓'으로 아직은 돌아와 살 의향을 아니 가졌다 하며 그렇다고 영미英美 등 해외로 갈 생각도 없고……조국 사회가 잘 안돈安敦이 되어 한 평민平民으로서 아무 거리낌 없이 살아갈 수 있는 그런 시절이 오면 귀심여시歸心如矢로 돌아와 살 것이리라……. ┃1948년 9월호, 〈삼천리〉┃

대한민국 건국 직후에 작성된 이 기사의 나머지 부분은 이은의 근황을 비교적 정확하게 전하고 있다.

1년 뒤 〈삼천리〉 기자는 이은을 직접 찾아가 인터뷰했다. 다음은 그 일문일답(1949년 3월호 〈삼천리〉)을 간추린 것으로 〈뉴스피플〉이 단독 보도한 내용이다.

— 이 선생(이은)은 우리나라 신정부에 충성을 맹세하십니까?
"네. 두 말할 것이 있겠습니까. 내 나라 정부에 충성을 맹세하지 않을 한국인이 어디 있겠습니까?

― 귀국할 의향은 없습니까? 언제쯤 귀국하실 예정입니까?

"왜 귀국하고 싶지 않겠습니까. 그러나 그 시기는 언제가 될지 아직은 알 수 없습니다."

― 작년(1948년) 8월 15일 서울에서는 굉장한 규모의 (건국) 축하식전이 열렸는데 그때 감상은 어떠셨는지요?

"그때의 감격을 무엇으로 형언할 수 있겠습니까. 참으로 마음으로부터 기뻤습니다."

― 열한 살 때, 즉 (한일)합병 당시 이토 통감에게 이끌려 일본에 처음 올 때의 감상은 어땠는지요?

"지난날의 이야기를 할 기회는 따로 있겠지만, 그때 나는 오직 '신문명·신학문을 배워야겠다'는 마음 하나뿐이었습니다."

― 향후 일본의 재건에 대해서는 어떻게 보십니까?

"잘 되어갈 줄로 압니다. 이런 문제에 대해서는 길게 얘기하고 싶지 않습니다."

―그동안 구미歐美 시찰 등으로 얻은 여러 가지 군사 지식을 우리나라 국군양성에 이바지하고 싶은 생각이 없습니까?

"지금은 그런 생각이 없습니다."

― 고국의 동포들에게 하고 싶은 말씀이 있습니까?

"어찌 없겠습니까마는 다음에 하겠습니다." | 2000년 4월 20일자, 〈뉴스피플〉 |

영친왕저 문제

이은은 이승만 정부에 충성을 맹세했다. 그럼에도 이은은 이승만의 잠재적인 정적政敵일 뿐이었다. 이승만이 이은을 싫어한다는 건 관료들 사이에서 공공연한 비밀이었다. 관료들의 '과잉충성'으로 인한 불미스러운 일도 심심찮게 일어났다. 그 중 한 가지가 '아카사카 저택 사건'이다.

해방 후 이승만 정부는 한국 재산의 반환을 일본 정부에 요구하면서 도쿄의 조선총독부 출장소 건물과 동양척식회사 지점 건물 등을 포함시켰다. 문제는 거기에 영친왕의 저택까지 요구한 데서 비롯됐다. 엄밀히 말해 도쿄 영친왕저英親王邸는 이은 개인의 소유였다. 1929년 이은은 메이지 천황이 증여한 도리사카 저택을 반환하고 대신 일본 궁내성으로부터 기오이紀尾井 아카사카赤坂의 땅을 증여받아 그 위에 영국풍의 궁저를 지었다. 따라서 법적으로나 상식적으로나 도쿄 영친왕저는 이은의 사유재산이었다.

하지만 이승만 정부는 이은의 저택을 덕수궁이나 창덕궁처럼 국가의 소유라고 주장하며 반환을 요구했다. 1950년 주일공사로 부임한 김용주는 난감한 처지에 빠졌다. 본국에서는 일본 정부에 영친왕 저택의 반환을 요구하라는 훈령이 떨어졌지만 김용주는 영친왕저가 사유재산이라는 사실을 누구보다 잘 알고 있었다. 게다가 김용주는 이은의 인품을 존경하고 있었다.[51]

김용주는 고민 끝에 타협책을 생각해냈다. 재일동포로부터 성금을 걷어 이은에게 새 저택을 마련해준 뒤, 영친왕저는 정부에 헌납하게 한다는 계획이었다. 그러나 이 계획은 이방자의 반대로 실현을 보지 못했다. 이방자는 영친왕저가 사유재산인데다 일본 궁내성과도 관련이 있는 건물이어서 함부로 처분할 수 없다고 난색을 표했다. 이은의 뜻도 마찬가지였다.

영친왕저 문제는 일본이 1952년 4월 연합국의 지배를 벗어나면서

도쿄 아카사카 프린스호텔. 이은의 저택으로 쓰인 건물이다.

엉뚱한 방향으로 흘렀다. 독립을 하게 된 일본 정부는 그간 연합국이 징발해 사용해오던 각국의 대표부 건물을 원 건물주에게 돌려주겠다고 통고했다. 이에 따라 우리나라를 비롯한 각국의 대표부는 새 청사를 마련해야 했는데 주일대표부 측이 돌연 영친왕저를 대표부 건물로 사용하겠다고 억지를 부렸다. 주동자는 수석공사 김용식金容植과 참사관 유태하柳泰夏였다.

이은은 기가 막혔지만 나라에서 하는 일이라 쉽사리 거절하지 못하고 시가보다 훨씬 싸게 저택을 양도하겠다는 의사를 전달했다. 그러나 대표부는 계속 억지를 부리면서 덮어놓고 내놓으라고만 하고, 이은의 생계 문제에 대해서는 어떠한 대책도 제시하지 않았다. 나중에는 생활비로 매달 200달러를 지급할 테니 집을 비워달라고 생떼를 부렸다. 200달러면 당시 일본 돈으로 7만 2000엔밖에 되지 않는 금액이라고 한다. 일반 회사의 과장 월급이 10만 엔이던 시절이었다.

이은 부부는 분개했다. 애초 일본 정부도 영친왕저를 매입하겠다는 의사를 타진해왔다. 하지만 이은은 "우리 정부가 쓰겠다고 하는데 어찌 남에게 양도할 수 있겠습니까." 하고 거절해오던 터였다.

대표부는 이은 측의 가족 대표인 이수길李壽吉과 협상을 벌였다. 그 결과 40만 달러에 영친왕저를 매입하기로 하고 선수금으로 20만 달러를 지급하기로 했다. 의친왕 이강의 아들인 이수길은 이은에겐 조카가 된다. 40만 달러는 이은으로서도 고심을 거듭했을 만큼 헐값이었지만 대표부는 그 약속마저 지키지 않았다. 차일피일 선수금 지급을 미루는 사이 이은은 경제적으로 더 큰 어려움을 겪었다. 대표부와의 협상에 따라 참의원 공관을 비우게 되면서 매달 받아오던 임대료마저 끊어졌다. 김을한과 만나 당시 사정을 들은 혼다 세츠코는 이런 기록을 남겼다.

대표부는 빨리 도쿄 저택을 양도하라는 '협박·공갈' 비슷한 일도 서슴없이 해왔다. "관료들의 '과잉충성'이란 항상 이와 같은 것"이란 김을한의 말이다. 그 때문에 방자 부부는 대표부에서 누가 왔다고 하면 뒷문으로 도망치는 일이 한두 번이 아니었다. 너무나도 귀찮아서 호텔로 피신했던 일도 있었다. | 혼다 세츠코, 《비련의 황태자비 이방자》 |

대표부는 약속은 지키지 않고 무상으로 저택을 양도할 것을 은근히 종용했다. 기다리다 못한 이은은 대표부가 제시한 것보다 훨씬 못한 가격을 받고 일본인에게 저택을 매각하게 된다. 매각 대금이 4,000만 엔이었다는 게 이방자의 기억인데 7만 2000엔이 200달러에 해당된다는 앞선 기록에 의지해보면 이는 11만 1000달러에 불과한 액수다.

영친왕저가 있던 기오이 아카사카는 도쿄에서도 전망 좋은 곳으로 유명한 노른자위 땅이었다. 그런 곳에 태극기가 휘날리는 대표부가 있으면 적격이라는 것이 당시 대표부 측의 생각이었는데 혼다 세츠코의 표현대로 "생각은 좋았지만 그 집을 거저 차지하려 했던 것이 잘못"이었다. 현재 이 건물은 아카사카 프린스 호텔로 사용되고 있다. 이은이나 대표부나 모두 막대한 손해를 입었지만 이은은 이 소동을 계기로 '비애국자'라는 오명을 얻었다.

한국 정부는 여권 문제로 이은의 가족에게 다시 한 번 상처를 주었다. 1950년 8월, 아들 이구가 미국으로 유학을 떠날 때 주일대표부는 끝내 여권을 내주지 않았다. 이 무렵은 이은이 저택 문제로 대표부와 갈등을 빚고 있던 시기였는데 이은은 그 문제가 여권 발급과 연계되리라고는 상상조차 못했다. 이은은 주일공사 김용주에게 직접 이구의 여권 문제를 부탁했다. 김용주는 즉시 서류를 상신했지만 미국으로 떠날 날이 다가오는데도 감감무소식이었다. 김용주는 전화와 전보를 통해 독촉했다. 역시 반응이 없었다.

김을한에 따르면 김용주는 국제전화를 걸어 이승만에게 직접 여권 문제를 호소했다고 한다. 김용주의 이야기를 듣고 난 이승만은 다시 한 번 옹졸한 태도를 보였다. 이승만은 "그렇다면 여권은 내줄 터이니 이구李玖더러 미국에 가거든 절대로 프린스(왕자)의 행세는 하지 말라는 조건으로 하라"는 훈령을 내렸다. 이승만은 그러나 그 약속마저 지키지 않았고 여권은 끝내 나오지 않았다.

이은은 어쩔 수 없이 일본 정부의 임시 여권을 발급받기로 했다. 이 소식을 듣고 말이 안 된다고 생각한 김용주는 펄쩍 뛰었다. 김용주는 편법을 사용해 자신 명의로 여권을 발급해주었지만 이은의 씁

김을한이 연재한 〈인간 이은〉. 김을한은 연재 내용을 책으로도 펴냈다. 1970년 10월 17일자 〈중앙일보〉.

쓸한 심정을 풀어주진 못했다.

'일본인'이 되다

이은은 저택을 매각한 돈으로 빚의 일부를 갚고 도쿄 근교에 집을 마련했다. 그래도 납부하지 못한 세금이 있어 세간이 차압되는 수모를 겪었다. 1952년 4월 이은 부부는 조후調布의 전원주택으로 이주했다. 이 무렵 이은은 불면의 밤을 보내고 있었다. 운동도 하지 않았고 특별히 외출할 일도 없었다. 몸은 점점 비대해졌고 건강은 날이 갈수록 나빠졌다. 이방자는 이렇게 말한다.

> 군軍에서 외곬로만 지내온 전하에게는 군인 이외에는 친우도 없고, 우인교제라 해도 모두 전하라 하여 경원敬遠하기가 일색이었습니다. 어깨를 서로 칠 수 있는, 소위 죽마지우竹馬之友들이 없었습니다. 이렇게 되고 보니, 세파를 건너는 방법을 상의할 상대도 없어 전하는 내동댕이쳐진 것과 같은 고독함을 절실하게 느끼고 계셨습니다. | 이방자, 《바람부는 대로 물결치는 대로》 |

이은은 언젠가 자신에게 거액을 헌금했던 동포 사업가를 떠올렸다. 내키지 않는 일이었지만 그에게 부탁하면 다시 도움을 받을 수 있으리라 생각했다. 이은은 전보를 보내 김을한을 불러들였다.

(……) 김을한은 급히 달려갔다. 그곳에서 김은 보아서는 안 될 것을 보고 말았다. 넓은 응접실에는 텔레비전이 켜 있고, 은이 홀로 우두커

니 앉아 있었다. "그 초라한 뒷모습을 나는 결코 잊지 못합니다."라고 김은 무거운 어조가 된다. 은의 눈은 분명히 TV를 향하고 있었다. 그러나 은은 TV를 보고 있지 않았다. 이때 은은 "말하고 싶지 않지만……"하고 미리 전제하고는, 부득이 아카사카의 대궐을 팔았다는 것과 은행 예금은 있지만 이 상태로는 조만간 그것도 바닥난다며 앞일을 생각하면 앞으로의 생활이 불안해서 잠을 이룰 수 없다고 호소했다. | 혼다 세츠코, 《비련의 황태자비 이방자》 |

김을한은 이은이 권하는 대로 식탁에 앉았다. 김을한은 '식사는 자신의 집보다 빈약했다'고 기억한다. 노파 한 명이 식모로 있었고, 이방자는 바깥일에 몰두해 남편의 식사마저 돌보지 않고 있었다. 이은은 기어이 동포사업가의 이야기를 꺼냈다.

얼마나 다급했으면 수 년 전에 원조를 받았던 동포를 기억해냈을까 하는 마음에 김을한은 눈시울이 붉어졌다. 김을한은 "잘못하면 도리어 창피만 당하기가 쉽습니다."라며 일단 만류했지만 경제적으로 아무 도움도 주지 못하는 자신의 처지를 한탄했다. 김을한은 수십 년이 지난 뒤에도 그때 일을 회상하며 눈물지었다. 혼다 세츠코는 "(김을한) 분해서 그날 밤은 잠을 이루지 못했다"고 전하고 있다.

안도 사다오安東貞雄의 아내 와키코和氣子도 이은의 고독한 뒷모습을 기억하는 사람 중 한 명이다. 안도 사다오는 이은의 육사 동기생으로 일제시대 중장까지 지냈고, 와키코는 이방자와 학습원 동창생이다. 어느날 이은의 집을 방문한 와키코는 이은의 방문을 두드렸다. 몇 번의 노크에도 아무 대답이 들리지 않았다. 와키코는 문을 열었다. 장지문에 연한 책상 앞에 이은이 말 없이 앉아 있었다.

그 뒷모습을 본 순간 그곳에 감도는 고독감에 몸이 얼어붙는 것을 느꼈다. 어디를 보는 것도 아니면서 와키코의 내방도 알아차리지 못하고 쓸쓸히 계속 앉아 있는 은의 뒷모습. 아마도 그것은 자신의 힘으로 비상飛翔하지 못한 자의 추락한 모습이었을 것이다. 비상의 동력은 왕의 자리, 방대한 재산이었다. | 혼다 세츠코, 〈비련의 황태자비 이방자〉 |

평민이 되어버린 황태자, 그것도 빚만 남은 초로의 남자가 할 수 있는 일은 많지 않았다. 이은은 텔레비전을 보거나 책을 읽으며 하루를 보냈다. 생활이 넉넉했을 땐 난초 재배나 사진에 열정을 쏟았지만 이제 그런 취미는 사치스런 일이 되었다. 아들 이구와 함께 지낼 때는 그를 바라보는 것이 한없는 행복이었다. 하지만 이구가 미국으로 떠난 지도 여러 해가 흘렀다.

이구는 미국 생활에 적응하여 늠름한 청년으로 자라나 1953년 9월 미국 MIT대학 건축과에 입학했다. 1956년 미국 영주권을 획득한 이구는 미국에서 직장을 구해 그곳에 정착할 계획을 갖고 있었다. 이은 부부는 아들의 계획을 기쁨으로 받아들였지만 앞으론 아들을 자주 볼 수 없다는 생각에 마음이 달았다. 이은 부부는 이구의 대학 졸업을 기념해 직접 미국으로 날아가 아들을 보기로 했다. 다행히 MIT대학 총장이 초청장을 보내왔다. 이은 부부는 여행 경비를 조달하기 위해 마지막 남은 나스那須의 별장까지 매각했다. 매각 과정에서 잡음이 있었지만 이은 부부는 아들을 만나겠다는 일념에 모든 것을 참았다.

이은의 마음을 더 상하게 한 것은 여권 문제였다. 이구가 유학을 떠날 때 문제가 되긴 했어도 이은은 자신의 여권이 나오지 않으리라고는 생각지도 못했다. 이은은 김을한과 만난 자리에서 들뜬 표정으로 여권을 부탁했다. 문제를 가볍게 생각한 건 김을한도 마찬가지여서 "그야 어렵지 않겠지요. 전하께서 무슨 정치운동을 하러 가시는 것도 아니고, 장사를 하러 가는 것도 아니고, 다만 아드님의 졸업식을 위하여 가시겠다는 것인데 패스포트가 아니 나올 까닭이 있겠습니까."라며 이은을 안심시켰다.

그러나 김을한이 주일대표부에 들러 이은의 여권 문제를 꺼냈을 때부터 일이 꼬였다. 대표부는 냉담한 태도였다. 여권은 '경무대(대통령)에서 직접 취급하는 것'이기 때문에 정부나 경무대에 직접 말해보라는 것이었다. 하는 수 없이 김을한은 날을 잡아 서울로 갔다. 그는 국무총리, 외무부장관을 지낸 뒤 서울대 교수로 재직하고 있던 변영태卞榮泰[52]를 찾아갔다.

친분 관계만 믿고 여권 얘기를 꺼낸 김을한은 변영태의 뜻밖의 반응에 적지 않게 놀랐다. 변영태는 그 일에 깊이 관여하지 말라고 충고했다. 이유를 묻자 변영태는 이렇게 대답했다.

"선생님(이 대통령)께서는 영친왕에게는 애국심이 없다고 퍽 좋지 않게 생각하고 계시므로, 공연히 김선생까지 그 일에 말려들어서는 아니 되겠기에……."

김을한은 아카사카 저택 문제로 이승만이나 정부 관계자들이 오해를 하고 있다고 직감했다. 김을한은 그 전말을 소상하게 설명했지만 변영태는 여전히 "영친왕 일은 대통령께 말씀한대도 잘 될 것 같지 않다"며 발을 뺐다. 김을한은 이번엔 자유당의 실력자 이기붕李起鵬을 찾아갔지만 이기붕도 변영태와 비슷한 말을 했다.

"세상 사람들은 내가 말만하면 대통령께서 다 들어주시는 것으로 알고 있지만 사실인 즉 내가 열 가지를 말씀해서 그 중 한두 가지만 되어도 잘된 것으로, 일하기가 여간 어려운 것이 아닙니다. 그 중에

온실 안의 이은 부부. 이은은 난초 재배를 좋아했다. 종전 후 막대한 재산세를 내야 했던 이은은 결국 온실을 처분하게 된다.

는 다 된 일도 비서들의 방해로 틀린 것도 있고……. 그러므로 무슨 일이고 대통령께 상신할 때에는 신중히 고려를 해야 되는데, 영친왕에 대해서는 대통령의 심중이 대단히 좋지 않으시므로 내가 말씀을 여쭌대도 별반 효과가 없을 줄 압니다."

김을한은 변영태와 이기붕이 손사래를 치는 모습을 보고 이 문제는 단념해야 할 수밖에 없다고 생각했다. 김을한은 이은에게 편지를 보내 도미를 포기할 것을 권유했다.

그때 필자의 생각으로는 이 대통령이 영친왕에 대해서 그토록 심각한 감정을 품은 것은 무엇보다도 아랫도리 관료들의 과잉 충성으로 말미암아 영친왕을 덮어놓고 욕심장이로 판정한 때문이므로, 외무장관(변영태)이나 국회의장(이기붕)이 중간에 들어서 잘 말만 한다면 대통령의 오해도 풀릴 것이고 노여움도 가시리라고 믿었었는데, 그 두 분 마저 머리를 설레설레 흔드는 데는 어찌하는 도리가 없었다. 그리하여 나는 영친왕께는 죄송하였지만 경무대를 방문할 예정도 중지하고 이 일은 단념할 수밖에 없다고 생각하였다. 당시 본국의 분위기는 이 대통령이 영친왕을 좋지 않게 생각한다니까 정부의 하급 관료들도 덩달아서 영친왕을 경원하였으며, 일반 민중들도 자신에게 무슨 화가 미칠까 해서 영친왕은 물론, 구왕실에 대한 이야기를 하는 것조차 몹시 꺼리었다. ǀ 김을한, 《인간 영친왕》 ǀ

김을한이 한 달 만에 도쿄에 돌아와 보니 이은 부부는 이미 미국으로 떠난 뒤였다. 한국 여권을 받기가 불가능할 것 같다는 김을한의 편지를 받고 이은은 독자적으로 움직였다. 궁내청을 찾아가 일본 여권을 발급받은 것이다. 이는 단순한 여권 문제가 아니라 이은의 국적이 일본으로 변경됐음을 의미했다.

이은은 아들을 보겠다는 일념에 국적 문제를 간단하게 여겼다. 여권 발급을 위한 편법이었을 뿐 다시 한국 국적으로 취득하면 되지 않겠느냐는 게 그의 생각이었다. 김을한은 "영친왕 내외분은 최초 여권을 내기에 바빠서 국적은 어쨌든 임시 방편으로 여권만 나오면 된다고 생각하셨던 모양"이라고 추측했다.

김을한 역시 국적을 다시 바꾸는 것이 어렵지 않으리라고 생각하고 있었다. 하지만 국적 문제는 생각처럼 간단한 것이 아니었다. 궁내청을 찾아간 김을한은 국적 변경이 어렵다는 궁내청 장관의 설명을 듣고 "정말 큰일났다"고 느꼈다.

1957년 5월 18일 도쿄 하네다 공항을 출발한 이은 부부는 대륙 횡단열차를 타고 뉴욕에 당도했다. 지인의 집에 여장을 푼 이튿날 저녁, 이은 부부는 7년 만에 아들 이구와 해후했다. 6월 7일 이구의 졸업식이 있었고 그해 9월 이은은 뉴욕 교외에 아파트를 구했다.

세 식구의 오붓한 나날이 시작되었다. 중국계 건축회사에 다니던 아들이 귀가할 때면 이은 부부는 무엇과도 비교할 수 없는 행복감에 빠져들었다. 10월 20일 이은은 뉴욕에서 환갑을 맞았다. 이방자는 "주인은 구玖의 얼굴을 볼 수 있는 곳에서 마음을 놓고 살게 되니 다시 없이 행복하신 것 같았다"며, "전하는 참으로 만족스러우신 모양으로 이대로 더 오래 미국에 머물고 싶다고 어떻게 방법이 없겠느냐고 말씀하셨다"고 쓰고 있다. 그러나 여행자 여권으로는 이은이 미국에서 취업할 수 있는 방법이 없었다.

어느날 이구는 결혼 상대자를 데려왔다. '줄리아 뮬록'이란 이름의 우크라이나계 미국인이었다. 줄리아는 상냥하고 사려 깊은 아가씨였다. 이은은 아들의 선택을 존중했고, 아들의 반려자가 될 여자를 마음으로부터 받아들였다.

해가 바뀌고 이구와 줄리아의 약혼식이 그해 5월로 예정되었다. 하지만 이은 부부는 4월 말에 일본으로 돌아가기로 했다. 마땅한 일자리도 없이 언제까지나 미국에 머물 수는 없었다. 3월 16일, 화장실에 가려고 일어서던 이은이 갑자기 쓰러졌다. 이방자와 이구가 부축해 침대에 눕히고 의사를 불렀다. 고혈압과 혈전증으로 인한 뇌일혈이란 진단이었다. 4월 한 달 동안 휴양을 하자 보행이 조금 불편하지만 걸을 수 있을 만큼 병세가 나아졌다. 5월 17일 이은 부부는 뉴욕을 떠났다.

약해지는 황태자

이은이 도쿄에 도착하자마자 이은을 찾아간 김을한은 경무대의 처사를 원망하면서 이은에게도 아쉬움을 토로했다. 이은은 무겁게 입을 열었다.

"나는 미나미南 총독 때의 창씨제도에도 찬성하지 않았소. 건공鍵公(이건공)의 일본 귀화에도 반대하였는데, 무엇이 좋아서 일본 국적을 취득하였겠소. 여행권쯤은 으레 될 줄 알고 MIT공학대학 총장에게도 구玖의 졸업식에는 꼭 참석하겠노라고 확약을 하였는데, 여권은 영영 나오지를 않고 졸업식은 임박해서 부득이 궁내청 장관에게 청을 하게 된 것인데, 지금 말을 듣고 보니 일이 잘못된 모양이오."

김을한은 이은의 부탁을 받고 국적을 회복하는 방법에 대해 알아보기로 했다. 관계 부처를 다니며 문의한 결과, 방법은 한 가지뿐이었다. 이은이 귀국하여 한국 국적을 취득한 뒤, 일본으로 돌아가지 않으면 일본 국적은 일정 기간 후 자연히 말소된다는 것이었다. 말은 쉬웠지만 귀국 자체도 그리 쉬운 문제는 아니었다. 나라의 최고 권력자가 공공연히 자신에 대한 적대감을 드러내는 마당에 귀국 길은 현실적으로 막힌 것이나 진배없었다. 그런 까닭에 이은은 한때나마 일본에 영구 정착할 뜻을 품었고, 이방자는 일본에 가족묘지를 마련해두기도 했다.

1958년 10월 25일 이구와 줄리아의 결혼식이 뉴욕에서 열렸다. 아들의 결혼식에도 참석하지 못하게 된 이은의 가슴에는 자식에 대한 그리움뿐이었다. 이은은 가정을 꾸린 아들 부부의 생활을 보고 싶어했다. 어느 순간부터 그는 모든 것을 아내에게 의지하게 되었다. 이은은 미국에 가자고 아내를 채근했다.

1960년 초부터 구玖 부부를 방문하고 싶어하시는 주인의 기분이 너무나도 절실하였으므로, 전번의 병환도 있고 해서 늦기 전에 어떻게 이루어 드려야겠다고 생각하고, 다시 여비의 마련을 위하여 골몰했습니다. 그렇지만 여행 수속에 좋은 방법이 발견되지 않았습니다(전번에는 학교의 졸업식에 초대를 받았기 때문에 문제가 없었던 것입니다). 남은 방법은, 국적을 일본에 귀화하는 수속을 한 후가 아니면 안 된다는 것이어서 나는 결단을 내려 그 방법을 취하기로 하였습니다.[53] | 이방자, 《바람 부는 대로 물결치는 대로》 |

1960년 6월 6일 이은 부부는 요코하마 항을 출발했다. 경비를 아끼기 위해 비행기 대신 배를 타기로 한 것이다. 같은 달 22일에 시애틀에 도착할 정도로 궁색하고 힘든 여행이었지만 아들 부부를 보게 된 두 사람은 만족했다. 그러나 이은은 점점 약한 모습을 보였다.

구玖 부부의 모습을 보자, 주인은 구를 그리워하던 마음이 봇둑을 터놓은 것처럼 넘쳐 어린애같이 기뻐하시는 것이었습니다. '아 잘했다. 오기를 잘했다'고 생각하며, 석양의 하늘에 높이 솟아 있는 그리운 엠파이어 빌딩의 탑으로 눈을 돌렸습니다. 미야사마(황족) 시대에는 감정을 밖으로 나타내시지 않고, 또 그처럼 활동적이시던 분이 기력의 쇠약 탓인지, 아직 그럴 나이가 아니시라고 생각하는데도 다만 나에게 의지하고, 구에게 응석받고 싶을 뿐, 뭔가 하고자 하는 기분이 전적으로 없어져버리고 말았습니다. 산보마저 귀찮아서 자신 스스로 하시려고 하지 않았습니다. 나는 그런 주인에게 불안을 느끼게 되었습니다.
| 이방자, 《바람부는 대로 물결치는 대로》 |

이은 부부는 뉴욕에서 40일 가량 머물렀다. 돌아가는 길은 비행기를 이용하기로 했다. 이은의 건강이 좋지 않아 장기간의 선박 여행은 무리였다. 비행기 삯을 마련할 길이 없어 이방자는 체면도 잊은 채 김을한에게 비행기 표를 보내달라는 편지를 보냈다. 김을한은 당시 구황실재산관리 사무총국장 오재경吳在璟에게 부탁했다. 오재경은 구황실재산관리국 예산으로 비행기 표를 보내려고 하다가 사무절차상 시일이 오래 걸릴 것 같아 평소 친분이 있었던 화신백화점 사장 박흥식朴興植에게 사정을 이야기했다. 박흥식은 흔쾌히 비행기 표를 끊어주었다.[54]

다시 쓰러지다

이은 부부는 8월 6일 항공편으로 일본에 돌아왔다. 그 사이 대한민국의 정세는 급변한 상태였다. 4월 19일 시민혁명이 일어났고, 이은의 귀국을 막아오던 이승만 정부가 물러났다. 8월 들어 대통령이 윤보선尹潽善으로 바뀌고 장면張勉 내각이 들어섰다. 이은이 돌아와 보니 새 정부가 보낸 편지가 여러 장 도착해 있었다. 그의 귀국을 권유하는 내용이었다.

이은은 고국으로 돌아갈 수 있다는 생각에 가슴이 벅차올랐다. 그러나 정치적으로 이용당할 가능성은 여전했다. 그는 신중한 태도를 보였다. 호의적이었다는 점에 그 차이가 있지만 이은을 정치적인 관점으로 대한 건 장면 정부 역시 마찬가지였다. 이승만 정부가 이은의 정치적 영향력을 경계하여 박대했다면, 장면 정부는 이은의 국민적 인기를 이용해 새 정부의 지지도를 끌어올리려 했다.

장면 총리. 장면은 이은에게 매우 호의적이었다.

윤보선 씨가 대통령이 되었다고 하여 이수길 씨가 마중을 나와 여러 가지 국내 사정을 들려주셨다. 이야기를 듣고 나서 전하께서 정책에 이용당하는 일은 절대로 피하여야 한다고 말씀하셨다. 어떤 분들이 빨리 귀국하시라고 서두는 것은 그것을 이용해서 자기들이 어떤 도움을 받기 위한 것이라고 말하는 분도 많이 있어서 귀국은 신중을 기해야 할 문제였다. 전하께서도 그런 점을 신중히 생각하셔서 정부 측에서 빨리 귀국하시기를 바라고 있다는 의견에 아직 시기상조라고 말씀하셨다. (1960년) 12월 주일대표부 엄嚴 공사의 초대로 호텔 뉴재팬에서 저녁을 들게 되었다. 그 석상에서 주영대사로 가시면 어떠냐는 말씀이 나왔는데 즉석으로 정치적 방면으로는 나가고 싶지 않으시다고 거절하셨다. 건강상의 이유로 사퇴하셨다. | 이방자, 〈지나온 세월〉 |

이은의 변함없는 태도는 "정치적으로 이용당할 염려가 있는 동안에는 돌아가지 않는다. 모든 것이 안정되지 않은 지금은 아직 이르다"였다. 해가 바뀌자 사정은 달라졌다. 장면 정부가 출범한 지도 반년여가 흘렀고, 시국도 어느 정도 안정되어가는 것처럼 보였다. 조카인 이수길이 구황실재산관리 사무총국장에 임명돼 귀국 논의도 급물살을 탔다. 이 무렵 이은은 또다시 이구를 보러가자고 이방자를 졸랐다.

구玖는 그해의 연말부터 이듬해(1961년) 5월에 걸쳐서 하와이대학 동서東西센터의 건축의 일로 줄곧 하와이에 체재하게 되어 있었습니다. 주인으로서는 참고 견디신 나머지의 말씀이겠지만,

"하여간 한번 가서 만나고 와서, 좀더 건강해지고 싶다"고,

마치 구가 명의名醫라도 되는 것처럼 말씀하시는 것이었습니다. 그럴는지도 모른다고 생각하면서도, 만약 또 그곳에서 발병이라도 하신다면 하고 주저했습니다.

"그렇지만 이렇게까지 만나고 싶다는 일념으로 계시는데, 모시고 가지 않을 수 없다." 하는 생각이 들어 역시 나는 지고 말았습니다.

육친의 정情도 희박하시어 타인 가운데서 성장하신 주인으로서는 구는 둘도 없는 단 한 사람의 혈연인 것입니다. 10세 때부터 억눌려오신 육친에의 감정이 기력도 체력도 쇠퇴하여 어린애같이 되신 지금, 참을성도 없이 점점 더해가는 것입니다.

"전하, 가십시다. 구의 곁으로 갑시다. 모시겠습니다."

"그러시겠소? 데려다주는 거지요? 정말, 정말 감사하오."

나는 넘치는 눈물을 닦으면서 황망히 준비를 갖추었습니다.

| 이방자, 《바람부는 대로 물결치는 대로》 |

아들을 보러 하와이를 방문한 이은 부부. 한눈에도 행복이 읽힌다.

귀국을 앞둔 이은이 "좀더 건강해지고 싶다"고 한 말이 마음에 남는다. 건강한 몸으로 귀국해 조국에서 무슨 일을 하고 싶었던 것일까.

이은 부부는 1961년 3월 26일 하와이에 도착했고, 40여 일 가량 체류하다 5월 7일 도쿄로 돌아왔다. 그리고 5월 16일. 육군 소장 박정희朴正熙가 한강을 건너 쿠데타를 감행했다. 그 직후 이은이 쓰러졌다. 두 번째였다.

그가 5·16쿠데타에 충격을 받고 쓰러진 것은 분명해 보인다. 정국은 일시에 불투명해졌고, 눈앞에 보였던 귀국의 길이 다시 물거품이 됐다. 이수길도 얼마 후 파면되고 육사 출신의 노창점盧昌漸이 신임 국장으로 임명됐다. 이은의 주치의였던 전 가톨릭의대 교수 김학중金學仲은 이렇게 말한다.

영친왕의 환국 의사는 열렬하였다고 한다. 영친왕의 조카이자 의친왕의 아들인 이수길 씨가 전하는 말에 의하면 일제시대에는 감히 입 밖에 낼 수도 없었던 환국하겠다는 강철 같은 마음이 종전 후부터 대두하기 시작했다. 해방 후 국적 없는 신세가 되고 보니 더욱 귀국열이 강해져서 꿈에 본 고국산천 이야기를 이튿날 아침이면 재미나게 하였다고도 한다. 이승만 박사 재임시 수차 타진해보았지만 여의치 못하여 쓸쓸히 망향의 눈물로 고국의 하늘만 바라보고 있던차 4·19라는 큰 변동이 밀어닥쳤다. 민주당 정권이 들어서자 조카인 이수길 씨가 문화재관리국장으로 임명되어 모든 준비가 착착 진행되어가고 있는 중 5·16군사혁명이 밀어닥쳤다. 영친왕은 까무라치도록 놀랐다. 바로 이때가 제2차 발병 때였다. 큰 정신적 충격으로 인한 재발로 생각된다. | 김학중, 영친왕 병상기, 1970년 6월호 〈월간중앙〉 |

이은의 병세는 심각했다. 보행이 불가능해 의사와 간호사가 왕진을 나와 진찰을 했고, 날마다 약과 주사에 의지해야 했다.

서울에서 이은의 귀국 문제를 협의하고 있었던 김을한은 쿠데타로 인해 모든 것이 불확실해지자 고려대 교수 민병기閔丙岐를 찾아갔다. 충정공 민영환閔泳煥의 손자이기도 한 민병기는 국가재건최고회의 자문위원을 맡고 있었다. 사정을 이야기하자 민병기는 마침 잘 됐다며 뉴욕에서 열리는 유엔총회에 참석하기 전에 박정희에게 인사할 일이 있는데 그때 건의해보겠다고 대답했다.

박정희는 의외로 호의적이었다. 박정희는 입원 비용과 관련된 지원을 약속하고, 민병기의 추천을 받아 이은의 귀국 특사로 김을한과 엄주명을 임명했다. 7월 말 주일대표부는 이방자에게 전화를 걸어 '박 의장(박정희)께서 전하의 병세를 걱정하고 계시며 빨리 입원 가

료하여 완쾌하셔가지고 귀국하시도록 하라는 당부를 받았다'고 전했다. 박정희가 그토록 호의적이었던 것은 무슨 까닭일까. 훗날 박정희 정부가 보인 태도를 감안하면 박정희 또한 정치적 의도가 있었음이 틀림없다.

이방자는 이구와 상의하여 8월 3일 남편을 입원시켰다. 8월 6일 '특사' 김을한이 도쿄에 도착했고, 2주일 후 엄주명도 도쿄에 왔다. 20여 년 만에 이은과 엄주명의 감격적인 해후가 이뤄졌다. 이은이 일본에 처음 끌려갈 때 동행했던 엄주명은 수척해진 이은의 손을 붙들고 말을 잇지 못했다.

이은은 동맥경화로 인한 뇌혈전증과 뇌연화증腦軟化症으로 운동신경이 마비되고 있었다. 이은은 의식불명의 상황 속에서도 아들 이구와 조국을 그리워하고 있었다. 그는 영문 모를 헛소리를 했다. "배를 타니까 옷을 갈아입어야지……." "아직 그것은 이르니까 나중에……." 이따금 의식이 온전히 돌아왔을 때 이은은 이렇게 말했다. "고향에는 하루라도 빨리 돌아가고 싶소. 대비마마를 비롯하여 여러 분들을 만나보고 싶소……. 그러나 나는 의사나 간호원에 안겨서 돌아가고 싶지는 않소. 자기 발로 한국의 땅을 확고하게 밟고 싶은 것이오."

9월 초순 이은의 건강이 다소 나아졌다. 이은은 9월 말 퇴원하여 집으로 돌아왔다. 그러나 이미 반신불수의 몸이었다. 11월 박정희가 도쿄에 들렀다. 쿠데타에 대한 미국의 '추인'을 받기 위해 도미하던 길이었다. 박정희는 영빈관에 이방자를 불러 위로하면서 귀국에 관한 확실한 협조를 약속했다. 박정희는 국적 회복, 생계비 문제를 해결해주겠다고 확언했다. 이때 통역을 맡은 김을한은 덕혜옹주의 귀국 문제도 제기했고 박정희는 이 문제도 협조를 약속했다. 그의 말

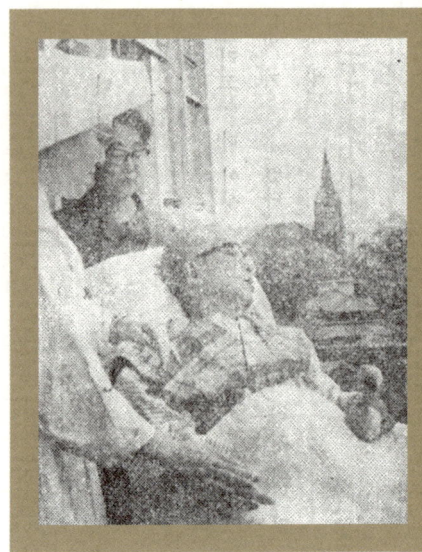

한 신문에 실린 이은의 사진. 이 신문은 이은이 '오, 남산', '정말 돌아왔구나' 라는 말을 했다고 보도했으나 이은의 주치의가 남긴 기록과 비교해보면 보도 내용을 믿기 어렵다.

한 마디면 모든 것이 일사천리로 해결되는 시대였다.

1962년 1월 16일 박찬주朴贊珠와 이종李淙이 덕혜옹주를 귀국시키기 위해 도일했다. 박찬주는 의친왕의 아들인 이우李鍝의 부인이며, 이종은 이우의 차남이다. 1월 26일 덕혜옹주가 먼저 귀국했다. 박정희의 협조 약속이 떨어진 지 불과 두 달 만에 이뤄진 일이었다.

이제 이은의 귀국만이 남아 있었다. 그해 6월 14일 남은 문제를 협의하기 위해 이방자가 일시적으로 귀국해 5일 간 체류했다. 하지만 이은의 귀국은 차일피일 미뤄지다가 결국 해를 한참 넘긴 이듬해 11월로 결정되었다. 그의 귀국이 지연된 것에 대해 전 〈경향신문〉 편집위원 강용자는 이렇게 설명한다.

박정희 대통령의 호의로 귀국이 결정된 영왕(이은) 일가의 귀국 예정일은 처음에 1963년 10월 10일이었다. 그러나 10월 15일은 한국의

대통령 선거일이므로 영왕측에서 귀국을 11월 22일로 미룬 것이다. 정치적인 일에 이용당하지 말아야 한다는 생각에서였다. 또다시 정치의 희생물이 되지 않겠다는 의지의 표시였다. | 강용자, 〈왕조의 후예〉 |

그러는 사이 이은은 결정적인 고비를 맞기도 했다. 1963년 5월 7일 이은의 몸에 경련이 일어나기 시작했고 이은은 일주일 간 혼수상태에 빠졌다. 회복이 거의 불가능할 것이라는 진단이 나왔다. 마침 이해 5월로 일본 방문을 계획하고 있었던 이구 부부가 15일 도쿄에 도착해 이은과 대면했다. 이은은 아들 부부가 왔다는 것을 알아차린 듯 빙긋 미소를 띠었지만 그때뿐이었다. 5월 말 이은은 도쿄 산노山王병원으로 옮겨졌다.

그해 9월 김학중과 성모병원 서석조徐錫助 박사가 일본으로 날아가 이은을 진찰했다. 김학중은 "예측했던 것보다 중태였다"며 "우측 완전 마비, 좌측 불완전 마비, 실어증, 게다가 기관지염까지 겹쳐서 병세는 중한 상태였었다"고 기록했다. 이은은 완전히 말을 잃었고 자신이 곧 귀국한다는 사실조차 자각하지 못하게 됐다.

세 번의 통곡과 영면

이은의 건강 상태에 맞춰 귀국 시기를 조율하던 김학중은 이구에게 각서를 요구했다. 혹시 귀국하는 비행기 안에서 불행한 일이 생긴다 해도 담당의사에게 책임을 묻지 않는다는 내용이었다. 이구는 "그런 각서라면 백 번 써도 상관없다"며 "살아 생전에 환국 못하면 죽어서 뼈만이라도 고국산천에 묻히고 싶다고 하였으니 가시다가 돌아가셔도 한이 없겠다"고 동의했다. 김학중은 그 말을 듣고 더는 각서 얘기를 입에 올리지 않았다.

김학중은 이은의 병세가 약간 안정이 되자 일단 귀국했다가 11월 중순 다시 일본으로 향했다. 김학중은 구급용 의료장비를 준비하고 현장답사를 실시하는 등 만반의 준비를 마치고 귀국 'D-데이'를 기다렸다. 한국의 신문과 라디오는 하루에도 몇 번이고 이은의 귀국 소식을 다루었다. 김을한은 영친왕 귀국의 최고 공로자라는 언론의 보도로 길에서도 알아보는 유명인사가 됐다.

1963년 11월 22일 오전 10시경. 이은, 이방자, 이구 부부를 실은 전세기가 도쿄를 출발했다. 이은은 귀국 즉시 성모병원으로 옮겨졌다. 연도에 늘어선 시민들이 성모병원까지 이르는 이은의 행렬을 환영했다. 자신이 고국에 돌아왔다는 사실을 알기나 한 것일까. 실어증에 걸린 이은은 어떤 말도 남기지 못했지만 그는 세 번의 통곡 소리로 감격과 흥분을 전했다. 김학중이 개인적으로 기록한 '영친왕 병상일지'의 한 부분이다.

> 병실(616호)에 도착하자마자 누군가가 큰 소리로 "전하 고국에 돌아왔어요." 하니까 금시 쓸쓸한 얼굴빛으로 변하더니 방성대곡을 세 마디 하셨다. 모든 사람들의 눈시울이 붉어졌다. 맥박, 혈압 등 기타 모든 상태 정상. 밤에 잘 주무셨음. | 김학중, '영친왕 병상기', 1970년 6월호 〈월간중앙〉 |

김학중은 "영친왕의 통곡 소리가 아직도 귀밑에 쟁쟁한 것 같다"며 이렇게 부기했다.

비통한 그 곡성이야말로 조국을 잃고 볼모로 잡혀가서 긴 세월에 쌓

였던 뼈저린 곡성이 아니었던가. 당일 병실 복도에 운집하였던 많은 신문사의 보도진들도 깜짝 놀랄 정도였다. 실어증에 걸려서도 소리를 내어 곡할 수는 있는 것이다. 그러나 이 곡성은 아주 건강한 사람의 목소리와 너무나 꼭 같았기 때문에 나는 또 한 번 놀랐다. | '영친왕 병상기', 1970년 6월호 〈월간중앙〉 |

입원한 지 일주일 만에 이은은 혈색이 좋아지고 엷은 미소나마 띨 수 있게 되었다. 이듬해 4월에는 건강이 회복되어 낙선재로 돌아갈 수 있을 것이라는 관측도 나왔다. 실제로 그 무렵 이은의 건강이 이전보다 매우 좋아졌다고 김학중은 말한다.

〈한국일보〉는 '이은 씨 귀국 후 첫 기자회견'이라는 제목의 기사까지 실었는데 "(이은이) 고국에 돌아온 감회와 현재의 심경을 '좋다'는 특별한 우리말 한 마디로 표현했다"고 보도하고 있다.

하늘색 '파자마'를 입고 흰테 안경을 쓴 '영친왕'은 이 날 '휠체이'에 곧바로 앉아 처음으로 대하는 외부사람인 기자에게 미소를 지어 보였다. '영친왕'의 주치의인 김金學仲 박사는 '영친왕' 자신이 '고국에 돌아왔다'는 것을 절감하고 마음을 놓았기 때문이라고 말하면서 이제 '영친왕'의 건강은 하루하루 회복돼 가고 있다고 알려주었다.

…… 약 3개월 전 처음으로 '휠체어'에 앉아 병실 창을 통해 밖을 내다보던 '영친왕'은 '저게 남산南山입니다'라는 말에 '오—남산' 하더니 감격에 넘쳐 흑흑 소리를 내며 흐느껴 울었다고 한다. 그리고는 '정말, 돌아왔구나' 하며 마음을 놓아 그날부터 눈에 보이게 건강이 회복됐다는 것이다. | 1964년 5월 10일자, 〈한국일보〉 |

병상의 이은과 이방자. 이방자는 하루도 빠지지 않고 남편의 병실에 들렀다.

그러나 〈한국일보〉가 보도한 것처럼 기자회견 수준까지는 아니었던 것 같다. 이은이 "오―남산" "정말, 돌아왔구나"라고 말했다는 것도 믿기 어렵다. 기자의 '작문'이 가미되지 않았나 생각된다. 김학중은 조심스러운 태도로 이렇게 추측한다. 그의 글에는 남산과 관련된 일화는 없다.

1963년 11월 23일 아침 환국 후 첫 아침이었다. 전임 간호원이 기분이 어떠시냐고 묻자 가늘고 낮은 음성으로 "좋아요." 하고 대답했다고 한다. 실어증에 걸린 사람이 과연 말을 할 수 있었을까, 일종의 착각이 아닐까 하고 간호원에게 재차 묻자 틀림없다는 것이다. 어제의 그 명랑한 통곡 소리로 미루어보아 오늘의 "좋아요." 한 낮은 목소리는 가능하다고도 생각되었다. | 김학중, '영친왕 병상기', 1970년 6월호 〈월간중앙〉 |

이은의 병세는 호전되는 듯하다가 제자리에 머물렀다. 더 이상의 진전은 없었다. 상태가 좋을 때는 어느 정도 사람들의 말을 알아들었고, 텔레비전 시청도 즐겼다. 귀국 후 이은은 7년여 간 병상에서 생활하다 생을 마치게 된다.

의식이 거의 불분명한 상태였지만 가족이 오는 것만은 알아차렸다. 이방자나 이구가 병실문을 열면 살짝 미소를 짓거나 왼손을 들어 반가움을 표시했다. 이방자는 귀국 후 여러 가지 일로 심신이 고달픈 상황이었지만 남편의 병실을 찾는 일만은 하루도 빼놓지 않았다. 혼다 세츠코는 "방자는 매일 아침 거의 같은 시간에 은을 문안하러 병실의 문을 열었다"며 "그때만은 은의 표정이 잠시 부드러워지며, 이따금 그 시각에 다른 사람이 병실에 들어오면 은의 얼굴은 흐려졌다"고 당시 상황을 설명한다.

1970년 4월 28일은 이은과 이방자의 결혼 50주년 기념일이었다. 이날 이은의 병실에서 금혼식 미사가 열렸다. 그날 저녁 이방자와 지인들이 모여 간단한 축하연을 가졌다. 물론 이은은 참석하지 못했다. 그로부터 사흘 후 새벽, 이은의 온몸에서 경련이 일어났다. 김학중은 더 이상 가망이 없다고 판단하고 가족들에게 그 사실을 알렸다. 김학중은 이구가 입버릇처럼 하던 말을 떠올렸다. 이구는 "아버님이 돌아가시기 전에 꼭 낙선재로 모시겠으니 무슨 일이 일어나기 전에 꼭 미리 알려달라"고 부탁한 바 있다.

오전 11시 30분경 이은은 낙선재로 옮겨졌고, 이방자와 이구 부부가 지켜보는 가운데 세상을 떠났다. 이구는 "부친이 돌아가신 5월 1일은 낙선재 뜰의 모든 꽃들이 아름답고 난만하게 피어 있던 날이었습니다."라고 비통하게 술회했다.

언론은 이은의 죽음을 대서특필했고, 각계의 추모가 이어졌다. 이

이은의 장례식. '의민 황태자재실懿愍皇太子梓 室'이라는 문구가 보인 다. 재실梓室이란 '왕 세자의 관'을 뜻한다.

은의 한많은 일생에 대해 한 정치인은 이런 글을 남겼다.

(영친왕은) 그간 줄곧 고혼소영孤魂消影으로 외로이 병상에서 지내왔다. 그럼에도 영친왕의 생존시에 문병한 사람이란 거의 찾아볼 수 없었다고 나는 들었다. 그러던 것이 부음이 전해지자 앞을 다투어 그 빈소를 찾아 눈물을 흘리더라는 보도를 보며 나는 이 사회에 깃들여 있는 위행僞行의 슬픔을 뼈저리게 느꼈다. 그토록 애도의 충정衷情이 간절하였다면 생전에 한 번이라도 문병을 왜 못 갔더란 말인가. | 김종필, 《JP칼럼》 |

이은의 장례는 9일장으로 치러졌다. 이은의 유해는 아버지 고종황제가 묻혀 있는 남양주 홍릉 내의 영원英園에 잠들어 있다. 무덤 옆에는 '대한제국 의민황태자懿愍皇太子'라고 새겨진 비석이 놓여 있다. 의민懿愍이란 '일생 동안 고난의 길을 걸은 사람'이란 뜻이다.

2장 이방자

두 조국의 사이에서

이방자는 자신과 이은의 일생이 "한일문제를 배경으로 한 파란에 충만된 드라마"였다고 자서전에 적었다. 그리고 이은과 함께 처음 환국할 때 "아! 마침내 파란만장한 여로旅路가 끝이 났구나!"라고 감회에 젖은 듯 쓰고 있다. 그러나 진정 그 파란만장한 여로가 끝이 난 것은 그녀가 마지막으로 눈을 감던 그 순간이 아니었을까.

유년의 기억

나시모토노미야 마사코梨本宮方子에게는 아련한 유년의 기억이 있다. 열 살이 되던 해 여름이었다. 마사코는 '일한합병'에 환호하는 도쿄 시민들이 초롱불을 들고 시내를 행진하는 광경을 보게 되었다. 어두운 바다를 떠도는 듯한 몽환적인 빨간 등불의 행렬은 어린 마사코를 '환상의 세계'로 이끌었다. 문득 '일본의 전도는 양양하나'는 학습원 교사의 말이 떠올랐다. 마사코는 어린 마음에도 기쁨을 느꼈다.

이방자는 훗날 "내가 가장 행복했던 시절은 학습원 시절"이라고 회고했다. 마사코는 그런 학습원에서 "태어나서 최초의 슬픔"을 맛보게 된다.

1911년 2월 11일은 일본의 기원절紀元節이다. 우리나라의 개천절開天節과 비슷한 날이다. 기원절 행사를 끝내고 집으로 돌아온 마사코는 학습원 여자부에 불이 났다는 시종侍從의 외침을 들었다.

서둘러 동쪽의 2층 창에서 바라보니, 멀리 까만 연기가 뭉게뭉게 일고 있었습니다. 방금 기원절 노래를 부르고 온 강당과 아름다운 샹들리에와 교사校舍가 영구히 사라져가는 것을, 눈물을 줄줄 흘리면서 2층의 난간을 붙잡은 채 연기가 나지 않을 때까지 꼼짝도 하지 않고 지켜보고 있었습니다.

"이제 울지 마셔요. 학교는 곧 세워질 것입니다." 하고 시녀가 자꾸만 위로해주었으나 나는 언제까지나 그치지 않는 흐느낌에 몸을 떨면서 이미 아무 일도 없었던 것처럼 조용해진 저쪽 하늘로 눈을 돌렸던 것입니다. | 이방자, 《바람부는 대로 물결치는 대로》 |

학습원 원장은 노기 마레스케乃木希典였다. 러일전쟁을 승리로 이끈 주역인 노기 마레스케는 일본의 국민적인 영웅이었다. 전략적인 능력보다는 사병과 함께 고락하는 리더십으로 일본인의 추앙을 받았다. 그의 훈도는 엄격했다. 학습원에서 큰 리본 착용이 금지됐고, 화려한 옷도 입을 수 없었다.

마사코에게 두 번째 충격적인 사건이 발생했다. 1912년 7월 30일 일본의 메이지 천황이 서거逝去하고 기나긴 장례절차가 끝나자 노기 마레스케가 자결했다. 9월 13일 천황의 '대장大葬(장례)'에 참례한 마사코는 외가에 가서 하룻밤을 지냈다. 그 이튿날 눈이 통통 부은 외숙모가 달려와 '노기 원장 부처夫妻가 순사殉死했다'는 소식을 들려주었다.

자서전에 드러난 이방자의 심경은 미묘하게 바뀌어 있다. 《지나온 세월》에서는 "이 소식을 듣고 어린 마음에 큰 감동을 받았다"고 했지만 《바람부는 대로 물결치는 대로》에는 "메이지 최후의 날에 의해서 나는 비로소 죽음이 가지는 그 의미의 엄숙함, 비장함과 화려함이나 슬픔을 배우게 된 것"이라고 기록돼 있다. 자결의 '감동'이

이방자(맨 오른쪽) 가족. 어머니 이츠코는 빼어난 미모를 자랑했고, 아버지 모리마사는 '훌륭한 수염'으로 유명했다. 가운데는 동생 노리코.

'죽음의 비장함 또는 슬픔'으로 변형된 것이다.

기억이란 당최 믿을 게 못 된다. 여러 가지 추측이 가능하다. 두 가지 감정을 다 느꼈지만 자서전을 쓰면서 생각나는 것만 기록했을 수도 있고, 처해진 환경의 영향을 받아 기억이 변형됐을 수도 있다. 어찌됐든 1910년 한일병탄, 1911년 학습원 화재, 1912년 노기 원장의 자결은 마사코에게 잊을 수 없는 기억이었고, 어떠한 형태로든 간에 그녀의 인성에 영향을 끼쳤을 것이다.

이방자는 1901년 11월 4일 태어났다. 아버지는 '훌륭한 수염'으로 유명했던 나시모토노미야 모리마사梨本宮守正다. 모리마사의 부친인 아사히코朝彦 친왕은 메이지 천황의 친동생이다. 이방자는 천황의 손녀 뻘이 되는 셈이다. 친왕은 천황의 아들이나 형제를 뜻한다.

어머니는 화족華族[1] 출신의 나베시마 이츠코鍋島伊都子였다. 이츠코는 "비妃 전하 중에서 가장 미인"이라는 평판을 들을 만큼 빼어난 미모를 자랑했다. 이츠코의 아버지는 후작이었다. 이츠코는 아버지가 이탈리아 대사로 있을 때 태어났다. 아버지는 이탈리아伊의 수도都에서 태어난 딸子이라는 뜻으로 '이츠코伊都子'란 이름을 지어주었다.

엄격한 황실 교육

이방자는 스스로를 "조용하고 내향적"인 소녀였다고 생각했다. 자신의 평전을 쓴 혼다 세츠코本田節子에게 "손님이 오셔도 인사하는 것마저 부끄러워서, 빨리 돌아가시기를 바라는 수줍음 많은 처녀였어요"라고 말할 정도였다.

그러나 학습원 학우들의 기억은 다르다. 혼다 세츠코는 "마사코 님이 내향적이라니 천만의 말씀이에요"라는 학우들의 말을 전하면서 이런 일화를 소개했다.

당시의 학습원에서는 훈장 담는 상자 만드는 작업이 행해지고 있었다. 완성된 상자의 수가 자연히 경쟁의 대상이 되어, 반에서 1위를 다투는 마사코는 지지 않으려고 심혈을 기울여 이에 열중했으며, 테니스를 할 때도 자신이 이길 때까지는 그만두려 하지 않았다는 것이다.

| 혼다 세츠코, 《비련의 황태자비 이방자》 |

이방자도 자신에게 씩씩한 측면이 있음을 인정했다. 유년의 이은처럼 마사코는 병정놀이를 좋아했다. 이방자는 자서전에서 "나의 유년시대는 마침 일로전쟁(1905년) 후여서, 지금과 같은 귀여운 동요도 없었고, 용감하고 활발한 군가와 촌스러운 자장가뿐"이었다고 썼다. 이방자는 이어 "때로는 재미나는 소꿉장난을 하기도 했지만, 대개는 들것에 아이들을 태우거나 마차의 차고에서 붕대를 두르거나 하는 간호원 놀이나 깃발 행렬의 흉내를 내었고, 때로는 나무막대기를 휘두르는 아주 용감한 공주님이 되기도 했습니다."라고 회고했다.

마사코는 가정에서도 엄격한 교육을 받았다. 군인이었던 아버지 모리마사는 올바른 규율을 중시했다. 마사코가 보고 난 신문을 그냥 건네주면 모리마사는 정색을 하며 "읽고 나면 먼저처럼 접어놓는 거예요."라고 주의를 주었다. 모리마사는 조금만 마음에 안 들어도 하인들에게 불호령을 내렸고, 그럴 때마다 이츠코는 "아아 또 벼락이야." 하고 웃곤 했다. 모리마사는 곧잘 화를 내긴 했지만 금방 풀고 잊어버리는 성격이었다.

소녀 이방자. 이방자는 자신을 '조용하고 내향적인 소녀'라고 생각했지만 학습원 급우들은 이방자가 승부욕이 강하고 적극적이었다고 기억한다.

1년에 두 번 있는 대청소 날에 이츠코는 손수 총채를 들고 시녀들과 함께 집 안을 청소했다. 그럴 때면 마사코에게도 총채를 들게 했다. 처음엔 재미를 느껴 곧잘 청소를 하던 마사코가 이내 싫증을 느끼고 놀고 있으면 이츠코는 엄하게 나무랐다.

학습원에서 황족의 자녀들은 청소에서 제외되는 '특별취급'을 받았다. 하지만 이츠코의 모습을 보며 자란 마사코는 학우들의 교실 청소를 거들었다. 교사는 "그런 일은 하시지 않으셔도 좋습니다."라고 말했지만 교사가 사라지면 마사코는 다시 마루바닥을 닦으며 "말할 수 없는 기쁨"을 느꼈다.

이방자를 가까이서 본 사람들은 그녀의 흐트러짐 없는 자세를 인상깊게 기억하고 있다. 혼다 세츠코는 "장시간의 기차여행에서도 곧은 자세 그대로이다. 졸음이 올 때에는 그 자세 그대로 잠든다"고 했고, 전 〈경향신문〉 논설위원 강용자姜容子도 "다른 사람들은 차 안에서 몸도 비틀고 다리도 꼬고, 휴게소에서 내려 화장실도 가고 하지만 이방자 여사는 처음 올라앉은 그 자세대로 몇 시간이고 그대로 앉아 있다"고 했다. 강용자는 "아마 어려서부터 몸에 밴 황실교육 때문인 것 같다고 주변에서는 말한다"고 덧붙였다.

실제로 마사코는 황족으로서 엄격한 예의범절 교육을 받으며 여러 시간 동안 같은 자세를 취하는 법을 익혔다. 이런 교육 덕분에 훗날 이방자는 순종 황제와의 근견覲見, 다이쇼 천황의 장례 등 복잡하고 엄격한 궁중의 예식을 무리 없이 치러냈다.

약혼 발표

1914년 11월 3일 일본에서는 히로히토裕仁 친왕의 황태자 책봉식이 열렸다. 히로히토는 1926년 천황에 오르는 인물이다. 히로히토가 황태자가 되자 그의 결혼 문제가 관심사로 부각됐다. 마사코는 구니노미야 나가코久邇宮良子, 이치조 도키코一條朝子와 함께 황태자비 후보로 거론됐다.

히로히토 친왕과 동갑인 마사코는 아름다운 미모 덕분에 황태자비로 뽑힐 가능성도 없지 않았다. 그러나 마사코는 나머지 두 명에 비해 정치적 배경이 부족했다. 당시 해군 군벌은 나가코를, 육군 군벌은 도키코를 황태자비로 밀었다. 그 결과 나가코가 황태자비로 간택됐지만 일본 조계에는 적지 않은 파란이 일었고, 무사 수백 명이 도쿄로 상경하는 분란도 벌어졌다.

그 와중에 마사코의 혼약이 은밀히 진행되고 있었다. 1916년 8월 3일 〈요미우리부인讀賣婦人〉의 부록란에 영친왕 이은李垠과 마사코의 사진이 나란히 실렸다. 여느 때처럼 신문을 펼쳐든 마사코는 "앗." 하는 비명 소리와 함께 두 손을 와들와들 떨었다.

> 별장에서 무심히 신문을 집어든 나는 깜짝 놀라고 말았다. 이왕세자 전하의 사진과 나란히 있는 것은 틀림없는 나의 사진이었다. 이왕세자 전하와 내가 약혼했다는 주먹만한 활자가 내 이마를 쳤다.
> '이럴 수가 있나?'
> '내가 왕세자 전하와 약혼을 하다니!'
> '약혼 사실을 신문에서 알게 되다니!'
> 도대체 납득할 수 없는 사실에 머릿속이 횡횡 돌고 눈앞이 어지러워 활자가 커졌다 작아졌다 했다. 신문을 들고 있는 손과 다리가 후들후들 떨렸다. 쓰러지지 않으려고 안간힘을 쓰며 다시 신문을 들여다보았다. 틀림없는 내 얘기였다. | 이방자, 《세월이여 왕조여》 |

풀고 갈 오해가 하나 있다. 《세월이여 왕조여》에는 신문에 난 기사를 보고 자신의 약혼 이야기를 처음 알게 된 것처럼 씌어 있는데 이는 사실과 다르다. 상황을 너무 극화시키다보니 오해의 소지가 생겼다. 이방자는 이전의 자서전에서는 이렇게 말했다.

> 실은 그해 초에 나를 '이왕세자비로……' 라고 하는 이야기가 소문

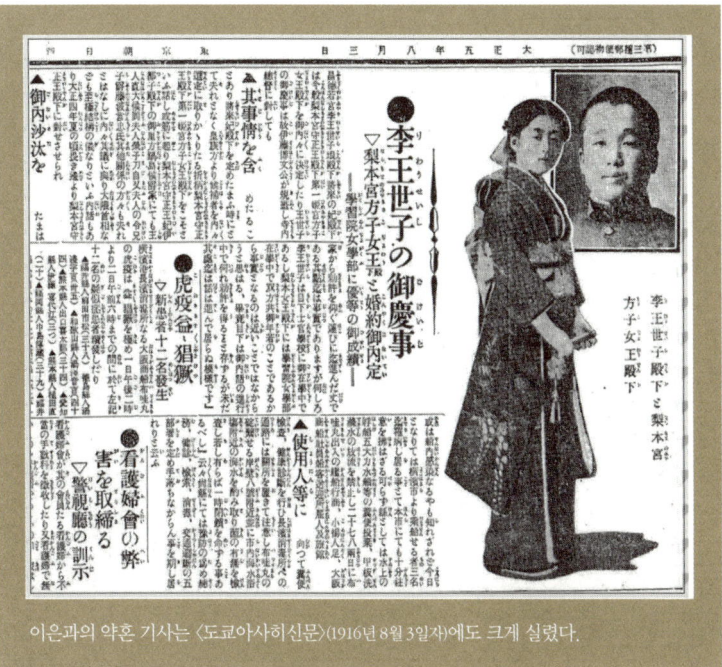

이은과 약혼 기사는 〈도쿄아사히신문〉(1916년 8월 3일자)에도 크게 실렸다.

이 아니라 비공식이긴 했으나 궁내 대신으로부터 왔습니다.

"국가를 위하여 꼭 마사코님께서 결심을 해주셨으면 합니다." 이런 제안이 있는 이상 언제까지나 당사자인 내가 가만히 있을 수가 없었으므로,

"실로 이러저러해서……."

라고 털어놓게 되어 이야기가 되었습니다.

그러나 어쩐지 현실감이 없어서 "그런 대역大役은 저는 도저히 감당하지 못해요."라고 말하고는 태연히 있었습니다.

물론 아직 어린애였고 사퇴를 하면 그것으로 끝난다고 생각하고 있었기 때문이었겠지요. 더구나 자기가 정말로 후보로 될 리가 없고 몇 사람 가운데의 한사람으로서 일단 말을 건네 본 것에 불과하다고 하는

안심감도 있었던 것입니다. | 이방자, 《바람부는 대로 물결치는 대로》 |

물론 마사코는 약혼 발표가 난 신문을 보고 심한 충격을 받았다. '분함도 아니고 슬픔도 아닌 뜨거운 눈물'이 이유 없이 흘러내렸다. 이방자는 같은 자서전에서 "대정大正 시대가 개막되는 그 무렵은 일반 세상에서도 어버이라든가 집안을 위해서 결혼하는 것은 드문 일이 아니며 본인의 의사가 존중되지 않는 것이 보통"이었다며 "그러나 적어도 신문에 나기 전에 각오도 하고 '받아들이겠습니다'라고 단호히 말씀드리고 싶었던 것"이라고 했다.

대한제국 황실이 그랬듯이, 마사코의 부모가 두 사람의 정략결혼을 충격으로 받아들이고 슬퍼한 것은 당연한 일이었다. 이츠코는 자신의 일기에 "궁내 대신은 '나쁘게 되지는 않을 것이다'를 되풀이하지만 참으로 무책임한 말이 아닌가" "나는 화가 났으며 입만 열면 '나라를 위해'라는 말로 밀어붙이는 관리와 군인이 미웠다" "나는 마사코의 얼굴을 차마 볼 수 없었다"라며 쓰라린 심정을 토로했다.

이츠코의 말에 정략결혼의 주체와 의도가 다 드러나 있다. '나라를 위해 관리와 군인들이 밀어붙인 것'이 이은과 마사코의 정략결혼이었다. 나라야 두말할 것도 없이 일본을 의미하는 것이겠지만 '나라를 위한다'는 본뜻은 언뜻 이해되지 않는다. 일제는 그렇게 하는 것이 소위 '일선융화日鮮融和'와 원활한 식민지 통치에 도움이 된다고 믿었던 것 같다.

마사코는 곧 슬픔과 고민을 털어버렸다. 천황이 불러 위로했기 때문이다. 1994년 6월 9일 일본의 'TV아사히'가 방영한 〈비운의 신데렐라〉에는 마사코가 결혼을 받아들이는 장면이 극화돼 있다. 프로그램 전체를 본 것은 아니고 SBS 〈그것이 알고 싶다〉에 일부 소개된 내용만을 접할 수 있었다. 번역은 〈그것이 알고 싶다〉의 자막을 빌렸다.

이방자 여사도 혼자 고민했다. 그러던 어느날 대정 천황이 불러서 황궁으로 들어갔을 때 천황으로부터 "나라를 위해 혼인을 잘 받아들였다"라는 말을 들었다. 그녀는 목이 메었다.
그러나 자신이 슬퍼하면 어머니는 더욱 슬퍼할 것이라 생각하고 이방자는 자신의 운명을 받아들이기로 결심했다. ㅣTV아사히, 〈비운의 신데렐라〉ㅣ

'기막힌 법' 황실전범

운명을 받아들이기로 마음먹은 마사코는 머리 모양부터 바꿨다. 그해 2학기가 시작되는 첫 날 마사코는 한국식으로 머리를 땋고 등교했다. 학습원 급우들은 '그 대단한 각오'를 놀라워하며 축하해주었다. 히지민 야릇한 분위기도 흘렀다. 그것은 일찌감치 약혼을 결정한 마사코에 대한 선망과 질투였다. 마사코는 "혼자 따돌림을 당한 것 같은 쓸쓸함"도 느꼈다.
이전까지 마사코는 먼 발치에서 잠깐 이은을 본 게 전부였다. 일본 황족의 자녀는 설날 같은 정해진 날에 천황 부처를 배알해야 한다. 그런 어느날 이은을 봤던 마사코는 '저 분이 조선의 황태자님, 혼자서 쓸쓸하리라'라고 생각했지만 말을 건네지는 않았다. 한일병탄으로 이은의 지위가 황태자에서 왕세자로 떨어질 때도 그저 "불쌍하셔라"라는 마음뿐이었다.
마사코는 신랑이 될 이은이 어떤 사람인지 궁금해졌다. "어떤 가정을 이루게 될까?" "왕세자님의 인품은 어떨까?" "그분은 지금 어떠한 생활을 하고 계실까?" 마사코의 가슴은 새로운 생활에 대한 기대와 포부로 부풀어올랐다.

가정이라고 부르기에는 어딘지 부족한 데가 있는 미야케宮家─王家에서 다감한 사춘기를 보낸 탓인지 마음속은 늘 공허했었습니다. 그런데 그 빈 자리가 이제 차츰차츰 메워져 가는 느낌이었습니다.
그리고 또 한국과 일본 두 왕실의 결혼은, 오랜 두 나라의 역사 중에서도 획기적인 의의가 있는 것이다…… 이러한 자각과 긍지를 느끼게끔 되었습니다. 이렇게 되자, 왕세자님에 대한 아련한 그리움 같은 것이 싹트기 시작했습니다. | 이방자, 《영친왕비의 수기》 |

결혼 준비는 순조롭게 진행되었다. 1918년 11월 마사코는 학습원을 자퇴했다. '왕세자비 수업'에 전념하기 위해서였다. 그런데 걸림돌이 생겼다. 일본의 〈황실전범〉에 의하면 황족의 여자는 황족 또는 화족에게만 출가할 수 있었다. 마사코가 '왕족'인 영친왕과 가례를 맺는 것은 법률상으로 불가능했다. 영친왕은 대한제국의 황태자였지만 한일병탄 후 왕족으로 격하된 상태였다.
일본은 부랴부랴 〈황실전범증보皇室典範增補〉를 제정해 '왕족과의 혼의婚儀에 관한 조항'을 추가했다. 1918년 11월 28일 제정되고 같은 날 순종실록 부록에도 기록된 이 조항은 "황족皇族의 여자는 왕족王族 또는 공족公族에 시집을 갈 수 있게 함"이라는 단 한 구절이었다. 다른 어떤 조항도 없다.
그런데 이방자는 《지나온 세월》(동서문화원)에서 이해할 수 없는 '증언'을 하고 있다.

사실 그 당시까지만 해도 일본 황족이 외국 사람에게 결혼한 예가 없다. 원래 결혼을 할 수 없게 되어 있었다. 우리가 결혼하기 전 일본 황실은 〈황실전범〉을 뜯어고쳤다. 고친 정도가 아니라 한국 왕족은 일본의 황족이나 귀족하고만 결혼하도록 못박아버렸다. | 이방자, 《지나온 세월》, 동서문화원판 |

이 기록으로 또 다른 오해가 야기됐다. 이 '증언'을 그대로 믿는다면 '한국 황족은 일본의 황족 또는 귀족과만 결혼해야 한다'는 법 조항이 존재하는 것처럼 오해할 수밖에 없다. 실제로 대한제국 황실과 관련된 저서를 많이 낸 서울교대 교수 안천安天은 《지나온 세월》(동서문화원)을 근거로 삼아 자신의 책에 이런 각주를 달아놓았다.

당시 일본정부는 우리나라의 황족은 일본 황족과 혼인하도록 법으로 정해버렸다. 법 내용은 기가 막히게도 "조선 황족은 일본의 황족이나 귀족하고만 결혼한다"는 것이었다. | 안천, 《여성 대통령은 언제나 올까》 |

안천은 《황실은 살아 있다》에서도 "특히 당시 황족은 무조건 일본 황족과 강제결혼하도록 법으로까지 정해 놓고 있었고(……)"라며 같은 주장을 펼쳤다. 만일 그런 조항이 있다면 안천의 지적대로 '기가 막힌 법'이 아닐 수 없다. 그래서인지 이 '기막힌 법'은 일제의 '악랄함'을 드러내는 또 다른 증거로 많은 기록에서 인용되었다.

그러나 그런 법은 존재하지 않는다. 《지나온 세월》 동서문화원판은 1차 자료로 볼 수 없다. 이 점에 관해선 조금 뒤에 자세히 설명하기로 한다.

〈황실전범〉 개정 문제와 관련된 이방자의 '증언'은 자신이 한 말

가례 날의 이은과 이방자. 이방자는 결혼식 때 왕관을 쓰는 순간 '조선 왕비로서의 무거운 책임을 느꼈다'고 말했다.

도 아니고 따라서 그녀의 본뜻도 아니다. 대필 과정에서 착오가 있었던 것뿐이다. 이은과의 결혼 과정을 그 누구보다 잘 알고 있었던 이방자가 이 문제를 몰랐을 리 없다.

1889년 2월 11일 제정된 〈황실전범〉은 황위계승·경칭·섭정·황족·황족회의 등 황실 전반에 관한 조항을 담고 있는 법률로 메이지 헌법 초안을 마련한 이토 히로부미에 의해 확립됐다. 이 법은 일본이 패전하기 전까지 일본 최고의 성문법으로 여겨졌고 헌법보다 상위법으로 인식됐다. 황실에 관한 사항에 대해서는 일본의 '제국의회'조차 관여할 수 없는 구조였기 때문이다.

〈황실전범〉에 한일 황족 간의 결혼을 강요하는 조항은 없다. 일본은 다만 "황족의 결혼은 칙허(천황의 허가)에 의한다"는 규정(황실전범 제40조)을 이용해 한일 간의 정략결혼을 획책했다. 대한제국 황족이 한국인과 결혼을 하려고 해도 칙허를 받지 못하면 불가능했다. 일본은 〈황실전범〉을 교묘하게 적용하면서 그들의 의도에 맞지 않는 결혼은 불허했다. 칙허를 내리지 않으면 그만이었다.

일제강점기 대한제국 황족 가운데 일본인과 결혼한 사람은 이은, 덕혜옹주, 이건 세 사람이다. 한국인과 혼례를 맺은 황족도 있다. 의친왕의 차남 이우는 기나긴 투쟁 끝에 박찬주와의 결혼을 쟁취했고, 흥선대원군의 증손녀인 이진완은 별 어려움 없이 한국인과 결혼했다.

이은을 제외한 나머지 황족에게 적용된 법률은 〈황실전범〉이 아니라, 1926년 12월에 제정된 〈왕공가궤범王公家軌範〉이었다. 이은만이 〈왕공가궤범〉이 제정되기 전에 가례를 맺었기 때문이다.

〈왕공가궤범〉에도 한일 황족 간 결혼을 강요하는 조항은 없다. 이우와 박찬주의 가례가 문제가 됐을 때 이왕직은 "왕공족의 혼가婚嫁(결혼)는 기약其約을 맺기 전에 칙허를 받아야 한다"는 〈왕공가궤범〉 제119조를 상기시키며 다시 한 번 '칙허'를 들먹였을 뿐이다.

일본은 이은, 덕혜옹주, 이건, 이우에게는 정략결혼을 강요했지만 같은 황족(왕공족)인 이진완에게는 그러지 않았다. 이진완은 조선 민중들에게 '고종 황제에 대한 기억'을 불러일으키지 않는다고 생각했기 때문일 것이다.

추모시와 연가戀歌

마사코가 학습원을 자퇴하자 급우들은 11월 30일 송별회를 열어주었다. 12월 5일에는 천황이 결혼을 허락하는 칙허勅許를 내렸다.

12월 11일 마사코는 처음으로 이은의 저택을 방문했고 약혼자로서 이은의 얼굴을 처음 보았다. 이틀 후 이듬해 1월 25일로 결혼식 날짜가 결정됐다.

이은은 납채納采(예물 교환) 의식이 있었던 12월 8일부터 매주 일요일마다 마사코를 찾아갔다. 납채 당일이 일요일이었으니까 그날부터 가례가 있기 전까지 일곱 번쯤 만난 셈이다.

서로 조금이라도 많이 서둘러 이해하지 않으면 안 된다고 마음으로는 알고 있으면서도, 뵙기만 하면 좀처럼 이야기를 하지 못하고 뜰을 산책하거나 때로는 아이들이 하는 것처럼 트럼프 놀이를 해보거나 하는 정도였습니다. 그래도 두 번보다 세 번, 세 번보다 네 번, 서로 만날 때마다 마음과 마음이 접근하고 접촉되어지는 것을 느꼈습니다. 어렸을 때부터 주위에 육친肉親의 애정도 없이 고독한 생활 가운데서 자라시어, 말수는 적으셨지만 따뜻한 마음을 가지신 분이라는 것을, 함께 있기만 해도 잘 알 수가 있었습니다. | 이방자, 《바람부는 대로 물결치는 대로》 |

그 무렵 마사코는 사랑에 눈을 떠가는 여인이었다. 마사코의 머리에는 결혼을 앞둔 신부로서의 불안, '양친의 품에서 떠나는 서운함' 같은 갖가지 감회가 교차하고 있었다. 그렇지만 이은과의 만남이 계속되면서 마사코는 마음을 굳게 먹기로 결심했다. "내가 시집가는 곳은 전하의 따뜻한 마음 옆"이라고 생각하며 "쓸쓸하게 지내시는 전하를 위하여 조금이라도 위로드릴 수 있게 되어야겠다"고 감정을 다잡았다.

1919년 1월 21일, 결혼식이 나흘 앞으로 다가왔다. 마사코의 집에서 이은의 저택으로 혼수가 들어가는 날이었다. 아침부터 시작된 혼수 운반은 오후가 지나서 끝이 났다. 저녁 무렵 이은의 저택으로부터 이왕직 사무관 고희경高羲敬이 달려왔다. 고희경은 "좋지 않은 소식"이라며 고종 황제가 뇌일혈로 위독하다는 소식을 전했다(고종 황제는 이날 새벽 이미 붕어한 상황이었다).

다음날 마사코는 도쿄역에 나가 이은을 전송했다. 무언가 위로의 말을 전하고 싶었지만 우수에 잠긴 이은의 얼굴을 보자 말

이왕직 사무관 고희경. 이방자는 고희경으로부터 한국 풍습을 배웠다.

문이 막혔다. 오히려 이은의 위로하는 듯한 태도에 눈물을 글썽인 건 마사코였다.

"뜻하지 않은 일을 당해서……, 기다려 주십시오."
"돌아오실 때까지 기다리고 있겠습니다."

이은은 마사코의 손을 꼭 잡았다. 마사코는 이은의 애절한 사랑이 '짜릿한 전류'처럼 가슴을 뒤흔들고 있음을 느꼈다.

이은이 조선으로 떠난 뒤 "기력도 없이 허탈한 나날"이 계속됐다. 마사코로서는 "단 한 번이라도 뵈옵고 싶었던 시어르신"이었다. 마사코는 고종 황제의 사진을 '모셔놓고' 묵념을 하며 명복을 빌었다. 이때 지은 추모시가 이방자의 모든 자서전에 실려 있다. 그 중 하나를 소개한다.

그림이나마, 나날이 우러르며 아버님 되는, 아득한 그 모습을 그리

는 어제 오늘

　이 몸조차도 슬픔에 겨운 것을 한 나라 사람 애달픔 오죽하랴, 젖어드는 그 마음

| 이방자, 《영친왕비의 수기》 |

　마사코에게 충격적인 소식들이 들려왔다. 마사코는 고종 황제가 독살됐다는 이야기를 들었고 한 점 의심 없이 이를 믿었다. 그리고 조선에 '소요(3·1운동)'가 일어나 많은 사람이 죽거나 다쳤다는 이야기에 마음 아파했다.

　고종 황제의 인산因山이 있던 3월 3일 마사코는 하루 종일 '방 안에 틀어박혀' 묵도를 드리고 명복을 빌었다. 3월 10일 이은은 쫓겨나듯 서울을 떠나 며칠 뒤 도쿄로 돌아왔다. 마사코는 어머니와 함께 이은의 저택을 방문했다. 마사코는 애도를 표했으나 그 이상은 말이 나오지 않았다. 이은은 '온화한 미소'를 지으며 되레 마사코를 위로했다. 그러자 "우울했던 마음이 풀리고 이분과 함께라면 격동하는 어떠한 운명에도 견디어 나갈 수 있겠구나" 하는 용기가 솟았다.

　시간은 또 흐르고 "약혼자들만의 즐거움과 행복"이 조금씩 되돌아왔다. 이은은 이전처럼 일요일마다 마사코를 찾아왔다. 당시 황족들은 결혼 전에 한두 번 만나는 게 고작이었지만 마사코와 이은은 한 달에 두세 번은 만날 수 있었다.

　하지만 지금 생각하면 그 얼마나 안타까운 일이었는지 모릅니다. 그분은 말수가 없으셨고 나는 생각하는 것을 잘 이야기하지 못했습니다. 다만 함께 있는 것뿐입니다. 그래도 가슴 속에서는 조용히 여자의 행복에 눈뜨는 자신을 발견하곤 하는 것이었습니다.

꼭 한 번인가 두 번인가, 와카和歌를 지어 살그머니 전해드린 적도
있었습니다.
마차가 멀리 솔밭 옆을 돌아 언덕길로 사라져 가는 것을 보면서,
"이 다음의 일요일에도 뵈올 수 있을까……."
하고 속으로 가슴을 조이면서 쓸쓸히 전하를 배웅하곤 했습니다.

| 이방자, 〈바람부는 대로 물결치는 대로〉 |

그해 여름이었다. 오이소大磯 별장에서 휴가를 보내고 있던 마사코는 뜻밖의 방문을 받는다. 행군 훈련 중이던 이은이 휴식 시간을 이용해 오이소 별장을 찾아왔다. 만남은 짧았다. 이은은 30분 정도 머물다가 부대와 함께 출발했다. 뜻하지 않은 만남이었기에 이별 후의 애틋함이 마사코의 가슴에 오래도록 남았다. 마사코는 이은의 부대가 떠나간 하코네의 산을 '그립도록' 바라보며 시를 지었다.

뜻하지 않게
파노지는 해변에 들러주신 당신

내일은 또
하코네의 산을 넘으리.

신혼의 행복

프리랜서 작가 나카지마 모미코는 이방자의 일기를 토대로 일본어판 자서전을 대필했다. 그녀의 일기는 일본의 한 출판사에서 분실

됐다. 혼다 세츠코는 나카지마 모미코에게 일기의 내용에 대해 물은 적이 있다. 나카지마 모미코는 '약혼과 결혼 전후의 상황도 자세히 기록되어 있었던 것 같으나, 거의 기억에 없다'고 했다. 하지만 그녀는 일기를 읽어본 유일한 사람으로서 이렇게 말했다.

>고종의 급서로 결혼식이 1년 간 연기됨으로써, 은 전하와 마사코 사이에 참된 애정이 싹트고 그것을 소중히 간직하고 있었던 것을 분명히 알아차릴 수 있었어요. 나는 그것이 기뻤습니다. 기뻤다기보다는 참으로 구제되었다는 생각이 들었습니다. | 혼다 세츠코, 《비련의 황태자비 이방자》|

1920년 4월 28일 마사코와 이은의 결혼식이 열렸다. 대한제국 황실 측에서는 의친왕 이강과 이왕직 장관 이재극李載克, 그 외 이완용, 송병준宋秉畯, 이윤용李允用, 조동윤趙東潤, 이달용李達鎔 등이 참석했다. 이은의 유모였던 상궁 천일청天一淸과, 창덕궁에서 유일하게 일본어를 할 줄 알았던 김명길도 동행했다. 결혼 당일의 표정을 김명길은 이렇게 전한다.

>(……) 늘 비가 그칠 날이 없는 일본인데도 아주 화창하게 갠 날이었다. 식은 영친왕의 거소인 조거판鳥居坂(도리사카)에서 거행되었다. 색시가 신랑집으로 와 혼례를 올리므로 우리나라와는 정반대였다. 식장 양쪽에는 문무대신과 여학생들이 나란히 고개를 숙인 채 우리도 그 뒤에서 역시 고개를 들지 못하고 서 있다.
>상오 10시쯤 되자 쌍두마차를 탄 방자 여사가 들어왔다. 흰 비단 바탕에 수를 놓은 '드레스'에 타조깃과 '다이아몬드'가 박힌 관을 얹고

흰 상아부채를 들고 마차에서 내려오시는 모습은 마치 하늘에서 선녀가 내려온 듯했다. 영친왕은 군복을 입으시고 가슴에는 번쩍이는 훈장을 단 늠름한 모습이었다. | 김명길, 《낙선재 주변》 |

이방자는 "왕관을 쓴 순간, 무의식 중에 몸이 긴장되고 동시에 조선 왕비로서의 책임이 무겁게 짓눌러 오는 것을 느꼈습니다."라면서 "왕관의 무게로부터 직접 받은 감동은 새로운 결의를 굳게 해주는 데 충분한 것"이었다고 훗날 회고했다. 20여 년 마사코로 생활해왔던 그녀가 이방자로 다시 태어나는 순간이었다.

신혼 생활은 달콤했다. 이방자의 표현대로 "꿈처럼 행복한 나날들"이었다. 이방자는 이은이 출근하면 집 안을 정리한 후에 고희경高義敬 사무관 등으로부터 한국의 풍습을 배웠다. 한복 입는 법도 익혀 이은 앞에 나서보기도 했다. 이은은 "잘 어울리는데요."하고 한 마디 했을 뿐 더는 말을 하지 않았다. 하지만 이방자는 그의 모습에서 마음으로부터 기뻐한다는 느낌을 받았다.

이은은 신혼의 아내에게 잊을 수 없는 유년의 기억을 말해주었다. 어릴 적 이은은 어머니 엄 황귀비의 치마폭에 숨어 엄 황귀비를 배알하러 오는 사람들을 구경하곤 했는데 그것이 큰 즐거움이었다고 말하곤 했다. 이방자는 "그렇다면, 앞으로는 기회 있을 때마다 한복을 입고 전하를 위로해드리자"고 다짐했다.

신혼생활의 출발은 우선 무난한 편이었습니다. 미리 염려하던 것처럼 습관의 차이로 말미암아 감정이 빗나가는 일도 없었고, 내가 한두 마디 말하는 서툰 조선말도 애교가 되었습니다.
참으로 행복한 나날이 계속 되었습니다.

신혼시절, 이방자는 '꿈처럼 행복한 나날들'이었다고 회고한다.

결혼 당초의 그 즐거움이란 어느 분이나 다 매한가지겠습니다만, 우리의 경우는 그 행복감이 한층 더 절실하다고 말하지 않을 수 없습니다.

두 사람이 다 특수한 환경에 태어났고, 특히 왕세자님은 가정적으로 심한 역경 속에 성장하셨으니까, 신혼의 행복이 더욱 달가웠던 것은 물론입니다. | 이방자, 《영친왕비의 수기》 |

신혼의 달콤함에 행복해하면서도 이방자는 때때로 민갑완의 존재를 의식했다. 같은 여자로서 꽃다운 나이를 헛되이 수절하며 살아갈 민갑완의 처지를 생각하니 측은한 마음이 생겼다. 이방자는 "전하와 민 규수님과 그리고 나—누가 꾸며놓은 운명은 아닐지라도 나에게는 미안한 일로 생각되었던 것"이라고 했다.

1920년 12월 이은은 육군대학에 입교했다. 이은이 가끔 시험 공부나 과제물 제출을 위해 밤을 새울 때면 이방자는 뜨개질을 하며 곁을 지켰다. 이은이 지도를 그릴 때 연필을 깎아놓는 것도 이방자의 즐거움이었다. 이은은 작전 연습을 위해 종종 장기 말을 움직여가며 무언가를 적기도 했는데 이방자는 마음속으로 말의 이동 방향을 그려보았다. 이방자는 자신이 내린 작전 계획이 정답과 맞기라도 하면 '연필깎이를 쥔 손이 들뜰 만큼' 희열을 느꼈다. 그럴 때면 이은은 "마사코는 우수한 참모장이 될 수 있겠소."라며 농담을 건넸다.

그 무렵 이방자는 친정어머니 이츠코로부터 정말 기분 좋은 말을 들었다. 이은의 상관이 이츠코에게 이은에 대해 평하며 한 말이었다.

> (이은은) 황족들 가운데서도 유별나게 태도가 훌륭하시고 모든 것이 너그러우신 왕자王者의 품격을 갖추시어 군부의 사람들두 영명英明하심을 칭찬하고 모든 사람들로부터 숭배받고 계십니다. | 이방자, 《바람부는 대로 물결치는 대로》 |

신혼의 새댁에게 더 이상 큰 기쁨이 있었을까. 좋은 일이 꼬리를 물고 이어졌다. 몸에 변화가 일어나고 입덧이 있었다. 임신이었다. 이은은 만면에 웃음을 띠며 기뻐했다. 이방자는 그 모습을 보며 오랜 세월 혈육의 정을 느끼지 못한 남편의 외로움이 겹쳐져 그만 울어버리고 말았다.

'석녀' 이방자

그런데 이방자의 '석녀石女설'은 어떻게 제기됐을까. 《세월이여 왕조여》의 기록을 다시 옮겨본다.

나는 아이를 못 낳을 체질이라 하여 한·일 융화의 미명 아래 이은 전하의 배필로 정했다 한다. 내가 아이를 못 낳으니까 조선 왕가에 보내 조선 왕자를 절손시키자는 속셈이었던 모양이다. 내가 나중에 아들을 낳자 나의 불임설을 주장했던 전의典醫 3명이 모두 처형당했다고 한다. | 이방자, 《세월이여 왕조여》 |

《세월이여 왕조여》는 '이방자의 자서전'이라는 표제를 달고 있다. 이 책에서 이방자는 일본이 대한제국 황실의 맥을 끊기 위해 아이를 낳을 수 없는 자신을 대한제국의 황태자와 정략적으로 결혼시켰다고 말하고 있다. 그리고 자신이 석녀石女가 아님이 밝혀지자 진찰을 담당했던 의사 세 명이 모두 처형됐다는 것이다.

앞에서도 언급했던 것처럼 자서전은 종종 대필자를 통해 집필되곤 한다. 그 과정에서 간혹 오류가 발생하는데 이방자의 '석녀설'도 그런 경우인 듯하다. 앞서 '일제가 한일 황족 간 결혼을 강제하는 법률을 만들었다'는 오해도 똑같은 사례다. 이를 입증하려면 먼저 이방자의 자서전에 대한 설명이 필요하다.

이방자는 우리말로 된 다섯 편의 자서전을 남겼다. 출간 순서대로 옮기면 다음과 같다. 연도는 모두 초판 기준이다.

《영친왕비의 수기》(1960년 · 신태양사)*

《지나온 세월》(1967년 · 여원사)*

《지나온 세월》(1974년 · 동서문화원)

《바람부는 대로 물결치는 대로》(1980년 · 한진출판사)*

《세월이여 왕조여》(1985년 · 정음사)

《영친왕비의 수기》는 이방자가 영구 귀국하기 전 일본에서 발표한 수기를 소설가 방기환方基煥이 번역한 것이다. 이 책은 다른 자서전에 비해 분량은 적지만 매우 중요한 자료다. 가장 먼저 출간됐을 뿐만 아니라 한일 양국에서 본격적인 자서전이 나오기 전에 출판된 저작이기 때문이다.

두 편의 《지나온 세월》은 제목은 같지만 내용은 완전히 다른 책이다. 앞의 《지나온 세월》은 이방자가 환국한 후 여원사의 요청으로 한국에서 직접 집필한 책이다. 월간 〈여원〉에 연재된 것을 단행본으로 엮어 출간했다. 한국어가 서툴어 원래는 일본어로 쓴 것이지만 작가 한무숙韓戊淑과 고정기高廷基가 우리말로 옮겼다. 이 책의 출판을 계기로 일본에서도 일본어판 자서전이 출간된다.

동서문화원판 《지나온 세월》은 당시 한국일보 기자 백우영白祐榮이 대필했다. 이 책은 앞의 《지나온 세월》보다 대필자의 취향과 문체가 강하게 드러난다.

《바람부는 대로 물결치는 대로》는 일본어판 자서전을 그대로 번역한 책이다. 일본어판 자서전과 목차 및 구성이 똑같다. 일본어판에는 나와 있는 내용이 책의 편집상 부분적으로 누락됐을 가능성이 있지만 이 책은 이방자의 가장 완벽한 자서전이라 할 수 있다.

《세월이여 왕조여》는 전 경향신문 편집위원 강용자姜容子가 대필했다. 경향신문에 연재2)된 〈세월이여 왕조여〉를 단행본으로 묶으며

〈세월이여 왕조여〉 첫 회 기사, 제자는 이방자가 직접 썼다, 1984년 5월 14일자 〈경향신문〉.

몇 가지 새로운 내용을 추가한 것으로 보인다. 강용자는 이 연재물을 쓰기 위해 기존의 자서전과 김을한의 《인간 영친왕》, 김명길의 《낙선재 주변》 등을 참고한 듯하다.

따라서 이방자 자신이 직접 썼다고 볼 수 있는 책은 《영친왕비의 수기》,《지나온 세월》(여원사),《바람부는 대로 물결치는 대로》 등 세 권뿐이다. 위에서 '*' 표시를 붙여 다른 책과 구별한 것은 이러한 이유에서다.[3)]

《세월이여 왕조여》와 《지나온 세월》(동서문화원)은 다른 세 권의 수기 및 자서전과는 확연히 구분된다. 문체나 내용면에서 구별되는 점이 많고, 이방자의 본의와는 다른 기록도 군데군데 발견된다. 이 두 권의 책은 '자서전'이라는 표제를 달고 있긴 하지만 1차 자료라고 보기에는 무리가 있다. 그러나 두 책은 탁월한 장점도 지니고 있는데 언론인이 쓴 것이라 그런지 충실한 취재가 돋보인다.

이제 이방자가 '석녀'라는 진단을 받았을까 하는 물음에 대해 답을 할 차례다. 혼다 세츠코는 이방자의 일본어 평전을 쓴 작가다. 그녀가 쓴 평전은 《비련의 황태자비 이방자》라는 제목으로 1989년 우리나라에서 번역본이 출간됐다.

혼다 세츠코는 자료조사차 우리나라를 여러 차례 방문했는데, 어느날 한국 취재원으로부터 "놀랍고 무서운 이야기"를 들었다. 그녀의 말이다.

그 내용을 종합하면 방자가, 천황가가 아니라 이왕가(대한제국 황실)로 출가하게끔 결정된 것은 방자가 석녀石女였기 때문이라는 것이다. 그런데 진쯤이 태어나자 방자를 진찰한 의사 3명은 살해되었고 그래서 진의 죽음도 고종이나 민씨 집안의 보복이라고 말들 하지만, 진실은 이왕가의 혈통을 단절시키기 위해서 일본 측에서 취한 조처였다는 것이다.

한국의 어느 대학 이사장도 이 얘기를 했는데, 누구나 이것을 말할 때는 소리를 낮추었다.

석녀의 진찰에 대해서 방자에게 물었더니, "결혼 전의 내가 그러한 진찰을 받을 이유가 없었습니다"라고 말하며 당치도 않다는 표정이며 어조였다. | 혼다 세츠코, 《비련의 황태자비 이방자》|

《세월이여 왕조여》가 출판된 것은 1985년, 《비련의 황태자비 이방자》가 서점에 나온 건 그 4년 후다. 두 책의 기록이 모두 진실이라면 이방자는 거짓말을 했거나 나중에 말을 바꾼 셈이 된다. 하지만 그럴 것 같지는 않다. 애초부터 불임 진단 운운의 말을 하지 않았을 가능성이 더 크지 않을까.

1995년 2월 4일 SBS 〈그것이 알고 싶다〉는 대한제국 황실의 비극적인 역사와 황손들의 불우한 인생 역정을 다룬 '황실의 후예들' 편을 방영했다. 이 프로그램은 《세월이여 왕조여》의 기록을 인용하면서 이방자의 불임설을 기정사실인양 몰아갔다. 또한 "이방자 여사가 불임이라 진단되자 조선 황실의 혈통을 끊기 위해서 이방자 여사를 조선의 황태자비로 만들었다는 얘기를 들었다"는 혼다 세츠코의 말을 직접 인용하면서 이은과 이방자의 결혼이 일본의 '무서운 음모'라고 규정했다.

이 프로그램만 본다면 이방자의 평전을 쓴 일본인 작가도 이방자가 불임 진단을 받았다는 사실을 인정한 듯한 느낌을 받을 수밖에 없다. 하지만 이 프로그램에는 혼다 세츠코가 그 이야기를 누구에게 들었는지는 드러나 있지 않다. 따라서 같은 이야기를 한국인, 이를테면 '한국의 어느 대학 이사장' 같은 사람으로부터 들었다는 뜻도 될 수 있다. 그런 이야기를 한국인에게 들었다는 것과, 일본인 취재원으로부터 들었다는 것은 맥락이 전혀 다른 문제다.

2005년 1월 22일 일본 구마모토 시市에 거주하는 혼다 세츠코 여사에게 국제전화를 걸었다. 여사의 아들이 전화를 받았다. 서로 상대방의 언어를 구사하지 못해 영어로 간신히 이메일 주소를 교환하는 데 그쳤다. 그날 저녁 이메일로 몇 가지 질문을 했다. 혼다 여사에게 "프로그램만 보면 그런 내용을 인정한 것처럼 보이는데 믿어지지 않는다. 책에 쓴 내용과 다르지 않은가"라고 물었다.

다음날 아들의 메일 주소를 통해 혼다 여사의 답장이 왔다. 그녀는 같은 프로그램이 일본에서도 방영됐고, 그것을 본 뒤 너무 놀라 "그것은 나의 의지에 반한다それは私の意志に反します"는 항의를 SBS 측에 전달했다고 했다. 결과적으로 〈그것이 알고 싶다〉는 어떠한 근거도 제시하지 않은 채 이방자의 석녀설만 확대재생산한 것이다.

사실 불임 진단의 근거를 찾기 위해 이리저리 자료를 뒤져봤다. 의사 세 명이 처형됐다면 일본 쪽의 자료나, 이를 소개한 우리 측의 기록이 있으리라 생각했다. 하지만 아직까지 그런 자료를 찾지 못했다.

이런 오류가 생기는 까닭은 무엇일까. 황실 후손이나 궁녀들의 증인을 검증 없이 받아들이는 태도에 그 원인이 있다고 생각한다. 그리고 그 이면에는 일제에 대한 증오가 깔려 있다. 일제의 악랄함을 드러내는 것이라면 사실 관계를 검증하지 않고 일단 소개하거나 보도하고 보는 태도다.

황실 후손이나 궁녀들의 증언은 그 자체로 소중한 자료이긴 하지만 이를 사료적 근거로 삼기 위해서는 세심한 검증이 필요하다. 궁중에는 온갖 비화가 전해온다. 이를테면 고종 황제가 일제에 의해 독살됐다는 설, 결혼 전 이방자가 불임 진단을 받았다는 설, 덕혜옹주의 일본인 남편이 애꾸눈이라는 설 등이 그것이다. 이 외에도 무수한 비화가 전해오는데 그 중에는 '고종 독살설'처럼 제법 근거가 있는 것도 있지만 전혀 사실무근인 것도 적지 않다.

첫 방한

1921년 1월 24일 이은은 고종 황제의 제사를 모시기 위해 귀국했다. 이방자는 가장 조심해야 할 임신 초기여서 동행하지 못했다. 시아버지의 모습을 보지 못했던 이방자는 내심 기일忌日을 기다리던 터였다. 그래서 뜻밖의 임신으로 방한하지 못하게 된 것을 진심으로 아쉬워했다.

그해 8월 18일 첫 아기가 태어났다. 건강한 사내아이였다. 이은은 "잘 하셨소, 정말 잘 하셨소." 하며 기쁨을 감추지 않았다. 이방자의 눈에선 감격의 눈물이 넘쳐흘렀다. 일본 신문들은 '이왕조 제29대에 해당하는 선일융화의 심볼' '선일일체鮮日一體의 결실을 보다' 라며 호들갑을 떨었다.

아기의 이름은 진晉으로 명명됐다.[4] 아기는 무럭무럭 자라났고 귀여움은 날로 더해갔다. 아기가 집 안 곳곳을 환하게 밝혔다. 진의 방에서 들려오는 시녀들의 웃음소리를 들으며 이방자와 이은은 행복에 젖어들었다.

이듬해 3월 이방자 부부의 귀국이 결정됐다. 순종 황제 앞에서 한국식으로 가례嘉禮를 다시 올리는 근견식覲見式과 종묘에 봉심奉審하는 의식이 예정돼 있었다. 이방자로서는 처음으로 한국을 방문하는 것이었다. 설레는 맘도 있었지만 태어난 지 8개월밖에 안 된 아기도 데리고 가야 했기 때문에 알 수 없는 불안감을 느꼈다. 그러나 "그 무렵은 아직 자기의 의견 같은 것을 함부로 발표할 수가 없는 시대

서울에 도착한 이은 부부. 이방자에겐 첫 한국 방문이었다. 아기는 장남 이진이다.

였었고 미묘한 입장에 서 있다는 것도 생각하지 않을 수 없는" 상황이어서 이방자는 별다른 말을 하지 않았다.

이방자의 친정어머니는 끝까지 진의 동행을 반대했다. 이은도 진의 동행만은 어떻게든 다음 기회로 미뤘으면 하는 의견을 피력했지만 당국의 결정은 번복되지 않았다. 이은은 결국 "(조선의) 왕공족이나 민중의 마음을 생각하면 데리고 가지 않을 수도 없다"는 생각을 굳혔다.

4월 23일 이방자 부부는 진을 데리고 도쿄를 출발했다.[5] 이방자는 어떤 심정이었을까. 그녀가 자서전에 쓴 기록은 낯선 곳으로 떠나는 여인의 감상으로 이해할 순 있지만 한국인이 읽기에는 당혹스럽다.

(……) 마침내 현해탄을 건너게 되었습니다. 배를 타면 생각에 잠기

게 되는 법이라고 합니다. 하물며 나로서는 한국엘 간다는 게 처음 당하는 일이니 자연히 가슴이 어수선하고 생각키우는 일도 많았습니다.

어젯밤 비가 내린 자욱인지요. 회색 하늘 아래 소리치는 파도, 이 파도 저편에 처음으로 보게 될 한국 땅이 다가올 것을 생각하니 옛 이야기가 떠오르기도 합니다.

옛적, 중국 현제玄帝 때, 흉노匈奴의 고장으로 울며 가게 되었던 왕소군王昭君 이야기라든가, 정책의 희생이 되어 오랑캐 속에 몸을 묻어버린 한漢나라 공주의 슬픈 이야기가 일종의 현실감을 띄우고 떠오르는 것이었습니다. | 이방자, 《영친왕비의 수기》 |

이은은 드물게 말이 많아졌다. 이은은 자애로운 미소를 띄며 어릴 때의 추억 같은 것들을 아내에게 이야기해주었다. 부산에서부터 서울까지 이방자 부부를 태운 기차가 정차하는 역마다 환영 나온 백성들로 가득찼다. 이방자는 당시의 일기에 "모두 손에 손에 깃발을 흔들어대고 백의白衣의 물결이 역 안에 꽉 차 있었다"고 썼다. 여느 외국인처럼 이방자도 한국인의 흰옷이 인상 깊었던 모양이다.

혼다 세츠코는 이방자에게 직접 들은 일화를 평전에 소개했다. 혼다 세츠코는 "기차 여행에서의 일화가 있다"면서 "이런 이야기를 할 때의 방자 여사의 웃는 얼굴은 장난꾸러기 같은 표정"이라고 했다.

그런데 점심 때 도시락이 나와 때마침 밥을 입에 넣고 있었는데, 기차가 역으로 진입하고 플랫폼에는 기를 든 사람들이 가득 차 있었어요. 하는 수 없이 밥을 입에 머금은 채 일어서서, 마치 아무것도 먹고 있지 않는 듯한 얼굴로 입을 다물고 손을 흔들었지요. 나중에 이 이야기가 나올 때마다 은 전하도 함께 웃었습니다. | 혼다 세츠코, 《비련의 황태자비 이방자》 |

근견식 때의 이방자.

이방자 부부의 첫 방한을 담은 기록영화가 있다.[6] 이 영화를 본 혼다 세츠코는 부산항 하선 모습을 묘사하면서 "방자는 약간 긴 슈트에 모자를 쓰고 타조 깃의 스톨[7]을 어깨에 걸치고, 은은 군복 차림이며, 진은 아동복에 케이프[8]를 걸친 채 시녀에게 안겨 있다. 발밑에는 양탄자로 보이는 것이 깔려 있다"고 썼다.

이번 방한의 핵심은 4월 28일에 있을 근견식이었다. 순종 황제 앞에서 궁중 예법에 맞게 새로 가례를 올리는 것이었다. 이방자도 이 의식에 가장 많은 신경을 썼다. 장장 세 시간이 넘는 예식이 끝났을 때 이방자는 "정말이지 나도 모르게 안도의 숨이 새어나왔다"고 했다.

서울 체류 기간 동안 이방자는 또다시 민갑완을 의식했다. 이방자는 "체재 중의 아침 저녁에 민비閔妃(민갑완)님의 일도 결코 생각하지 않은 것은 아니지만, 나에게는 관계가 없는 것으로 치고 마음을 돌리도록 했다"며 "한줌의 구름처럼, 오직 그 점만이 마음속 어딘가에 거치적거리고 있었다고 하나, 첫 귀국이 좋은 추억만으로 계속되고 있는 것을 감사하고 싶은 마음으로 꽉 차 있었다"고 했다.

첫 아들 진을 하늘로 보내고…

5월 8일 저녁 서울에서의 마지막 만찬회가 창덕궁 인정전仁政殿에서 열렸다. 만찬회에 참석하고 덕수궁의 숙소로 돌아오던 자동차 안에서 이방자 부부는 이야기꽃을 피웠다. 이은은 얼굴에 희색이 가득했고 매우 들떠 있었다.

"참으로 잘해 주었습니다. 왕공족 분들의 당신에의 평판은 대단했습니다. 나도 얼마나 기쁘게 생각하고 있는지 모른다오. 상궁들도 마음으로부터 당신을 사모하고 있는 것 같소. 참으로 고생했소, 고맙소."

"저도 참으로 (한국에) 돌아오기를 잘했다고 생각합니다. 전하가 자라신 어전御殿이나 어원御苑을 실제로 이 눈으로 바라보고, 거기서 살아보고, 지금까지 제가 알지 못했던 전하의 모든 것을 자기의 것으로 할 수가 있었다는 생각이 들어 기쁘기 한량없습니다. 진이 커서 철이 들게 되면 이번의 귀국을 잘 이야기해주려고 생각하고 있습니다."

"그렇군요. 그 작은 대례복이 어른이 된 진으로서는 좋은 추억이 될 것입니다."

"다만, 아버님(고종 황제)과 어머님(엄 황귀비)에게 진을 보여 드리

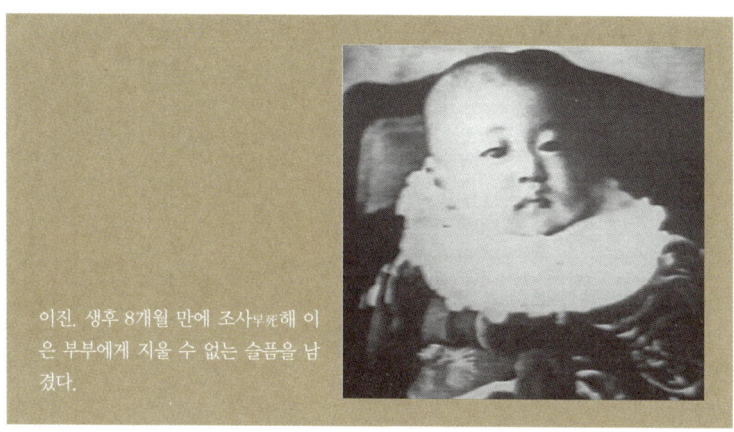

이진. 생후 8개월 만에 조사早逝해 이은 부부에게 지울 수 없는 슬픔을 남겼다.

지 못한 것이······."

"나도 그것이 유감이오. 무척 기뻐하셨을 텐데······."

이런 대화를 주고받을 때 자동차는 어느덧 덕수궁 석조전 앞에 들어섰다. 차가 채 서기도 전에 시종 하나가 거의 '광란의 상태'로 진 왕자의 용태가 이상하다고 소리쳤다. 진은 초콜릿 색의 덩어리를 계속 토해내고 있었다. 이방자는 아기의 울음소리를 듣고 순간 짐작가는 것이 있었다. 출발 선의 불길한 예감이 들어맞았다고 생각했고, 아기가 독이 든 음식을 먹었다는 생각에 온몸이 오싹해졌다.

수행했던 전의와 총독부 병원의 원장과 소아과 과장 등이 급히 달려왔다. 우유를 먹고 급성 소화불량에 걸린 것 같다는 진단이었다. 도쿄의 유명한 의사도 불렀지만 어떻게 손쓸 새도 없이 진의 생명은 꺼졌다. 5월 11일 오후 3시 15분 진은 8개월 간의 생을 마감했다.

이방자의 슬픔은 어떤 말로도 설명할 수가 없었다. 차라리 자신이 대신 독을 마시고 죽었으면 하는 것이 그녀의 거짓 없는 심정이었다.

석조전 서쪽의 커다란 베드에 작은 시체를 남겨놓고 진의 혼은 신神

에게로 올라가버린 것입니다. 부모에게 사랑받은 것도 불과 수개월. 아무 죄도 없는데도 일본인의 피가 섞였다고 하는 오직 그것 때문에 비명의 죽임을 당하지 않으면 안되었던 불쌍한 자식……. 만약 부왕 (고종 황제)을 독살한 그 원한이 이 애에게 향해진 것이라면 왜 나에게 향해 주지 않았던가요.

차가운 시체를 부둥켜안고 무한한 슬픔에 괴로워하던 그날 밤, 천둥 소리가 온 하늘을 울렸습니다. 여러 세월이 지난 지금도 그 소리를 들을 수가 있습니다. | 이방자, 《바람부는 대로 물결치는 대로》 |

이방자는 죽을 때까지 진의 죽음을 가슴 아파했다. 먼 훗날 이방자를 만나게 된 혼다 세츠코는 조심스럽게 진의 죽음에 대해 물었다. 이방자는 이렇게 말했다.

소화불량이 이렇게도 갑자기, 이렇게도 악성으로 될 수 있습니까? 더구나 서울에서 출발할 전날 밤…… 만일의 경우를 생각해서 기울였던 세심한 경계가 마지막에 느슨해진 것을 꼭 노리고 있었던 것 같은 발병……. | 혼다 세츠코, 《비련의 황태자비 이방자》 |

이방자는 그때까지도 아기가 독살 당했다고 믿고 있었다. 혼다 세츠코는 "60여 년이 지나도 자기 자식을 잃은 어머니의 슬픔은 그 기억을 잊지 않고 있다"면서 "방자 여사에게 진에 대해 묻는 일은 괴롭다"고 했다. 진이 죽은 그날 밤, 서울에는 폭풍우가 휘몰아쳤다. 이방자는 혼다 세츠코에게 "아주 심한 천둥 번개였지요. 꼭 진이 승천했다고 생각됩니다."라고 회고했다.

정확한 사인에 대해선 아직까지도 밝혀진 게 없지만 대체로 독살을 인정하는 분위기다. 《선원보감》에 수록된 '영친왕 행록英親王行錄'에는 "일본인의 피가 섞인 왕자라 하여 정체불명의 인사가 우유에 아편을 넣음으로써 독살"되었다는 단정적인 표현이 나와 있는데 어떤 근거로 그렇게 썼는지는 확인할 수 없었다. 혼다 세츠코는 "진의 사인에 대해서는 '독살이다'라고 한마디로 대답하는 사람, '진상은 모르겠으나 독살이 틀림없다고 생각한다'고 말하는 사람 등으로 거의 모든 대답이 둘 중의 하나였다"며 "이유는 고종에 대한 보복이란 것이 가장 많고, 민갑완 측의 원한설을 말하는 사람도 몇 명 있었다"고 했다.

혼다 세츠코는 그러나 독살설을 전적으로 부정하는 사례도 소개했다. 다음은 모리다 요시오森田芳夫[9]의 증언이다.

진 전하에 관한 것―내가 직접 들은 것은 서울(당시 경성부) 남산정에서 개업하고 계셨던 이케다소아과 병원장 이케다 히데오 씨로부터입니다(당시 본인은 학생). "생후 8개월인 어린 아이를 데리고 긴 여행을 하시고 낯선 땅에서 큰 행사에 참가하신 것은 어린 아이에게는 무리였어. 피로에서 온 소화불량이지"라고 단정하였습니다. 이케다 선생은 당시 소아과 개업의로서 명성이 높았던 분이어서 위급했을 때 왕진하여 다른 의사들과 함께 진찰도 하셨던 것입니다. | 혼다 세츠코, 《비련의 황태자비 이방자》|

어려서 죽은 왕족은 장의葬儀를 치르지 않고 매장한다. 그것이 조선 궁중의 풍속이라 한다. 그러나 이진李晉의 경우 순종 황제의 특별한 명이 있어 장례를 치르게 되었다. 5월 17일 이진은 청량리 숭인원崇仁園에 묻혔다. 인근에 할머니 엄 황귀비의 묘소인 영휘원永徽園

이 있는 곳이었다. 죽은 자식이 입관된 후에는 어머니도 장의에 참례할 수 없는 조선의 관습은 이방자를 더욱 슬프게 했다. 이방자는 털실로 직접 만들었던 이진의 옷가지와 장난감 등을 관 속에 넣어주었다.

5월 18일 아침 이방자 부부는 순종 황제와 황후에게 작별의 문안을 올렸다. 이방자는 이날 저녁 열차를 타기 전까지 진이 누웠던 침대 곁을 떠나지 못했다. 역으로 가는 자동차 안에서 이은은 "청량리는 저쪽이오······."라고 쓸쓸히 이방자에게 말하고는 입을 닫았다. 이방자는 "넘쳐흐르는 눈물로 볼을 적시면서 전하도 말이 없고 나도 말이 없었다"고 말하고 있다.

이방자는 "어떻게 해서든지 이 시련을 극복해 나가지 않으면 안 된다"고 다짐했지만 쉽게 마음을 다잡지는 못했다. 어느 날 백모伯母가 찾아와 사경寫經을 권유했다. 이방자의 옛 스승은 관음상觀音像을 가져다주며 위로를 했다. 이방자는 한 글자 한 글자 정성스럽게 불경을 베끼며 진의 영혼을 달래고 부처의 자비를 기원했다. 그 무렵 이방자가 남긴 시다.

저승 길에 다시 만날 그날이 올 때까지
언제나 내 가슴을 떠나지 말고 오래오래 서울에 고이 잠들어
조선의 사람과 나라를 지키려무나

진의 명복을 비는 한편으로 이방자는 "다음의 자복子福의 은총"을 달라고 기도했다. 기도의 효험 덕인지 곧 임신을 했지만 이듬해 봄에 유산하고 말았다. 자식을 잃은 지 1년도 못 돼 겪은 또 다른 아픔이었다. 이방자는 왔다가 사라지는 행복과 불행을 하나하나 감수해

이진을 잃고 슬픔에 잠긴 이방자.

나가야 한다는 깨달음을 얻게 되었다.

새로운 신앙

이방자는 1922년 5월 맏아들 진을 잃고 불경을 필사하며 마음을 달랬다. 비슷한 시기 민갑완은 민천식의 발병을 계기로 불교에 귀의하게 된다. 영친왕 이은과 운명적으로 얽힌 두 여인이 도쿄와 상하이에서 각기 불교에 의지해 번뇌를 잊으려 했다는 사실을 우연이라고만 치부할 수는 없다.

어느날 민갑완은 민천식을 깨우기 위해 방에 들어섰다. 오전 6시에 일어나지 않으면 학교엔 영락없이 지각이었다. 그런데 아무리 흔들어도 민천식은 일어나지 않았다. 고통스러운 신음 소리만 낼 뿐이었다. 이마도 펄펄 끓었다. 민갑완은 외숙을 깨웠다. 주치의를 부르니 인후병이라는 진단을 내렸다. 처방을 받았지만 차도는 없었다. 닷새 뒤부터는 말도 제대로 못했다. 물이 먹고 싶으면 필담을 통해 겨우 의사를 전달할 정도였다. 아침 저녁으로 용하다는 의사들을 번갈아 들여보냈지만 효과가 없었다. 민갑완은 한의사까지 불렀다. 그러나 어떤 처방도 듣지 않아 민천식은 물도 제대로 넘기지 못하는 지경에 이르렀다.

하루는 이웃에 사는 중국 부인이 찾아와 민갑완의 정성이 갸륵하다며 절에 가서 빌어볼 것을 권했다. 중국의 사찰에는 저마다 비법이 있어 약 처방도 해준다고 했다. 민갑완은 목욕재계하고 향香 물에 머리를 감은 뒤 중국 부인을 따라 나섰다. 상하이 남경로에 있는 홍묘虹廟라는 사찰이었다. 민갑완은 무수히 절을 하며 민천식의 완쾌를 기원했다. 옆에서 보고 있던 부인은 정성이 지극하니 부처님도 도와주실 것이라고 용기를 주었다. 민갑완은 부인의 도움으로 약점藥占을 쳐보았다. 통에 든 여러 가지 종이 중에 하나를 뽑으면 그 안에 처방이 담긴 점사占辭가 나왔다.

민갑완은 그것을 들고 약 처방을 받은 후 정성스럽게 탕재를 달였다. 온 집안에 상서로운 약내가 퍼졌다. 민천식은 10여 일이나 제대로 먹지 못한 탓에 눈이 풀리고 입술도 새까맣게 타들어 가고 있었다. 민갑완은 혼수상태에 빠진 민천식에게 숟가락으로 탕약을 떠서 조금씩 먹여주었다. 그렇게 두 첩을 달여 먹이자 민천식의 얼굴에 핏기가 돌기 시작했다. 민갑완은 부처님의 은혜로 민천식이 살아났다고 믿었다. 그 은공을 갚기 위해 민갑완은 매월 1일과 15일마다 절에 다니기 시작해 독실한 불교 신자가 되었다.

국상을 치르다

1923년 9월 1일 오전 11시 58분. 일본 관동지방에서 끔찍한 지진이 발생했다. 일본 전체를 충격에 빠뜨린 이 재앙은 이방자의 삶에도 적지 않은 영향을 미쳤다. 이날 이은은 출장을 갔다가 정오 조금 못 되어 귀가했다. 식탁에 앉아 젓가락을 들려는 순간 지축이 흔들렸다. 이방자는 슬리퍼만 신은 채 이은의 손에 이끌려 정원으로 뛰었다.

정신을 차릴 수 없을 만큼 강력한 진동이 반복되고 도쿄 시내는 순식간에 불바다가 됐다. 다음날 저녁에는 저택이 있는 아자부麻布 언덕까지 불이 옮겨 붙어 부부는 이방자의 친정으로 피신했다. 그들은 무사히 돌아왔지만, 관동대지진 수습과정에서 수천 명의 조선인이 희생양으로 학살됐다. 실로 충격적인 일이었다. 이은은 분노로 치를 떨었다. 조선인 학살에 온몸을 떨며 분노하는 이은을 보면서 이방자는 그 어떤 위로의 방법도 찾을 수 없었다. 이방자는 자신과 이은이 국적을 초월한 애정과 이해로 굳게 맺어져 있다고 생각하면서도 한국과 일본 사이에 메울 수 없는 깊은 틈이 존재한다고 느끼게 되었다.

이방자 자신도 위로를 받아야 할 사람이었다. 자식의 죽음과 유산은 여자의 아물지 않는 상처로 남아 있었다. 이방자와 이은은 서로를 위로했지만 서로를 위로하는 데도 지쳐가고 있었다.

1923년 12월 이은은 육군대학을 졸업했다. 이방자 부부는 종묘와 어릉御陵에 들러 조상들에게 졸업을 알리고 순종 황제에게 세배를 올리기 위해 귀국했다. 그들의 마음은 벌써 죽은 아들이 묻혀 있는 숭인원에 가 있었다. 이듬해 1월 3일 이방자와 이은은 숭인원을 찾

이은과 덕혜옹주. 순종 황제가 위독하다는 연락을 받고 급히 귀국했다. 이방자는 편도선이 부어 조금 늦게 출발했다.

았다. 소나무가 우거진 언덕에는 아들과 시어머니의 무덤이 '서로 위로라도 하는 듯이' 나란히 누워 있었다. 이은의 유모를 지냈던 노老 궁인이 숭인원을 지키다 이들을 맞아주었다.

"진아, 아버지와 어머니가 왔다……."

마음속으로 아들의 이름을 부르자 이방자의 눈에 금세 눈물이 맺혔다. 이방자는 숭인원을 떠나면서 몇 번이고 뒤돌아보았다.

이방자는 다시 한 번 이은의 울분을 지켜봐야 했다. 1925년 3월 덕혜옹주가 일본으로 끌려왔을 때 이은은 여느 때와 달리 아내에게 속내를 비쳤다. 이은은 자유의사로 할 수 있는 것이 없다면서 한국과 일본의 중간에서 이중인격자처럼 행동해야 하는 자신의 신세를 한탄했다. 그런 남편에게 이방자가 해줄 수 있는 것은 많지 않았다.

이방자 부부는 생활의 탈출구로 유럽여행을 계획했지만 크고 작은 일들이 일어나 자꾸 미룰 수밖에 없었다. 1926년 4월 25일 순종 황제가 붕어했고, 그해 12월에는 다이쇼 천황이 서거했다. 이방자는 한 해 두 차례의 '국상國喪'을 치렀다. 특히 순종 황제의 국상은 대한제국 황실 풍습에 익숙하지 않은 이방자에겐 큰 곤욕이었다.

이방자의 자서전에는 국상 때의 일들이 담담하게 기술돼 있다. 4월 27일 망자에게 옷을 입히고 베로 둘러싸는 대렴大斂 의식이 있었고, 5월 1일에는 빈전에서 잔을 올리는 성빈전成殯奠이 있었다는 식이다. 그러나 같은 일본인인 혼다 세츠코에게는 그때의 어려움을 숨김없이 토로했다. 혼다 세츠코는 "귀국하고 나서 두 달 간은 옛 관습에 따른 힘든 의식儀式이 방자를 괴롭혔다"면서 이렇게 썼다.

방자가 귀국했을 때 윤비尹妃(순정효황후)는 틀어올린 머리를 풀어헤치고, 어두운 온돌방에 틀어박혀서 한 걸음도 방 밖으로 나가지 않는 생활을 하고 있었다. 순종의 장례식이 끝날 때까지 그 일은 계속 되었으며, 그러는 동안 왕비는 미음과 물만의 식사를 하였다.

순종의 젯상에는 생전 그대로 세 끼의 식사가 올려지고 그때마다 하기 힘든 큰절을 드린다. 그 주역은 은과 방자이다. 곡하는 남자와 여인이 몸을 흔들면서 "아이고, 아이고"를 계속한다. 그칠 줄 모르는 그 통곡은 흡사 야조夜鳥의 울음처럼 날카롭게 울려서 방자의 신경을 곤두세운다. 어려운 의식이 거행되는 동안 남녀노소 및 어린애까지 "아이고, 아이고"의 곡소리와 조문이 끊이지 않는다.

(……) 밤에는 밤대로 고관들과 함께 밤을 지새운다. 그들은 밤중 내내 순종에 관한 얘기를 나누었다. 일본에서 사는 방자는 얘기를 나눌 추억거리도 적다. 친숙하려고 하면 할수록 방자는 유리된 존재가 되었다.

식사 하나만 해도 관습의 차이가 크다. 말도 뜻대로 안 되고 왕비로서 자세를 흩뜨릴 수도 없다. 방자는 숨이 끊어질 정도로 지쳐버렸다. 왕족도, 고관도, 일본인 왕비를 지켜보고 있다. 그 시선은 대부분 위로와는 거리가 먼 눈빛을 띠고 있었다. | 혼다 세츠코, 〈비련의 황태자비 이방자〉 |

이은은 자신의 유모였던 궁인에게 이방자의 시중을 맡겼다. 이방자는 친절하고 자상한 유모의 시중을 받으며 두 달 간의 국장 절차를 대과 없이 치러냈다. 혼다 세츠코는 "여사는 지금도 그때의 유모의 다정함을 무척 그리워한다"고 전한다.

이방자 부부가 유럽여행을 떠난 건 이듬해 5월이다. 1년 여의 유럽여행은 새로운 활력소가 되기에 충분했지만 일상으로 돌아오자 괴로움은 다시 살아났다. 어쩌면 이 무렵이 가장 힘든 시기였는지도 모르겠다. 이방자는 "마음대로 외출도 할 수 없고 한낱 비전하妃殿下로서 주어진 울타리 안에서 살아가야 했다"며 "감정을 죽여야 하고 솟아오르는 울분을 발산시킬 기회도 없다. 다만 아무 말 없이 묵묵히 인내하고 살아갈 따름"이라고 자서전에 썼다. 이방자는 자신의 불만을 감추지 않고 자서전에 드러낸 경우가 거의 없었다. 매우 이례적인 표현이다.

진을 잃은 뒤로 아이를 낳지 못한 것에 대해 이방자는 조바심을 내고 괴로워했다. 동생 노리코가 1929년 9월 여자 아이를 낳았다. 조카가 생겨 기쁘긴 했지만 이방자는 "나도 어떻게 해서든지 빨리 아이를 보아야 할 텐데 생각하니 자꾸만 초조해진다"고 쓸 정도로 마음이 무거웠다. 그해 10월 18일 이방자는 마음을 단단히 먹고 산부인과에 입원했다. 자궁후굴증 수술을 받기로 한 것이다.

이방자는 그렇게 해서라도 아이만 생긴다면 일시의 고통은 얼마

든지 참을 수 있다고 생각했다. 입원실에 누워 수술을 기다리던 이방자의 머릿속에 여러 가지 상념들이 오고갔다. 아이를 낳지 못해 남편에게 미안했고, 그런 처지를 비관하는 마음도 생겼다. 그러면서도 "세상을 버리고 만 내 아들을 마음속에 다시 그려본다"는 이방자의 말이 애처롭게 느껴진다.

이방자는 곧 임신에 성공했지만 이듬해 4월 또 유산을 했다. 5개월째였고 사내 아이였다. 유산의 원인은 '양수과다증'이었다.

이구의 탄생

행복은 미처 깨닫지 못한 곳에서 찾아오는 법인가보다. 1931년 5월 덕혜옹주의 결혼식 피로연에 참석하던 이방자는 가슴이 답답해 오는 것을 느꼈다. 이방자는 이를 입덧이라고 생각하지 못했다. 정략결혼의 또 다른 희생자를 지켜봐야 하는 측은함과 흥분 때문이라고만 생각했다. 6월 들어 확실한 조짐이 나타났다. 7월 18일 산부인과 진찰을 받아보니 임신이었다. 태아의 활동이 매우 순조로운 상태라고 했다.

이방자는 배에 손을 대고 "이번만은 무사하게……"하고 빌고 또 빌었다. 12월 29일 아들 이구李玖가 태어났다. 당시 이방자가 지은 시다.

쌓였던 10년 간의 고민이 오늘에서야 비로소 사라지고,
높다란 첫 울음 소리 듣게 되니 너무나도 기쁘구나

이방자의 자서전에도 벅찬 기쁨이 드러나 있다.

아, 이 날을 그 얼마나 기다렸던가.
전하는 바로 산실에 오셔서 나의 손을 꼭 쥐시고는,
"고생하셨소."
하시고는 더 말씀을 잇지 못했습니다.
"이것으로 저의 임무도 다하였습니다……."
기쁨에 눈물짓는 나와 함께, 말로는 다할 수 없는 생각을 이를 악물고 참고 있을 뿐이었습니다. | 이방자, 〈바람부는 대로 물결치는 대로〉 |

이방자는 아기를 바라보는 이은의 '형언할 수 없는 밝은 얼굴'을 쳐다보며 "이제 어떠한 일이 있어도 이 애가 성장할 때까지는 결코, 조선 땅을 밟게 하지 않으리라"고 굳게 맹세했다. 하지만 "반드시 언젠가는 조선 왕조의 피를 이어받은 이 아이에게 굳건히 조국 땅에 서게 되는 날을 맞이하도록 해야겠다"는 다짐도 잊지 않았다.
이방자는 당분간 모든 것을 아기에 집중하기로 했다.

오로지 육아와 수유授乳에만 전념, 매일 바쁜 나날을 보냈다. 공식적인 외출 이외는 일체 중지하고 한밤중의 수유도 목욕도 되도록 손수 하여서 기르기로 했다. 당시 황족의 풍습은 대개 시녀의 손으로 아이를 길러왔었는데 이러한 옛날 풍습을 버리고 괴롭더라도 내 손으로 기르기로 결심한 것이다. 익숙지 못한 엄마는 때로는 보채어 우는 아가를 두 팔에 안고 어찌할 바를 몰라 했다. 자장가를 불러도 잠들지 않을 때는 아가를 안은 두 팔이 차츰 무거워져 나도 덩달아 울고 싶을 때도 많았다. 고사리 같이 예쁘고 조고마한 손으로 엄마의 유방을 두들기면

이구와 이방자. 첫 아들을 잃고 10년 만에 다시 얻은 아들이었다.

서 기운차게 젖을 빠는 웃음 띤 얼굴을 보고 있으면 모든 것을 잊어버릴 수 있었다. | 이방자, 《지나온 세월》 |

이구의 탄생과 함께 '주부' 이방자의 행복이 시작되었다. 그 무렵 일제는 만주사변을 일으켰지만 전쟁의 여파가 일본 본토까지 미치진 않았다. 세상은 평화로웠고 황족의 생활은 풍요로웠다. 이구는 나날이 성장했다. 1935년 8월 이은이 우쓰노미야의 59연대장으로 부임하면서 이방자는 전원생활의 즐거움도 만끽했다. 이방자는 이구와 자주 산책을 나갔다. 아이가 무엇이든 신기하게 여길 때여서 이방자는 이구를 보는 것만으로도 즐거웠다.

황금빛으로 빛나는 벼이삭 위로, 바람이 불고 바람이 지나간 자취가 보인다. 벼를 삭삭 베는 리드미컬한 소리에 발 밑에서 메뚜기가 뛴다. 금방 낳은 달걀을 사러 가고 소나 산양의 축사를 들여다본다. 그럴 때면 소박한 농가의 사람들과도 선뜻 이야기를 나눌 수 있어서 방자는 그 화기 넘치는 분위기가 좋았다고 했다. 그런데 전쟁 전의 그 시대에 정말로 (평민에게) 직접 말을 건넸을까.

"예, 했지요. 구도 기뻐했어요."

우쓰노미야 시대를 말할 때의 방자의 안온한 표정은 무엇보다도 이 시기의 행복을 잘 말해주고 있다. | 혼다 세츠코, 《비련의 황태자비 이방자》 |

이방자는 그해 겨울, 등산과 스키를 즐겼다. 이방자는 산과 자연의 아름다움에 눈을 떴다. 혼다 세츠코는 "(이방자의) 억제되었던 청춘이 이곳에 와서 단숨에 터지듯이 방자는 산을 애타게 그리게 되었다"고 썼다.

휩쓸려가는 사람들

1937년 7월 중국을 침략한 일제는 1941년 12월 선전포고도 없이 진주만을 기습, 태평양전쟁을 일으켰다. 전쟁은 급속히 확대됐고, 일본 전역은 곧 총동원체제에 돌입했다. 후방의 민간인들은 물자난에 허덕였고 황족이라고 해서 예외는 아니었다. 이은 저택의 테니스코트는 파헤쳐져 감자, 옥수수 등을 심는 밭으로 변했다.

계속되는 승전 보도를 들으면서도 다만 빨리 결말이 났으면, 어떻게

든 너무 확대되지 않도록 취할 방법이 있었으면, 하고 염려하면서 소화 17년(1942)을 맞이했습니다. 후방 생활은 상하를 불문하고 대용식의 찐감자나 국수로 다만 창자에 만족감을 주는 것으로 그쳤습니다. 아카사카赤坂 미쓰케見付의 둑 위에 자생하는 쑥, 달래, 명아주 등의 들풀도, 풍류로 즐기던 옛날과는 달리 굶주림을 달래기 위하여 마구 캐서 먹었던 것입니다. 크로바도 말이 잘 먹으니까 사람도 먹을 수 있겠지 하고 데쳐 보았으나 꺼칠꺼칠해서 도저히 부식으로는 되지 않았습니다. 나중에 비스켓에 섞어서 팔고 있는 것을 먹은 적이 있습니다.

| 이방자, 〈바람부는 대로 물결치는 대로〉 |

　이방자의 자서전 중에서 중일전쟁 발발 후부터 일제가 패망하기까지의 기록은 상대적으로 빈약하다. 이은은 바쁜 군생활을 하고 있었고 이방자도 후방에서 할 일이 많았다. 가족들과 단란한 시간을 가질 여유가 없었다. 이방자는 "일본 적십자사, 반상회, 여자 학습원 동창회 등에선 붕대감기, 구급상자 꾸리기, 은사恩賜의 담배 외상外箱 만들기와 노 후방의 일원으로서 직원들과 물통 릴레이 연습이나 부상시의 응급치료법 연습 등으로 보내는 것이 일과"였다고 회고한다. 이방자는 종종 일본 황후의 대리로 육해군 병원을 방문했고, 근로작업장에 시찰을 나갔다. 농촌부녀 근로봉사 행사 시찰을 위해 홋카이도까지 파견된 적도 있었다.
　이은과 이방자는 제례를 위해 해마다 서울을 다녀가곤 했는데 전쟁이 막바지로 치달으면서 이마저도 중단할 수밖에 없었다. 이방자는 1943년 6월 28일 서울을 방문한 것을 마지막으로 이후 20여 년 동안 우리나라에 발을 디디지 못하게 된다.
　일본의 패전을 맞이하면서 이방자는 무슨 생각을 하고 있었을까.

무엇인지 해방된 것 같은 느낌, 그리고 나는 또한 지금까지와는 다른 형태로 참다운 인간동지人間同志인 남편과 아들을 위해서 가정을 새롭게 구축해가는 아내의 입장에서 평화스러운 장래를 구축하리라 결심했다. 오랫동안 전하에게 여러 가지로 정신적 괴로움을 끼쳐 드리고 못마땅한 일로 심로心勞도 많이 끼쳐 드린 데 대해서 사과를 드리고 싶은 마음 가득하고 또 지금까지 오랫동안 아내로서 사랑을 받아온 것을 감사드리려 하니 무엇인지 모르게 까닭 없는 눈물이 쏟아져 나왔다.

사회인으로서 또 새로운 공부를 시작하고 세상 물정을 알기 위해 용기를 가지고 사회의 일원으로서 꿋꿋이 살아 나가도록 노력할 것을 조그마한 마음 속에서 맹세했다. | 이방자, 《지나온 세월》 |

이방자의 관심은 오직 가정과 가족에 맞춰져 있었다. 그런 와중에 아버지 모리마사가 전범 혐의를 받고 연합사령부에 체포됐다. 모리마사는 종전 전에 무덕회武德會라는 검도 진흥 단체의 총재직을 맡았었는데 연합군 사령부의 통역관이 이를 'Military Virtue Association'이라고 번역하는 바람에 전범으로 의심받게 되었다. 연합군측은 모리마사가 육군Military의 대단한 고위직에 있는 걸로 생각했다.

이방자는 모리마사가 수감 중에 동상에 걸렸다는 말을 듣고 가슴 아파했다. 모리마사는 곧 혐의를 벗고 수감 5개월 여 만인 1946년 4월 무사히 석방됐다. 모리마사는 감옥에서 나온 뒤 무기력한 모습을 보이다가 1951년 1월 1일 아침에 심장마비로 타계했다.

평민으로의 강등과 뒤이은 경제적인 어려움은 이은과 이방자 모두에게 좌절을 주었지만 이방자는 남편보다 적극적으로 시대 흐름에 적응해나갔다. 오히려 이방자는 평민으로서의 자유를 은근히 즐

이은 부부와 이구. 라디오 공장을 견학했을 때다.

긴 듯한 인상도 준다. 스스로 돈을 내고 물건을 사본 일이 없는 이방자는 난생 처음 자유롭게 쇼핑을 하거나, 도매상에서 물건 값을 깎는 재미를 알게 되었다. 황족들은 그런 행동을 두고 눈살을 찌푸렸지만 이방자는 개의치 않았다. 이은의 저택에서 일했던 한 시녀의 증언이다.

스스로 돈을 지불하면서 쇼핑하는 것이 희한하고 즐겁기만 하다는 모습이었습니다. 아이들이 새 장난감을 가질 때처럼 쇼핑 그 자체가 즐거웠던 것 같았어요. 다른 비전하들은 쥐죽은 듯이 조용히 계셨는데……. | 혼다 세츠코, 《비련의 황태자비 이방자》 |

황족 때의 습관에 익숙해져 있던 이은 부부는 종종 실수를 범했다. 시종이 자동차 문을 열어주어야 자리에서 일어났던 이방자는 전차에서도 문이 열린 후에 일어났다가 들어오는 사람들에게 밀려 목적지에서 내리지 못할 때가 많았다. 이은은 채소 가게에 들려 이것저것 가격만 물어보느라 한참을 보낸 적도 있다. 사지도 않으면서 자꾸 물건값만 물어보면 주인이 싫어한다는 것조차 몰랐기 때문이다. 반대 방향의 전차를 잘못 탄 적도 많았고 소매치기를 당한 적도 있었다.

이은과 이방자는 이건 부부가 생활을 위해 시부야에 단팥죽 가게를 열었다는 소식을 듣고 직접 찾아간 일이 있다. 황족 출신이 시장에서 장사를 시작했다는 것은 당시 일본에서 큰 뉴스가 될 만한 일이었다. 놀라워하는 이은에게 이건은 생활을 위해 어떤 계획을 세우고 있냐고 물었다. 아무 대책이 없었던 이은 부부는 당황스러웠다. 이방자는 장사를 하면서도 스스럼이 없는 이건 부부의 태도에 깊은 인상을 받았다.

> 처음에는 놀랐으나, 마침내 결단성 있게 생활의 길을 자력으로 개척해 나가려고 하시는 것에 감명되었습니다. (……) 건공님도 요시코 비妃 전하도 완전히 한 상인으로서 철저하시어 보통이 아닌 몸가짐이었습니다. 어중간한 마음가짐으로는 지금의 혼란된 세상을 살아나가지 못한다는 것을 절실하게 깨달았습니다. 그렇다고 해서 우리들이 무엇을 어떻게 할 수 있겠습니까? | 이방자, 《바람부는 대로 물결치는 대로》 |

이방자는 이건 부부의 현실적이고 적극적인 삶의 태도에 감명을 받긴 했지만 스스로는 아무것도 할 수 없다는 무력감을 토로하고 있다. 이은의 심정도 별반 다를 바 없었다. 돌아오는 길에 이은은 이렇게 말했다.

"결국 우리들은 이 물결 속에 휩싸여 흘러갈밖에 없는가보오."

이방자도 공감했지만 아무 말도 할 수 없었다. 그런 생각을 하며 시장을 빠져나오던 이은 부부는 어느 제대병과 정면으로 부딪혔다. 수행원 없이 사람이 붐비는 곳에 가본 적이 없었던 그들은 사람을 피할 줄도 몰랐던 것이다. 제대병은 "정신 차리지 못해!"라고 소리치고는 이은 부부에게 욕을 퍼부었다. 이방자는 "암시장을 빠져나가는 것마저 우물쭈물 불안하기만 한 우리들은 들이받히고, 욕지거리를 들으며 시장을 빠져 나왔습니다. 시대에 뒤떨어진 외로움을 맛보면서 돌아왔습니다"라고 적었다.

해방과 6·25

이방자가 일본의 패전을 받아들이고 있을 때 민갑완은 조국의 광복을 맞이하고 있었다. 1945년 8월 14일 자정, 민갑완은 떨리는 손으로 전화를 받았다. 울음 섞인 지인知人의 낯익은 음성이 들렸다.

"소저, 기뻐하세요. 해방이 됐답니다."

민갑완은 그 자리에 선 채 기쁨의 눈물을 흘렸다. 그러나 곧 회한이 몰려왔다. 양친 모두 돌아간 뒤였고, 흘러간 꽃다운 청춘도 되돌릴 수 없었다. '고독과 슬픔의 검은 그림자'만이 민갑완의 가슴을 뒤덮었다. 동포들은 감격에 겨워 귀국 준비를 서둘렀지만 민갑완은 허전한 마음에 갈피를 잡지 못했다. 아무리 생각해도 고국엔 자신을 반겨줄 이가 없었던 것이다. 민갑완은 차라리 '타국의 고혼孤魂'이 되려고 결심했다. 민천식과 가족들은 당연히 반대했지만 민갑완의 결심은 확고했다.

　김구金九, 이시영李始榮 같은 임시정부 요인들이 귀국하도록 민갑완을 설득했다. 민천식도 "누님께서 안 나가신다면 저희들도 안 나가겠습니다." 하고 버텼다. 1년 여의 실랑이 끝에 민갑완은 고집을 꺾었다.

　1946년 6월 민갑완 일행은 이범석 장군이 인솔하는 광복군 부대와 함께 귀국선을 탔다. 당시 여섯 살이던 민병휘閔丙輝는 그때 상황을 어제 일처럼 기억하고 있었다. 2005년 2월 민병휘 선생을 부산광역시 북구 화명동 자택에서 만났다.

　　광복군 아저씨들 앞에서 노래를 부르며 박수를 받던 기억이 납니다. 물론 광복군 아저씨들이 시켜서 그랬겠지요. 선친(민천식)께서는 광복군 사이에서 신임이 대단했습니다. 고모(민갑완)의 영향으로 의학 공부를 열심히 하셔서 거의 '준準 의사' 수준이었습니다. 배 안에서는 광복군들의 건강을 돌보고 때로는 직접 머리를 깎아주기도 했습니다. 선친께서는 이발 기술도 있었으니까요.

　막상 귀국은 했지만 민갑완 일행은 마땅한 거처를 찾지 못했다. 민갑완과 민천식 가족은 당분간 서울역 부근 대동여관에 머물기로 했다. 민천식은 영어, 중국어에 능통했기 때문에 정부기관쯤에는 쉽게 취직할 수 있었지만 그는 정부기관과 관계된 일을 극도로 싫어했다.
　민천식은 친척의 권유에 따라 나무장사를 시작했다. 그러나 사업 경험이 없었던 탓인지 사기를 당해 장사 밑천까지 모두 날렸다. 생활은 더 어려워졌다. 대동여관에서 여러 달 머문 민갑완 가족은 극장을 경영하던 어느 친척의 도움으로 그 집 아래채에 들게 되었다.

민갑완과 민천식 가족. 오른쪽부터 민천식, 민갑완, 윤정순, 아기는 민천식의 장녀 병순이며 맨 왼쪽의 여자는 중국인 시녀이다.

 무엇보다 집세를 내지 않아도 돼 좋았지만 그런 생활은 오래 가지 못했다. 친척의 사업이 몰락해버리자 민갑완 가족은 그 집을 나와 민만순의 집에서 더부살이를 하게 되었다. 민갑완은 안 그래도 민천식 가족에게 폐만 끼쳤는데 이번에는 여동생 집에 신세를 지게 되어 몹시 괴로웠다. 민갑완은 "동생과 같이 살아간다는 것도 얼마나 미안한 일인가는 겪어본 사람이 아니면 아무도 느끼지 못하리라"고 했다.

 하지만 얼마 후 좋은 소식을 들렸다. 민천식이 하루는 활짝 웃는 얼굴로 귀가했다. 민천식은 의친왕 이강李堈의 사돈인 이기권李基權의 알선으로 의친왕궁의 양관洋館에 기거할 수 있게 되었다고 했다. 이기권으로부터 민갑완 가족의 사정을 들은 이강은 흔쾌히 양관의 2층 전체를 내주었다. 민갑완은 "방에 굶주리던 우리에게 이제는 너무나도 (방이) 많아서 주체를 못할 형편"이었다며 자서전에 그때의 기쁨을 적었다.

생활은 다소 안정되었지만 민갑완은 여전히 괴로웠다. 사람들이 무심히 자식이 몇이냐고 건네는 말도 민갑완에겐 상처가 되었다. 경제적으로 아무 도움도 주지 못해 민천식 가족에게는 늘 미안한 마음뿐이었다. 의친왕궁에서의 생활은 민갑완에게 미묘한 애수를 느끼게 했다.

누구에게도 말할 수 없는 괴로운 이 심정…… 운명의 야속함을 되씹어보는 나의 생활이었다. 열한 살 때 한 번 다녀나온 궁이며, 그 궁을 다녀나온 탓으로 10년 후에는 인생의 낙오자가 되야 했거늘, 무슨 운명의 작희作戲로 난 또다시 이 궁에서 살지 않으면 기거할 곳이 없나 하는 것을 생각하면 기구한 나의 운명이 야속하기도 했다. 내가 처음 이 궁을 디뎠을 때는 홍안의 소녀였거늘 어느 새 두변에는 백발이 성성하다니 유수 같은 세월이 무정하고도 허무하였다. 가을이 되어 오동잎이 우수수 떨어질 때면 난 한없는 애수에 젖어야만 했다. 가랑잎이 흩날리는 정원엔 황혼이 깃들고 있으나 흘러간 내 청춘의 꿈은 찾을 길이 없는 것이다. | 민갑완, 《백년한》 |

민갑완은 이처럼 번민의 나날을 보내다 문득 마음을 다잡았다.

사회사업을 하여 국가와 민족에 이바지하겠다는 희망은 어디다 버리고 벌써 기력이 약해진단 말이냐…… 너의 눈앞에는 네가 생각했던 바와 같이 헐벗고 굶주리며, 공부하고자 노력하나 환경이 불우한 탓으로 불쌍한 생활을 하고 있는 애들이 얼마나 많으냐, 어서 어서 기운을

내고 용기를 얻어서 불우하고 천재적인 소년소녀들을 배움의 문으로 이끌어주고 국가에 보답하여라, 지금이라도 네가 활약만 한다면 세상 사람들을 도울 것이니 어서 어서 길을 닦아라. | 민갑완, 《백년한》 |

모처럼 찾아온 의욕이었다. 민갑완은 사회사업을 펼치겠다는 사명감에 불타올랐다. 희망도 보이는 듯했다. 민갑완은 가까운 일가이자 당시 은행장으로 있었던 민규식閔圭植을 찾아가 자금 지원을 약속받았다. 그러는 사이 민천식도 안정된 직장을 얻어 집안에 제법 활기가 돌았다. 민갑완이 꿈꾸던 사회교육사업은 그의 구상대로 차근차근 진척되어 마침내 6월 26일 월요일 첫 모임을 갖기로 했다. 그러나 하루 전날 전쟁이 터지고 말았다.

6·25전쟁은 고통과 비극 그 자체였다. 민갑완의 자서전에는 6·25와 관련된 기록이 매우 간략하게 서술돼 있다. 전쟁 발발일의 혼란스러운 풍경이 다소 묘사되어 있을 뿐, 고통스러웠던 피난생활 같은 것은 일절 언급이 없다. 민갑완의 자서전은 1950년 6월 25일에서 1958년 6월 26일로 건너뛰고 있다. 8년 간의 기록이 빈칸으로 남아 있는 셈이다. 민갑완은 "피난살이 10년에 고생도 많았고 놀람도 컸던 관계로 나는 이제 아주 폐인인 듯 정신도 기력도 없다"고만 쓰고 있다.

그 사이의 이야기는 민병휘 선생으로부터 들을 수 있었다. 민천식은 병순, 병휘, 병욱 3남매를 두었는데 현재 생존해 있는 사람은 민병휘 선생뿐이다. 막내 민병욱은 1998년 지병으로 타계했고, 민갑완이 구술한 이야기를 정리해 《백년한》을 펴낸 민병순도 이미 세상을 떠난 뒤였다. 생전의 민병순은 시인이자 수필가로 활동했다. 민병휘 선생의 증언을 바탕으로 8년 간의 이야기를 재구성해본다.

민갑완과 민병순. 시인 겸 수필가였던 민병순은 민갑완이 구술한 이야기를 정리해 《백년한》을 썼다.

6·25가 난 뒤 민천식은 인민군에게 끌려갔다. 민갑완은 동생이 잡혀갔다는 소식을 듣자 살아서 무엇하겠느냐는 심정으로 자결을 시도했다. 민갑완이 벽에 이마를 찧어 피투성이가 되자 집안이 발칵 뒤집혔다.

다행히 민천식은 별 탈 없이 돌아왔다. 놀란 건 오히려 민천식이었다. 붕대를 싸매고 있는 누나를 보고 민천식은 탄식했다. 그가 무사히 풀려난 것은 귀국선에 함께 탔던 어느 광복군의 도움 덕분이었다. 인민군 가운데 광복군 출신이 꽤 있었는데 그 중 하나가 인민군 분류관으로 활동하고 있었던 모양이다. '분류관'은 민병휘로부터 들은 호칭인데 정식 직책은 아닌 듯하지만, 끌고온 사람들을 분류해 처형, 납북 등을 결정하는 직책인 것만은 확실하다. 귀국선에서 민천식의 활동을 지켜보았던 분류관은 "아니 선생님이 왜 여기 계십니까."라고 하며 민천식을 풀어주었다.

그해 9월 연합군에 의해 서울이 수복됐지만 곧 1·4후퇴를 맞아 민갑완 가족은 한숨을 돌릴 여유도 없이 충북 청주로 피난을 갔다. 청주는 아버지 민영돈의 생가가 있는 곳이었다.

그 후 민갑완과 민천식 가족이 부산에 머물게 된 배경은 운명적이다. 전쟁 중 미군이 길을 묻자 마침 근처에 있었던 민천식이 가르쳐주었다. 미군은 풍채가 좋고 고급 영어를 구사하는 민천식에게 호감을 가졌다.

민천식은 미군의 천거로 미국 공보원 행정원에서 근무하게 되었다. 부산광역시 광복동의 옛 미국 문화원 자리에 민천식이 일하던 행정원이 있었는데 이 일을 계기로 민갑완과 민천식은 부산으로 이주했다. 부산 동래는 아버지 민영돈이 6년간 부사府使를 지냈던 곳이다. 아직도 부산에는 민영돈의 송덕비가 남아 있다.

전쟁이 끝나고 민천식은 서울로 돌아갈 기회가 있었다. 미군은 민천식에게 육군에 들어가 통역관으로 활동해줄 것을 권유했다. 전쟁과 서울 생활에 혐오를 느꼈던 민천식은 이를 거부했다. 민천식은 이후 공보원을 나와 부산 성분도병원 서무과로 직장을 옮겼다. 그렇게 10여 년이 흘렀다. 부산 한 모퉁이에서 은거하다시피 살아가던 민갑완은 점점 사람들에게서 잊혀졌다.

남편의 분노를 보다

이방자의 일본어판 자서전은 《動亂の中の王妃(동란중의 왕비)》,

《**すぎた歳月**(지나온 세월)》,《**流れのままに**(흐름 그대로)》세 편이 있다. 가장 나중에 발간된《흐름 그대로》에만 약간의 보충이 있을 뿐 내용은 모두 동일하다. 이방자는 "앞의 두 권은 제목이 싫어서 내가 바꾸었다"고 했고 그 이유에 대해 "(내) 인생에 대한 실감이 '흐름 그대로' 이기 때문"이라고 했다.

이건 부부와 헤어진 후 시장을 빠져나오면서 이은은 '우리는 물결 속에 흘러갈 수밖에 없는 것 같소' 라고 말했다. 이방자는 남편의 말에 깊이 공감한 것으로 보이며 이후의 인생을 세상의 큰 흐름을 거스르지 않으며 살아간 것 같다. 그러한 태도가 자신의 삶에 대한 연민에서 비롯된 것이 아닐까 하는 생각이 든다. 이방자는 황족이었을 때에 비해 한없이 초라해져버린 자신을 인식하며 시대의 흐름이 그렇게 만들었다고 생각했던 것은 아닐지.

이방자는 종전 이후 새로운 삶에 대한 의지를 여러 차례 피력했고, 실제로 보통 사람이 발휘하기 힘든 실천력과 근면성을 보여주었다. 그럼에도 불구하고 이방자 앞에 놓여진 것은 불안정한 생활과 엄청난 부채 그리고 남의 도움을 받아야만 살아갈 수 있는 궁핍한 삶이었다. 게다가 남편의 건강마저 좋지 않아 모든 일을 스스로 처리해야 했다. 자신의 의지로 모든 고난을 이겨보려고 최선을 다했지만 뜻대로 되지 않았을 것이다. 이방자는 시대의 거대한 힘에 휩쓸려 어쩔 수 없이 여기까지 오게 되었다고 생각하며 자신을 위로했을지도 모르겠다.

아들 이구의 미국 유학은 스스로 강해져야겠다고 다짐하게 한 계기가 됐다. 이구가 처음 유학의 뜻을 밝혔을 때 이방자는 남편이 당연히 반대할 줄 알았다. 이은, 이방자 모두 아들과 떨어져 사는 것을 원치 않았다. 아들은 초로에 접어든 두 부부의 유일한 기쁨이었다.

뜻밖에도 이은은 유학을 허락하며 이렇게 말했다.

후회함이 없이 자기가 발견한 길을 자기의 책임과 의지로 마음껏 가보라. 만일 그 길이 적당하지 못하다고 하더라도 또 자기의 생각으로 다시 하면 된다. 지금에 와서 나더러 마음대로 해보라고 한대도 나는 어떻게 할 수가 없다. 슬픈 일이지만 그것이 사실이다.
장구한 세월을 두고 틀 속에 갇히어 어떻게 하면 자기를 속이고 살아가느냐를 교육받아 온 때문에, 이젠 그만 밖으로 나오려고 해도 여간 하여서는 나올 수가 없다. 나의 마음과 뜻이 벌써 굳어져 버린 것이다. 그러니까 너는 이 아비를 뛰어 넘어서 자유롭게 너 자신을 시험해 보라. | 김을한, 《인간 영친왕》 |

이방자는 남편의 말이 "어린 시절부터의 쌓이고 쌓였던 분노의 폭발"에서 비롯된 것임을 깨달았다. 이방자는 "그 얼마나 슬픈 분노인가……"라고 탄식했다.

그렇게 생각하자 조용히 눈물이 넘쳐 흐르고 가슴 속으로부터 흐느낌이 북받쳐 올라왔습니다. 약혼시대부터 헤아리면 30년 가까운 세월 동안 언제나 마음을 주인의 곁에 두고 있다고 생각했습니다. 몇 번인가 비극에 마주칠 때마다 함께 견디어오고, 마음과 마음이 확고하게 맺어져, 주인의 마음 구석구석까지 바라볼 수 있는 아내라고 은밀히 자부하고 있던 나였습니다.
그랬었는데, 주인의 마음 깊숙한 곳에서는 구玖와 헤어져 살아야 할 긴 세월도 마다하지 않을 분노가 고여 있었던 것입니다. 분노는 그때마다 풀어드렸다고 생각하고 있었는데……. 물론 그 분노가 전부인 것은 아니고, 구의 희망을 이루어주고 싶다고 하는 한결 같은 애정이 담겨 있기도 했습니다마는.

그 즈음, 언제까지나 무기력한 주인을 마음의 어딘가에서 안타깝게 생각한 일이 있었던 것이 뼈저리게 반성되었던 것입니다.

'앞으로는 내가 강해져서, 전하는 가만히 조용하게 하고 싶은 대로 살아가시게 하리라. 만약 힘이 약한 우리들을 침범하려고 하는 자가 있으며 내가 싸워야지. 지키는 것도 내가 맡고……'

그렇게 결심하였을 때, 나는 곪았던 종기가 터진 것 같은 기분이 되고 용기가 솟아나는 것을 느꼈습니다. | 이방자, 〈바람부는 대로 물결치는 대로〉 |

이은 부부는 저택을 팔아 채무의 일부를 변제하고, 1952년 4월 조후調布의 전원주택으로 거처를 옮겼다. 1955년 봄, 이방자는 지인의 집 2층을 빌려 '아카데미 보자르Academie Beaux Art'라는 신부교실을 열었다. 전문강사를 초빙해 예비신부나 주부들에게 요리, 꽃꽂이, 다도, 편물, 칠보 세공 등을 가르쳤다. 이방자도 이때 칠보 세공을 익혔는데 훗날 한국에서 이 기술을 십분 활용하게 된다.

신부교실은 개설 직후부터 큰 인기를 끌었다. 한국전쟁 발발 후 일본은 경제적 특수를 누리고 있었고, 황족이 경영하는 신부교실에 대해 호기심을 가진 일반인도 많아 이방자는 괜찮은 수익을 거둘 수 있었다.

경제적 활동을 한다는 자부심을 느꼈던 것인지, 처음 해보는 사회생활에 신이 났던 것인지는 알 수 없지만 이방자는 매일같이 외출했다. 남편의 식사마저 신경쓰지 않았다. 훗날 이방자와 말다툼을 하게 된 이구는 이때 얘기를 꺼내면서 "어머니는 아버지를 버렸던 것은 아닙니까!"라고 거칠게 따졌다고 한다. 혼다 세츠코도 이런 견해를 피력했다.

완전히 심약해진 은에 대신해서 스스로 지상의 거친 파도에 적극적으로 나섰다고 여긴 방자였다. 그러나 그것은 자유롭게 외출할 수 있는 즐거움의 포로가 된 데 대한 자기 기만이 아니었을까. 아직도 아름답다고, 옛날의 비전하인 방자를 주위에서 치켜올렸을 것이다. 50세가 되어 처음으로 경험했던 방자의 청춘이었는지도 모른다. | 혼다 세츠코, 《비련의 황태자비 이방자》 |

막다른 곳

어쩌면 이방자는 무기력한 남편에 대한 불만을 그런 식으로 표출했는지도 모른다. 군에서 은퇴한 이후 이은은 허탈감에 빠져 불안정한 모습을 보였다. 운동을 하지 않아 몸은 급격히 불었고, 주그만 일에도 조바심을 냈다. 1948년 경 이방자가 기록한 내용이다.

전하께서는 여름에는 나스那須에서 정양하셨다. 매일 근무하는 시간이 없는 것이 마음 허전하게 느끼시는 것 같았다. 몇 시에 출발하느냐? 다음 시간은 몇 시까지이냐? 어디로 갔느냐? 등등, 항상 스케줄에 쫓기는 생활을 해온 버릇이 남아 있어서 어디를 가시나 시간에 마음이 걸려서 천천히 앉아서 놀 수가 없으신 것 같았다. 그래서 초대를 해준 분도 마음이 초조해져서 당황하는 것 같았다. 오랫동안의 습관이라 어쩔 수 없는 노릇이었다. 그러나 이제 고생이 많던 군대식 생활도 끝장이 났으니 이젠 온실의 난초를 만지고 여행을 하고 사진을 찍는 등의

취미로 한가로운 나날을 즐기시어 하루 바삐 건강이 회복되시기만 바랄 뿐이다. |이방자, 《지나온 세월》|

가족의 방패막을 자처한 이방자는 보다 안정적인 삶을 위해서는 일본에서 정착할 준비를 해야 한다고 생각했다. 한때였지만 이방자는 귀국을 반대하는 듯한 모습을 보였다. 이에 대해서 김을한과 혼다 세츠코의 시선은 대조적이다. 김을한은 "비전하께서 (귀국을) 불안하게 여겼다는 것은 당연한 일"이라며 "옛날 같으면 몰라도 해방 후의 한국에 비전하를 이해하고자 하는 자는 아무도 없었어요. 이왕 전하조차 모르는 사람이 더 많았으니까요. 일본 거주가 너무 길었습니다."라고 말한다.

반면 혼다 세츠코는 이방자의 행동은 한국의 왕비로서의 책임을 방기한 것이라고 질책한다.

그렇다면 결혼식 때 머리 위에 얹혔던 왕관의 무게를 구 조선 왕비의 책임으로 받아들인 방자의 결의는 어디로 갔단 말인가. 그냥 밀항해서라도 귀국하는 것이 왕의 책임이라고 결심한 은을 돕는 것이 왕비의 책임인가, 왕의 신변을 지키는 뜻에서 그것을 만류하는 것이 왕비의 책임인가 나로서는 판단하기 어렵지만, 이때의 방자가 이와 같은 것에 대한 갈피를 잡지 못한 데서 귀국을 꺼렸다고는 생각되지 않는다. 왕비의 책임 밖의 귀국 거부로 보여지기만 한다. |혼다 세츠코, 《비련의 황태자비 이방자》|

여러 가지 사정으로 귀국은 여의치 않았다. 이승만 정부의 관료들은 대놓고 이은을 '비애국자'로 몰아갔고, 주일대표부는 저택을 내

이은 부부와 김을한 부부. 앞줄 오른쪽부터 민덕임, 이은, 이방자. 뒷줄 오른쪽이 김을한. 김을한은 헌신적으로 이은의 귀국을 도왔다. 1951년 가을 도쿄 홍콩반점.

놓으라고 생떼를 썼다. 그러는 사이 이은은 두 번이나 쓰러져 이방자의 부축 없이는 걷기도 힘든 지경이 됐다. 이은 부부는 점차 막다른 곳으로 몰렸고, 희망도 없는 듯 보였다. 이방자는 이승만 정부의 태도에 분개했고 일본에 영주할 채비를 갖췄다. 도쿄에 가족묘지를 마련한 것도 이 무렵이다.

이은 부부가 일본에 정착할 것이라는 소문이 퍼지자 일본의 지인들은 이은 부부의 앞날에 대해 걱정하기 시작했다. 김을한의 회고에 따르면 1958년경 이은 부부의 지인들이 한 음식점에 모여 '대책회의'를 열었다. 지인들의 의견은 한결같았다. 이방자는 엄연히 '한국의 왕비'이기 때문에 마땅히 한국으로 돌아가야 한다는 것이었다. 며칠 후 지인들은 다시 모임을 가지면서 이방자를 초대했다. 지인들은 예의 자신들의 의견을 피력했고 이방자는 무겁게 입을 열었다.

왕전하의 귀국은 내가 반대를 해서 실현되지 않는 것이 아닙니다. 여러분의 말과 같이 나는 일본 황족의 한 사람이나 한국 왕실로 출가하여 한국의 황태자비가 된 사람입니다. 따라서 그 출신이야 어쨌든 나는 어엿한 한국 왕실의 일원이며, 여필종부女必從夫라는 말과 같이 나의 전생애는 오로지 왕전하를 위해서 있어야 할 것은 다시 말할 것도 없을 것입니다. 우리의 결혼이 국제결혼이든 아니든, 또는 정략결혼이든 아니든, 기왕에 결혼을 한 바에야 아내가 남편을 섬기고 또 남편을 위해서 살아가야 할 것은 당연한 일이 아니겠습니까? 그러므로 바깥어른이 그토록 사모하고 그리워하시는 조국으로 돌아가시는 일에 대해서 찬성을 하면 했지 무엇 때문에 내가 반대를 하겠습니까? 따라서 나 때문에 전하가 귀국을 못하신다는 것은 전혀 오해입니다…….
| 김을한, 《인간 영친왕》 |

김을한은 "여기까지 말하는 방자 부인의 두 눈에는 눈물까지 비쳤다"고 기억하고 있다. 이어지는 이방자의 말이다.

그러나 여러분도 아시다시피 왕전하가 본국으로 영구귀국을 하시려면 여러 가지 여건이 갖추어져야 하는데, 첫째 이승만 대통령의 본국 정부에서 귀국을 허락하지 않을뿐더러, 구황실 재산을 전부 국유로 하는 대신에 구황족의 생계비는 국가에서 보장하겠다는 조문이 헌법에 엄연히 존재해 있음에도 불구하고 구왕가의 계승자요, 또 종손인 왕전하에게 대해서는 이날 이때까지 동전 한 푼 준 일이 없으니 누구를 믿고, 또 어떻게 살려고 무턱대고 본국으로 간단 말입니까. 그러므로 전하가 희망하시는 대로 귀국은 하시되, 매우 중대한 일이니까 신중히 하시라는 것뿐입니다. | 김을한, 《인간 영친왕》 |

이방자는 귀국을 반대한 적이 없다고 강변하고 있지만 김을한, 혼다 세츠코의 증언과 여러 정황을 볼 때 이방자가 귀국을 마뜩찮아한 것만은 분명해 보인다. 이방자는 1961년 3월 19일 한 일본 신문과의 인터뷰에서 "최근 한국에서 귀국 요청이 있었으나 거절하였다. 한국 내에서 우리의 귀국 문제가 화젯거리로 되어 있는 듯하나 우리는 일시 귀국할지라도 한국에서 영주할 생각은 없다. 금후에도 일본에서 생활할 예정이다"라고 말하기도 했다.[10] 그러나 일단 귀국이 결정되자 이방자는 누구나 감탄할 만한 헌신과 열성을 보여주었다.

4·19로 정권이 바뀌면서 이은의 귀국은 시간 문제가 됐다. 그러나 5·16쿠데타로 귀국은 물거품이 됐고, 이은은 그 충격으로 두 번째 쓰러졌다. 더 큰 충격을 받은 것은 이방자였다. 처음 쓰러질 때까지만 해도 거동이 다소 불편할 뿐 사람 말도 알아듣고 의사표현도 가능했는데 이번에는 아니었다. 혼수상태에서 깨어난 이은은 사람들의 말을 알아듣지 못했고, 실어증 증세도 점차 악화됐다.

상황은 심각했다. 병원비를 마련할 길이 없어 입원도 시킬 수 없는 형편이었다. 안절부절 못하던 이방자는 서울에 있는 김을한에게 도움을 요청하는 편지를 보냈다. 김을한은 일본으로 당장 달려가고 싶었지만 쿠데타 직후여서 해외로 나가는 일이 쉽지 않았다. 대신 김을한은 쿠데타 세력의 자문위원을 맡고 있던 고려대 교수 민병기閔丙岐를 찾아가 사정을 설명했다. 그 이후의 경과는 앞선 장에서 서술한 바와 같다.

5·16 직후 쓰러진 이은은 박정희의 적극적인 지원으로 8월 3일에야 입원하게 된다. 박정희의 지시를 받은 주일대표부는 이방자에게 생활비와 병원비 일체를 지원하겠다고 약속했다. 이방자는 떨 듯이 기뻐했다. 이방자는 이때를 살아오면서 가장 기뻤던 순간으로 기억

하고 있다. 혼다 세쓰코는 이에 대해 "그만큼 막다른 곳까지 와 있었던 것"이라고 지적한다.

한숨을 돌린 이방자는 남편이 입원한 지 닷새 후 유방암 수술을 받았다. 이방자가 가슴의 몽우리를 발견한 것은 5개월 전이었다. 그러나 그 사이 이구를 보기 위해 하와이에 다녀왔고, 이은이 다시 쓰러지는 바람에 수술을 받지 못했다. 다행히 조기에 발견한 종양이라 큰 문제는 없었지만 한쪽 가슴이 그녀의 몸에서 사라졌다. 이방자는 이후 4개월 동안 방사선 치료를 받았다. 건강한 몸을 되찾은 이방자는 "이렇게 해서 완치되고 보니 목숨을 건진 것 같은 기분"이라고 했다.

일본이여 안녕, 일본이여 안녕

1962년 1월 덕혜옹주가 먼저 귀국했다. 이방자는 이은의 환국 절차를 처리하기 위해 그해 6월 14일 서울 땅을 다시 밟았다. 이방자는 낙선재부터 찾았다. 감회가 남달랐을 것이다.

18년 만에 고국의 산하를 대하니 감개무량하였다. 오랜만에 만나는 그리운 얼굴들, 가까운 친척, 학교 관계 분들이 많이 마중을 나와주셨다. 낙선재에 들어가 곧 대비님(순정효황후)께 문안을 올렸다. 서로 손을 맞잡고 한동안을 그리움과 그 동안에 겪으신 고생을 생각하니 말문이 막히고 눈물이 그칠 줄을 몰랐다. 박찬주 님께서 통역을 해주셔서 오랜만에 사용하는 한국어를 섞어가면서 이야기를 나누었다. 옛날과 같이 남색 치마 초록색 당고의唐袴衣의 아름다운 옷들을 볼 수 없어 섭섭했지만 살아 남아서 얼굴들을 대하니 참으로 감개무량하였다. 옛날

이방자와 박정희. 박정희는 이은의 귀국을 대통령 선거에 이용하려고 했다.

풍습대로 무릎을 꿇고 방바닥에 손을 대는 큰 절을 송구스러운 마음으로 답례했다. |이방자, 《지나온 세월》|

이방자는 박정희 의장, 김종필 중앙정보부장, 내·외무부장관 문교부장관 등을 예방하고, 국립묘지를 참배했다. 고종 황제의 능을 찾아가 성묘를 했고, 아들 이진이 묻혀 있는 숭인원, 시어머니 엄 황귀비의 무덤이 있는 영휘원도 들렀다. 이방자는 마음속으로 아들의 이름을 불렀다.

"진아, 아버님의 사진도 함께 여기 계시다……. 아버님은 18년 동안이나 구름이나 새가 되어 진의 곁에 날아가고 싶다고 말씀하시고 계셨는데……."

이방자는 5일 간의 일정을 마치고 도쿄행 비행기에 몸을 실었다.

이방자는 한국인들이 '진심으로 우리를 따뜻하게 받아들여줄 것인지' 의구심을 느끼긴 했지만 새 생활에 대한 어렴풋한 희망을 안고 돌아왔다.

이방자는 그해 12월 이은의 국적 회복 문제를 처리하기 위해 남편을 대리해 한 차례 더 한국을 방문했다. 도쿄로 돌아온 이방자는 이은에게 국적 문제가 잘 처리되었다고 전했다. 이은과 이방자는 이제 한국인이 된 것이다. 이은은 그러나 아는지 모르는지 허공만 응시할 뿐 아무런 반응을 보이지 않았다.

해가 바뀌었지만 이은의 병세는 나아지지 않았다. 오히려 그해 5월 이은의 증상은 급격히 악화돼 위험한 상황 직전까지 이른 적도 있다. 군사정권은 10월 15일로 예정된 대통령 선거를 겨냥해 귀국일을 10월 10일로 못박고 이방자를 압박했다. 그러나 이방자 측은 이은의 뜻을 어기지 않기 위해 대통령 선거 이후로 귀국 날짜를 잡았다.

1963년 11월 22일 이은 부부, 이구 부부가 영구 귀국했다. 정작 기뻐해야 할 이은은 아무것도 모르는 듯했다. 이방자의 심경은 복잡하고 미묘했다. 입으로는 한국을 '고국'이라 불렀지만 이방자의 혈관 속에 흐르는 것은 엄연히 일본인의 피였다. 이방자는 불안했다.

고국이라고는 하나 지금까지는 왕궁 내에서의 한정된 생활밖에 모르는 내가 왕궁 밖으로 나가 익숙지 못한 사회환경 가운데서 살아가야 할 여생에는 준엄한 눈과 차가운 비판이 있을 수도 있을 것입니다. 희망과 불안이 가슴 속에 뒤섞이어 잠을 이루지 못하는 밤들도 있었습니다. 금전의 융통이라든가, 집이나 대지의 매매라든가, 세상의 일은 도무지 모르는 몸으로 뒹굴거나 상처입으면서도 어떻게 혼자서 꾸려오

긴 했지만 귀국에 직면한 이때만은 주인과 이야기를 나누지 못하는 괴로움을 뼈저리게 느끼지 않을 수 없었습니다. 세계는 좁아지고 있지만 극복하지 않으면 안 될 벽이 역시 나의 경우에는 있는 것입니다. 병 무거우신 주인을 짊어지고, 전적으로 지금까지와는 다른 새로운 환경 가운데서, 남은 인생을 이제부터 걷기 시작하려 하고 있는 나였던 것입니다. | 이방자, 〈바람부는 대로 물결치는 대로〉 |

귀국 전날 밤, 이방자는 목을 놓아 울었다. 아무것도 모르는 남편을 보자 서러움이 북받쳐 올랐다. 그날만은 울고 또 울었다. 그러나 귀국 비행기 안에서 이방자는 이은과 '무언의 대화'를 나눴다. 그때만은 남편도 지어미의 말에 다정스럽게 응대해 주는 듯했다.

"전하, 자 돌아갑시다. 함께 모시겠습니다."

"그래, 드디어 돌아가는 건가?"

"꽤 긴 여행을 하셨군요."

"그게 이제 겨우 끝나는 거로군."

그리고 이방자는 말 못하는 남편을 대신해서 마음속으로 몇 번이고 이렇게 되뇌었다.

"일본이여 안녕, 일본이여 안녕. 오랫동안 참으로 고마웠습니다."

문화재보호법

한국 측에서 마련해준 거처는 서울 한남동 외국인아파트였다. 순정효황후가 훙거(1966년)한 뒤에는 이구 부부와 함께 창덕궁 낙선재에서 기거했다.

이방자는 아침마다 서울대병원에 들러 남편을 간병했다. 이은의 주치의 김학중은 "방자 여사는 눈이 오나 비가 오나 하루 한 번씩 꼭 다녀갔다"며 "6년 반이란 긴 세월을 하루도 빼놓지 않고 문병하기란 보통 의식을 가지고는 힘든 일"이라고 말한다.

대통령 선거를 앞둔 박정희 측은 이은의 귀국을 선거에 이용하기 위해 구황실재산의 일부를 넘겨주겠다는 밀약을 맺었다. 그것이 귀국 조건 가운데 하나였다. 그러나 이방자 측이 귀국일을 대선 이후로 지연시키자 태도가 돌변했다. 강용자의 설명이다.

> 영왕 일가의 귀국 조건은 구황실 재산을 국가에서 환원해주면 구황실에서 국가에 자진 반납하겠다, 국적을 회복시켜 준다, 정치에 관여하지 않고 문화사업만 하겠다는 것이었다. 그런데 박정희 대통령 측은 영왕 일가를 선거일 전에 귀국시켜 영왕을 동정하고 지지하는 사람들의 표를 모을 수 있기를 기대했었다. 영왕이 선거 때 오지 않자 대통령은 심히 섭섭했다. 그래서 영왕이 귀국한 후 구황실 재산 환원 등의 문제를 적극적으로 해결해주지 않았다. | 강용자, 《왕조의 후예》 |

그러나 박정희 측에서 전혀 지원이 없었던 것이 아니다.

> 박대통령은 물론 우리에게 최대의 호의를 베풀려 했다. 우리를 귀국시켜주고 전하의 치료비를 대주고 우리의 재산을 얼마라도 찾아주어 고국에서 보람 있는 여생을 보내게 해주려 했던 것이 그분의 진심이었다. (……) 그래서 박대통령은 특별 지시로 문화재보호법 부칙 2조 2항에 '구황실에서 설립했던 학교와 문화재 재산 중 일부를 영친왕과 비까지만 양위할 수 있다'는 조항을 넣도록 했다. | 이방자, 《세월이여 왕조여》 |

문화재보호법이 처음 제정된 것은 1962년 1월 10일이다. 실제로 언제 그런 부칙과 조항이 추가되었는지 확인하기 위해 이런저런 경로를 통해 찾아보았다. 법률에는 문외한인데다 문화재보호법이 1982년 12월 31일 '전문 개정'이 된 적이 있어서 그 원문을 찾기가 어려웠다. 그러나 이날 개정된 '부칙 제 3644호'에서 그 흔적을 발견할 수 있었다.

> 제4조 (잡종재산처분에 관한 경과조치) ①문화공보부장관은 법률 제1265호 문화재보호법 중 개정법률에 의하여 폐지된 구황실재산법에 의하여 국유로 된 <u>구황실 재산 중 잡종재산의 일부를 이은의 배우자에게 양여할 수 있다.</u>
> ②제1항의 규정에 의하여 재산을 양여하는 경우에는 그 재산의 종류 및 한도 등에 관하여 <u>재무부장관과 협의한 후 국무회의의 심의를 거쳐야 한다.</u>(밑줄 필자)

박정희 정권 때 추가한 부칙도 이와 비슷한 것으로 추정할 수 있다. 황실재산을 '양여' 받기 위해서는 국무회의의 심의를 거쳐야 한다는 것이 이 부칙의 핵심인 듯한데 이방자는 이렇게 말하고 있다.

> 참으로 많은 안案이 나왔다. 금곡·종묘·칠궁·낙선재·강원도 간성·문경의 구황실 재산, 또 구황실의 골프장이었던 현 어린이대공원 등 중에 어느 것을 주느냐는 안이었다. 그러다가 낙선재는 안 된다, 금곡·칠궁·종묘나 지방지산 중의 일부는 가능하다는 얘기가 나왔다. 그러나 여러 안만 설왕설래했을 뿐 아무것도 결정되지 않았다. ㅣ이방자, 《세월이여 왕조여》ㅣ

여러 안이 공식, 비공식적으로 나왔음에도 그 가운데 어느 것도 국무회의의 심의를 받지 못했다는 뜻이다. 앞서 강용자가 "구황실 재산 환원 등의 문제를 적극적으로 해결해주지 않았다"고 한 것은 이를 두고 했던 말 같다.

얼마 후 박정희 정부 측은 '숙명여대는 구황실과 연고권이 있으므로 운영에 참가할 수 있다'며 '숙대 재단에 땅을 얼마 넣어줄 테니 이 학교를 운영하라'고 제안해왔다. 숙명여대, 진명여고, 양정중고교는 황실의 재산으로 설립된 학교였다. 이은의 생모 엄 황귀비는 세 학교의 설립에 결정적인 역할을 한 바 있다.

이방자는 그것만으로도 기뻤다. 교육사업은 이은이 항상 염원하던 꿈이었다. 이방자는 토지를 남편 앞으로 양도해주면 이를 세 학교에 골고루 분배해서 보존하고 싶다는 의견을 전했지만 정부 측은 숙명여대에만 참여할 것을 강권했다. 이방자는 어렵지 않게 학교 경영에 참여할 수 있으리라고 믿었지만 문제는 그리 간단하지 않았다.

쪽발이 물러가라

앉아서 기득권을 뺏길 처지에 놓인 재단의 기존 이사진이 반발하면서 분규가 일어났다. 처음 상황은 이방자 측에 유리한 쪽으로 풀리는 듯했다. 어머니를 대리해 이 문제의 처리를 맡았던 이구는 1964년 2월 21일 "(숙명여대의) 현 관리인을 전원 해임하고 설립자 및 설립자가 선정한 인사로 하여금 주관케 하든가, 설립자에게 안정세력을 부여하고 나머지 인사는 문교부가 선정하여 달라"는 청원서를 국회에 제출했고, 5월 12일 국회는 압도적인 표차로 이를 의결했다.

숙명여대 분규를 다룬 신문기사 (1965년 12월 29일자 〈조선일보〉). 이구는 정부가 약속을 지키지 않는다며 불만을 토로했다.

그리고 이듬해 5월 이사진에 결원이 생기자 문교부는 이구 측 인사 4명을 관선이사로 임명했다. 그러자 이번에는 이구가 "정부의 약속이 틀리지 않느냐"며 공공연하게 불만을 토로했다. '숙대재단분규 그 진상'이라는 기사의 일부분이다.

63년 6월 이구 씨의 방한을 계기로 재단 분규의 싹이 텄다. 이구 씨의 양친이 환국하면 숙명재단의 운영권을 주겠다는 당시 군사정부의 약속이 있었던 것이다. (……) 그는 당시 박정희 의장으로부터, 또 국회로부터 약속받은 바에 따라 학교 운영을 목적으로 그의 일가가 환국

했다는 사실을 털어놓음에도 주저없다. | 1965년 12월 29일자, 〈조선일보〉 |

이구가 원했던 '안정세력'은 5명이었다. 5명이어야 9명의 이사회에서 의결권을 행사할 수 있었다. 결국 그해 9월 18일 재단이사장 선출에서 이방자는 고배를 마셨다.

약속을 어긴 셈이었던 정부와 문교부는 무리수를 강행했다. 이구를 부추겨 이구 측 이사 4명의 사표를 받아 이사회에 제출케 한 것이다. 이구는 문교부가 제공한 관용차에 문교부 관계자와 동석하고 이사들의 사표를 받으러 다닌 것으로 드러났다. 이러한 행동은 언론으로부터 공격받는 빌미가 됐다.

〈조선일보〉는 사표를 제출한 행동을 '자폭'이라 표현했는데 이구는 '자폭 이유'를 묻는 기자에게 "분규 있음을 노골화시켜 이사진을 재선출케 하여 안정세력을 확보"하기 위한 것이라고 솔직히 대답했다.

이해관계가 없는 사람의 입장에서 보면 숙대 사태는 문교부와 이방자 측이 결탁해 숙명재단 경영권을 빼앗으려다 생긴 분란처럼 비춰졌다. 이것은 어느 정도 본질에 가까운 분석이라 볼 수 있다. 하지만 이방자와 이구의 입장에선 기가 막힐 노릇이었다. 재단의 경영권을 주겠다고 약속한 것은 정부였고, 분란의 결정적인 원인을 제공한 것은 문교부였다. 그런데도 언론은 연일 자신들을 비난했고, 숙명여대 학생들은 농성을 벌였다. 일부 학생들은 "쪽발이 여자 나가라!" "왜놈 돌아가라! 돌아가라!"고 외치며 총장실을 점거했다. 이방자와 이구는 엄청난 충격을 받았다.

숙대 분규는 법정 문제로 비화됐고, 이방자 측은 여러 번의 법정 공방에서 패소를 거듭했다. 그런데 짚고 넘어가야 할 점이 있다. 혼다 세츠코는 이 분규의 당사자들을 직접 취재했다. 그녀는 "공표하지 않겠다고 약속했기 때문에 자세히는 쓸 수 없다"면서도 "배후의 조종자는 매스컴 관계의 책임자로, 자유롭게 조종할 수 있는 그 기관을 이용해서 여론을 부채질했던 모양"이라고 쓰고 있다.

강용자도 언론의 과잉 반응을 암시하는 말을 했다. 강용자는 "〈동아일보〉에 '게다짝 물러가라'는 사설이 나왔고 숙대생들이 똑같이 '게다짝 물러가라'는 데모를 벌인 것"이라며 "공교롭게도 당시 〈동아일보〉 사장의 부인이 숙대의 재단이사"였다고 했다. 강용자는 직접 언급하지 않았지만 당시 〈동아일보〉 사장은 고재욱高在旭이었고, 부인 김숙배金淑培는 숙명학원 재단이사였다.

정말 그런 제목의 사설이 있었는지 궁금했다. 마이크로필름으로 검색하는 바람에 못 보고 지나쳤을 가능성도 있어 장담은 할 수 없지만 그런 제목을 발견하지는 못했다. 그러나 〈동아일보〉가 좀 심했다는 생각을 지울 수 없다. 당시 〈동아일보〉에는 숙대 분규를 다룬 사설만 10여 편이 실려 있다.[11]

이은이 만약 의식이 있어 이 사태를 지켜봤다면 심정이 어떠했을까. 그가 건재함을 과시하며 이사회에 단 한 번이라도 참석했다면 상황이 그 지경까지 이르렀을까.

고독한 이를 위해 기도해달라

이은 부부의 귀국 문제가 언론에 오르내리는 사이, 잊혀져가던 민갑완은 〈동아일보〉 축쇄판 발행을 계기로 다시 세상의 주목을 받게 되었다. 1958년 6월 〈동아일보〉는 창간호부터 1928년까지의 신문

지면을 원본의 절반 크기로 줄인 타블로이드 축쇄판을 발행하기 시작했다. 축쇄판을 검색하던 한 독자가 우연히 1920년 4월 28일자를 보게 되었다. 이 날짜 〈동아일보〉에는 이은과 이방자의 결혼 보도 기사와 함께 민갑완의 근황에 대한 이기현의 인터뷰 기사가 실려 있었다. 앞서 언급했던 '왕세자 전하와 혼의婚議가 있던 상중喪中의 민 규수'라는 기사다. 민갑완을 알고 있었던 그 독자는 〈동아일보〉 측에 "그 규수가 아직도 살아 있다"고 제보했다.

1958년 6월 26일 민갑완, 민천식 남매가 살고 있던 두 칸 셋방에 낯선 남자들이 찾아왔다. 〈동아일보〉 기자 이강현李綱鉉과 그 일행이었다. 민갑완은 기자들이 찾아왔다는 말을 듣고 가슴이 뛰었다. 서너 시간 가량 인터뷰가 이어졌다. 옛일을 회상하는 민갑완의 가슴에는 새삼스러운 회한과 슬픔이 가득했다.

사흘 후, 민갑완의 집으로 〈동아일보〉가 배달되었다. 사회면을 펼쳐든 민갑완은 깜짝 놀랐다. 민갑완은 "전례 없이 너무나도 기사가 컸기 때문"이라고 그 이유를 설명했는데 실제 지면을 보면 그 말이 틀린 게 없다. 민갑완은 기사를 읽으며 눈시울이 붉어졌다.

1958년 6월 29일자 〈동아일보〉 사회면에는 민갑완의 인터뷰 기사가 10단 크기로 실려 있다. 이 면의 7할 정도를 차지하는 많은 분량이다. 제목은 '살아 있는 한국 여성의 절개'인데 기사는 이렇게 시작된다.

500년 이조 왕실의 최후의 계승자로 탄생한 왕세자 이은 씨와 약혼하였다가 왜정의 강압적인 파혼으로 왕실의 운명과 더불어 시들어진 한 떨기 장미가 아직도 고귀한 정조를 지키며, 인생의 황혼기에 서 있는 역사의 산 재료가 부산 한 구석에 잠자고 있다.

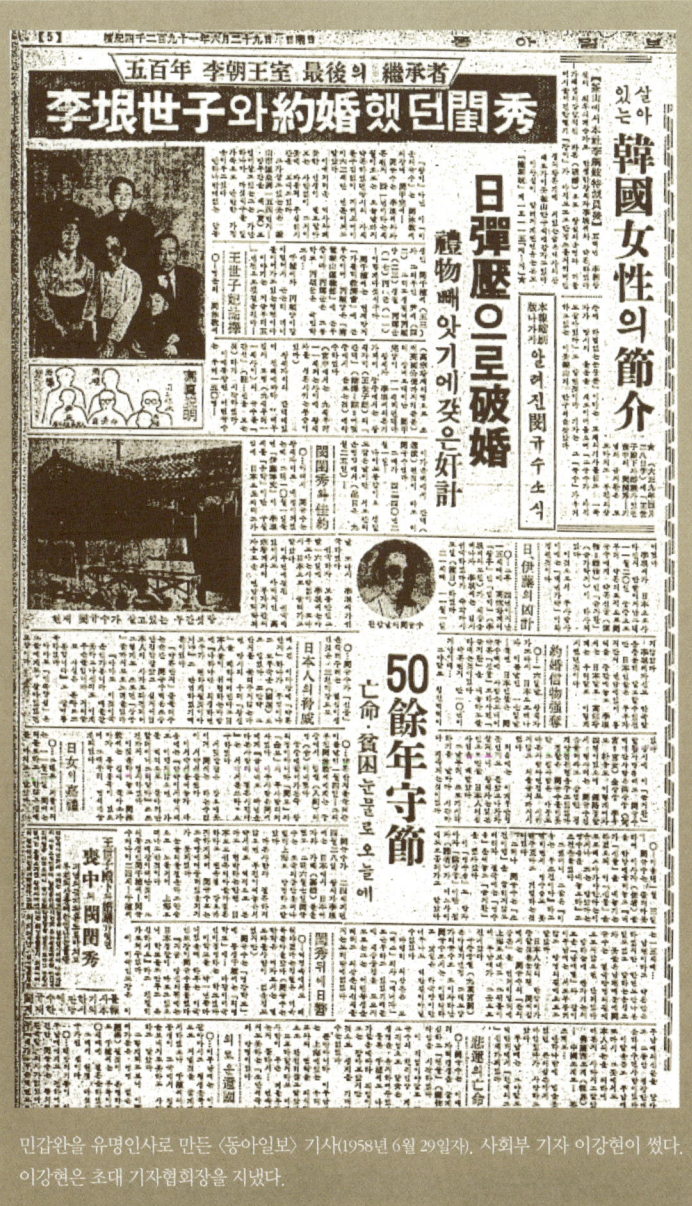

민갑완을 유명인사로 만든 〈동아일보〉 기사(1958년 6월 29일자). 사회부 기자 이강현이 썼다. 이강현은 초대 기자협회장을 지냈다.

2장 | 두 조국의 사이에서 · 이방자

기사가 나가자 경쟁지의 기자들도 몰려들었고, 각계의 관심과 동정이 쏟아졌다. 민갑완은 뒤늦게 명예를 얻었지만 밀려드는 비애를 이기지 못했다. 민갑완은 자신이 너무 늙어버렸다는 사실을 다시 한 번 느꼈다. 허울 좋은 명예만으로 북받치는 비애와 고독을 상쇄시킬 수는 없었다.

민갑완의 이야기는 영화로도 다뤄졌다. 1962년 8월 15일 민갑완 가족은 오랜만에 시내 나들이에 나섰다. 이날 부산극장에서 상영된 영화는 민갑완의 생애를 다룬 〈백년한〉이었다. 이종기李鐘機 감독의 데뷔작이기도 한 〈백년한〉에는 당대의 유명 배우들이 총출연했다. 영화배우 도금봉都琴峯이 민갑완 역을 맡아 열연했고, 그 외 김승호 金勝鎬, 박노식朴魯植, 주증녀朱曾女, 김희갑金喜甲, 김석훈金石薰 등이 출연했다. 부산극장은 홍보를 위해 영화 포스터가 그려진 부채를 관객들에게 나눠주었다.

민병휘 선생의 자택에서 그 부채를 볼 수 있었다. 40년 전의 추억이 담긴 부채라고는 믿기지 않을 만큼 보존 상태가 훌륭했다. "우리나라에 딱 하나 남아 있는 부채가 아닐까요?"라고 농반 진반으로 말을 건네자 민병휘 선생은 "아마 그럴 것"이라며 미소를 지었다. 부채에는 '광복절 특선 푸로' '비운의 황실과 민규수' '세기의 통한痛恨' 같은 글귀가 선명한 글자체로 씌어 있다.

그해 11월 민갑완의 자서전 《백년한》이 출간됐다. 1962년은 민갑완에 대한 세상의 관심이 절정으로 치달았던 해였다. 영친왕 이은의 귀국 문제가 국민적인 관심사로 부각됐고 그에 따라 민갑완을 찾는 기자들의 발길도 잦았다. 언론은 민갑완에게 '영친왕의 귀국설을 접하는 감회와 심정'을 물었다. 민갑완은 그 대답을 자서전에 이렇게 기록했다.

부산극장에서 나눠준 홍보용 부채. "우리나라에 딱 하나 남아 있는 부채가 아닐까요?"라고 하자 민병휘 선생은 "아마 그럴 것"이라며 웃었다.

내가 너무 연약한 여자인 탓이며 그분으로 인하여 평생을 독신으로 살게 된 관계인지는 모르겠으나, 나도 그분에게 바라는 단 하나의 희망과 소원은 있는 것이다. 그것은 다름이 아니고 내가 몇십 년이든 몇백 년을 살든 간에 그분도 꼭 내 사후까지 사시기를 비는 것이다. | 민갑완, 〈백년한〉 |

이듬해 11월 22일 영친왕 이은이 식물인간이나 다름없는 몸으로 영구 귀국했다. 며칠 뒤 신문 지면에는 민갑완이 잠적했다는 기사가 실렸다. 한 신문에 보도된 당시 기사를 찾아 읽어봤는데 심각한 일이 벌어진 것은 아니었다. 영친왕의 귀국과 맞물려 자신에게 쏟아지는 언론의 지나친 관심을 피하기 위해 잠시 몸을 피했던 것으로 보인다.

영친왕의 귀국이 결정될 무렵, 민천식과 윤정순은 혹시 영친왕이 방문할지도 모른다는 생각에 집을 새로 단장했다. 민갑완은 무언가 골똘히 생각만 할 뿐 별 말이 없었다. 하지만 영친왕이 보행이 불가능할 정도로 위독한 상태라는 사실을 알게 되면서 민갑완과 가족들은 혹시나 하는 기대를 접어야 했다.

전국적인 유명 인사가 된 민갑완은 햇살이 좋은 날 외출하는 것을 싫어했다. 혼다 세츠코의 기록이다.

> 당시의 갑완은 쾌청할 때에는 결코 외출하지 않았다. 그것은 늙어서 추한 꼴을 대중에게 보이고 싶지 않은 여자만의 자위 수단이며, 호기심의 눈에 대한 두려움에서였을 것이다. 비가 내리면 갑완은 단정하게 몸단장을 하고는 우산을 펴쓰고 금강金剛공원을 한 바퀴 돌고 돌아오곤 했다. 비가 오는 날은 공원에 나오는 사람도 없고 우산은 얼굴을 감추어주었다. | 혼다 세츠코, 〈비련의 황태자비 이방자〉 |

윤정순은 민갑완이 비오는 날을 좋아했다면서 비가 내리면 그나마 얼굴에 미소를 띠었다고 증언했다.

상하이 망명 시절부터 외로움을 담배 연기로 날려버리곤 했던 민갑완은 타계하기 4년 전에 후두암 진단을 받았다. 민천식 가족은 정성을 다해 병구완을 했지만 병세는 나아지지 않았다. 하루하루 힘겨운 투병과 수발이 계속됐다. 1968년 2월 초 직장의 격무와 누나의 병 수발에 피곤해 하던 민천식이 욕실에서 쓰러졌다. 가족들이 긴급히 병원으로 옮겼지만 민천식은 다시 일어나지 못하고 세상을 떠났다. 뇌출혈이었다.

남은 가족들은 그 사실을 민갑완에게 알리지 않았다. 그러나 이상해진 집안 분위기를 민갑완이 먼저 알아차렸다. 민갑완은 조카를 다그쳐 기어이 동생이 영면했다는 사실을 듣고 말았다. 그날부터 민갑완은 곡기를 끊고 물만 마시며 일주일을 보냈다. 윤정순이 "저는 어쩌라고 이러시느냐"고 통곡했지만 민갑완은 이미 삶에 대한 의욕을 잃은 뒤였다. 민갑완은 며칠 후 장지문과 함께 쓰러졌다. 윤정순은 민천식이 서무과장으로 근무하던 성분도병원에 민갑완을 입원시켰다.

2월 19일 새벽, 격렬한 통증이 다시 시작됐고 이날 오전 8시경 민갑완은 영원히 이 세상을 떠났다. 평생 불교도였던 민갑완은 죽기 하루 전날 가톨릭 영세를 받았다. 민갑완은 부산시 용호동 천주교 묘지에 동생 민천식과 나란히 묻혔다. 민갑완은 임종 직전 수녀에게 이런 말을 남겼다.

20대의 고독은 그럭저럭 넘겼다. 30대의 고독은 참기 어려워 손가락을 깨물어 피를 뽑으면서 견디어냈다. 혼자 고독을 느끼는 사람들을 위해 기구(기도)해 달라. | 1968년 2월 20일자, 〈조선일보〉 |

영친완 이은은 민갑완의 생전 소원대로 민갑완이 세상을 떠난 지 2년 뒤에 타계했다.

장애인 복지사업

1970년 4월 28일은 이은 부부의 결혼 50주년 기념일이었다. 이날 이방자는 종로 YMCA회관에서 조촐한 축하연을 열었다. 남편이 참석하지 못한 쓸쓸한 금혼식이었다.

25년 전, 이은 부부는 도쿄에서 은혼식 연회를 가졌다. 전쟁이 한창이어서 전등은 덮개로 가려지고, 사람들은 방공 두건을 쓰고 '몸뻬'를 입고 있었다. 연회 도중 공습경보가 울려 이은 부부는 지하 방공호로 대피했다. 이방자는 은혼식 때의 추억을 금혼식 연회에 모인 지인들에게 들려주었다.

사흘 후 이은은 세상을 떠났다. 남편의 임종을 지키는 이방자의 모습을 김학중은 이렇게 전한다.

나는 영친왕의 맥을 짚고 서 있고 방자 여사와 이구 씨는 공소의 머리맡에 서서 조용히 임종을 지켜보고 있었다. 마치 영원히 깨어나지 못하는 긴 잠에 빠지듯이 긴 한숨을 한 번 쉰 후에 조용히 숨을 거두었다. 잡고 있던 맥이 끊어졌다. 곧 청진기로 심장을 들어보니 심장도 완전히 멎었다. 동공반사도 소실되었다. 비로소 방자 여사에게 영면하셨다는 점을 전하자 방자 여사는 주먹 같은 눈물을 뚝뚝 흘리면서 "전하 안녕히 가십시요! 안녕히 가십시요!" 하고 앞으로 쓰러졌다. | 김학중, 〈영친왕 병상기〉, 1970년 6월호 〈월간중앙〉 |

숙대 분규 후 남은 건 마음속의 상처뿐이었다. 황실 재산 환원 문제는 흐지부지 중단되었다. 박정희 측은 이후 서울구락부를 이방자 측에게 넘겨주었다고 한다. 서울구락부는 광진구 어린이대공원 자리에 있던 대한제국 황실 소유의 골프장이었다.

이방자는 더 이상 정부의 도움에 의지하지 않기로 했다. 이방자는 전부터 생각해왔던 장애인 복지사업에 전념했다. 일본에 있을 때 이방자는 정신지체아와 뇌성마비 아동을 지원하는 복지단체를 조직한 적이 있다. 1960년 조직한 찬행회贊行會가 그것인데 이방자가 일본을 떠나면서 자행회慈行會로 이름이 바뀌었다.

1966년 1월 이방자는 동교동에 방 하나를 얻어 한국 자행회를 설립했다. 일본에서 익힌 기술을 발휘해 직접 칠보를 만들어 팔았다. 액수는 크지 않았지만 그렇게 번 돈을 자행회 운영 기금으로 보탰다. 주부들에게 무료로 칠보 세공을 가르치는 일도 병행했다.

이방자는 장애아에게 직업훈련을 시켜 자활 능력을 키워주고 싶었다. 신문에 심신장애아를 모집한다는 광고를 냈지만 단 한 명의 학부모만이 응모를 해왔다. 그렇게 한 명으로 시작했다. 운 좋게 능력 있는 교사를 구할 수 있었고, 연세대 강의실 한 칸을 빌려 교실로 사용했다. 1년이 지나자 학생은 열 명 가까이로 늘어났다. 교실이 좁아졌다. 연세대 측에 더는 부탁하기도 미안해서 이방자는 아이들을 이끌고 나가 여기저기 이사를 반복했다. 이방자는 아이들에게 쾌적한 교실을 마련해주고 싶었다. 그러기 위해선 자금이 더 필요했다.

이러한 간절한 바람이 방자를 짧은 시간이라도 아껴 칠보 세공의 가마로 향하게 했다. 전기로電氣爐 같은 것은 없고, 발로 밟는 버너로 도자기를 구워야 하기 때문에 완성되었을 때에는 발이 부어오를 정도였다.

한여름의 더운 날에 버너를 밟으면 가마의 열기를 뒤집어쓴다. 땀은 뚝뚝 떨어져 눈으로 들어가고 목을 타고 흘러서 블라우스는 찰싹 살갗에 달라붙는다. 방자가 귀국했던 것이 62세 때였다. 그녀는 60대 중반이 되어 땀을 흘리는 노동의 고통과 기쁨을 동시에 그리고 처음으로 경험했다. | 혼다 세츠코, 《비련의 황태자비 이방자》 |

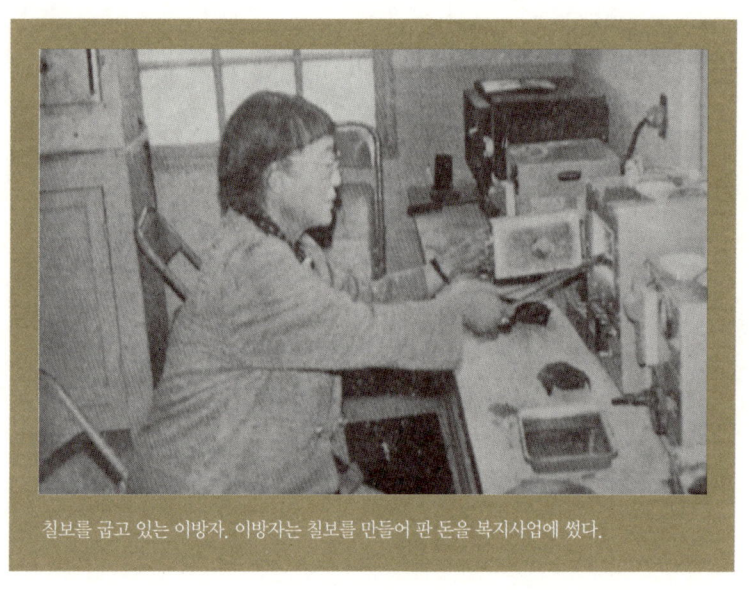
칠보를 굽고 있는 이방자. 이방자는 칠보를 만들어 판 돈을 복지사업에 썼다.

하지만 칠보 세공만으로는 어림도 없었다. 이방자는 글씨를 쓰고 그림을 그려 팔기 시작했다. 이방자의 서예 작품과 그림은 일본인 관광객들에게 환영을 받으며 제법 고가에 팔렸다. 이방자는 자행회 주최로 패션쇼나 바자회를 열어 수익을 거두기도 했다.

이방자는 학교 부지를 찾는 일에 분주했다. 발품을 팔아 어렵사리 부지를 싼값에 구하고 계약금까지 지불했지만, 잔금 지불 직전에 사기였다는 것을 알게 되었다. 당초 이방자는 수원시장에게 부지 알선을 부탁했는데 수원시가 관여된 사안이라 그런지 이 사건은 신문에도 보도되었다. 이방자가 손해본 금액은 147만여 원에 달했다.

이 보도를 접한 한 독지가가 1,000여 평의 땅을 제공하겠다고 나섰다. 낙담해 있던 이방자는 너무 감격스러워 말이 나오지 않을 지경이었다. 남은 것은 그 자리에 교사校舍를 새로 짓는 일이었다. 자행회 이사 가운데 건축업자가 있어 이방자는 교사 신축을 그에게 맡졌다.

어느덧 교사가 완공되고 인도일이 며칠 후로 다가왔을 때 돌연 건축업자가 건물 인도를 거부했다. 인플레이션으로 건축자재 비용과 기타 경비가 크게 올라 1,000만 원을 손해봤다는 것이었다. 건축업자는 1,000만 원을 추가 지급하지 않으면 교사를 넘겨줄 수 없다고 버텼다. 이방자는 애가 닳았다. 곧 신학기였다. 고민 끝에 이방자는 육영수에게 편지를 보냈다.

얼마 후 연락을 받고 청와대로 들어간 이방자는 육영수가 내민 봉투 한 장을 받았다. 돌아오는 차 안에서도 이방자는 차마 그것을 열어보지 못한 모양이다. 낙선재 응접실에서는 자행회 부회장 엄정복 嚴貞福이 초조하게 기다리고 있었다. 이방자는 비로소 봉투를 열었다. 혼다 세츠코의 책에는 그 정황이 눈에 잡힐 듯이 그려져 있다.

> 봉투에는 10만 원짜리 수표가 두툼하게 들어 있었다. 방자는 수표를 세기 시작했다. 10만, 20만, 그리고 500만을 세어갈 때부터 방자의 가슴은 두근거리기 시작했다. 방자는 엄(정복)과 얼굴을 마주보고 드디어 두 사람이 동시에 소리쳤다. 800, 900, 1000, 두 사람은 펄쩍 뛰었다. 손을 붙잡고 어깨를 껴안으며 어느 사이에 울고 있었다. 수표를 가슴에 안은 채 방자는 춤을 추었다. 눈물은 계속 쏟아지고……. | 혼다 세츠코, 《비련의 황태자비 이방자》 |

1971년 3월 사단법인 자행회는 정신지체아 교육기관인 자행학원을 정식으로 개원했고, 이듬해 10월 육영수가 참석한 가운데 자혜학교의 낙성식이 열렸다.

명휘와 가혜

장애인 복지사업에 대한 이방자의 열정과 헌신은 많은 사람을 감동시켰다. 혼다 세츠코는 이런 일화를 소개한다.

고베의 재일한국인으로 방자의 후원자인 권병유權炳裕의 이야기이다.
짧은 기간의 일본 체제에서 돌아온 방자가 권을 대동해서 돌아올 때의 일이었다.
어느 방에서나 아이들이 뛰어나왔다. 그 아이들에게 말을 걸면서 방자는 목욕탕을 들여다보았다. 바로 그때였다. 비누방울이 몸에 가득 달라붙은 아이가 한쪽에서 매달리고, 또 한쪽에서는 김이 무럭무럭 나면서 물방울을 뚝뚝 떨어뜨리는 몸으로 달려들었다.
방자의 나들이옷도 비눗방울투성이였다. 방자는 그에 상관하지 않고 아이들을 안아올리면서, "지금 돌아왔어요" 하며 한 사람 한 사람의 얼굴을 들여다보았다.
그러한 광경을 보고 권은 가슴이 미어져, 이분을 위해서라면 어떠한 후원도 서슴지 않겠다고 마음속으로 맹세했다고 한다. | 혼다 세츠코, 《비련의 황태자비 이방자》|

YMCA 이사로 있었던 김우현金禹鉉 목사도 후원을 다짐한 사람 중의 하나이다. 김우현은 다른 이사들과 협의를 거쳐 YMCA 산하 보린회保隣會를 이방자가 운영할 수 있도록 주선했다. 1922년 설립된 보린회는 원래 빈민을 위한 지원단체였지만 이방자가 이사장이 되면서 장애인 교육기관으로 거듭났다.

1967년 10월 20일 이방자는 이은의 70회 생일을 기념해 보린회의 명칭을 명휘원明輝園으로 변경했다. 자신은 이사장으로 취임했다. '명휘明輝'는 이은의 아호이다. 이방자는 이렇게 말한다.

그분(남편)과 손을 맞잡고 같이 일하면 얼마나 좋겠어요. 진작 발족 됐을 거고, 그간 일도 많이 이뤄놓았을 텐데……. 명휘원 이사장직을 맡고 축하 꽃다발을 든 채 그분한테 달려갔지요. 말로 표현을 못하지만 얼마나 즐거워하시는지……. | 1967년 12월 21일자, 〈조선일보〉 |

종로 YMCA의 방 하나가 명휘원의 교실로 꾸며졌다. 19명의 남녀 장애아가 명휘원 1기생으로 입학해 기능 교육을 받게 되었다. 과목은 목공예, 미싱, 자수, 편물 등이었다.

이방자는 몸을 아끼지 않고 일했고, 필사적으로 기부금을 모았다. 처음엔 오해도 많이 받았다.

"남의 나라에 와서 이제 무엇을 시작한다는 거야. 얌전하게 집 안에 들어박혀 있지 않고……."

"쪽발이 주제에 남에게 기부를 부탁하다니 뻔뻔스럽군. 자기 돈을 쓰면 되지 않는가……."

사람들은 이렇게 수군거렸지만 이방자는 개의치 않았다. 그렇게 모은 기부금으로 1971년 6월 서울 인사동에 지하 1층 지상 3층 규모의 명혜회관을 건립했다. 이은의 아호 명휘와 자신의 아호 '가혜佳惠'에서 한 글자씩 딴 이름이었다. 아이들은 더 이상 YMCA의 좁은 교실에서 부대낄 필요가 없었고, 이방자는 그런 아이들을 보며 가슴이 뿌듯했다.

그러나 곧 새로운 문제가 발생했다. 회관 주변이 급속도로 유흥가로 변해버린 것이다. 아이들이 종종 봉변을 당했다. 시각장애를 가진 아이가 취객과 부딪혀 욕을 먹는가 하면, 목발에 의지해 집으로 돌아가던 아이가 통행인의 발에 걸려 넘어졌다. 이방자는 서울 외곽에 새로운 교사를 마련해야겠다고 결심했다.

이방자는 1973년 9월 11일부터 10월 13일까지 유럽과 미국의 복지시설을 견학한 적이 있다. 서독에 들렀을 때의 일이다. 이방자는 복지기관 관계자에게 약간의 돈이나마 기부하겠다고 말했다가 무안을 당했다. 모든 체제가 잘 정비되어 있어 따로 기부금을 받을 필요가 없다는 게 관계자의 말이었다. 이방자는 부러움을 느꼈다.

문제는 역시 돈이었다. 이방자는 일본에 눈을 돌렸다. 이방자는 우리말에 서툴고, 한국보다는 일본에 아는 사람이 많았다. 일본에는 황족에 대해 존경심을 갖고 있는 사람도 많이 있었다. 이방자는 '훈련성과 발표회' 형식을 통해 원생들이 만든 성과물을 일본인들에게 선보이며 바자회를 열었다. 때론 원생들과 함께 일본에 건너갔다.

이방자는 일본의 50개 현縣을 돌며 각 현마다 100만 엔씩 기부금을 부탁하기로 했다. 이를 두고 혼다 세츠코는 '일본 종단 아이디어'라고 표현했다. 이방자는 한일친선협회, 일본 로터리클럽과 라이온스클럽에 작품 전시와 파티 주최를 부탁했고, 스스로 짐을 들고 일본을 종단했다.

결국 이방자는 경기도 광명시 철산동에 명휘원의 신축 건물을 마련했다. 자금 문제로 준공까지 꽤 많은 시일이 걸렸지만, 1978년 10월 20일 성공적으로 이전을 마쳤다. 이전 일자를 이 날로 잡은 것은 이은의 생일을 기념하기 위한 것으로 보인다. 자혜학교의 경우와는 달리 명휘원 이전은 자금 문제로 고생을 꽤 했다. 자혜학교 학생들

황실 의상을 입고 있는 이방자. 이방자는 궁중의상 발표회를 열어 기금을 모으기도 했다.

은 가정 형편이 유복한 편이었는데 명휘원 원생들은 그렇지 않았다.

자금문제로 고통을 겪는 와중에 어느 이사가 '궁중의상 발표회'를 제안했다. 괜찮은 아이디어라고 생각한 이방자는 의상 제작 비용과 모델 문제를 기발한 방법으로 해결했다. 일본대사 부인, 미국대사 부인, 미8군 사령관 부인, 서울시장 부인, 유명 탤런트가 모델로 출연했고, 해외 발표회 때는 이방자 자신도 왕비복을 입고 무대에 올랐다. 의상 제작 비용은 각자 부담했다.

1974년 5월 3일 이방자는 KAL호텔에서 발표회를 열었다. 한 연예주간지는 발표회를 앞둔 이방자의 소감을 다음과 같이 전하고 있다.

일본에서 기금 모금활동 중인 이방자. 이방자는 일본 50개 현을 돌며 각 현마다 100만 엔씩 기부금을 부탁했다.

예전 제가 입던 옷들은 창덕궁에 깊숙이 보관되어 있어요. 그 옷들을 새로 지으려고 꺼내니 옛일이 생각나 얼마나 울었는지 몰라요. 영친왕이 계셨고 아들 진쯤의 재롱이 대단한 때였으니까요. 무척 행복한 시절이었죠.

한국에서 발표회를 할 때는 제가 옷을 입지 않고 탤런트들이 입지만 미국에 가서는 제가 입을 계획을 갖고 있어요. 그래서 선전 팜플렛 사진을 찍기 위해 대례복을 입어보았어요. 정말 오랜만에 입었어요. 왕조가 끊어진 후 처음 입어본 대례복이었어요. ㅣ 1974년 5월 5일자, 〈주간경향〉 ㅣ

〈주간경향〉은 이방자가 대례복을 입어볼 때 이를 도와주던 한 상궁이 갑자기 흐느껴 울었다는 사실과, 이방자가 우는 상궁을 달래며 자신도 눈물을 흘렸다는 뒷 얘기도 전하고 있다.

6월 4일에는 하와이 호놀룰루에서 첫 해외 발표회가 열렸다. 이방자는 이어 미국 오클랜드, 샌프랜시스코, LA를 순회했다. 1980년 11월에는 일본에서도 의상쇼를 열었다. 취지는 훌륭했지만 이방자의 행동에 대한 반대의 목소리도 높았다. 일국의 황후답지 않은 경망스러운 짓이라는 것이었다. 이방자는 "주위에서 의상발표회를 갖는 데에 대해 불만이 많았고 특히 제가 옷을 입고 나간다는 데에 대해 모두 말렸어요."라고 회고한다.

애끓는 모정

이방자의 헌신을 곁에서 지켜본 한 일본인은 "무에서 유를 낳게 하는 단계에서 체면 따위는 개의치 않는 비전하(이방자)의 기부금 모금이 없었다면, 정부의 원조도 없이 현재의 명휘원도 자혜학교도 존재하지 못했을 것"이라고 말했다. 그러나 기금 모금에는 한계가 있었다. 아무리 좋은 일에 쓴다고 해도 자꾸 손을 내밀면 부담스럽기 마련이다. 일본의 지인들도 기부금 강요가 싫어 이방자와 관련된 모임에 참석하지 않는 일도 있었다. 자혜학교, 명휘원 관계자들 사이에서는 '거지 경영, 즉 기부 경영'으로는 오래가지 못한다는 소리가 나왔다.

언젠가 무슨 일로 이구와 말다툼을 벌였을 때 이구는 흥분이 지나쳐 "어머님은 거지예요?"라고 소리쳤다. 기록이나 증언은 없지만 이방자가 그 말로 인해 깊은 상처를 받았음은 분명하다. 그런 소리를 들어가면서도 그토록 복지사업에 매달린 이유는 무엇이었을까. 이방자는 이렇게 말했다.

영친왕께선… 그리고 그리던 조국의 품에 고이 잠드셨다. 낙선재에서 안주하게 된 나는… 자행회와 명휘원 등등의 사업으로 내가 한국인임을 확인하는 즐거움을 더해가고 있다. 이 사업의 뜻은 당신이 떠나신 후에 내가 무엇을 했는가를 나중에 자랑스레 보고하기 위해서라도 그 의미가 있으리라. |1975년 9월 9일자, 〈조선일보〉|

1976년 이방자의 어머니 이츠코가 유방암으로 별세했다. 1979년에는 사업에 실패한 이구가 한국 생활에 환멸을 느끼고 일본으로 도피했다. 아들과 복지사업이 남은 생의 전부였던 이방자로서는 삶의 한 축이 무너져버린 것이나 마찬가지였다. 이방자는 몇 번이나 일본으로 날아가 이구에게 귀국을 종용했지만 허사였다.

이방자는 타고난 건강 체질이었다. 흰 피부가 깨끗하고 아름다워 80대에도 60대처럼 보일 정도였다. 그러나 이구가 떠난 뒤에는 건강이 매우 나빠졌다. 1983년 여름부터 식사량과 몸무게가 현저히 줄었고 급격한 노약 증세를 보였다. 이방자는 그해 11월 14일 서울대병원에 입원했다. 진찰 결과 위암이라는 진단이 나왔다. 이방자는 서울대 교수 김진복金鎭福의 집도로 수술을 받았다. 이 무렵 문병을 갔던 혼다 세츠코의 회고다.

서울대학교 부속병원의 병실에는 전두환 대통령이 보내온 난蘭 화분이 장식되어 있었다. 원래 통통한 방자가 홀쭉 말라 있는 데 놀랐다. 옆으로 누워 있는 방자의 입언저리에 귀를 갖다 대어야만 겨우 들을 수 있는 목소리였다. 10일 가량 서울에 머무르는 동안에 방자는 일어날 정도로 병세가 호전되었다. 그래도 조금만 움직이면 숨이 차고 말하기도 힘들며 목소리도 가늘어졌다. |혼다 세츠코, 〈비련의 황태자비 이방자〉|

다음날 병실을 다시 찾았던 혼다 세츠코는 '딴 사람이 되어 있는' 이방자의 모습을 보고 깜짝 놀랐다. 하루 사이에 병세가 놀랍도록 나아진 것이다. 이방자는 혼다 세츠코의 손을 붙들고 "구가 왔어요. 구가 와주었어요." 하며 기뻐했다. 간병인 가운데 한 사람은 '이구가 최고의 약' 이라고 했고, 주치의는 '기적' 이라고 했다. 이방자는 입원 두 달여 만인 이듬해 1월 9일 낙선재로 돌아왔다. 그러나 구토와 위 궤양 증세를 보여 1월 17일 재입원했다가 3월 2일 퇴원하게 된다.

평소 이방자는 나약한 말은 하지 않았다. 며느리 줄리아는 "시어머니는 강인한 분이었다"며 "어려워도 궁핍한 티를 내지 않았다"고 했다. 퇴원 이후 이방자는 심신이 약해져 있었다. 이방자는 일본에 돌아가 아들 곁에 살다가 죽고 싶다고 말하기 시작했다. 이방자는 낙선재 비서실장 이공재에게 하소연했다. 이공재는 일본에서 이구를 만나 여러 차례 설득했지만 한 번 마음이 떠나버린 이구는 그때마다 매정하게 거절했다.

이방자는 왜 이구를 데려오지 못하느냐고 이공재와 종친들을 원망하면서 일본으로 가겠다고 고집을 부렸다. 1986년 5월 이공재가 사임했다. 강용자는 이에 대해 "일본에 가겠다는 방자의 고집, 귀국하지 않는 구의 문제 등 수십 년 낙선재의 살림꾼 생활에 지친 것"이라고 설명한다.

이공재의 사임으로 만류할 사람이 없어진 이방자는 얼마 후 일본으로 떠나 거의 1년을 일본에서 체류했다. 몇 달 간은 아들의 집에서 지냈지만 이구의 동거녀 아리타 기누코有田絹子와 마음이 맞지 않아 뛰쳐나왔다. 아리타 기누코는 평판이 좋지 않은 여자였다. 사기 행각을 벌인 적이 있었는데 덩달아 이구까지 끌어들여 일본 언론에 크게 보도 된 일도 있었다.

이방자는 친척집을 전전했다. 점점 이방자의 주위에서 사람들이 떠나기 시작했다. 강용자의 말이다.

일본에 있는 자행회와 명휘원 후원단체들은 구의 행동을 못마땅해 했고 방자에게도 '일본에 있지 말고 한국에 가라'고 충고하기 시작했다. 한국의 황태자비이므로 한국에 가서 낙선재를 지키다가 생을 마쳐야지 일본에서 구와 함께 있는 것은 방자의 평까지 나쁘게 만든다는 충고였다. 일본 황실도 아리타와 함께 사기행각에 말려들고 일본에 있는 친척들에게 손을 벌리는 구를 못마땅해 했고 아들 때문에 일본에 와 있는 방자까지 귀찮아했다. 방자는 아들 때문에 애를 쓰는 자기의 심정을 몰라주는 일본 후원단체 사람들에게 섭섭한 마음이 들었고 일본 종친회와도 멀어졌다. | 강용자, 《왕조의 후예》 |

혼다 세츠코도 비슷한 말을 한다.

오랫동안 방자 가까이에 있었던 한 사람은 "거물급에 속하는 사람은 한두 번은 지원해주었지만, 이제 모두 떠나버렸어요. 야마모토 주지로 씨는 변함없이 후원해주는 몇 안 되는 분 중의 하나입니다" 하고 원망스럽기 그지 없다는 투로 말했다.
방자 주변에서 사람들이 멀어져간다는 얘기는 이 사람뿐만 아니고 몇 사람들로부터 듣고 있었다. 그 사람들은 "성실한 분들이 비전하를 걱정하여 말씀드린 것을 비전하는 반대로 받아들여서 멀리하고, 도리어 속셈을 갖고 있는 사람의 감언이설에 귀를 기울입니다."라고 입을 모아 말했다. | 혼다 세츠코, 《비련의 황태자비 이방자》 |

여로의 끝

결국 이방자는 쇠약해진 몸을 이끌고 귀국했다. 1987년 10월 27일자 〈조선일보〉에는 이방자가 "빈혈 증세로 쓰러져 서울대병원에 입원했다"는 기사가 보인다. 육체는 잦아들고, 정신은 힘을 잃고 있었다.

이방자는 자신의 생이 얼마 남지 않았음을 알고 있었다. 강용자는 "방자는 자신의 생이 얼마 남지 않았음을 느끼고 그토록 품위 있고 꼿꼿하게 지켜오던 체면도 절제심도 버리고 오직 아들에게만 매달렸던 모양이라고 주변 사람들은 말한다"고 적고 있다.

이 무렵 이방자에게는 새로운 꿈이 생겼다. 이방자는 혼다 세츠코에게 명휘원 안에 남편을 기념하는 방을 만들어 남편이 아끼던 미술품으로 꾸미고 싶다고 말하고는 이렇게 덧붙였다.

"그 일을 할 수 있을 때까지는 아무래도 버티어 나가야지요. 그리고 남편 은과 이왕조 역대의 신위神位를 지키면서 낙선재에서 조용히 살고 싶습니다."

이방자는 자신과 이은의 일생이 "한일문제를 배경으로 한 파란에 충만된 드라마"였다고 자서전에 적었다. 그리고 이은과 함께 처음 환국할 때 "아! 마침내 파란만장한 여로旅路가 끝이 났구나!"라고 감회에 젖은 듯 쓰고 있다.

그러나 진정 그 파란만장한 여로가 끝이 난 것은 그녀가 마지막으로 눈을 감던 그 순간이 아니었을까.

1989년 4월 11일 이방자는 갑자기 고열증세를 보이며 피를 토했다. 즉시 서울대병원에 옮겨졌다. 회복할 가능성은 없었다. 4월 30일 새벽 이방자는 다시 낙선재로 옮겨졌고 도착하자마자 숨을 거뒀다.

만년의 이방자. 우리말에는 서툴렀지만 이방자는 '조국이 둘이 아니냐'는 질문을 받았을 때 '이제는 한국 국민'이라고 잘라 말했다.

이방자는 우리말에 서툴렀다. 죽기 전까지 일본어를 썼다. 많은 사람들이 이방자의 이러한 면을 곱지 않은 시선으로 바라봤다. 황실 후손 가운데 한 사람은 "이방자 여사가 장애인 복지 사업에 큰 기여를 하고 장애인에게 자애로웠던 것은 사실이다. 하지만 황실 근친들에게는 아주 냉정했다. 미국 이민을 떠나기 전 이방자 여사를 찾아뵌 일이 있다. 여사는 '그렇습니까' '예'라는 말을 되풀이하며 매우 사무적으로 우리를 대하는 듯한 느낌을 받았다. 물론 일본어였다"고 했다.

그러나 이방자는 그들에게 이런 말을 하고 싶지 않았을까. 언젠가 이방자는 '조국이 둘이 아니냐'는 질문을 받고, 질문이 채 끝나기도 전에 이렇게 말한 적이 있다.

> 이제 저는 한국 국민입니다. 국적도 한국이고요. 전하께서 돌아가신 뒤에 일본으로 귀환하라고 권한 사람들이 있었지만, 그럴 생각없다고 딱 잘라 말했어요. | 1975년 9월 9일자, 〈조선일보〉 |

이방자는 남편 이은과 합장되어 경기도 남양주 영원英園에 묻혔다.

황태자 아들과 탄광부의 딸
이구와 줄리아
3장

이제 이 긴 편지를 마무리할 때 입니다. 당신이 내 인생에 깊은 상처를 남겼다고 생각했는데 따지고보니 난 별로 잃은 게 없습니다. 시련은 나를 더 강인하게 만들었고 외로움은 소외된 사람들과 깊은 유대감을 나눌 수 있도록 도와줬습니다. 당신 덕분에 아름다운 곳, 좋은 사람들과 접할 수 있었습니다. 고맙다는 말, 진심으로 전하고 싶습니다. 부디 행복하시고 편안하시길. — 하와이에서 이 줄리아 올림

폭풍우 속의 출발

1950년 8월 3일 일본 요코하마 항에는 폭풍우가 몰아치고 있었다. 비는 위에서 내리는 게 아니라 옆으로부터 들이치며 땅바닥을 두들겼다. 이구李玖가 미국으로 유학을 떠나는 날이었다. 이방자는 왠지 불길한 예감이 들었다.

> 옛날부터 전해 내려오는 말에 청명한 날의 출발이면 앞날에 행복이 깃들인다고 하지만, 운수가 사납게 이 같은 폭우를 만났으니 나시모토의 어머님(이방자의 모친)께서는 나이가 나이이신지라 귀여운 외손자의 장래를 걱정하여 "앞날에 고생이나 없었으면 좋으련만……." 하시며 무정한 하늘을 우러러보시므로, 나도 어쩐지 마음이 어둡고 슬픈 생각에 잠겨지는 것이었습니다. 그러지 않아도 오직 하나밖에 없는 아들을 만리타향으로 보내는 때인지라 부모로서의 복잡한 생각이 얽히고 설켜서 더욱 감상적인 기분에 빠져들었습니다. | 김을한, 《인간 영친왕》 |

정작 이구는 궂은 날씨를 아랑곳하지 않았다. 그는 희망과 의욕이

이구는 총명하고 패기만만한 청년이었다.

가슴에 충천해 있는 듯이 보였다. 그는 이제 만 열아홉이었다. 이방자는 불길한 생각을 지워버리려 했지만 외아들을 머나먼 이국으로 보내는 아쉬움까지 감추진 못했다.

출항할 시간이 되자 이은 부부는 배에서 내렸다. 이구를 태운 제너럴 골든 호가 태평양을 향해 출항하기 시작했다. 수많은 백인들 속에 섞여 있는 아들의 조그마한 얼굴을 보자 이방자의 뺨 위로 눈물이 흘러내렸다. 이은도 손수건으로 자꾸만 눈 주위를 닦았다.

이구는 1944년 3월 31일 학습원 초등과를 졸업했다. 황족의 아들로 태어나 귀족 교육을 받은 것이다. 일제가 패망하지 않고 일본의 황족이 평민으로 강등되지 않았다면 이구는 아버지 이은이나 사촌형 이건, 이우처럼 사관학교를 졸업하고 일본의 군인이 되었을 것이다. 실제로 이구는 학습원 졸업을 앞두고 육군사관학교와 해군사관학교 사이에서 선택의 기로에 선 적이 있다.

어느날 이구는 아버지의 부름을 받았다.

"우리들 왕족은 일본의 황족들과 마찬가지로 남자는 특별한 신체 관계로 해서 폐하의 허락이 있는 경우 외에는 육·해군 어느 것인가의 길을 택하지 않으면 안 된다. 가정교사에게도 말해둘 테니까 어느 길을 갈 것인지를 결정해라."

이구는 별 생각 없이 해군에 가겠다고 그 자리에서 대답했다. 그는 "해군은 원양 항해가 있어서 외국에 갈 기회가 많고 세계의 항구를 돌아볼 수 있다고 들었기 때문에 간단하게 곧 대답하고 말았던 것"이라고 훗날 회고했다. 이은은 내심 이구가 육사에 들어가 좀더 자신의 곁에 머물러 있기를 바라고 있었으나 두 말 않고 아들의 뜻을 받아들였다.

이은의 자식 교육은 그런 식이었다. 일본에 볼모로 끌려와 어떤 일도 자신의 의사대로 결정하지 못하는 현실을 이은은 언제나 한스럽게 여겨왔다. 그에 대한 반작용인지 이은은 아들의 뜻이라면 무엇이든 그대로 받아들였다. 이구가 유학을 결심했을 때도, 벽안의 여인을 신부감으로 데려왔을 때도 그랬다.

그러나 마냥 오냐오냐 키운 것만은 아니었다. 그건 이방자도 마찬가지였다.

(이구가) 점점 자기 의식이 강하여진다. 유치원에 들어갈 때까지는 인간적인 요소로서 좋은 버릇을 들여 주어야겠다고 생각한다. 때때로 어릿광을 부려 우는 일도 있지만 규율을 정해놓고 엄격히 지키도록 노력한다. 아무리 거들어주는 사람이 많더라도 혼자 자기의 장난감은 제

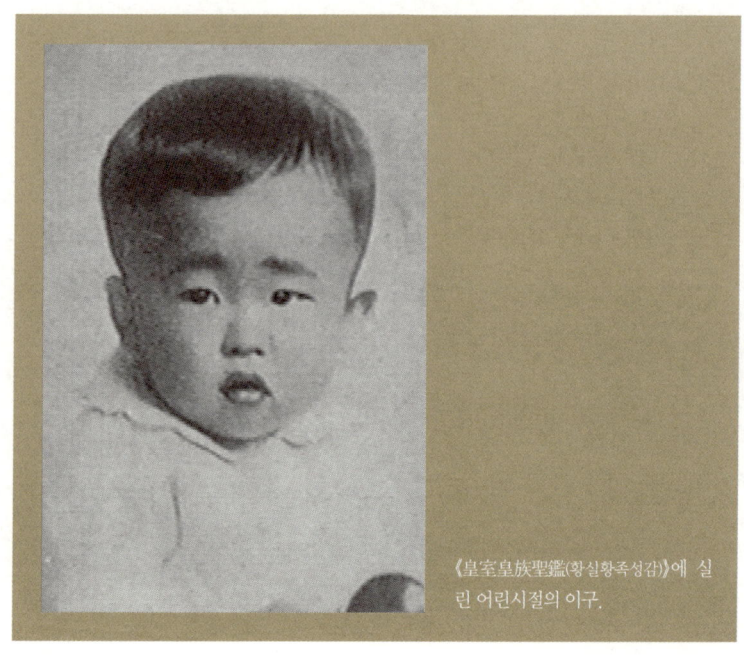

《皇室皇族聖鑑(황실황족성감)》에 실린 어린시절의 이구.

손으로 정돈하도록 하고 자기의 옷은 시간이 걸리더라도 혼자 입도록 버릇을 들인다. 너무 귀여워한 나머지 어리광을 받아주지 않도록 자기가 생각하는 시간을 갖도록 노력은 하지만 때때로 이쪽이 지고 말 때가 있다. | 이방자, 《지나온 세월》|

이은은 이구에게 우리말을 가르쳤고, 여러 가지 스포츠를 익히게 했다. 이구는 "아버님은 나에게 한국어를 가르치시려고 아주 열심이셨다"고 회상하면서 아버지로부터 승마를 배울 때의 일화를 소개했다.

겨울이나 여름 방학이 되면 아버님은 나를 데리고 나스那須의 골프

장, 닛쿄日光나 아카쿠라赤倉의 스키장, 아리케타케나 나스타케의 등
산, 산노오山王의 실내 스케이트장, 아카사카의 집 정원 안의 마장馬場
승마 등, 되도록 많은 종류의 스포츠를 익히도록 나를 지도해 주셨다.
덕택으로 잘은 못 하지만 스포츠라면 무엇이든 조금씩 할 수 있게 되었
지만 단지 승마만은 어쩐지 서툴러서 아버님이 장애물을 함께 뛰어넘어
주시었어도 눈을 감고 말아서, 아버님께서는 그때마다,
"눈을 감으면 안 돼! 눈을 뜨고 앞을 보라! 앞을 봐!"
하고 몇 번이고 주의를 주시곤 했다.
어쨌든 눈을 뜨기가 어려웠고, 커다란 말 위에 조그마한 발로 버티
는 것이 대단히 어려웠다. 여러 가지 스포츠 연습 때마다 아버님은 그
방면의 전문가를 데리고 가셨기 때문에 나도 지도를 받을 수 있었다.

| 곽학송 외, 《세계 퍼스트레이디 전집》 |

미국 생활

일본의 패전으로 이구의 삶은 새로운 전기를 맞이했다. 원래 그
는 1945년 9월 에다시마江團島에 있는 해군학교에 진학하기로 예정
되어 있었으나 황족 남자의 군복무 의무는 일본의 패전과 함께 사
라졌다. 이구는 학습원 중등과에 들어가 전쟁으로 중단했던 학업을
이었다.
학습원에서 보이스카우트 리더로 활동하던 이구는 미군사령부의
보이스카우트 관련 담당자를 알게 되었다. 피셔라는 미국인이었는
데 그를 통해 미국 문화와 사고방식을 처음으로 접했다. 이구는 전
후戰後 급격한 사회 변화에 적응하지 못하는 부모와는 달랐다. 그는

어렸기에 유연했고, 생각도 적극적이었다. 황족 시절에 잠시 평민 학교에 다닌 적이 있어 귀족이 아닌 친구들과도 잘 어울렸다.

이방자는 "어물어물, 어리둥절해하기 일쑤인 우리들에 비하여 玖는 젊은 만큼 순응성도 있었고, 왕공족 시대에는 어딘가 온실의 꽃과 같던 약함이 신적강하 이래 금새 늠름하게 단련되어 나가는 것이 기쁘기만 했다"고 말하고 있다.

이구는 점차 미국에 유학을 가겠다는 결심을 굳혔다. 1950년 3월 학습원 중등과를 졸업한 이구는 그해 8월 미국으로 유학을 떠나 켄터키 주 던빌 시 센터칼리지에 입학한다. 도미 직전에는 학비를 벌기 위해 미국인이 경영하는 상점에 취직하기도 했는데 이 사실은 미국 신문에 크게 보도됐다. 미국인에겐 흥미로운 뉴스였을 것이다. 이 뉴스는 AP통신을 통해 우리나라에도 전해졌다.

이구가 미국에서 보내온 편지는 이은과 이방자를 감동케 했다. 그의 편지에는 "이제 와서 어머님의 교육의 고마움을 알겠습니다."라고 적혀 있었다. 이구는 여름방학 동안 휴양지 레스토랑에서 아르바이트를 했다. 아버지의 생일(10월 20일) 때는 양말을 사서 보냈고, 어머니의 생일(11월 4일)에는 장갑을 선물로 보내왔다. 아들이 고생해서 번 돈으로 생일선물을 받은 이방자는 '어머니로서의 기쁨과 자랑스러움'을 느끼며 눈물을 흘렸다. 이후에도 이구는 방직공장 등에서 일하며 학비를 벌었다.

1953년 9월 이구는 MIT대학 건축과에 입학했다. 이은과 이방자의 기쁨은 이루 말할 수 없었다. 3년 뒤 이구는 미국 영주권을 획득했다. 스스로 갈망했던 일이었기에 기쁨도 컸다. 이구는 이 소식을 편지로 알렸다.

미국인 상점에서 점원으로 일하던 이구의 모습. AP통신을 통해 우리나라에도 그 소식이 전해졌다. 기사는 1950년 3월 30일자 〈조선일보〉.

마치 춤추고 있는 것 같은 편지의 그 글씨에, 구玖의 기쁨의 크기와 그것을 획득하기까지의 고생이 오죽했겠는가를 미루어 생각할 수가 있어 무의식 중에 울어버린 것은 소화 31년(1956)의 일이었습니다. 도미를 할 때 여권 문제에서도 그러했었지만 미국의 한국대사관에서도 본국으로부터 훈령이 없다 하여 조금도 도와주지 않았습니다. 이번에도 구는 (……) 혼자서 복잡한 절차를 거친 것입니다. 얼마나 괴로웠겠습니까. | 이방자, 《바람부는 대로 물결치는 대로》 |

이구는 미국에 정착할 생각을 하고 있었다. 일본에도 한국에도 돌아가지 않을 작정이었다. 영주권을 얻고 훗날 미국에서 직장을 구한 것도 그런 이유에서다. 이구는 자신이 나중에 한국에서 살게 되리라는 것을 꿈에도 몰랐을 것이다.

이구는 아무래도 일본인에 가까운 사람이었다. 일본의 전통과 가치관에 더 익숙했다. 한국에 대한 그리움이 심장 속에 고동쳐 흐르는 아버지와는 달랐다. 이구는 당시 한국에 대해 어떤 생각을 갖고 있었을까. 이를 짐작케 하는 기록은 거의 없다. 그러나 그리 호의적이지만은 않았을 것이다.

미국 유학을 떠날 때 이구는 자신의 여권 문제로 아버지와 어머니가 고충을 겪는 모습을 목도했다. 한국 국적을 갖고 있는데도 한국 정부는 여권 하나 제대로 발급해주지 않았다. 우여곡절 끝에 주일공사가 편법으로 마련해준 여권을 받아 도미했지만 이번에는 주미대사관 측이 여권 연장 신청을 번번이 거절하며 그를 괴롭혔다.

그런 고통을 겪은 끝에 얻은 미국 영주권이었다. 이구의 기쁨은 남달랐다. 모든 것이 뜻대로 진행되는 듯했다. 이구는 1957년 6월 MIT대학을 졸업하고, 곧바로 뉴욕에 있는 중국계 건축설계 회사에 취직했다. 이은과 이방자는 아들의 졸업식에 참석하기 위해 그해 5월 미국으로 건너왔다. 이구는 뉴욕 교외에 아파트를 구해 부모와 함께 생활했다. 이은 부부가 일본으로 돌아간 이듬해 5월까지 세 식구는 남부러울 것이 없는 행복한 시간을 보냈다.

아침 기차로 구玖가 출근을 하고 나면 그 후에는 둘이서 근처를 산책하기도 하고 근처 중학교에 나가서 자습시간에 도자기 제작과 피혁세공 등을 배우기도 했다.

금요일이나 토요일에는 구와 둘이서 슈퍼마켓으로 쇼핑을 나가 일주일 분의 식량을 준비하고 우유 같은 것을 하루 걸러 사러 나갔다. 마을에서는 누구 하나 아는 사람이 없고 모자母子 둘이서 서로 도우며 식료품 꾸러미를 들고 걸어오면서 이것이 좋다, 이런 생활이 좋다, 하고 자기자신에게 타이르는 듯 혹은 구에게 이야기하는 듯한 마음으로 걸어갔던 것이다.

생전 처음으로 다른 사람이 섞이지 않은 우리들 세 사람만의 생활이었다. 나는 빨래도 하고 소제도 했다. 일요일에는 구가 학생생활에서

익힌 솜씨를 부려서 닭고기 조림이나 맛있는 요리를 만들어 주었다. 나는 지금까지는 구경하고 시키기만 했지 손수 해보지 않았기 때문에 막상 자기가 요리를 해보니 마음먹은 대로 되지가 않아 좋은 공부가 된다고 열심히 요리를 했다. 구가 퇴근하는 것을 기다리면서 요리를 만드는 어머니의 심정, 그 행복은 뭐라고 말할 수 없는 것이었다. | 이방자, 《지나온 세월》 |

이구는 늠름하고 듬직한 아들이었다. 사고방식과 가치관도 건강했다. 이구는 그 무렵 어머니에게 이렇게 말했다.

"저는 사치스러운 것을 바라지 않으니까 돈의 고생쯤 아무렇지도 않습니다. 자기가 쌓아올리면서 나아가는 생활을 익혀나갈 작정입니다."

줄리아라는 여성을 만나다

이은 부부에게 남은 바람은 아들에게 좋은 배우자가 생겼으면 하는 것이었다. 1957년 12월 어느날이었다.[1] 이구는 "꼭 봐주실 사람이 있는데 만나주시겠어요?"라고 하며 어떤 서양 여자를 집으로 데려왔다. 직장 동료인 줄리아 뮬록Julia Mullock이었다. 이은 부부는 상대가 한국인이나 일본인이 아니어서 다소 실망했지만 아들의 안목에 대해서는 만족감을 표했다.

평소 이구는 "양키 걸yankee girl적인 화려한 가정의 영양(딸)보다는 검소한 생활이지만 일과 취미를 통해 진정으로 베터 하프better half(배우자)가 되어 줄 아내를 택하고 싶다"고 말해왔는데 줄리아는

줄리아 가족. 줄리아는 우크라이나 이민자의 딸이다. 생부는 진폐증으로 사망하고, 어머니는 뉴욕 출신의 남자와 재혼했다. 가운데 앉은 아이가 줄리아이다.

그런 소망을 꼭 충족시키는 여자였다.

구가 일평생의 반려로서 적당하다 생각하고, 진정으로 애정을 느낄 만한 사람이면 인종 같은 것은 불문에 붙이자(그 상대가 일본인 혹은 한국인이면 이상적이지만)는 것이 집 어른과 저의 생각이었습니다. 이런 까닭에, 우크라이나인과 독일계의 미국인을 양친으로 한 줄리아 뮬록이라는 여성에 대해서도 우리들에게는 인종적 차별감은 없었으며, 다만 그 인품, 건강만이 관찰 대상이었습니다.

줄리아 양은 견실한 중류 가정에서 자란 탓인지 미국인으로는 드물게 보는 가정적인 여성으로, 성격도 솔직하고 명랑했고, 커다란 고동색 눈동자와, 숱한 밤색 머리, 키도 구보다 약간 적고 해서, 집 어른도 이런 여성이면…… 하고 우선은 안심했습니다. | 이방자, 《영친왕비의 수기》 |

이방자의 자서전 《바람부는 대로 물결치는 대로》에는 줄리아 뮬록의 나이가 이구보다 한 살 연상인 것으로 되어 있다. 혼다 세츠코의 책에는 네 살 연상인 것으로 나온다. 1923년생인 줄리아는 실은 이구보다 여덟 살이 많다. 여러 가지 추측이 가능하겠지만 이구가 부모에게조차 줄리아의 정확한 나이를 알려주지 않은 것 같다. 줄리아의 집안 환경에 대해서도 말하지 않는 부분이 있는 듯하다. 동양적 사고를 가진 부모에게 불필요한 걱정을 심어주지 않기 위한 행동이라 여겨진다.

줄리아 뮬록은 우크라이나 이민자의 딸이다. 양친이 미국으로 이민을 와서 펜실베이니아에 정착했다. 생부는 탄광 노동자로 1930년대 초반 미국이 대공황을 겪을 무렵 진폐증으로 사망했다. 어머니는 뉴욕 브루클린 출신의 남자와 재혼했고, 줄리아의 가족은 뉴욕으로 이주했다.

펜실베이니아에서 고등학교를 다닐 땐 성적이 좋은 편이었다. 하지만 뉴욕으로 이사를 와서는 교사의 '브루클린 억양'을 이해할 수 없었다. 줄리아는 "그래서 성적이 내려갔고, 자긍심도 잃게 됐다"고 말한다. 그녀는 이러한 상황에서 탈출하기 위해 1944년 해군에 입대했다. 복무 중 그녀는 해군에 소속된 미술가들을 보게 되었다. 그들은 낡은 창고를 자신의 스튜디오로 이용했다. 줄리아는 이들에게 깊은 인상을 받는다.

2년 간의 복무를 마치고 제대한 뒤, 프랭클린 전문 미술학교 Franklin School of Professional Arts에 입학했다. 줄리아는 "당시 뉴욕에서는 가장 좋은 미술학교였다"며 "수업료는 정부에서 내주었다"고 했다.[2] 줄리아는 미술 공부와는 별개로 건축 인테리어 디자인도 함께 배웠다.

1955년 줄리아는 '아이 엠 페이I. M. Pei's architectural firm' 라는 건축설계 회사에 입사했다. 앞서 이구가 취직했다고 했던 중국계 건축설계 회사였다. 열 명의 건축사에게 관련 자료와 파일을 지원하는 업무를 맡았는데 2년 뒤 이구가 입사했다. 이구가 동료로 들어올 무렵 줄리아는 미술 공부를 더 하기 위해 스페인으로 유학 갈 준비를 하고 있었다.

저는 사무실에 곧 떠난다고 커다랗게 써붙여놨어요. 회사를 그만 두고 스페인에 간다고 말이에요. 제가 쓰던 가구를 사거나 아파트를 쓰고 싶은 사람은 집에 와서 구경하고 가라고 써붙였죠. | MBC스페셜, 〈줄리아의 마지막 편지〉 |

그날 저녁 이구가 찾아왔다. 이구는 줄리아의 집을 둘러본 뒤 함께 저녁을 먹자고 제안했다. 이구는 '젊은 여자가 혼자서 외국에 가는 건 좋지 않다'며 줄리아를 설득했다. 이구는 적극적이었다. 두 번, 세 번 반복해서 설득하는 이구의 차분하고 진지한 태도에 줄리아는 마음이 끌렸다. 이구의 구애는 그후로도 계속되었다.

그(이구)는 청혼을 하지 않았어요. 일방적으로 선언을 했죠. '우리는 결혼할 거야' 그게 전부였죠. '나와 결혼해 주겠소'가 아니었어요. 미국식으로 무릎을 꿇고 청혼하거나 제 부모님께 딸과 결혼을 허락해 달라고 찾아간 것도 아니었습니다. | MBC스페셜, 〈줄리아의 마지막 편지〉 |

줄리아는 결국 스페인 행을 포기하고 사랑을 선택했다. 줄리아는 "이구는 명문대를 나온 유망한 건축가였고, 나는 이구가 자랑스러웠다"고 말한다.

1958년 5월 이구와 줄리아는 정식으로 약혼했고, 그 직후 이은 부부는 뉴욕을 떠나 일본으로 돌아왔다. 두 사람의 약혼이 회사에 알려지고 사람들의 이목이 줄리아에게 집중되자 줄리아는 조그마한 건축 잡지사로 직장을 옮겼다.

그해 10월 25일 이구와 줄리아는 뉴욕의 교회에서 결혼식을 올렸다. 가까운 사람들만 모여 하객은 많지 않았다. 아들의 결혼식에도 참석하지 못한 이방자는 "쓸쓸하고 섭섭했다"고 그 심정을 토로한다. 이구는 '평범한 사회인'으로 출발하고 싶어 결혼식 날 부모의 신분도 밝히지 않았다. 두 사람은 뉴욕 브루클린에 신혼살림을 차렸다.

처음 밟은 한국 땅

1960년 말 이구는 하와이 대학 이스트웨스트 센터의 설계자로 참여하게 되었다. 이듬해 5월까지 하와이에 체류하게 되었는데 이구 부부는 하와이로 아예 이사를 했다. 줄리아는 이때를 "내 인생에서 가장 아름다운 시절"이라고 기억한다.

두 사람이 신혼의 젊은 부부가 아니었다 해도 하와이는 충분히 낭만적이었을 것이다. 이구와 줄리아가 하와이에서 찍은 사진들이 여러 장 남아 있다. 사진 속의 그들은 젊고 아름다웠으며, 서로를 깊이 사랑하는 듯이 보였다. 3월 말에는 이은과 이방자가 하와이를 방문해 40여 일 간 머물다 돌아갔다.

1962년 초 이구는 LA 베버리힐즈의 도시계획에 참여했다. 이번에는 LA 산타모니카 해안으로 집을 옮겼다. 이구는 베버리힐즈 일을

이구와 줄리아의 결혼식. 이은과 이방자는 참석하지 못했다.

끝내고 나면 줄리아와 함께 일본을 방문한다는 계획을 세웠다. 시기는 이듬해 5월로 잡았다. 줄리아는 일본은 물론 아시아 국가에 단 한 번도 가본 적이 없었다. 이구 또한 미국 유학을 떠난 이래로 일본에 가지 못했다.

1963년 5월 15일 이구 부부는 계획대로 일본에 도착했다. 일주일 전부터 이은의 병세가 급격하게 악화돼 두 사람의 마음은 매우 무거웠다.

"아버님, 지금 왔습니다. 구입니다. 알아보시겠어요……?"

이방자에 따르면 이구 부부가 이은을 부르는 순간, 이은은 그들을 알아본 듯 빙긋이 미소를 띠었다고 한다. 그러나 이구는 아버지를 보며 탄식했다.

"완전히 초췌해지셨군요……. 이것이 아버님이란 말인가……."

이구 부부는 마음이 아팠지만 모처럼의 일본 여행을 마음껏 즐겼다. 이구 부부는 쇼와 천황 부처를 만났고, 황족들이 열어준 오찬회에 참석했다. 일본 각처를 관광하면서 건축물도 구경했다.

이방자의 자서전에는 이때 이방자가 이구 부부에게 한국 방문을 권유했다고 기록돼 있다. 이방자는 순정효황후를 비롯한 황실의 종친들에게 이구를 한국에 보내겠다고 약속한 적이 있다. 이방자는 그때가 적기라고 생각했고 한국에 호기심을 느낀 이구 부부가 수락해 한국 행이 이뤄졌다고 한다.

그런데 잡지 〈TOP Class〉에 실린 이승재의 글에는 전혀 다른 뉘앙스의 이야기가 소개되어 있다.

> 정신 없는 시간들을 보내고 있을 때 이구는 뜻밖의 전화를 받았다. 당시 한일협정을 위해 도쿄에 머물고 있던 김종필을 통한 연락이었다. 박정희 대통령(최고회의 의장의 오기, 필자)이 한국을 방문해달라고 요청한다는 전언이었다. 그들은 애초 한국을 방문할 계획이 없었다.
>
> | 2005년 9월호, 〈TOP Class〉 |

이승재의 글은 줄리아와의 인터뷰를 통해 씌어진 것이다. 줄리아의 증언이라고 봐도 무방할 듯하다. 앞뒤 정황과 이후 한국 방문 때 벌어진 요란한 환대를 생각해볼 때 이승재의 이야기가 더 정확한 것 같다. 그렇다고 이방자의 말이 틀렸다는 것은 아니다. 자서전에 그런 정치적인 내막까지 쓸 필요는 없었을 것이다.

6월 19일 이구 부부는 난생 처음으로 한국을 방문했다. 대대적인 카퍼레이드가 펼쳐지고 성대한 환영 행사가 벌어졌다. 이구는 "한 사람의 서민으로서 또 건축가로서 한국을 도울 수 있는 영광이 베풀어지길 진심으로 바란다"고 방한 소감을 밝혔다.

이구도 이구였지만 줄리아는 더욱 깊은 인상을 받았다. 줄리아는

"꿈만 같다"고 했다.

한국은 우리들에겐 너무나도 흥미로운 나라였습니다. 5일 간의 방한 일정 내내 우리는 모터사이클을 탄 경찰들의 호위를 받았습니다.
| 2002년 5월, 〈Honolulu News On-Line〉 | [3]

이 경험은 이구와 줄리아의 가슴에 깊은 감명으로 남았을 것이라는 생각이 든다. 그리고 그들이 영구 귀국을 결정하는 데 어떤 식으로든 영향을 미쳤을 것 같다. 이구 부부는 일본 황족이 열어준 환영식에 참석하는 등 일본에서도 충분히 황족 대우를 받았지만 경찰의 호위까지 받은 건 아니었다. 모터사이클을 앞세운 경찰의 호위는 국가 원수나 국빈 정도는 돼야 받을 수 있는 것이다. 이구 부부는 명실상부한 국빈 대우를 받으면서 한국 정부와 한국인들이 진정으로 그들을 황태자와 황태자비로 대우해줄 것이라는 환상에 젖어든 것은 아니었을까.

이구 부부는 낙선재를 찾아 순정효황후와 종친들에게 문안을 올렸다. 박정희 국가재건최고회의 의장과도 만나 면담을 가졌다. 이 같은 장면은 '대한뉴스'의 기록영화 형태로 보존돼 있는데 MBC에서 방영한 〈줄리아의 마지막 편지〉를 통해 그 일부를 볼 수 있었다.

32세의 이구는 온몸에서 빛이 나는 듯 보인다. 한눈에도 귀공자라는 느낌, 매우 지적인 청년이라는 느낌을 받았다. 체구는 작지만 자긍심을 지닌 사람 특유의 기백을 뿜어내고 있었다. 양장 차림의 줄리아는 이구와 어울리는 우아함과 고아高雅한 품격이 느껴졌다. 좀 진부한 표현이지만 기록영화 속의 두 사람은 말 그대로 선남선녀였다.

이구가 미국에서 정착할 계획을 갖고 있었다는 것은 앞서 언급했

첫 한국 방문. 이구와 줄리아가 순정효황후(윤대비)를 배알한 뒤 낙선재를 나서고 있다.

다. 그런데 이구는 첫 방한 때부터 한국에 돌아오겠다는 뜻을 내비치고 있다. 이구가 "한국을 도울 수 있는 영광이 베풀어지길 바란다"고 한 것은 환국하겠다는 뜻이나 다를 바 없다.

이구는 미국에 탄탄한 기반을 닦아놓은 상태였다. 좋은 직장을 가지고 있었고, MIT 졸업생이라는 학연과 유창한 영어 실력도 자랑했다. 그런 그가 구태여 모든 것이 낯선 우리나라로 돌아오겠다는 뜻을 품게 된 것은 무슨 이유에서였을까.

영왕과 방자가 귀국하게 되고 구 부부도 함께 귀국하기로 했을 때 구는 내심 많은 고민을 했다. 그의 마음속의 고향은 어린 시절 17년(19년의 오기)을 산 일본이었다. 그리고 성장한 후 생활터전은 미국이었다. 그는 건축학도로서 상당히 인정을 받고 미국에서 활발하게 활동하

이구 부부와 박정희. 이구와 줄리아는 한국 정부 측으로부터 국빈 대우를 받았다.

고 있었고 앞으로의 발전 가능성이 확실했다. 그의 조국이라는 한국은 어느 나라보다 먼 타국이었다. 그러나 그는 아버지, 어머니의 간절한 소망에 따라 함께 귀국해야 했다. | 강용자, 〈왕조의 후예〉 |

또 다른 이유도 있을 것이다. 박정희 군사정부는 이은 일가의 환국 조건으로 황실재산의 일부를 넘겨주겠다고 이은 측에게 약속했다. 이은 일가의 환국은 대통령선거에 유리하게 이용할 수 있었다. 이구는 이미 그 사실을 알고 있었다. 이구는 자신의 희생으로 부모가 좀더 나은 생활을 할 수 있으리라고 생각했을지도 모른다.

하지만 그가 귀국을 결정한 이유가 이런 것들뿐이라고는 생각되지 않는다. 조금 복합적이었던 게 아닐까. 아버지에 대한 연민, 황손으로서의 의무, 한국에 대한 호기심, 새로운 생활에 대한 기대와 도

전정신 같은 것들……. 무엇보다 그는 30대 초반의 패기만만한 청년이었다.

이구 부부는 5일 동안의 방한 일정을 마치고 6월 14일 도쿄로 돌아갔다. 이구 부부는 7월 2일 미국으로 건너가 영구 귀국 준비를 하기 시작했다.

다툼과 균열

1963년 11월 22일 이은 일가는 영구 귀국했다. 이구는 줄리아에게 "이제 한국은 왕도 왕자도 없는 사회이고 건설과 발전의 의욕이 높은 나라이므로 (……) 한국의 발전에 기여하며 평범한 시민으로 살아가자"고 약속했다. 물론 줄리아는 동의했다. 이구 부부는 한남동 외국인 아파트와 낙선재를 오가며 한국 생활을 시작했다.

이구는 '평범한 시민'으로 살고 싶다고 여러 차례 강조했다. 첫 방한 때도 기자들에게 "한 사람의 '서민'으로 이땅에서 일했으면……" 하는 소망을 피력했었다. 하지만 그런 소박한 소망마저 자신의 뜻대로 이룰 수 없었다. 황실의 친인척과 종친들에게 이구는 '평범한 시민'이 아니었다.

구는 귀국하자 참으로 의욕적으로 일하고 종손의 의무를 다하려 노력했다. 제사만 해도 전국의 선조 묘墓, 원圓, 단壇을 찾아다니며 1주일에 한 번씩을 지내야 했다. 첫 해에 종묘대례를 지낼 때는 조상들께 일일이 국궁사배를 해야 하므로 절을 천몇백 번 하느라 무릎이 깨져 피가 철철 흐르고 며칠을 움직이지도 못했다. 다음 해부터는 무릎에

줄리아가 미국에서 모아온 헌옷 상자. 줄리아는 이 옷들을 손수 세탁하고 손질해 한국의 가난한 아이들에게 나눠줬다.

스펀지를 대고 했는데도 스펀지가 닳아 마찬가지로 피를 흘렸다. | 이방자, 《세월이여 왕조여》 |

더욱 참기 힘들었던 것은 종친회의 이혼 강요였다. 종친들은 이구에게 황손으로서의 의무를 요구하며 줄리아와의 이혼을 강요했다. 영친왕이 일본 여자와 결혼하여 피를 흘렸는데 이구마저 그럴 수는 없다는 것이었다. 종친들의 강요는 이구가 귀국한 직후부터 시작되었다. 1964년 3월 15일자 〈조선일보〉에는 이구 부부가 도쿄로 떠났다는 기사가 실려 있다. 그 전문이다.

(3월) 14일 하오 3시 30분 서북항공편으로 이구씨와 부인 '줄리아'

여사가 동경으로 떠났다. '줄리아' 여사는 '뉴욕'에 있는 아버지가 뇌연화증으로 3개월 전부터 앓아 누워 문병을 가고 이구씨는 일본까지 전송을 갔다.

그런데 줄리아의 이야기는 다르다.

이유도 모른 채 1964년 4월에 난 미국으로 보내졌습니다. 아무 설명도 없이 미국에 가 있으면 나중에 부르겠다고 하더군요. 그래서 난 6개월 동안 미국에 있는 아파트에서 혼자 지냈어요. 한국에 돌아오라는 연락이 오거나 남편이 미국으로 나오기만을 기다리면서요. 당신(이구)에게 새로운 여자를 들이기 위해 나를 미국으로 보냈다는 걸 알게 된 건 한참 후의 일이었습니다. | MBC스페셜, 〈줄리아의 마지막 편지〉 |

3월과 4월의 시차는 줄리아의 기억 착오에서 비롯된 것이라 추측되지만 일본에서의 체류 기간이 길었다는 뜻일 수도 있다. 어쨌든 줄리아는 귀국 후 채 4개월도 지나지 않아 한국을 떠난 것이다.
부친(계부)의 병 때문에 스스로 미국에 간 것인지, 이구에게 새 여자를 들이기 위해 종친들이 강제로 보낸 것인지는 쉽게 판단할 수 없는 문제다. 중요한 건 줄리아가 미국에 있는 동안 종친들이 이혼을 강요했다는 사실이다.
얼마 후 줄리아는 그 사실을 알게 되었고, 극심한 배신감에 몸을 떨었다. 그러나 절망에만 빠져 있지는 않았다. 한국의 가난한 아이들에게 주기 위해 헌옷을 모아 세탁하고 손질했다. 6개월 후 한국에 들어올 때 줄리아는 트럭 가득 아이들 옷을 담아올 수 있었다.
이 무렵까지만 해도 줄리아는 종친들을 원망했을 뿐, 이구를 탓하지는 않았다. 1966년 순정효황후가 세상을 떠난 후 이구 부부는 이 방자와 함께 낙선재로 거처를 옮겼다. 줄리아는 낙선재에서의 추억과 감회를 이렇게 말하고 있다.

유난스레 티내지 않으면서도 세심하게 배치된 건물과 창틀……. 건축가인 당신도 낙선재의 아름다움에 흠뻑 취해버렸지요. 이런 곳에서 지낼 수 있었던 것이 내게는 행복이며 축복이라고 할 수 있어요. 돌아보면 펜실베이니아 시골 출신의 배경도 없는 우크라이나계 여성인 내가 어떻게 이 곳까지 오게 됐는지 신기하기만 합니다. 계획한 것도 아닌데……. 이런 일은 계획한다고 되는 것도 아니죠. 훗날 먼 나라 왕자와 결혼해서 그 나라의 궁궐에 살며 이런 멋진 것들을 볼 거라고 누가 생각했겠어요. 그냥 자연스럽게 그렇게 된 겁니다. | MBC스페셜, 〈줄리아의 마지막 편지〉 |

귀국 이듬해인 1964년부터 이구는 연세대에서 건축학을 강의했다. 이후에는 서울대에도 출강했다. 그는 '건축의 이론과 실제' '의장 건축' 등을 강의했는데 학생들은 그를 '친절하고 민주적이고 서민적인 교수'로 평했다.

이구의 영결식장에서 받은 〈구玖 황세손 영결식〉이라는 책자에 수록된 연보에는 그가 1965년부터 1966년까지 서울대와 연세대에서 강의한 것으로 되어 있다. 그러나 이구는 1964년 연세대에서 강의를 시작한 것이 확실하다. 이 연보에도 오류가 있다. 연보에 나온 MIT대학 졸업 연도도 사실과 다르다.

얼마 후 이구는 한남동의 한 건축설계 사무소에서 일하며 건축설계와 감리 일을 맡았다. 일의 성격상 외국이나 지방 출장이 잦았다.

회사 파티석상의 줄리아. 세련되고 우아한 커리어 우먼, 전형적인 뉴요커라는 생각이 든다.

종친회 일로도 자주 외박을 했는데 그때마다 종친들은 줄리아와의 사이에 아이가 없다는 이유를 들어 공공연히 외도를 권유했다. 심지어 여자를 직접 소개해준 적도 많았다. 강용자는 "미국에서 생활하던 그에게는 기생이라든지 아내가 아닌 다른 여자를 소개받는 것은 처음에는 매우 당황스런 일이었다. 그러나 그도 점점 이런 일에 익숙해졌다"고 말하고 있다.

스스로 이구에게 접근하며 유혹하는 여성도 있었고, 이구의 아이라며 아이를 업고 낙선재를 찾아온 여자도 있었다. 불임의 원인은 이구 쪽에 있었다고 한다. 훗날 이구는 일본 여성과 동거를 했는데 둘 사이에도 아이는 없었다.

인내에는 한계가 있게 마련이다. 줄리아는 외도를 일삼는 이구에게 분노를 표출했다. 둘 사이에 다툼이 잦아졌다. 이구는 화랑을 경영하는 여자와 동거를 시작했고, 1974년 짐을 꾸려 낙선재를 나갔다. 두 사람은 정식으로 별거에 들어갔다. 줄리아는 이방자의 장애인 복지사업을 도우며 낙선재를 지켰다.

분노와 배신감에 휩싸여 한국을 떠나다

숙대 분규와 황실재산 환원 문제에 관해서는 이미 자세히 다룬 바 있다. 이구가 한국 정부에 배신감을 느낀 것은 당연했다. 한국인에 대해서도 증오와 피해의식을 느꼈을지 모르겠다. 부모를 위해, 한국을 위해 미국에서의 기득권을 버리고 귀국을 결심한 그였다. 그러나 학생들은 '쪽발이는 물러가라'며 데모를 했고, 주위의 한국인들은 틈만 나면 자신을 이용하려 했다.

화가 많이 났겠지만 이구는 아직 젊었다. 그때까지만 해도 지성과 품격을 잃어버리지 않고 있었다. 숙대 분규 와중에도 이구는 이방자를 위로했다.

어머니, 세계는 하나입니다. 꼭 어느 나라에 소속되었다는 제한된 생각을 버리십시오. 한국인이다, 일본인이다 하는 생각보다 세계 속의 한 인간이라고 생각하고 어디서든지 어머니 하시고 싶은 일을 나름대로 하십시오. | 이방자, 《세월이여 왕조여》 |

이구가 〈한국일보〉에 기고한 '조국에 돌아와서'는 그의 열린 시각과 균형 잡힌 사고가 돋보이는 글이다. 이 글은 '특별기고' 형식으로 3일 간(1964년 5월 9일, 10일, 12일) 연재되었다. 그는 먼저 "왕조 통치자는 무능했다"고 인정하면서 조상의 과오를 사과하고 자신의 기득권을 버리는 자세를 보여주었다. 그러면서도 서구편향적인 태도를 지양하고 고유한 미풍과 철학에 창조력을 발휘해야 한다고 역설했다. 국민 또한 방관자적인 입장을 버리고 스스로 노력해야 한다고 강조했다.

> 한국이 지닌 고유의 문화와 풍속을 우리는 더욱 존중하고 장래에 우리가 완전히 기계문명의 포로가 되지 않도록 우리들 서로가 합심조력合心助力해야 할 줄로 생각합니다. 무슨 일을 하든 그저 하기란 쉬운 일이지만 창조해낸다는 것은 한 사람의 힘으로는 어려운 법입니다.
> 우리는 정부의 하는 일을 그저 방관하고 의존할 것이 아니라 우리들이 행하여야 할 현실의 임무를 자각하고 거시적으로 미래를 바라보며 묵묵히 기초를 건설하여 나가야 되겠습니다. | 1964년 5월 12일자, 〈한국일보〉 |

이구는 한국의 수공예품을 수출상품으로 개발하려는 구상을 한 적도 있다. 그는 건축 용역 일로 베트남, 괌, 오스트레일리아 등지에 자주 출장을 다녔다. 그때마다 현지의 수공예품을 모아왔다. 그렇게 모아온 10개국 500여 점의 수공예품으로 명휘원에서 전시회를 열었다. 우리나라의 전통 수공예품 제작자를 자극해 수출진흥에 기여하려는 의도에서였다. 이구는 이렇게 말했다.

> 이를테면 아주 원시적인 모양의 절구 같은 것도 현대적인 감각으로 디자인해서 만들면 외국인에겐 비상한 관심을 불러일으킬 수 있는 것입니다. 사업이랄 것까지도 없지만 이 일을 시작하려고 마음먹은 것은 우리나라의 수출상품을 보고 디자인을 향상시킬 필요가 있다고 생각

하와이에서의 행복한 시절. 영화의 한 장면 같다.

해서였습니다. 이조, 고려 시대의 실내장식이나 가구들이 격조 높은 것이지만 그대로 두면 골동품이 되어버리고 맙니다. 우리의 고유한 것을 골동품으로 썩히기만 할 수는 없기 때문에 그것들을 근대적인 것으로 재현, 생산하는 것이 수출산업 종사자의 의무가 아니겠습니까.
| 1970년 12월 27일자, 〈조선일보〉 |[4]

1972년 이구는 사촌 이수길과 함께 항공 측량회사인 신한항업을 설립했다. 설립 자금은 박정희 정부가 물려준 서울구락부를 처분해 마련했다. 이구는 의욕적으로 일했지만 돈을 떼이고 사기를 당했다. 이구는 분노하고 좌절했다.

1979년 신한항업은 끝내 쓰러졌다. 회사가 부도가 나자 채권자들이 몰려들었다. 그가 한국과 한국인에게 분노하고 배신감을 느낀 것은 당연하다. 이구는 "한국은 나의 조국이거나 고향이 아니다" "부모와 나를 버리고 학대할 뿐이다" "나는 조국이 없는 고아다"라고 환멸을 나타내며 같은 해 6월 한국을 떠났다.

아리타 기누코

1980년 1월 낙선재 비서실장 이공재는 이구에게 귀국을 설득하기 위해 일본으로 날아갔다. 이구는 아리타 기누코有田絹子라는 일본 여자와 동거를 하고 있었다. 아리타 기누코는 일본 자행회의 한 관계자가 이방자에게 소개해준 후원자였다. 1978년 이방자는 '좋은 사람'이라며 아리타 기누코를 이구에게 인사시켰다.

무속인이었던 아리타 기누코는 작고 뚱뚱한 여자였다. 그녀는 아마데라스 오미카미天照大神(일본의 개국 여신)의 화신이라고 자처하면서 예언을 일삼았다. 후원금을 곧잘 내곤 해서 이방자와 후원회 관계자에게 호감을 얻었지만 사기 전과가 드러나 차츰 후원회에서 멀어졌다. 그런데 일본으로 도피한 이구가 이 여자를 만나 이방자 몰래 동거를 시작한 것이다.

이공재는 도쿄 힐튼호텔 커피숍에서 이구를 만났다. 이공재는 이방자와 종친회의 간절한 부탁을 전했다. 이구는 처음에는 긍정적인 반응을 보였다. 그런데 이구가 갑자기 누군가의 눈치를 보는 것처럼 느껴졌다. 이공재가 고개를 돌려보니 커피숍 한 쪽에 뚱뚱한 여자가 앉아 있었다. 나중에 알고 보니 그 여자가 바로 아리타 기누코였다. 이공재의 말에 따르면 아리타 기누코가 이구를 감시하고 '조종' 하는 듯이 보였다고 한다. 이공재는 이구에게 그 자리에서 귀국을 결정할 것을 종용했지만 이구는 확답을 피했다.

다음날 이공재와 다시 만난 이구는 태도를 바꾸며 귀국을 거부했다. 전날 밤 아리타 기누코가 나쁜 꿈을 꾸었다면서 그녀가 "지금 한국에 가면 죽는다"고 했다는 것이다. 어이가 없어진 이공재는 온종일 입씨름을 벌였지만 이구는 요지부동이었다. 이공재는 그 후에도 수차례 일본을 방문해 이구를 설득했고, 때론 아리타 기누코에 전화를 걸어 이 문제에 손을 뗄 것을 요구했다. 그러나 언쟁만 벌어졌을 뿐 성과는 없었다.

아리타 기누코는 어떤 여자였기에 이처럼 이구를 '조종'할 수 있었던 것일까. 강용자의 이야기를 들어본다.

> 아리타는 낙선재 측의 조사에 의하면 1935년 생으로 사기 전과가 있고 한 번 결혼했다가 이혼했으며 아이가 셋이 있다. 예언자라 자처하며 꿈에 신의 계시를 받는다고 하고 사람들에게 절과 신사 등에 가서 백일기도를 하게 한다. 이 백일기도를 한 군데에서만 하게 하는 것이 아니라 열몇 군데, 수십 군데에 가서 하라고 하기 때문에 몇 년씩 아리타의 지시에 따라 백일기도를 하러 다니며 아리타의 포로가 되어 있는 사람들도 있다 한다. 아리타는 이들에게, '시간이 안 맞으니 만나지 말라', '방향이 안 맞으니 만나지 말라', 일일이 지시를 하는데 이구씨도 아리타의 명령대로 백일기도를 하러 다니고 움직인다는 것이다. | 강용자, 《왕조의 후예》 |

이구는 이은 부부가 살던 조후調布의 저택을 저당잡혀 빚을 얻었다. 줄리아는 이구와 함께 이 저택의 공동상속인이었는데 이구가 집을 팔아 사업자금으로 쓰겠다고 하자 순순히 동의했다. 결국 이 저

이구와 아리타 기누코. 일본 〈포커스〉지에 실린 사진으로 〈주간 경향〉도 같은 사진을 게재했다. 〈포커스〉는 '폭로 위주의 화보 잡지'라고 한다.

택은 8,000만 엔에 팔렸고, 매각대금은 고스란히 아리타 기누코의 수중에 들어갔다.

저택을 처분한 후 이구는 줄리아에게 이혼을 요구했다. 줄리아는 화를 내며 거부했고 이구는 이혼소송을 제기했다. 거기에 종친회까지 나서 이혼을 권유하자 줄리아는 1982년 4월 이혼 서류에 도장을 찍었다.

이혼이 성립된 후 줄리아는 이구를 찾아 도쿄로 날아갔다. 줄리아는 "이구 씨와 나는 18년을 함께 살았다. 이제 헤어지게 되었지만 서로 얼굴을 보고 악수라도 하며 앞으로 행복하기를 빌고 싶다. 그리고 앞으로도 서로 미워하지 말고 친구처럼 지내고 싶다"고 말했다.

그러나 이구는 줄리아를 만나주지 않았다. 줄리아가 전화를 걸었을 때 마침 이구가 전화를 받았다. 이구는 줄리아의 목소리임을 확인하고는 전화를 끊었다. 줄리아는 그 뒤 수차례 전화를 걸었지만 이번에는 전화조차 받지 않았다. 한국으로 돌아온 줄리아는 낙선재 생활을 정리하기로 결심하고 서울 반포동에 아파트를 구했다.

1982년 7월 1일 줄리아는 낙선재를 나와 새로운 생활을 시작했다. 이사 직전 줄리아와 이구의 이혼 사실이 뒤늦게 언론에 알려졌다.

이왕가 마지막 왕손의 미국인 아내 줄리아 여사는 (6월) 24일 오전에도 비원秘苑 석복헌錫福軒 안방에서 이불보 만들기에 열중하고 있었다. 마지막 황태자 고 영친왕의 아들 이구 씨와의 이혼(4월) 사실이 뒤늦게 공개된 것이 23일. 줄리아 여사는 생활과 감정의 모든 응어리를 일속에서 풀려는 듯 자기가 돌보는 농아소녀들과 함께 이불방석 등에 동물모양의 아플리케(장식)를 붙여나갔다. |1982년 6월 25일자, 〈조선일보〉|

〈조선일보〉와의 인터뷰에서 줄리아는 "서로의 성격 차이와 외부로부터 밀어닥치는 끊임없는 자극으로 견딜 수 없었다"면서 이렇게 말했다.

모든 것은 어제로 다 마무리되었다고 생각합니다. 단지 거처가 바뀌는 것일 뿐 앞으로의 제 생활에 큰 변화는 없을 겁니다. 같이 일해온 신체장애 소녀들과 아침 9시 30분부터 오후 9시 50분까지 갖가지 실내장식 소품을 만들고, 그것을 팔아 얻은 수익금으로 불우한 이웃을 도우며 살 계획입니다. |1982년 6월 25일자, 〈조선일보〉|

사기 사건에 휘말리다

이구는 일본으로 도피한 후 1년에 한 차례 정도 한국을 다녀갔다. 그때마다 이방자는 같이 살자고 애원했지만 이구는 어머니의 간청을 뿌리쳤다.

1984년 6월 20일 이구는 국내 언론의 뉴스 메이커가 됐다. 같은 날 〈조선일보〉의 보도 내용이다.

> 이조 최후의 황태자 고 이은 씨의 아들 이구 씨가 매매용 주택건설 계획을 둘러싸고 자금알선 명목으로 2,000만 엔을 사기한 혐의로 한국 국적의 재일한국인 무역회사 사장으로부터 일본경찰에 고소를 당했다고 마이니치每日신문이 19일 보도했다.

이 사건은 일본의 '폭로 위주의 화보잡지' 〈포커스〉에 의해 상세히 다뤄졌다. 〈주간경향〉은 〈포커스〉의 기사를 번역해 이 사건을 국내에 알렸다.

> 필리핀 마닐라 시에 택지를 확보하고 주택건축을 계획하던 앞서의 무역회사 사장이 자금원을 물색하고 있던 작년(1983년) 8월 한 호텔에서 이구 씨를 우연히 만났다. 사장의 사정을 들은 이구 씨의 말이, "걱정 마시오. 내가 미국 메사추세스 공과대학 출신의 건축사를 잘 아는데 그에게 부탁하면 10억 엔쯤은 쉽게 마련할 수 있을 겁니다."라고 했다.
> 자금 알선비조로 수천만 엔을 요구했고 사장은 선뜻 그 돈을 내놓았다. 그러나 아무리 기다려도 융자가 나오지 않아 수상쩍다 생각하고 있을 때에 이구 씨의 부인이라는 여자가 나타났다. '아마데라스 오오미

까미'의 화신이라 자칭하며 수상한 예언을 뇌까리는 아리타 여인이다.

(······) 이구 씨는 "융자는 아리타 여사의 신통력으로 실현될 것이고, 이 사실을 믿지 않는다면 당신은 화를 면할 수 없을 것이다"라고 협박까지 했다는 것이다.

이 아리타 여인 앞에서 이구 씨는 마치 그 마술에 넋이 빠진 사람처럼 꼼짝 못하고 끌려 다니는 인상이었다. 이렇게 해서 받아낸 알선비 조가 7,000만 원. 지난(1984년) 3월 그 사장은 이구 씨로부터 그 돈을 갚겠다는 각서를 받았다. 그리고도 약속이 이행되지 않자 사장은 고소를 제기하기에 이르렀다.

법정에 선 이구 씨는 '그 각서는 강제로 씌어진 것'이라고 주장했다. 그러나 재판에 나타난 관계자들의 증언에 추구하면 아리타 여사의 '예언'에 속아 돈을 뜯긴 자가 상당수에 이르고 있다는 것.

(······) 아리타 여사가 사기를 친 상대는 주로 시골의 산림업자나 어리숙한 부자들이었다. 이 여자가 입을 열 때면 어지간한 사람은 다 넘어가지 않을 수 없을 마술 같은 매력이 그 말투에서 흘러 나온다는 것이고 나지막하고 엄숙한 그 목소리가 대예언가의 그것처럼 뜻모를 말을 중얼거리면 그 옆에서 이구 씨는, '그 말씀 한 치의 어긋남이 없습니다'고 응원을 한다는 것. 따라서 이 광경을 보는 사람은 그들의 페이스에 넘어가지 않고는 배기지 못했다는 것이다. | 1984년 7월 8일자, 〈주간경향〉 |

이 사건의 진실 여부와 관계없이 이구의 위신은 한일 양국에서 동시에 추락했다.

1989년 4월 30일 이구는 어머니가 영면했다는 연락을 받고 일본에서 급히 귀국했다. 이구는 초췌한 모습으로 문상객을 맞았고, 장례가 끝난 후 일본으로 돌아갔다. 어머니의 죽음으로 한국과 자신을 잇는 마지막 끈이 사라졌다. 이구는 한동안 한국에 발길을 끊었다.

1995년 1월 SBS 〈그것이 알고 싶다〉 취재팀이 이구와 접촉을 시도했다. 도쿄에 도착한 취재팀은 이구가 지방여행에서 돌아온다는 날, 그의 집으로 전화를 걸었다. 아리타 기누코가 전화를 받았다. 취재팀 중의 한 명이 일본어로 용건을 말했다.

SBS 취재팀—여보세요. 서울방송입니다. 이구 공으로부터 연락이 있었나요.
아리타 기누코—제가 감기에 걸려 쉬고 있기 때문에 죄송합니다.

취재팀은 이구의 집을 직접 찾아가 초인종을 눌렀다. 그러나 인터폰 너머로 '그런 사람 없다'는 대답이 흘러나왔다. 취재팀은 집 앞에서 수차례 전화를 걸었지만 용건을 남기라는 자동응답기의 녹음이 반복됐다.

취재팀은 서울로 돌아와 영어로 다시 전화를 해보기로 했다. 이구는 영어에 능통하지만 아리나 기누코는 그렇지 않으리라는 생각에서였다. 역시 아리타 기누코가 전화를 받았다. 취재팀이 영어로 얘기하자 아리타 기누코는 이구를 바꿔주었다. 취재팀은 이구에게 신분을 밝혔고, 잠시 침묵이 흘렀다. 통화 선상의 목소리는 다시 아리타 기누코의 그것으로 바뀌고 곧 전화가 끊겼다.

영구 귀국

이구의 청장년기와 도일 이후의 행적을 비교해보면 정말 동일한

종묘대제의 이구. 이구가 처음 종묘대제에 참석했을 때 수없이 절을 하느라 무릎이 깨졌다. 무릎에 피가 흘렀고 이구는 며칠 동안 움직이지 못했다.

사람일까 하는 안타까움이 인다. 줄리아는 이구가 청년 때 지녔던 패기를 잃어버렸다고 탄식했다. 줄리아는 "그의 인생이 힘들어진 건 나와의 이혼 때문이 아니라 한국에 왔기 때문"이라고 말한다.

애초 당신의 꿈은 소박한 서민으로 한국에 정착하는 것이었습니다. 그러나 상황은 꼬여만 갔습니다. 그것을 무력하게 지켜볼 수밖에 없는 내가 지금도 한스럽습니다. 종친들은 영왕의 유일한 후손인 당신이 조선 왕실을 복원하는 구심이 되기를 원했습니다. 당신은 그런 역할을 내켜하지 않았지만 해묵은 인습의 굴레를 뿌리칠 용기도 없었습니다. 당신의 자유로운 영혼은 감언과 구습의 그물에 포박당해버렸고 내가 사랑했던 패기만만한 청년 건축가 이구 씨는 거기에 더 이상 존재하지 않았습니다. | MBC스페셜, 〈줄리아의 마지막 편지〉|

일본 체류가 길어지자 전주 이씨 대동종약원은 이구의 환국을 추진했다. 낙선재 비서실장직을 사임하고 대동종약원 사무총장으로 가 있던 이공재의 역할이 컸던 것으로 보인다. 대동종약원은 1995년

8월 이구를 대동종약원 총재로 추대했다.

1996년 2월 12일 이구는 자신의 영구 귀국을 협의하기 위해 서울 땅을 밟았다. 이구는 다음날 대동종약원 이사회에 참석, 정식으로 총재에 취임했다. 이구의 귀국 소식은 여러 신문에 보도됐는데 2월 13일자 〈동아일보〉는 "(이구는) 특별한 직업 없이 도쿄에서 칩거하고 있으며 동거중인 일본 여인이 건강악화로 사경을 헤매는 등 불우한 말년을 보내고 있다"고 전했다.

이구는 일단 일본에 돌아갔다가 그해 11월 25일 '영구 귀국' 했다. 이구는 이날 공항 의전실에서 기자회견을 열었다. 이구는 "이번 영구 귀국은 부친 영왕(이은)이 1907년 일본에 인질로 끌려간 후 90년 가까이 계속돼온 한일 양국 간 통한의 역사에 종지부를 찍는 역사적 의미를 가지고 있다"고 소감을 밝혔다. 그리고 귀국을 결심한 동기에 대해 이렇게 말했다.

고국에 대한 그리움이야 왜 없었겠습니까만 이렇다할 계기가 없다가 지난해 대동종약원이 저를 다시 총재로 추대해주어 결심을 앞당길 수 있었습니다. 그동안 조상을 제대로 모시지 못한 죄를 지금부터라도 갚아나가야지요. 제가 종묘대제에 임해 총관노릇을 해야 도리가 아니겠습니까. 그 외에도 선왕들의 능제만 연간 50여 차례가 있는데 다는 못 챙겨도 역량이 닿는 한 최선의 봉사를 할 생각입니다. 제 의무니까요. | 기자 회견 당시 보도자료 |

대동종약원은 이구의 귀국에 맞춰 그의 재혼을 추진했지만 별 성과는 없었다.

엄밀한 의미로 볼 때 그의 귀국이 '영구적인 것' 이었다고 말하기는 어렵다. 이구는 소리소문 없이 일본으로 사라졌다가 종묘대제宗廟大祭 같은 제사 때나 잠시 귀국하는 생활을 반복했다. 단지 한국 정부와 종친회의 지원금을 원했을 뿐 진정으로 귀국할 의사가 없었던 것은 아닐까 하는 의심이 든다.

'영구 귀국' 이후 이구는 매년 5월 첫째 일요일에 열리는 종묘대제에 참석하기 위해 한국을 방문했다. 이구는 황손 자격으로 종묘대제의 초헌관初獻官을 맡았다. 초헌은 제사를 지낼 때 처음 잔을 올리는 일을 말하며 초헌관은 제향의 초헌을 맡았던 임시 관직이다. 2004년 종묘대제 때는 일본 왕족과 무속인이 대거 참석, 물의를 빚기도 했다.

줄리아의 마지막 편지

줄리아는 이혼 이듬해인 1983년 한국에 귀화했다. 미술을 전공해 손재주가 뛰어났던 줄리아는 아동복, 누비이불, 조각이불, 쿠션, 인형 등을 만들어 팔았다. 수익금의 일부만 생활비로 썼고, 대부분은 이방자의 복지사업에 보탰다. 자혜학교와 명휘원의 농아소녀들을 집으로 데려와 침식을 제공하면서 수예 기술도 가르쳤다.

서울 하얏트 호텔에 있었던 '줄리아 숍Julia Lee's Workshop'은 줄리아와 장애아들이 만든 수예품을 팔던 매장이다. 1995년 SBS 취재팀이 줄리아 숍을 찾아갔을 때, 줄리아는 가게를 정리하고 한국을 떠나기 직전이었다. 같이 일하던 장애인들이 하나 둘씩 성장해 떠나면서 일손이 부족해졌기 때문이다.

줄리아는 〈그것이 알고 싶다〉 취재팀에게 "31년 동안 한국에서 살

'줄리아 숍'. 서울 하얏트 호텔에 있었다. 줄리아는 농아 소녀들과 함께 만든 수예품을 이곳에서 판매했다.

아오며 계속 한국을 떠나도록 강요받았지만 꿋꿋이 살아왔다"면서 "그러나 이번에는 정말 떠나야 할 것 같다"고 말했다. 그리고 어디로 떠날 것이냐는 취재팀의 질문에 "한국에서는 떠나고 싶다"며 "뉴욕에서만 살았으면 이렇게 이혼하지는 않았을 것"이라고 대답했다. 그후 줄리아가 정착한 곳은 그녀가 '가장 아름다운 시절'을 보냈던 하와이였다.

2000년 9월 3일 줄리아는 한국을 다시 찾았다. 몇년 전 중풍을 맞아 오른손에 마비가 온 상태였다. 줄리아는 자신이 간직하던 대한제국 황실의 유물과 사진 450여 점을 덕수궁 박물관에 기증했다. 줄리아는 "훗날 이구 씨가 (덕수궁을 찾아와) 솔직하고 성숙한 모습으로 이것들을 보길 바란다"고 했다.

줄리아는 40여 일 간 한국에 머물면서 추억의 자취를 찾아헤맸다.

한복 차림의 이구와 줄리아. 두 사람은 낙선재의 아름다움을 사랑했다.

줄리아는 시아버지, 시어머니가 묻혀 있는 경기도 남양주의 영원英園을 참배했고, 그런 곳에 살 수 있었던 게 꿈만 같았다던 낙선재를 둘러보았다. 자신과 동고동락하던 장애인 제자들도 만났다. 어느덧 아이 엄마가 된 한 장애인 제자는 "큰엄마(줄리아)는 저희를 많이 도와줬고 서로 가족처럼 생각했어요. 그래서 큰엄마라고 불렀어요."라고 회고했다.

줄리아는 누구보다 이구를 만나고 싶어했지만 그는 이번에도 만남을 거부했다.

난 자주 이구 씨가 날 생각할까 궁금해집니다. 사람의 마음이란 뜻대로 되는 게 아니잖아요. 어느날 갑자기 문득 20~30년 전 혹은 40~50년 전이 떠오를 수 있겠죠. 나는 우리가 영화도 보고 해변도 걸었던, 둘이서 함께 했던 많은 것들이 떠올라요. 난 자주 궁금해요. 이구 씨가

내 생일을 기억할지, 우리가 결혼한 날을 잊지 않았는지……. 난 이구 씨를 사랑했어요. 남편이기에 당연하지만 무엇보다 한 인간으로서 그를 만났고 사랑했어요. 이구 씨와 결혼한 것이나 한국에 와서 했던 모든 것들을 후회하지 않습니다. ……그래요 난 아직도 그를 사랑하는 것 같아요. | MBC스페셜, 〈줄리아의 마지막 편지〉 |

10월 16일 줄리아는 하와이로 돌아갔다. 11월 17일에는 줄리아의 한국 방문을 다룬 MBC스페셜 〈줄리아의 마지막 편지〉가 방영되었다. 이 프로그램의 마지막 부분은 줄리아가 보행보조기에 의지한 채 하와이대학 이스트웨스트 센터를 거닐고 있는 장면을 보여준다. 이스트웨스트 센터는 이구가 설계에 참여한 건물이다.

결혼할 때 '무일푼'이었던 이구는 돈을 벌면 줄리아를 위해 집을 지어주겠다고 말했었다. 줄리아는 "여기(이스트웨스트 센터) 서서 하늘을 바라보면 낙선재 처마 밑에서 바라보던 한국의 하늘이 생각난다"고 했다. 그리고 화면은 줄리아가 하와이 한인 양로원의 할머니들과 정담을 나누는 모습을 비춘다. 줄리아는 더 기력이 떨어지면 한인 양로원에서 여생을 정리할 생각이라고 했다. 이 프로그램은 왼손으로 힘겹게 편지를 쓰는 줄리아의 모습을 보여주며 다음과 같은 내레이션으로 끝을 맺는다.

이제 이 긴 편지를 마무리할 때 입니다. 당신이 내 인생에 깊은 상처를 남겼다고 생각했는데 따지고보니 난 별로 잃은 게 없습니다. 시련은 나를 더 강인하게 만들었고 외로움은 소외된 사람들과 깊은 유대감을 나눌 수 있도록 도와줬습니다. 당신 덕분에 아름다운 곳, 좋은 사람들과 접할 수 있었습니다. 고맙다는 말, 진심으로 전하고 싶습니다.

부디 행복하시고 편안하시길.

— 하와이에서 이 줄리아 올림

| MBC스페셜, 〈줄리아의 마지막 편지〉 |

아카사카에 지다

2002년 5월 〈Honolulu News On-Line〉에 줄리아의 근황이 보도됐다. 한인 양로원에 자신의 그림을 기증한 줄리아의 사연을 전하는 내용이었다. 줄리아는 〈Honolulu News On-Line〉과의 인터뷰에서 이렇게 말하고 있다.

수년 전 뇌일혈을 겪은 후에 오른손에 마비가 왔습니다. 저는 첫사랑에게로 돌아왔어요. 그림 말입니다. 하지만 이제는 병원에서 왼손으로 그리는 법을 익혀야 합니다. 지금도 일주일에 두 번은 치료를 받으러 갑니다. 저는 그림 그리기를 즐기고, 격려가 필요한 사람들에게 도움을 주는 걸 좋아해요.

한국에서 33년 간 생활했지만 그 중 단 하루도 후회하지 않았습니다. 저는 좋든 나쁘든 제가 겪은 모든 경험을 통해 지혜를 얻었습니다. 그런 경험이 저를 성숙하게 만들었어요. 지금 오른손이 부자연스럽고 온몸의 관절이 아프지만 저는 '그러면 왼손을 사용하라'는 신의 목소리를 듣습니다.

저는 몸의 일부가 불편한 사람들에게 그러면 나머지 부분을 모두 이용하라고 말합니다. 이제 저는 살 날이 얼마 남지 않았기 때문에 무엇을 하든지 최선을 다해야 합니다. 날마다 최선을 다하게 해달라고 신

에게 기도합니다. |2002년 5월, ⟨Honolulu News On-Line⟩| [5]

이 무렵 영화사 LJ필름은 줄리아의 이야기를 영화화하기로 한다. LJ필름 이승재 대표는 ⟨씨네21⟩과의 인터뷰에서 "자료조사를 해보니까 주변 이야기도 흥미로웠다"며 "서사적인 멜로드라마가 될 것"이라고 말했다. 그리고 "무엇보다 중요한 작업은 이구의 동의를 받는 일"이라고 전제한 뒤 "(이구가 동의할) 가능성이 그리 높지는 않다"고 밝혔다. 한동안 사라졌던 영화화 관련 보도는 이구의 타계 이후 다시 언론에 다뤄지기 시작한다.

2005년 7월 19일 국내 언론은 이구의 타계 소식을 일제히 보도했다. 이날 대동종약원은 이구가 7월 16일 오후 도쿄 아카사카 프린스호텔의 한 객실에서 심장마비(추정)로 사망했다고 발표했다. 아카사카 프린스호텔은 이은의 저택이 있던 자리에 지어진 호텔이다. 이 호텔에는 아직도 이은의 저택으로 쓰였던 건물이 고스란히 보존돼 있다.

이구의 유해는 7월 20일 인천공항에 도착해 곧바로 창덕궁 낙선재로 옮겨졌다. 7월 22일 이충길李忠吉의 장남 상협相協 씨가 이구의 양자로 결정돼 상주 역할을 맡게 됐다. 이충길은 의친왕 이강의 9남이다. 7월 24일 이구의 영결식이 창덕궁 희정당熙政堂에서 열렸다.

영결식 후 종묘 앞에서 노제路祭가 치러졌다. 대동종약원으로부터 공식적인 부고訃告를 받지 못한 줄리아는 영결식에 참석하지 못하고 종묘 맞은 편 세운상가 쪽에서 남몰래 노제를 지켜보았다. 취재진이 눈치채고 접근하자 줄리아는 황급히 자리를 떴다. 이구의 유해는 이날 경기도 남양주 영원英園 부속림에 안장되었다. 나흘 후인 7월 28일, 줄리아는 이구의 묘소를 참배했다. 비가 몹시 쏟아지

이구 영결식. 줄리아는 영결식에 참석하지 못하고 남몰래 노제만 참관했다. 취재진이 접근하자 줄리아는 황급히 자리를 피했다.

는 날이었다.

줄리아의 귀국 사실이 알려진 것은 이구의 타계 소식이 전해진 직후였다. 줄리아의 이야기를 영화화하기로 한 CJ엔터테인먼트는 '줄리아 여사가 2005년 4월 말 귀국해 서울 강남에 마련된 숙소에 머물고 있다'고 밝혔다. 줄리아는 CJ엔터테인먼트의 시나리오 작가와 PD에게 하루 2~3시간씩 자신의 삶을 구술했다.

이구와 줄리아의 결혼과 이혼을 소재로 한 영화 〈마지막 황세자비〉(가제)는 2006년 하반기 제작에 들어갈 예정이다. 제작의 총지휘는 CJ엔터테인먼트의 해외 프로젝트 총괄 프로듀서인 이승재 LJ필름 대표가 맡고 있다.

8월 7일 줄리아는 하와이로 떠났다. 이날 줄리아는 "심신이 피곤하고 지쳤다. 몸을 추스른 뒤 10월이나 11월쯤 내 집home인 한국에 다시 돌아올 것"이라고 말했다. 줄리아는 인터뷰를 요청하는 기자에게 "저를 그냥 내버려둬 주세요. 다만 제 고향이 한국이라는 사실 만큼은 사람들이 알아주었으면 합니다."라고 당부했다.

덕수궁의 금지옥엽
덕혜옹주

4장

이 전제를 받아들인다면 소 다케유키는 분명 덕혜옹주에 대한 사랑을 노래하고 있다. 하지만 두 사람은 정말 사랑했을까 하는 생각도 든다. 두 사람은 이제 세상에 없다. 혼마 야스코의 추측을 긍정도 부정도 하기 어렵다. 그러면서도 그녀의 주장을 믿고 싶어진다. 그게 아니라면 덕혜옹주와 소 다케유키는 너무 불행한 삶을 산 것이다.

황제의 여인과 자녀들

9남 4녀를 두었다고 알려져 있는 고종 황제에게는 유아 때 죽은 자녀가 많았다.[1] 성년이 되도록 장성한 자녀는 순종 황제 척拓, 의친왕 강堈, 황태자 은垠, 덕혜옹주 넷뿐이다.[2]

장남은 완화군完和君 선墡이다. 고종의 나이 16세 때인 1868년 5월 7일(윤4월 10일) 태어났다. 인물이 워낙 출중해 대원군 내외와 조대비趙大妃의 사랑이 지극했다. 헌종憲宗을 낳았던 조대비는 당시 왕실의 최고 어른이었다.

완화군의 생모 영보당永保堂 귀인 이씨는 1843년 생으로 고종보다 아홉 살 연상이다. 전 숙명여대 교수 김용숙은 "인물이 훤칠하고 살결이 씻어놓은 배추줄거리 같았다고 그(영보당 이씨)를 만나본 노궁인老宮人들은 술회하고 있었다"고 증언한다.

영보당 이씨는 고종 황제의 첫 여자였다. 고종은 영보당 이씨를 사랑한 나머지 정비正妃인 명성황후를 소홀히 대했다. 첫날밤 족두리도 내려주지 않았고 3년 간 독수공방을 시켰다는 것이다.

완화군은 "부왕父王의 단아한 용모와 생모 영보당 이씨의 훤칠한

고종 황제의 자녀들

아들	이름	생물연대	생모
1남	완화군 이선	1868~1880	영보당 이씨
2남	원자	1871~유아사망	명성황후
3남	순종황제 척	1874~1926	명성황후
4남	대군	1875~유아사망	명성황후
5남	의친왕 이강	1877~1955	귀인 장씨
6남	대군	1878~유아사망	명성황후
7남	영친왕 이은	1897~1970	엄 황귀비
8남	이육	1914~유아사망	광화당 이씨
9남	이우	195~유아사망	보현당 정씨

딸	이름	생물연대	생모
1녀	공주	1873~유아사망	명성황후
2녀	옹주	유아사망	영보당 이씨(?)
3녀	옹주	유아사망	내안당 이씨
4녀	덕혜옹주	1912~1989	복녕당 양씨

* 실록과 기타 자료를 토대로 작성했다. 부끄럽지만 상세한 생물연대는 찾아내지 못했다. 영보당 이씨가 고종 황제의 2녀를 낳았는지 여부도 확언할 수 없다.

풍채를 닮아 너무나 준수하게 잘생긴 왕자"라는 칭송을 들었다. 고종 황제의 마지막 후궁으로 궁중 비사를 많이 알고 있었던 삼축당三祝堂 김씨는 "오죽하면 온전할 '완完'자 완왕完王이겠습니까. 아주 신관이 잘 생긴 왕자님이었답니다."라고 했다.

왕자 선은 1876년 완화군으로 봉해졌고, 이듬해 관례冠禮를 치렀다. 그러나 열세 살이 되던 해인 1880년 홍역을 앓다가 갑작스럽게 죽었다. 궁중에 전해오는 얘기로는 명성황후가 궁인을 시켜 독살시

컸다고 한다.

김용숙은 이에 대해 "실록實錄의 행간에 풍기고 있는 분위기를 통하여 그(명성황후)의 인간적인 면을 고찰해보면 설마 국모國母의 품격으로 교사敎唆까지는 안 하였다 하더라도 완왕完王을 꺼리고 그의 성장을 달가와하지 않았을 것은 이해할 수 있다"고 썼다.

다 자란 아들을 잃은 영보당은 실어증에 걸려 실성한 사람처럼 지내다가 1914년 2월 13일 세상을 떠났다. 실록에는 "완왕完王 이선李墡은 귀인貴人 이씨李氏에게서 태어났는데 결혼 전에 돌아가셨다. 1녀女는 요절하였다"는 기록이 있다. 문맥상 영보당 이씨가 딸 하나를 더 낳았다는 뜻인 것 같은데 확실하진 않다. 어찌됐든 이때 낳은 딸이 고종 황제의 둘째 딸(2녀)이었다.

명성황후는 여자로서도 불행한 삶을 살았다. 순종을 포함해 4남 1녀를 낳았지만 넷이 어려서 죽고 순종만이 살아남았다. 1871년 12월 첫 아들(2남)을 낳았는데 항문이 막힌 장애가 있어 4일 만에 죽었다. 2년 뒤 낳은 공주(1녀)도 유아 때 사망했고, 그 이듬해(1874년) 순종(3남)을 낳았다.

순종은 어릴 때부터 병약했다. 외람되지만 황현黃玹이 쓴 《매천야록》의 일부를 소개한다. 황현은 당시 퍼진 소문을 이렇게 썼다.

세자(순종)의 나이가 조금 장성하였으나 그 음경이 오이처럼 드리워져 발기되는 때가 없었다. 소변도 그대로 흘러버려 항시 앉은 자리를 적시었으므로 하루에 한 번쯤 요褥를 바꾸거나 바지를 두 번씩 바꾸기도 하였다. 그리고 혼사를 치를 나이가 되었지만 남자의 도리를 다할 수 없어 명성황후는 미친 듯이 한탄을 하였다.

하루는 명성황후가 궁비宮婢에게 부탁하여 세자에게 교구交媾하는

순종황제와 순정효황후.

것을 가르쳐주도록 하고, 자신은 문밖에서 큰 소리로 "되느냐? 안 되느냐?" 하고 물었으나 그 궁비는 "안 됩니다." 라고 하였다. 명성황후는 두어 번 한숨을 내쉬다가 가슴을 치며 자리를 일어섰다. 이때 사람들이 말하기를, "이것은 완화군完和君을 죽인 응보"라고 하였다.

| 황현, 《매천야록》 |

순종 황제는 생식 능력이 없었다고 한다. 황현은 어릴 때부터 병약해서 그렇다고 보았다. 1898년 김홍륙金鴻陸의 독약 커피 사건 이후 생식 능력을 잃었다는 설도 있다. 러시아어에 능했던 김홍륙은 고종의 총애를 받았지만 뇌물을 탐하다가 흑산도로 유배되었다. 김홍륙은 유배를 떠나기 전 궁중 내인들을 교사하여 고종 황제가 마시던 커피에 독약을 넣게 했다. 고종 황제는 한 모금 들이키고 뱉어냈

지만 함께 있던 황태자(순종)는 한꺼번에 들이키다 피를 토하고 쓰러졌다 한다. 창덕궁 상궁 김명길의 증언이다.

> 급히 달려온 시의는 '코피' 속에 아편이 들었음을 밝혀내고 신식주사를 맞히고 토하는 약도 먹였다. 다행이 아편 양이 적어 생명에는 위험이 없었으나 곱빼기 '코피'를 마신 왕세자(순종)는 이가 빠지고 며칠 동안 피변을 누셨다고 한다.(……) 많은 사람들은 이 아편 '코피' 사건과 순종이 아이를 못 낳는 것과 관련지어 얘기를 하지만 이때 순종의 나이 24세였던 까닭에 서로 어긋나는 추측이다. | 김명길, 《낙선재 주변》 |

일부에서는 일제가 커피에 독약을 탔다고 주장하고 있지만 근거는 희박하다. 김홍륙은 서울로 잡혀올라와 참수되었다.

명성황후는 순종을 낳은 후 아들 둘(4남, 6남)을 더 낳았으나 모두 유아 때 사망했다.

고종보다 다섯 살이 많은 내안당內安堂 귀인 이씨는 딸(3녀)을 하나 낳았는데 역시 어려서 죽었다. 내안당 이씨는 1928년 사망했다.[3]

1877년 의친왕 이강(5남)을 낳은 귀인 장씨에 대해서는 알려진 바가 많지 않다. 이강의 탄생과 관련된 부분은 뒤에서 자세히 다루기로 한다.

영친왕 이은(7남)은 명성황후가 시해된 후 고종의 부름을 받고 궁궐로 들어간 엄 상궁이 낳은 아들이다. 이은의 출생에 대해선 이미 자세히 설명했다.

고종 황제는 1911년 엄 황귀비(엄 상궁)가 훙거하자 후궁들을 가까이 했다. 이듬해 복녕당 양귀인이 덕혜옹주(4녀)를 낳았다. 몇 년 뒤에는 광화당光華堂 귀인 이씨와 보현당寶賢堂 귀인 정씨가 각각 아

고종 황제의 8남 육(좌)과 9남 우.

들을 낳았다.

1887년생인 광화당 이씨는 중인 집안에서 태어나 열세 살 때 경복궁 세수간洗手間 내인으로 입궁했다. 본명은 이완흥李完興이다. 큰 키에 인물이 훤하고 도량도 넓었다 한다. 고종의 승은承恩을 입어 1914년 7월 왕자 육堉(8남)을 낳았지만 육은 만 두 살이 되던 해 죽었다. 이듬해 8월 보현당 정씨가 낳은 왕자 우堣(9남)도 11개월 만에 조사早死했다.

아이를 낳지 못한 후궁 중에는 삼축당 김씨와 정화당貞和堂 김씨가 있다. 삼축당 김씨는 이름이 옥기玉基로 1890년생이다. 후궁들 중에 가장 나이가 어려 황제의 총애를 독점했다. 열세 살 때 경복궁 세수간 내인으로 들어왔고 고종의 승은을 입어 후궁이 됐다. 김용숙은 삼축당에 대해 "날씬한 몸매에 살갗이 깨끗하여 청초淸楚한 인상을 풍기며 성격이 다정다감하고 총명하여 말년末年까지 그 문전門前에는 왕실 관계의 방문객들이 끊이지 않았었다"고 기록했다.

광화당과 삼축당은 경복궁 내인이었지만 고종 황제를 모시기 위해 덕수궁으로 옮긴 것으로 보인다. 고종 황제는 아관파천 후 명성황후가 시해된 경복궁으로 돌아가지 않고 덕수궁(경운궁)으로 거처를 옮긴 바 있다.

고종 황제가 붕어한 뒤 순종 황제는 부왕父皇의 후궁들을 위해 사간동에 집을 지어주었다. 삼축당이란 당호도 효심이 깊었던 순종 황제가 내린 것이다. 광화당과 삼축당은 1923년 덕수궁에서 나와 사간동 집의 윗채와 아래채에 나란히 들었다. 두 후궁은 50년여 년을 자매처럼 살다가 1970년, 1972년 각각 타계했다.

정화당貞和堂 김씨의 사연은 너무 기구하다. 을미사변을 일으킨 일제는 명성황후 시해 사건을 재빨리 무마하기 위해 새로운 왕후의 간택을 강요했다. 일국의 왕비마저 무참히 살해당한 위협적인 상황 속에서 고종도 일제의 요구를 받아들이지 않을 수 없었다.

을미사변 일주일 만에 새 왕후를 간택한다는 칙령이 떨어졌다. 이때 간택된 규수가 안동 김씨 가문의 정화당으로 당시 25세의 처녀였다. 그러나 정화당 김씨는 왕후로 봉해지지 못하고, 고종 황제의 승은도 받지 못했다. 정화당은 평생 궁중에서 수절하다 쓸쓸히 세상을 떠났다.

덕수궁의 꽃이 태어나다

1907년 강제 퇴위를 당한 고종 황제는 신변의 불안 때문에 잠을

덕혜옹주의 돌 사진. 고종 황제를 빼닮았다는 말을 들었다.

이루지 못하는 날이 많았다. 고종 황제는 침소인 덕수궁 함녕전咸寧殿의 가운데 방은 비워두고 곁방을 전전하며 잠을 청했다. 1911년 7월 20일 총애하던 엄 황귀비가 세상을 뜨자 적적함은 더해갔다. 그러던 중에 젊은 궁녀와의 사이에서 딸을 낳았다. 환갑을 맞은 해인 1912년 5월 25일 덕혜옹주德惠翁主가 태어난 것이다.

넓은 이마와 쌍커풀진 눈, 둥그스름한 얼굴까지 자신을 꼭 빼닮은 고명딸이었다.[4] 고종 황제의 기쁨은 이루 말할 수 없었다. 덕혜옹주를 낳은 궁녀에게 즉시 복녕당福寧堂이란 당호堂號를 내렸고, 출생 이튿날 아기를 보기 위해 복녕당에 '왕림枉臨'했다. 고종 황제가 덕혜옹주를 얼마나 사랑했는지는 실록에 잘 드러나 있다. 실록의 국역 원문을 그대로 옮긴다.

5월 27일 — 태왕 전하(고종 태황제)가 이희 공李熹公 이하 종척宗戚들을 함녕전 복녕당에서 불러 만났다. 순산한 후에 문안을 올리기 때문이었다.

5월 31일 — 이강 공李堈公, 이희 공 이하 종척들이 덕수궁(고종 황제)을 알현하였다. 새로 태어난 아지阿只의 초이레 날이기 때문이었다.

6월 1일 — (순종 황제가) 덕수궁에 가서 (고종 태황제를) 알현하였다. 왕비(순정효황후)도 따라 갔다. 이어 태왕 전하를 모시고 복녕당에 갔다.

6월 14일 — 태왕 전하가 복녕당에 왕림하였다. 이희 공 이하 종척과 이왕직 장관, 차관 칙임관勅任官 이상 및 내빈들을 불러 만나고 음식을 베풀었다. 새로 태어난 아지阿只의 삼칠일三七日이기 때문이었다.[5]

고종 황제는 7월 13일 덕혜옹주를 아예 함녕전으로 데리고 와 침소 바로 옆에 아기의 거처를 마련하고 수시로 드나들었다.

"너희들, 이 아기를 좀 보려므나. 손을 좀 만져보아라."

고종 황제는 "소인小人이 황공하와 감히 어찌 아기씨의 손을 만져 보오리까."라며 얼굴을 들지 못하는 궁인들에게 "괜찮다. 고개를 들어 이 웃는 얼굴을 보려므나." 하고 흐뭇한 미소를 지었다.

하루는 황제가 덕혜옹주를 보러 들렀는데 유모 변복동邊福童이 갓 난 옹주와 나란히 누워 젖을 먹이고 있었다. 갑작스런 방문에 놀란 변복동이 황급히 일어서려 하자 고종 황제는 "아기가 깨면 어찌 하느냐, 그대로 있거라." 하고 손을 저어 만류했다.

금지옥엽金枝玉葉의 왕녀님이라 하지만, 덕혜옹주는 부왕에게 세상에 다시없을 듯이 무척 사랑을 받으셨었죠. 유모도 후한 대우를 받았는데, 아마 임금님 앞에서 드러누울 수 있었던 사람은 변邊유모밖에

없었을 겁니다. | 김용숙, 《조선조 궁중풍속연구》 |

덕혜옹주의 생모 복녕당 양梁 귀인은 고전적인 미모를 가진 여인으로 1882년 서울에서 태어났다. 양언환梁彦煥의 딸로 이름은 춘기春基다. 1905년 창덕궁에 들어와 얼마 후 덕수궁 세수간洗手間 내인으로 출사했다.

부모로부터 빼어난 용모를 물려받은 덕혜옹주는 총명함까지 겸해 웃음꽃을 자아냈다. 덕혜옹주의 외삼촌 양상관은 서울 고관집을 상대로 쇠고기를 팔던 상인이었다. 양상관은 덕혜옹주가 태어난 덕분에 당상관堂上官 조복朝服을 입고 덕수궁을 드나들었다. 일제시대에는 이를 빗대 "양상관 팔자를 누가 알았겠느냐." "양상관 팔자 부럽지 않다."는 말이 떠돌 정도였다.

어린 덕혜옹주는 외삼촌이 입궁하면 "양상관이가 온다"며 대수롭지 않게 여겼다 한다. 보모保姆 상궁이 "그럼 아기씨의 외가댁은 어디시오니이까?"라고 물으면 덕혜옹주는 서슴없이 "죽동竹洞"이라 대답했다. 죽동은 명성황후의 친정이 있는 곳이다. 누구에게 들었는지는 알 수 없지만 덕혜옹주는 자신이 서녀庶女라는 사실과, 적모嫡母(명성황후)의 친정이 훨씬 지체 높은 집안이라는 것을 알았던 것이다.

김용숙은 "왕녀가 태어나서 이토록 환영받은 전례가 없는 것 같다"며 "옹주는 용모뿐만이 아니라, 어려서부터 총명하여 부왕父王은 물론 덕수궁 안의 웃음과 활기를 주는 꽃이었다"고 했다. 덕혜옹주의 평전을 쓴 혼마 야스코本馬恭子도 김용숙의 저서를 참고한 모양인지 '덕수궁의 꽃'이라는 표현을 사용했다.

《옷과 그들》의 저자 김유경은 덕혜옹주에 대해 풀각시(풀인형) 같다고 썼다. 덕혜옹주의 불우한 생애에 마음이 아린다.

황제의 밀약

1916년 4월 1일, 고종 황제는 함녕전咸寧殿의 별당인 즉조당卽祚堂에 유치원을 짓게 하고, 장옥식張玉植과 일본인 교구치 사다코京口貞子를 보모로 임명했다. 순전히 덕혜옹주를 위한 유치원이었다. 덕혜옹주가 다섯 살이 되던 해였다.

덕혜옹주는 고관의 딸 7~8명과 함께 유치원에서 교육을 받았다. 풍금을 들여와 조선과 일본의 동요를 배우고, 날이 좋으면 뒷동산에 올라 나물을 캐며 노는 것이 수업의 대부분이었다.

덕혜옹주는 원생 가운데 나이가 제일 어렸지만 동무들에게 '해라

체'를 썼다. 친구들은 깍듯이 '아기씨'라고 부르며 옹주에게 존대말을 했다. 원생 중에는 훗날 언론인 김을한金乙漢과 결혼하게 되는 민덕임閔德姙과, 조중응과 일본인 처 사이에서 난 여자 아이가 있었다.

유치원까지 먼 거리도 아니었지만 고종 황제는 덕혜옹주를 사인교四人轎에 태워 보냈다. 그럴 때마다 유모 변복동을 수행케 했다. 고종 황제는 틈만 나면 유치원에 찾아가 덕혜옹주와 아이들의 재롱을 보는 것을 낙으로 삼았다.

일본에 끌려간 영친왕 이은이 1918년 1월 일시 귀국했을 때 즉조당 유치원에서는 덕혜옹주의 '공연'이 벌어졌다. 오랜만에 자리를 함께 한 부자(고종·순종·영친왕)는 덕혜옹주의 재롱에 파안대소했다.

이때에 복녕당 아기씨(덕혜옹주)는 먼저 일본 창가로 '달아 달아 밝은 달아' 같은 아이의 창가를 부르시매 양전하(고종, 순종)께서는 매우 칭찬을 하옵셨고 그 다음에 아기씨와 학우들이 연합을 하여 창가를 부르고 또한 여러 가지 재미있는 유희를 하며 손목을 붙들고 춤추는 체조 등을 구경하시는데 그 유희하는 모양이 너무 재미가 있고 또한 귀여워 보여서 원래 아이를 지극히 사랑하옵시는 왕세자(영친왕) 전하께서는 거의 웃음을 그치신 일이 없이 흥미가 깊으시어 비상히 칭찬을 하옵신 후 유희가 마친 후에 전하께서는 아기씨가 '유희와 창가를 하도 잘하니 상금으로 사진을 박혀주마' 하시고 이번 내지(일본)에서 가지고 나오신 사진기계를 잡으시고 친히 아기씨의 사진을 박으시고
(……) | 1918년 1월 25일자, 〈매일신보〉 |

이날 교구치 사다코는 〈매일신보〉와의 인터뷰에서 "복녕당 아기

덕혜옹주의 생모 복녕당 양귀인. 고전적인 미모를 지닌 여인이었다.

씨께서는 천품이 극히 영리하시어 가르쳐드리는 일은 잘 깨달으실 뿐 아니라 기억력이 또한 강하시어 벌써 히라카나의 50음을 따로 따로 능란히 아시게 되었습니다."라고 말했다.

고종 황제는 눈에 넣어도 아프지 않을 덕혜옹주를 황적에 올리고자 했다. 하지만 총독부의 승인을 받지 못하면 황제의 자녀라도 마음대로 황적에 올릴 수 없었다. 총독부는 부양해야 할 황족이 늘어나는 것을 달가워하지 않았다. 총독부는 고종 황제가 딸을 낳았다는 사실을 알고 있었겠지만 일부러 모른 척한 듯하다.

어느 해 여름 총독 데라우치 마사타케寺內正毅가 의례적인 배알拜謁차 입궁했다. 고종 황제는 데라우치를 이끌고 유치원으로 향했다.

덕혜옹주와 즉조당 유치원. 가운데 앉은 소녀가 덕혜옹주.

그러면서 "아이들을 모아놓고 유치원에서 천진난만하게 놀고 있는 것을 보고 같이 즐기는 것이 나의 유일한 일과"라고 말하며 덕혜옹주를 불러 인사를 시켰다.

"이 아이가 바로 내가 망년에 은거하면서 유일한 낙을 삼고 사는 나의 딸인 덕혜옹주요."

고종 황제로부터 직접 딸이라는 말을 들은 이상 더는 무시할 수 없었다. 총독부로 돌아간 데라우치는 "나 데라우치가 오늘은 고종에게 당했구나."라면서 탄식했다. 그러고는 이왕직 장관에게 덕혜옹주를 황적에 올릴 것을 지시했다. 그러나 덕혜옹주가 황적에 입적되지 않았다면 일제에 의한 정략결혼과 이후의 불운은 겪지 않았을지도 모른다.

아들 이은이 눈앞에서 일본에 끌려가는 상황을 지켜봐야 했던 고종 황제는 덕혜옹주만큼은 곁에 두고 싶어했다. 황제는 덕혜옹주가 볼모로 잡혀갈까 두려워 잠이 안 올 지경이었다. 황제는 묘안을 생각해냈다. 덕혜옹주에게 조선인을 부마駙馬로 맺어준다면 일본에 끌려가지 않으리라고 생각했다.

덕혜옹주가 여덟 살이 되던 해 어느날, 고종 황제는 자다 일어나 시종 김황진金璜鎭을 불렀다. 김황진은 고종 황제가 가장 신임했던 시종으로 병자호란 때 척화파로 유명했던 김상헌金尙憲의 후손이다. 일제강점기 〈조선일보〉, 〈매일신보〉 등에서 기자로 활약했던 김을한에 따르면 고종 황제와 김황진 사이에 이와 같은 대화가 오갔다고 한다.

"너는 자식이 몇이나 있느냐?"
"소인에게는 딸자식이 하나 있을 뿐이옵니다."
"그러면 조카는 없느냐?"
"아우가 여럿 있어서 조카 아이들은 많사옵니다."
"일본놈이 또 무슨 짓을 할지 모르니 옹주는 이 편에서 먼저 약혼을 해두었다가 적당한 시기에 발표하여 그놈들이 꼼짝 못하도록 해야겠다."

김황진은 조카 가운데 덕혜옹주와 나이가 비슷한 김장한金章漢을 천거했다. 고종 황제는 어느날 밤 김장한을 덕수궁으로 데려오게 했다. 이 계획은 김장환과 고종 황제의 심부름을 맡은 시종이 덕수궁 담을 타넘고 입궁했을 만큼 은밀히 진행됐다. 부마감으로 마음에 들었던 모양인지 고종 황제는 김황진과 밀약을 맺었다. 김황진이 김장한을 양자로 들인 후에 약혼을 하고, 적당한 시기에 약혼을 공포하기로 했다.

김을한이 이때의 일화를 소상하게 알고 있었던 것은 그가 김황진의 조카이기 때문이다. 김황진이 천거한 김장한은 김을한의 친동생이기도 하다. 김을한은 "고종이 김 시종과 이야기를 할 때에는 남의 이목을 피해서 되도록 단둘이 이야기를 나누었으며, 아무래도 비밀히 담화를 할 수가 없을 때에는 조그만 종이 쪽지에 사연을 써가지고 있다가, 혹은 방바닥에 슬쩍 떨어뜨리기도 하고, 또 혹은 보료 밑에 넌지시 넣기도 하여 남몰래 그것을 꺼내 보았다는 눈물겨운 이야기도 있다"고 썼다.

하지만 이 밀약은 고종 황제의 갑작스런 붕어崩御로 묻혀지고 말았다. 당시 고종 황제는 덕혜옹주 약혼 문제 말고도 또 다른 고민이 있었다. 고종 황제는 파리에서 열리는 만국강화회의에 밀사를 보내는 문제로 고심하고 있었는데 이 문제 역시 김황진과 주로 의논했다고 김을한은 증언한다. 그러나 이를 눈치챈 총독부는 김황진을 궁궐에서 쫓아냈다.

아버지 고종 황제의 붕어

1919년 1월 21일 오전 1시 45분 고종 황제가 붕어했다. 부황父皇의 죽음은 여덟 살 어린 아이였던 덕혜옹주에겐 가장 큰 바람벽이 사라졌음을 의미했다. 1월 20일 늦은 밤까지 부친 곁에서 놀았던 덕혜옹주는 고종 황제가 독살됐다고 확신하고 있다.

덕혜옹주께서 평소 가쿠슈인(학습원)에 다니면서 마호병(물병)을 가방에 몇 개씩 넣어 다녔다고 합니다. 그래서 어느날 어머니(덕혜옹주의 동급생)가 물었답니다. '덕혜옹주상, 학교에도 물이 많은데 굳이 마호병을 넣고 다니십니까?' 그러자 덕혜옹주는 '독살이 겁나서 이렇게 한다'고 말했다고 합니다. (영친왕의) 장남인 진晉이 생후 8개월 만에 병들어 죽었다고 하지만 덕혜옹주는 "확실히 독살됐습니다"라고 말했다는 것입니다. 덕혜옹주가 일본에 올 때부터 아버지와 조카 등 주변 사람들의 죽음을 전해 듣고 두려움을 갖고 있었다고 합니다. │2004년 7월호, 〈월간중앙〉│⁶⁾

덕혜옹주는 아버지 고종 황제와 조카 진晉이 독살됐다고 믿었고, 학습원 시절 독살 공포에 시달리며 물병을 들고다녔다. 조선인에게 '고종의 독살'은 하나의 '사실'이었다. 처음엔 고종 황제의 독살설을 '선동가들이 유포시키는 소문'으로 생각했던 윤치호尹致昊조차 나중에는 이렇게 쓰고 있다.

    난 지난 2월만 해도 고종 황제에 대한 얘기를 믿지 않았다. 난 그들에게는 고종 황제를 독살할 만한 이유가 없다고 생각했다. 그런데 최근에 민병석閔丙奭, 윤덕영 일당이 고종 황제의 마지막 처소였던 덕수궁을 일본인들에게 팔아 넘겼다. 난 이제 그 얘기를 믿게 되었다. 이 악당들은 자기들 주머니를 채우기 위해서라면 물불 안 가리고 뭐든지 할 수 있는 야비한 놈들이다. │〈윤치호 일기〉, 1919년 11월 29일│

덕혜옹주가 받은 충격은 짐작하기 어렵지 않다. 〈동아일보〉의 기사(1920년 6월 3일자)대로 "조석朝夕으로 사랑의 손길로 어루만지시며 일시도 슬하를 떠나지 못하게 하시여 가며 금옥金玉같이 애지중지하시던 부왕父王"의 죽음이었다. 덕혜옹주도 종종 "난 아바마마와는 잠시만 떨어져 있어도 굉장히 보고 싶다오. 어머님은 그렇지 않

이왕직 장관 민병석(좌)과 이지용. 이왕직 장관은 황족의 운명을 좌지우지할 수 있는 힘이 있었다. 이왕직 장관직을 차지하기 위한 교관들의 암투가 심심찮게 신문에 보도되었다.

은데"라고 말하곤 했다. 덕혜옹주가 고종 황제는 아바마마라고 부르면서도 생모에게는 '어머님'이라고 한 것을 유의해야 한다. 궁중의 법도로는 정비正妃에게만 어마마마란 칭호를 쓸 수 있었다.

 1920년 초 고종황제의 빈전殯殿(상여가 나갈 때까지 왕이나 왕비의 관을 두던 전각)이 덕수궁에서 창덕궁으로 옮겨졌다. 덕혜옹주는 어머니 양梁 귀인과 함께 "부왕의 혼령을 좇아" 창덕궁 관물헌觀物軒으로 거처를 옮겼다. 창덕궁에서 기거했던 순종 황제는 누이 동생 덕혜옹주를 친딸같이 여겼다. 6월 3일자 〈동아일보〉 기사를 토대로 재구성한 덕혜옹주의 하루 일과다.

 오전 7시 30분 덕혜옹주는 어김없이 기상하여 양 귀인과 함께 세수를 한다. '백설 같은 소복素服'을 입고 '검은 댕기'를 드리운 후 낙선재로 가서 순종 황제와 황후에게 아침 문안을 올린다. 다시 관물헌으로 돌아와 아침식사를 하고 9시 30분부터 공부를 시작한다.

교사는 스미나가住永과 사사키佐佐木라는 일본인이었다. 한상룡韓相龍의 딸 효순, 민영찬閔泳瓚(민영환의 동생)의 딸 용안, 이재곤李載崑의 손녀 해순 등 3명이 덕혜옹주와 함께 공부했다.

12시까지 일어, 산술, 작문, 그림, 글씨 등을 배우고 나서 동무들과 함께 점심을 먹는다. 효덕전孝德殿에 나아가 다례茶禮를 행하면 그 이후는 자유시간이다. 덕혜옹주는 아이들과 뜰에 나가 화초에 '옷깃 젖는 것도 깨닫지 못하고' 손수 물을 주거나, 대청마루에서 공을 가지고 놀며 시간을 보냈다. 청명한 날, 바람이 고요하면 뒷동산 잔디밭에 올라 뛰어놀았다. 저녁이 되면 효덕전에서 저녁을 먹었고 밤 10시까지 '붓장난'을 치거나 복습을 하며 보냈다.

〈동아일보〉는 "전에는 피아노와 풍금에 매우 재미를 붙이셨으나 부왕께서 한번 승하하옵신 후로는 일절 그러한 풍악류에는 손을 대지 않으신다"고 보도했다. 〈동아일보〉는 또 "두뇌가 자못 총명하시어 한번 들으신 일은 다시 잊으시는 일이 없으시며 손재주에는 천재天才가 계시어 그림과 글씨는 매우 노숙한 필법을 가지셨다"고 덧붙였다. 그 무렵 덕혜옹주는 일본인 사무관이 선물해준 '반딧불'을 바라보며 부친에 대한 그리움을 달랬다.

그 무렵 고종이 승하하셨기 때문에 덕혜옹주는 창덕궁 관물헌으로 옮겨와 일본으로 가기 전까지 지내게 되었다. 음악을 좋아해 가끔 노래 작사까지 해서 보여주던 모습이 아직도 생생하다. 일본인 학교였던 만큼 덕혜옹주는 '게다'를 신고 '하오리'(웃옷 위에 걸치는 일본식 정장)를 걸치고 통학하셨다. 학교가 파한 후에 돌아와 "윤황후마마, 오늘 학교에서 배운 노래 들으시게 합니다" 하고는 〈호따루螢(반딧불) 찬가〉 등을 부르시곤 했는데 그 모습이 일본 아이들과 똑같아 섬뜩해 하던

기억이 난다. | 김명길, 《낙선재 주변》 |

끌려가는 옹주

영친왕비 이방자는 1922년 근견식覲見式을 치르기 위해 서울에 왔을 때 덕혜옹주를 처음 만났다. 이방자의 눈에 비친 덕혜옹주는 총명하고 사랑스러운 소녀였다.

우리 바깥어른의 누이동생이 되시는 덕혜님은 아직 소학생이었지만 대단히 인상 깊었습니다. 일본 사람인 오라범댁이 매우 이상하게 여겨진 모양이었습니다. 말끄럼히 이 편을 건너다 보다가, 이 편에서 미소를 보내면, 방긋이 따라 미소하는 그 사랑스러운 모습, 나 자신도 천진한 어린 시절로 돌아가는 듯 싶을 정도였습니다. | 이방자, 《영친왕비의 수기》 |

1921년 4월 1일 덕혜옹주는 일출소학교 2학년에 편입했다. 일출소학교는 일본 거류민이 세운 일본인 학교다. 현재 극동건설이 들어서 있는 옛 일신국민학교 자리에 있었다. 덕혜옹주가 2학년으로 편입한 까닭은 파악되지 않는다.
소학교에 갓 입학한 덕혜옹주는 어떻게 생활했을까.

창덕궁 복녕당 덕혜옹주께서는 어御입학하신 이래 한번도 결근하신 일이 없으시고 매일 아침 여덟 시면 학교에 가셔서 어御열심으로써 공부를 하시는데 성적이 극히 양호하시며 원기가 본래 왕성하옵시어 글

일출(히노데)소학교 시절의 덕혜옹주. 일본인 학교여서 덕혜옹주도 가끔 일본옷을 입었다.

읽으시는 소리가 매우 높으시며 반 학생 간에도 매우 어御친절하게 지내시며 체조와 창가 같은 것도 극히 어御활발하게 하시는 터임으로 동교 직원은 물론 학교 일반생도들도 덕혜옹주의 어御간절히 하심을 비상히 감사하게 여기는 터인데 요사이에 이르사 수일전부터 어御미양微恙(대단하지 않은 병)으로 어御요양하심을 위하여 며칠간 결석하셨다더라. |1921년 5월 25일자, 〈조선일보〉|

덕혜옹주가 앓고 있던 '대단치 않은 병'은 홍역이었다. 덕혜옹주는 한동안 학교에 나가지 못하다가 6월 초부터 등교를 하게 된다.

그 전까지 '복녕당 아지씨阿只氏(아기씨)'로 불렸던 덕혜옹주는 1921년 5월 6일 '덕혜'라는 이름을 받았다. 덕혜옹주의 명명命名은 이재완李載完(후작), 이지용李址鎔(후작), 윤덕영(자작), 윤용구尹用求 등이 협의를 한 뒤, 순종 황제의 결재를 거쳐 이뤄졌고, 이왕직 장관 민병석이 일본 궁내청에 상신함으로써 마무리됐다.

1년여 동안 일출소학교를 함께 다녔던 일본인 학우 구로자와 게이코黑澤敬子는 "소학교 시절 덕혜옹주는 하얀 얼굴에 이마가 나오고 양볼이 통통했던 분으로 머리를 길게 땋아 늘이고 세일러복을 입고, 이왕가의 배꽃문장이 새겨진 검은 마차를 타고 통학했다"고 기억한다. 구로자와 게이코는 '버들가지처럼 길게 땋아 늘인 머리의 덕혜옹주님'이라는 시를 짓기도 했다.

1925년 덕혜옹주는 기어이 일본에 끌려가고 만다. 부드러운 성품의 순종 황제도 이때만은 덕혜옹주의 도일을 처음부터 극력 반대했다.

> 덕혜님은 그때, 아직 소학교 6학년생인 어린 몸에 지나지 않았습니다. 그러므로 오라버님 되는 이왕李王(순종 황제)님으로서는 너무나 애처롭게 여겨지신 모양이었습니다. 극력 거기 반대하는 동시에, 적어도 여학교를 졸업할 때까지는 당신의 슬하에 두고 싶으시다고 여러 가지로 말씀하셨습니다. 그러나 나라를 잃은 임금님으로선 헛된 반항에 지나지 않았습니다. 일본 당국의 계획은 시계처럼 정확히 진행되었을 뿐입니다. | 이방자, 《영친왕비의 수기》 |

결국 순종황제는 '황족은 일본에서 교육을 받아야 한다'는 총독부의 강요를 물리칠 수 없었다. 덕혜옹주는 어머니 양귀인을 부둥켜안고 통곡했다. 전 낙선재 비서실장 이공재는 한창수가 앞장서서 덕혜옹주의 도일을 주장했다고 증언한다. 한창수는 1927년 이왕직 장

덕혜옹주의 도일을 보도한 신문기사.

관이 되는 인물이다.

이해 3월 27일 덕혜옹주는 서울을 떠났다. 장시사장掌侍司長(시종장) 한창수, 개인교사 스미나가住永, 내인內人 두 명이 동행했다. 덕혜옹주 일행이 도쿄에 도착한 것은 그로부터 사흘 뒤인 3월 30일이다.

"장시간 기차와 배의 여행에 피로하시죠?"

이날 8시 30분 도쿄역에서 덕혜옹주를 맞이한 이방자는 애써 한국어를 쓰며 덕혜옹주의 마음을 풀어주려 했다. 덕혜옹주는 무표정한 얼굴로 아무 말도 하지 않았다. 덕혜옹주의 수줍은 미소와 귀엽고 아름다운 눈매를 기억하고 있었던 이방자는 안쓰러운 마음에 눈물을 글썽였다. 그날 밤부터 얼마 동안 이방자는 덕혜옹주와 한 방에서 잤다. 이방자는 "나를 올케라고 생각하기 때문에 낯선 나라에서의 밤도 안심하고 잠드는가 싶어 애처로움에 잠자는 얼굴의 곁에서 때로는 흐느껴 울기도 했습니다."라고 회고하고 있다.

평소 말이 없던 이은도 덕혜옹주의 도일에 느낀 바가 많은 듯 이방자를 향해 소리 높여 한탄했다.

내가 나의 자유의사로 행동할 수 있을 때가 도대체 언제 있을 것인가? 물론 왕족으로서의 제약은 알고 있으나, 조선인이기 때문에, 외국귀빈을 만나는 것에 있어서도 영화 하나 보는 것에 있어서도, 정치적으로 영향이 있는가 없는가를 먼저 생각하지 않으면 안 되다니. 더구나 조선의 일이 화제로 나왔을 때의 숨막힘도 견딜 수가 없어. 일본인 쪽에서도 괜히 딱딱해져 버리고 나도 의식적으로 고개를 돌리지. 이중인격자와 같이 행동하지 않으면 안 될 때의 숨막힘……. 앞으로 덕혜도 그러한 운명을 견디어 나갈 수밖에 없다니……. | 이방자, 《바람부는 대로 물결치는 대로》 |

그런데 덕혜옹주가 도일할 때 전족纏足을 하고 왔다는 기록이 있다.

(덕혜옹주의) 동급생의 딸은 작은 목소리로 "덕혜옹주는 전족을 했다"고 말했다. 덕혜옹주는 일본에 오자마자 전족을 풀기는 했지만 한동안 부자유스러워 운동에 참가하지 못할 정도였다. |2004년 7월호, 〈월간중앙〉|

덕혜옹주가 스스로 전족을 했을 리는 없다. 독립운동가들에 의해 '납치'되는 상황을 염두에 두고 덕혜옹주의 활동을 제약하기 위해 취했던 조치로 추측된다.

덕혜옹주는 이은의 저택에서 기거하며 학습원 여자부 중등과에 입학했다. 오라버니 이은과 올케 이방자 덕분에 한동안 학습원 생활은 순탄했다. 1925년 5월 13일자 〈조선일보〉 기사에는 덕혜옹주가 오전 6시에 일어나 7시까지 등교를 하고 오후 2시에 귀가하는 것으로 나와 있다. 틈틈이 프랑스어를 배우고 동요童謠를 짓기도 했다.

그해 여름방학 때는 이방자와 함께 피서를 갔다. 그 곳에서 이방자는 교사가 되어 학생들을 가르치겠다는 열네 살 소녀의 장래희망을 듣는다. 이방자는 그런 덕혜옹주를 보며 문학적인 재능을 갖고 있다고 생각했고 좋은 가정을 꾸리리라 믿었다.

순종 황제의 붕어

1926년 3월 3일 이은 부부는 덕혜옹주를 동반하고 부산항에 도착했다. 구름 한 점 없이 맑고 봄의 기운이 완연히 느껴지는 날이었다. 이은은 육군 대위 '통상복(평복)'을 입었고, 덕혜옹주는 감색 학습원 교복을 입고 보닛을 썼다.

이은 부부는 그해 5월 유럽여행을 떠날 예정이었다. 그 전에 서울에 들러 순종 황제를 배알하고 문안인사를 드리러 가는 길이었다. 오후 7시 경성역에 도착한 이은 일행은 곧바로 창덕궁에 들어가 7시 30분경 순종 황제를 배알했다.

병세가 위중해 병상에 누워 있던 순종 황제는 영친왕과 덕혜옹주의 알현謁見을 받고 눈물을 흘렸다. 눈물을 흘린 것은 이은도 마찬가지였다. 순종 황제는 영친왕과는 스물세 살, 덕혜옹주와 서른여덟 살 차이가 나는 '아버지 같은' 형이요, 오빠였다. 당시 〈조선일보〉는 "4년 만에 형제상봉하사 어안御顔에 용루龍淚(임금의 눈물)가 방타滂沱했다"고 묘사했다. 덕혜옹주와는 1년 만의 만남이었다. 덕혜옹주를 보내고 항상 마음을 놓지 못했던 순종 황제는 여동생을 앞에 앉히고 '일희일비一喜一悲의 회포'를 풀었다.

3월 11일 이은 부부는 서울을 떠나 도쿄로 돌아왔다. 하지만 4월 5일 순종 황제가 위독하다는 소식을 듣고 다시 서울로 발길을 돌렸다. 덕혜옹주도 이은 부부와 동행했다. 그리고 4월 25일 새벽 순종 황제가 붕어했다.

덕혜옹주의 슬픔은 너무나 컸다. 여덟 살 때 아버지 고종 황제가 붕어했을 때와는 또 달랐다. 덕혜옹주는 사춘기 소녀였다. 어머니 곁을 떠나 일본에서 인질이나 다름없는 생활을 하고 있다는 서러움과, 아버지처럼 자신을 대해준 오빠에 대한 그리움이 사무쳤다. 순

합습원 시절. 덕혜옹주는 학습원 급우들로부터 따돌림을 받았던 것 같다.

종 황제는 고종 황제 못지 않게 덕혜옹주를 사랑했다. 실록에는 '순종 황제가 덕혜옹주를 지극히 사랑하여 맛있게 먹을 것이 있으면 반드시 나눠주었다'고 기록돼 있다.

덕혜옹주는 밤낮으로 울었고 침식을 잊어버리는 날도 있었다. 주위에서 걱정이 많았다. 시중드는 여관女官들이 도쿄로 건너가 학업을 계속할 것을 진언했지만 덕혜옹주는 조금도 귀에 담으려 하지 않았다. 이은과 황실의 어른들이 나서 덕혜옹주의 도일을 간곡히 권유했다. 덕혜옹주를 설득하기 위해 도쿄의 담임교사까지 불렀다. 결국 덕혜옹주는 서울을 떠나기로 했다.

출발이 확정된 후 덕혜옹주의 슬픔은 더욱 커졌다. 5월 10일 이른 아침 덕혜옹주는 어머니 복녕당 양梁 귀인, 순정효황후, 영친왕 부처에게 차례로 인사를 올렸다. 그리고는 모자부터 '양혜洋鞋(구두)'까지 검은색 상복 차림을 갖춘 뒤, 순종 황제의 빈전殯殿에 나아가 배례拜禮했다. 오전 10시 덕혜옹주는 특급열차 편으로 서울을 떠났다.

덕혜옹주는 순종 황제의 인산因山이 있던 6월 10일, 머나먼 도쿄에서 애도를 드릴 수밖에 없었다. 순종 황제의 국장國葬을 마치고 6월 말 도쿄로 돌아온 이은 부부는 7월 20일 덕혜옹주를 데리고 오이소大磯의 별장으로 떠났다. 국장 때의 피로를 풀고 덕혜옹주를 위로하기 위한 여름 휴가였다.

고아가 된 덕혜옹주

그로부터 40여 일 후, 덕혜옹주의 성혼설이 흘러나왔다. 8월 30일 〈조선일보〉와 〈동아일보〉는 덕혜옹주의 성혼설을 일제히 보도했다. 〈조선일보〉는 "궁내성 당국자와 이왕직 당국자들은 덕혜옹주의 어御장래에 대하여 비밀리에 고려를 거듭해오던 중 요사이에 이르러 어御혼담이 농후해간다"고 썼다. 두 신문 모두 덕혜옹주의 결혼 상대자로 동경제대 문과 3년생 산계궁등려山階宮藤廬가 유력하다고 꼽고 있다.

하지만 덕혜옹주의 성혼 문제는 1927년 1월 이왕직 장관 민영기閔泳綺(남작)의 사망으로 새로운 국면을 맞게 된다. 한동안 공석으로 있던 장관직에 4월 7일 한창수가 취임했다. 황실의 사무를 관장하는 이왕직 장관은 덕혜옹주의 운명을 좌지우지할 수 있는 자리였다. 이왕직 장관을 지낸 조선인은 이윤용, 민병석, 이재극, 민영기, 한창수 등이다. 이들은 을사늑약, 한일합병 등에 기여한 공로로 일제로부터

민영기(左)와 이윤용. 이윤용은 이완용의 친형이다.

작위를 받은 사람들이다.

고관이나 귀족들은 이왕직 장관 자리를 탐냈던 것 같다. 장관이 갈릴 때마다 자리를 차지하기 위한 고관들의 '운동'이 어김없이 신문에 보도되었다. 윤덕영, 이윤용, 민영기, 한창수 등이 그 경우다.

일례로 1923년 이왕직 장관 경질 문제가 불거졌을 때의 일이다. 〈동아일보〉는 "소위 귀족 간에는 (이왕직)장관 쟁탈전이 비상한 모양"이라며 이 문제를 3단 기사로 크게 다뤘다. 〈동아일보〉는 2월 27일자 기사에서 "(이완용이) 민영기 남男(남작)을 내세우게 되었다 한 즉 이번 이왕직 장관 운동의 연극은 오로지 이후(이완용 후작)의 방촌方寸(마음속)에서 나오는 것"이라고 주장하며 "정실 관계의 추천인가"라고 비꼬았다.

1927년 한창수가 임명될 때도 알려지지 않은 내막과 정실 관계가 많았던 모양이다. 당시 〈조선일보〉는 이지용, 이진호李珍鎬, 이하영

李夏榮이 '유력하다'고 하면서 한창수, 이항구李恒九는 '희망이 없다'고 전망했다. 〈동아일보〉역시 '쟁탈전의 주역 배우'는 이지용, 민병석, 이하영, 고희경高羲敬이라고 보도했다. 하지만 어떤 암투가 막후에서 벌어졌는지는 알 수 없지만 결국 이왕직 장관에 내정된 사람은 한창수였다.

한창수가 취임하던 시기는 순종 황제의 1주기가 다가오는 무렵이었다. 일본에 끌려간 황족들이 속속 귀경하기 시작했다. 의친왕 이강이 1927년 3월 19일 오후 도쿄를 출발했고, 육군 유년학교에 재학 중이던 의친왕의 차남 이우도 이날 아침 출발했다. 그런데 덕혜옹주는 이날 오후 시즈오카현靜岡縣 아타미熱海로 떠나는 것으로 보도돼 있다. 아타미는 온천으로 유명한 휴양지다.

이후 이은 부처와 합류한 덕혜옹주는 4월 7일 도쿄에서 출발, 4월 10일 오후 서울에 도착했다. 덕혜옹주는 4월 14일 밤 순종 황제의 소상小祥(사람이 죽은 지 한 돌 만에 지내는 제사)을 마치고 이튿날 오전 10시 서울을 떠난다. 4월 25일 붕어한 순종 황제의 소상을 4월 14일 밤에 치른 건 음력(순종 황제의 붕어일은 음력 3월 14일)으로 따졌기 때문이다. 덕혜옹주의 서울 출발은 아무래도 급작스럽다. 영친왕 부처는 덕혜옹주가 출발한 지 나흘 후인 4월 18일 서울을 떠났다. 덕혜옹주는 이듬해인 1928년에도 비슷한 일정으로 서울을 다녀갔다.

1929년 5월 30일 도쿄 이은의 저택에 전보 한 장이 날아들었다. 덕혜옹주의 생모 복녕당 양梁 귀인이 세상을 떠났다는 내용이었다. 양 귀인은 이날 오전 7시 유방암으로 영면했다 이방자는 덕혜옹주에게 "마음을 굳세게 먹으셔야 합니다."라고 말했지만 덕혜옹주는 "예······."라고만 대답할 뿐이었다.

5월 31일 덕혜옹주는 일본인 나카가와中川와 함께 도쿄를 떠나 6월 2일 서울에 도착했다. 덕혜옹주는 양 귀인이 거처했던 창덕궁 관물헌에서 잠깐 휴식을 취한 후 곧 낙선재 순정효황후를 배알했다. 오후 12시 30분 빈소가 마련된 계동으로 옮겨 1시쯤 성복成服(초상이 난 뒤에 처음으로 상복을 입는 일)에 참렬參列했다. 양 귀인은 고종 황제가 붕어한 뒤 덕수궁에서 나와 세상을 떠나기 전까지 계동 저택에 기거하고 있었다.

그런데 복상服喪 문제에 대한 논란이 생겨 덕혜옹주의 마음을 더욱 아프게 했다. 조선 왕실의 전통을 따르자면 덕혜옹주는 마땅히 3년 복상을 해야 한다. 하지만 일제가 만든 〈왕공가궤범〉은 "왕공족은 황족·왕족·공족·조선귀족이 아닌 친족을 위하여 상喪을 복服하지 않는다"고 규정하고 있었다. 여기서 문제가 발생했다. 덕혜옹주는 왕공가궤범상 왕족이었지만 양 귀인은 왕족도 귀족도 아니었다. 일본 궁내성은 이런 이유를 들어 덕혜옹주의 복상을 허락하지 않았다.

〈동아일보〉는 "(그런 처사가) 모자간 너무 가혹한 일이 아니냐"는 여론을 전한 뒤 〈왕공가궤범〉의 다른 조문을 들어 해결책을 제시하고자 했다. 〈동아일보〉는 "부모, 부夫의 상喪은 1년으로 한다"는 조문[7]과, "서자庶子는 모방母方(어머니 쪽)에만 친자간에 한하여 이를 친족으로 한다"는 조문[8]을 소개한 뒤 "해석할 탓에 따라 복상할 수도 있겠다"고 주장했다. 덕혜옹주는 '서자'지만 양 귀인과 '친족' 간이므로 1년상을 치를 수 있다는 뜻이었다.

이 문제를 둘러싸고 구신舊臣, 친척, 이왕직 관계자의 의견이 서로 엇갈렸다. 그러나 공식적으로는 복상하지 못한다는 쪽으로 결론이 나 덕혜옹주의 마음을 아프게 했다. 덕혜옹주는 6월 5일에 열린 발

1929년 여름 오이소 별장. 맨 오른쪽이 덕혜옹주. 그 옆이 이방자와 이방자의 외조모. 맨 왼쪽 요시코는 훗날 이건과 결혼하게 된다. 발병(1930년 초)하기 직전의 모습이다.

인發靷 때만 제복祭服을 입고 참렬했다. 6월 7일에는 고양군 숭인면 월곡리(현 성북구 월곡동)의 양 귀인 묘소를 마지막으로 참배한 후 그날 오후 열차편으로 서울을 떠났다.

   덕혜옹주의 당시 심정을 짐작하긴 어렵지 않지만 덕혜옹주가 따로 남긴 소회나 감상은 찾을 길이 없다. 다만 이방자는 "통곡이 땅 밑으로부터 높고 낮게 들려와, 새벽까지 잠을 이루지 못하는 며칠 밤을 보내고 나서 장의葬儀를 끝내고 덕혜님이 귀경(도쿄에 돌아옴)했습니다."라고 썼다.

병이 시작되다

일본으로 돌아온 덕혜옹주는 더욱 말이 없는 소녀가 되었다. 덕혜옹주는 학습원 급우들로부터 집단 따돌림을 받았던 것으로 보인다. 의친왕 이강의 5녀 이해경李海瓊은 어머니 의친왕비로부터 그런 이야기를 들었다.

> 나는 어려서부터 어머니(의친왕비)께 옹주 아씨의 비참한 생애에 관한 얘기를 많이 들었었다. 11세(실제는 만13세-필자注)의 어린 나이로 생모 양귀인의 품을 떠나 유학이란 명목으로 일본으로 끌려간 덕혜옹주께서는 동경의 학습원學習院에 들어가 공부를 했는데 하루는 일본의 황족인 내친왕內親王(일본의 황녀)에게 인사를 하라는 명이 떨어졌다고 한다. 그러나 덕혜옹주는 "나도 대한제국의 황녀인데, 왜 내가 절을 해야 해" 하시며 인사하는 것을 단호하게 거절했다고도 전한다. | 이해경, 《나의 아버지 의친왕》 |

양 귀인이 타계한 지 6개월 후 다시 덕혜옹주의 결혼 문제가 신문에 보도됐다. 〈동아일보〉는 1929년 11월 8일자 보도를 통해 "일본 황족과 혼약하신다는 소문도 있었으나 조선 귀족 중에서 적당한 후보자를 택하게 되리라고 하더라"고 썼고, 이틀 뒤 〈조선일보〉도 비슷한 내용을 기사화했다.

특히 〈동아일보〉는 "동경에서 어떻게 이야기가 되는지 알 수 없습니다만 이곳 이왕직에서는 아무런 소식도 듣지 못하였습니다. 그 내용은 알 수 없으나 이전부터 조선 귀족 측에 적당한 이를 선택하여 혼인케 함이 좋겠다는 희망이 있었으므로 귀족과 혼인하게 되실지도 모르겠다는 소문이 나는 것이겠지요."라는 이왕직 관계자의 말을 전했다.

두 신문의 보도를 보면 왠지 '소문'의 진원지가 황실의 가족 또는 친척이라는 느낌이 든다. 덕혜옹주를 조선인과 맺어주기 위해 일부러 '조선 귀족 중에서 고를 것'이라는 소문을 흘리며 분위기를 만들어 가는 듯한 의도처럼 느껴진다. '사실무근'이라는 이왕직 관계자의 논평이나, 곧이어 벌어진 이왕직 장관 한창수의 재빠른 공작을 감안하면 더욱 그렇다.

1930년 봄 영친왕 이은의 도쿄 저택에 한창수가 찾아왔다. 한창수는 백작 소 다케유키宗武志[9]와의 결혼을 주선했다. 소 다케유키는 1908년 2월 16일 도쿄에서 태어났다. 덕혜옹주보다 네 살 연상이다. 그는 덕혜옹주처럼 성년이 되기 전에 양친을 다 잃었다. 실부實父인 구로다 요리유키黑田和志는 1917년 사망했고, 생모는 1925년 세상을 떠났다. 부친이 사망한 이듬해 대마도 번주藩主 소 시게모치宗重望의 양자로 들어가면서 대마도로 이주했다. 양부모는 1923년 두 달 사이에 잇달아 타계했는데 소 다케유키는 이해 10월 정식으로 가문과 작위(백작)을 승계했다. 1925년 3월에는 대마중학을 졸업하고 도쿄로 올라왔는데 덕혜옹주가 일본으로 끌려온 그 달이었다.

덕혜옹주와 혼담이 오고갈 무렵 소 다케유키는 도쿄제대 영문과에 재학중이었다. 덕혜옹주는 한창수의 결혼 주선 소식을 전해듣고 울고 또 울었다. 이은은 덕혜옹주의 건강이 좋지 않다는 이유를 들어 거절했다. 덕혜옹주의 병세가 심각해진 것은 사실이었다.

이 무렵, 덕혜님은 약간 신경쇠약의 기미가 있었습니다. 뭔가 학교 친구들로부터 들은 말을 감정적으로 강하게 받아들여 끙끙거리며 언제까지나 신경을 쓰거나 하는 것이었습니다. 마침 혼기도 가까워지고 어머님의 죽음이라고 하는 커다란 슬픔에 부닥쳤던 충격은 아물지 않은 마음의 상처로 되어 있는 것입니다.

여름 휴가 때에는 내가 곁에서 시중을 들어야 했습니다. 학교가 개학이 되어도 가고 싶지 않다고 종일 자리에 눕고 식사에도 나오려 하지 않으셨습니다. 밤에는 심한 불면증으로 고생했습니다. 때로는 갑자기 밖으로 뛰어나가 놀라서 찾아보면, 뒷문으로 나가 아카사카赤坂 미쓰케見付 쪽으로 걸어가고 있으시거나 하는 일이 있었습니다. 보통 일이 아니었습니다." | 이방자, 《바람부는 대로 물결치는 대로》 |

심각한 상황이었다. 정신과 의사는 덕혜옹주의 증세를 조발성치매早發性癡呆로 진단했다. 영친왕 부처는 덕혜옹주를 오이소 별장에 보내 정양케 했다. 의사에게 부탁해 간호사도 딸려보냈다.

"빨리 원기를 회복하셔야지요……."

이방자는 덕혜옹주가 누운 침대의 베갯머리에 무릎을 꿇고 눈물을 흘리며 몇 번이고 말했다. 하지만 덕혜옹주는 침상에 틀어박혀 있을 뿐이었다. 이런 와중에도 결혼 논의는 진행되고 있었다. 한창수는 다시 결혼 문제를 꺼냈다. 이은에게는 궁내성과 이왕직의 결정을 물리칠 힘이 없었다.

1930년 10월경 덕혜옹주와 소 다케유키와의 결혼이 확정됐다. 그해 11월 초순 덕혜옹주는 소 다케유키를 처음으로 만났다. 장소는 혼인의 중매자이자 소 다케유키의 후견인이기도 한 구죠九條 공작의 저택이었다. 첫 맞선이었다. 구죠 공작은 다이쇼 황후 사다코節子의 친정 오빠다. 사다코는 소 다케유키에 호감을 갖고 있었는데 덕혜옹주와의 혼례를 결정하는 데 결정적인 역할을 한 것으로 보인다. 혼마 야스코는 사다코 황후와 일본 궁내성이 두 사람의 결혼을 결정했다고 단정하다시피 말하고 있다.

'고아들'의 결혼

정양이 효과가 있었던지 해를 넘기자 덕혜옹주의 증세는 꽤 호전됐다. 불안해하는 모습이 많이 사라졌다. 식사도 했고 말수도 다소 많아졌다. 1931년 3월 27일 덕혜옹주는 학습원 본과를 졸업했다. 수업은 거의 참석하지 못했다.

5월 8일 도쿄 소 다케유키의 저택에서 결혼식이 열렸다. '향토사학자의 원고'에 따르면 덕혜옹주의 동급생들은 조선 왕조의 문장紋章이 새겨진 그릇을 결혼선물로 보냈을 뿐 단 한 명도 참석하지 않았다고 한다.

결혼식은 순조로웠다. 덕혜옹주는 이은 부부와 아침을 먹은 뒤, 소 다케유키 가家에서 보낸 사자使者를 따라 자동차에 올라 소 다케유키의 저택에 도착했다. 결혼식 후 점심식사를 한 뒤, 저녁에는 화족회관에서 열린 피로연에 참석했다. 양측의 가까운 친족 50여 명이 자리를 함께 했다. 덕혜옹주 쪽에서는 이은 부부, 의친왕 이강, 이건 등이 참석했다.

덕혜옹주와 소 다케유키 모두 양친을 여읜 뒤였으므로 결혼식의 분위기는 매우 쓸쓸했다. 혼마 야스코는 "물론 부모를 대신해서 덕혜옹주에게는 오빠인 이은과 이방자가, 소 다케유키에게는 후견인이기도 한 구죠 공公 부부가 중매인 자격으로 자리하고 있었으나 이는 형식적인 것에 지나지 않는다"며 "이들의 결혼은 고아끼리의 결혼이었던 것"이라고 했다.

이왕직 장관 한창수. 덕혜옹주와 소 다케유키 사이의 정략결혼을 주도했다.

이방자는 덕혜옹주를 보며 측은한 느낌을 감추지 못했다.

 이 날을 누구보다 기다리던 사람이 전하와 저라고는 하지만 옹주의 건강이 잠시 안정된 상태에 있다고는 하여도 새하얀 드레스 차림의 옹주의 모습이 왠지 측은한 생각이 들어 살짝 눈물을 닦기도 했습니다.
 '과연 이렇게 해서 행복해진다는 보장을 받을 수 있을까…… 좀더 조용히 지내시게 해드리는 것이 좋지 않았을까……'
 하는 게 제 본심이었으나 마음대로 할 수 없는 게 현실이었습니다.
 '굳이 이렇게 멀고 먼 도쿄에까지 모시고 오지 않고 그대로 어마마마의 슬하에서 여학교를 마치시게 하여 어디 좋은 귀족 자제분과 결혼하게 하시는 게 더 좋았을 텐데……'

결혼식장에서 해서는 안 되는 생각이었지만 (병의) 재발再發에 대한 걱정과 조선의 피를 무리하게 일본의 피로 동화시키려는 당국의 의도에 대한 반발심도 남몰래 느꼈습니다. | 이방자, 《流れのままに 흐름 그대로》 |[10]

《德惠姬》의 저자 혼마 야스코 또한 이 결혼에 비판적인 시선을 보내고 있다. 혼마 야스코는 "일본 당국의 의도는 (……) 조선 왕족으로서의(고종이 남긴 자식으로서의) 영향력을 완전히 거세하는 것에 있었다"고 말하며 "고종에 대한 기억을 불러일으키는 덕혜옹주를 조선 민족으로부터 빼앗아 조선 민족의 구심력을 잃게 하는 것"이라고 간파했다.[11]

몇몇 근친이 참석하긴 했지만 대한제국 황실의 가족과 친척들은 결혼식에서 철저히 배제됐다. 5월 9일자 〈동아일보〉는 이런 기사를 싣고 있다.

> 덕혜옹주의 어御혼인식 절차 기타에 대하여 이왕직에는 하등 공보(알림)가 없어 대비大妃(순정효황후) 전하께서 매우 궁금히 지내신다고 한다. 그 뿐더러(그뿐 아니라) 이왕직 고등관들도 하등 정식 공보가 없으므로 축전도 치지 못하고 있으며 어렸을 때부터 옹주의 양육을 담임하던 여관女官들도 어인 일인지 몰라 낙선재樂善齋 입문入門만 내다보고 있다고 한다.

결혼 당일 오후 2시쯤 돼서야 식이 성황리에 끝났다는 전보가 창덕궁 낙선재에 날아들었다. 5월 10일자 〈동아일보〉는 순정효황후가 전보를 받고 매우 만족했다고 한다는 보도를 내보냈지만 이를 그대로 믿기는 어렵다.

아기씨에 대한 추억

그해 10월 덕혜옹주는 소 다케유키를 따라 대마도를 방문했다. 신혼여행을 겸한 것이었다. 그리고 이듬해(1932년) 8월 14일 딸 정혜正惠(마사에)를 낳았다. 정혜를 낳은 후부터 1951년 김을한이 도쿄 특파원으로 부임할 때까지 덕혜옹주에 관한 한국측 기록은 거의 빈 칸으로 남아 있다. 〈조선일보〉와 〈동아일보〉를 비롯한 신문에서 그녀에 관한 보도를 찾기 힘들며, 이방자의 자서전에서도 매우 단편적인 언급만 보인다.

덕혜옹주는 결혼 이후 1962년 환국할 때까지 우리나라에 온 적이 없다. 근황에 관한 보도가 없는 것은 이 때문인 듯하다. 혼마 야스코는 "마사에가 태어난 후 덕혜는 사람들 앞에서 완전히 모습을 감추었다"며 "실제로 덕혜옹주의 애처로운 병은 악화되었음에 틀림없다"고 했다. 정신분열증 재발 때문에 사람들 앞에 나설 수 없었다는 것이 혼마 야스코의 단언이다.

덕혜옹주가 조선인들에게 잊혀져갈 무렵 잡지 《삼천리》에 재미있는 기사가 실렸다. 덕혜옹주의 근황을 보도한 기사는 아니지만 매우 흥미로운 내용이다. 덕혜옹주의 유치원 친구였던 '모 여사'가 《삼천리》 여기자와 대담을 나누며 그 시절을 회고하는 형식으로 되어 있다. 분량이 많아 부분부분 발췌하여 옮겨본다.

어느날 저녁 늦게 기자는 덕혜옹주와 유소시幼少時에 공부를 함께 했던 모某여사를 동대문 밖 안암정町에 찾아 옛날―옛날이래야 20년

밖에 안 되는 일이지만—옹주와 함께 공부하든 때의 이야기를 듣기로 했습니다. 여사는 방년 28세, 벌써 세 아기의 어머니로 계십니다.

'벌써 스무 해 전 일이구려. 그러니 내가 겨우 여섯 살밖에 안 되던 때지. 그러기에 기억에 남아있는 거라곤 별로 없어. 혹 있더라도 말하기가 거북하니까. 어쨌든 지금 아이들 데리고 덕수궁엘 가면 그 시절의 일이 눈앞에 떠올라 그때 일이 떠오르기만 하면 웬일인지 사지가 나른해지며 기운이 없어지는구려. 눈을 감으면 금방 눈앞에 그때 광경이 나타나서 꼭 그 시절과 같이 되여 버리는구려. 아기씨와 같이 뒤 언덕에서 달래를 캐던 일이 더 뚜렷해지겠지.'

'그때 함께 공부하든 분들은 몇이나 되나?'

'다섯쯤 됐을까. 오래된 일이라 다 잊었구려. 기억에 남은 건 민閔 백작의 손녀 따님 덕임德任이, 한상룡韓相龍씨 따님, 민閔영찬씨 따님, 나, 그 밖에도 아마 한 두 사람쯤 있었든 것 같아.'

'덕혜옹주와는 몇 살까지 같이 공부했소?'

'잘 기억되진 않으나 덕수궁에서 한 3년 되고 국상國喪이 나서 3년을 쉬다가 창덕궁에서 다시 시작했는데 얼마 동안을 했든지 잘 모르겠어.'

'그때의 선생님은 누구 누구였어?'

'경구京口(교구치 사다코)라는 내지인內地人(일본인) 여자 한 분과 또 조선 여자 한 분 이렇게 두 분이었어. 경구씨는 지금 경성유치원 원장이지. 혹 거리에서 만나면 "우리 유치 아동들 만한 걸 어제 그저께 본 것 갔더니 벌써 아이가 셋이냐"고 하며 감개무량해 하겠지.'

'그때 배우긴 뭘 배웠지?'

'배우긴 뭘 배우겠수. 유치원 비슷한 것이었으니까 지금 유치원 아이들이 하는 것 같은 걸 했지. 수공(공놀이)도 하구 유희遊戱도 하구.

어쨌든 퍽 어렸으니까 어쨌든 공부를 하다가 오줌을 그냥 자리에서 질질 쌌다니까. 그래서 어떤 땐 옷 버리게 돼서 아기씨 옷을 빌려 입구 나오곤 했다니까.'

'아이, 오줌싸개 노릇하든 간난이가 벌써 애기 셋씩이나, 참 세월이 빠르군.'

'나만 쌌나 다들 쌌지. 아기씨도 싸신 걸. 지금 눈에 선해. 난 내가 쌀 땐 잘 모르겠던데 아기씨가 오줌 싸실 때 그 울상을 하시며 싸시든 일이 지금도 생각하면 우스워 죽겠어.'

'참 재미있구려. 그래 아기씨의 그런 이야기 좀 많이 해줘요.'

'나이 어리시니까 오줌은 싸시었지만 벌써 높으신 이라 참 달라. 어리신 이가 내인內人(궁녀)들이 하라는 대로 꼭 하시었어. 아기씨 시녀들이 모두 여섯 분인데 네 분은 어른이고 두 분은 각씨내인이라고 해서 아기씨보다 몇 살 더 먹은 분들인데.'

'그럼 공부할 때도 시녀들이 따르나?'

'그렇지. 남치마 스란치마를 철철 끄는 시녀들이 늘 아기씨를 따르면서 아기씨의 일거일동을 보살피지. 오줌을 누시려면 오줌을 뉘어드리고 코를 푸시려면 코를 풀어드리고 약을 대접해 드리고.'

'약은 웬 약을?'

'보약도 잡수시고 혹 감기 드셨다던가 체하셨다던가 하실 때면 약을 잡수시는데 아기씨가 이렇게 약을 잡수시는 때면 우리들도 공부를 다―그만두지. 그리곤 약 잡수시는 걸 기다려서 다―잡수신 다음에 공부를 하지. 그런데 지금도 늘 눈에 선하지만 보약으로 뽀-얀 생밤물을 잡수실 적엔 쓰다 달다 말씀 없이 고이 잡수시는데 혹 약이 쓴 약이어서 잡수시기 어려운 것이고 보면 늘 잡수시길 싫어하시는군. 그래서 입가심으로 사탕을 잡수시게 하잖아. 그 사탕을 다―잡수시면 약 효

덕혜옹주와 유치원 동무들. 앞줄 왼쪽부터 조중응의 딸, 민영찬의 딸 용아, 덕혜옹주, 이재곤의 손녀 해순. 뒷줄 왼쪽부터 한상룡의 딸 효순, 민덕임(김을한 부인), 그리고 시녀 2명.

과가 덜 날까 해서 조금만 하시고 뱉으시라면 뱉기 싫어하시든 일이 어제 일 같애.'

'덕혜옹주께서 공부하실 때 뭘 잘 하시었던가요?'

'어릴 때라 잘 하시던 것이 별로 생각나지 않으나 어떤 때면 참 상감마마께서 나오셔서 수공품 같은 걸 보시곤 이걸 아기가 만든 거냐고 하시며 잘 됐다고 칭찬하시며 허허 웃으시옵던 일이 생각 나. 퍽도 사랑하시옵더니…… 너무 귀여우셔서 이리 들여다 보시고 저리 들여다 보시고 하시더니…… 아기씨만 귀여워 하옵신 게 아니라 우리들까지도 퍽 애호하시었다우. 종종 나오셔서 이건 누구의 딸이며 누구의 손녀냐고 하시며 허리를 굽히시고 얼굴을 들여다 보셨다우. 그 자비하시고 인자하옵시던 어안御顏이 아직 잊혀지지 않는다니까. 그러시든 일이 잊혀지지 않아 그때만 해도 어릴 땐데 국상 때 어떻게 울었던지 몰라.'

'덕혜옹주께서 춘추가 얼말 때 도동渡東(도쿄에 감)하셨지.'
'글쎄. 내가 보통학교에 입학했든 때인데…… 분명치 못하나 아마 십이삼 세 가량 되셨을 걸. 덕수궁에서 창덕궁, 창덕궁에서 일출소학교로 옮기셨는데 일출소학교에 가시면서부터는 나는 어의동於義洞 공보公普로 가게 되였으니까 떨어졌지. 그렇지만 가끔 안부 여쭈러 할머니와 궁에 들어가서 뵙곤 했어. 일출소학교에 다니실 때도 마차를 타시구 여관女官 두 분을 거느리시고 다니셨지. 그런데 공부도 비상하시려니와 작문을 어떻게 잘 지으셨던지 비행기인가 뭘 보시고 작문을 지으셨는데 참 훌륭하게 지으셨더래. 그래서 그걸 참 곡조를 지어서 공회당에선가 어디서 '노래회'라는 걸 열고, 공개까지 한 일이 있는데 아기씨가 다른 두 사람과 더불어 무대에 나오셔서 노래 부르신 일도 있었어!'
'동경 가실 때는 누구와 같이 가시였지?'
'여관女官 두 분이 함께 따라갔다가 그분들은 곧 돌아오고 말았지.'
'들어가신 뒤에 나오신 일이 계신가?'
'두 빈 오시었던가봐. 한 번은 다니시러 오시구 또 한 번은 어머니가 돌아가셨을 때 오시였던가 봐. 두 번 다 인사 여쭈러 궁에 들어가 뵈었는데 어리실 때보다 점점 더 귀하시게 뵈겠지.'
'옷은 뭘 입으셨댔어?'
'여기서 동경 가실 적엔 화복和服(일본옷)을 입으셨더니 두 번 오셨을 땐 양복을 입으셨었어. 이젠 만나 뵈온 지 참 오래 되었어. 종종 거리에서 아기씨 소식을 아는 분을 만나서 태평太平하시다는 것쯤이나 알 뿐이야. 따님을 나으셨다드니 잘 크시는지 지금도 눈을 감고 앉으면 다른 때 일보다 덕수궁에서 공부하든 때 일이 제일 생각나는구려.'
여사는 여기까지 말씀하시고 정말 동화속의 공주와 같은 귀한 표정

을 지으며 눈을 사르르 감으셨습니다. 기자는 그의 귀한 얼굴에 다시
어떤 변화를 일으키지 말자는 마음에서 엄숙한 표정을 짓고 한참 가만
히 있었습니다. | 1939년 4월호, 《삼천리》 | [12]

병의 재발

《삼천리》 기사에서 알 수 있듯이 유치원 친구조차 덕혜옹주가 조
발성치매증에 걸렸다는 사실이라든가 혹은 그 근황에 대해선 아는
바가 전혀 없었다. 귀국 전까지 덕혜옹주의 모습과 일상은 전적으로
혼마 야스코의 기록에 의지할 수밖에 없다.

혼마 야스코는 몇 가지 주목할 만한 지적을 했다. 혼마 야스코는
"상식적으로 생각할 때 '조발성치매(정신분열증)'라는 병에 걸려 있
다는 것을 확실하게 알고 있으면서 그 사람과 결혼할 것을 승낙할
사람은 없을 것"이라며 "소 다케유키가 덕혜옹주의 병에 대해 아무
것도 알지 못했다고 생각한다"고 했다.

혼마 야스코는 또 "이방자가 병의 재발을 걱정했다는 것을 확실
하게 쓰고 있음을 무시할 수 없다"면서 "덕혜옹주가 정신분열증이
라는 사실을 감춘 채 강행한 결혼이었던 것"이라고 주장했다. 그러
면서 이방자가 병에 대해 알려주었다면 소 다케유키에게 '든든한 도
움'이 되었을 것이라고 말한다.

덕혜옹주의 병이 정확히 언제 재발했는지는 알 수 없지만 결혼 후
1년도 되지 않아 증세가 다시 나타난 것 같다. 소 다케유키는 1932
년 5월 도덕과학道德科學 강의에 참가했는데 혼마 야스코는 이를 덕
혜옹주의 발병에 소 다케유키가 정신적으로 심한 충격을 받은 행동

이라고 추정한다.

혼마 야스코는 "소 다케유키는 곧바로 의사에게 덕혜를 보이고 적절한 치료를 받게 했어야 했다"며 아쉬워했다. 그가 빠르게 대처했더라면 병의 진행을 다소간 늦춰 어느 정도 회복할 수 있었을지도 모른다는 것이다. 혼마 야스코는 의사의 진찰을 받게 하지 않은 이유에 대해서는 덕혜옹주의 명예를 지키려 했던 것이었다고 추측했다.

집 밖으로 나가지 않은 덕혜옹주의 일상을 엿볼 수 있는 기록은 많지 않지만 1938년부터 2년여 동안 소 다케유키의 저택에서 일했던 나카무라 구니에中村國枝의 증언이 있다.

덕혜 마님의 시중은 주로 (우츠노미야에서 온) 미요 씨와 와다和田 씨 두 사람이 들었는데, 마님은 양장을 하기도 하고 기모노를 입기도 했습니다. 용태가 좋지 않을 때는 잠옷에 가운을 걸친 채로 계시기도 했던 것 같습니다. 때때로 2층에서 마사에 아가씨의 방까지 내려오셔 의자에 가만히 앉아 계시는 일도 있었는데, 그럴 때도 물론 미요 씨 등이 함께 했습니다.

그런 때 아무런 말씀도 하지 않으셨지만 성함을 여쭈어 보면 한자로 '德惠'라고 쓰셨습니다. 그리고 '아가씨의 이름은 뭐예요?'라고 여쭈어 보면 '正惠'라고 쓰셨지요.

가끔 지압 마사지를 하는 노인이 왔지만 의사처럼 보이는 사람이 보인 적은 없었습니다. 저는 마님의 병환이 지압 같은 것으로 나으려나 하는 생각을 했지만, 운동도 하시지 않으니 지압을 하면 몸이 좀 좋아지셨겠지요. 마님은 가냘프고 우아한 몸매에 손도 정말이지 홀쭉하니 아름다운 분이셨습니다. 가끔씩 상대가 아무도 없는 2층에서 마님의 웃음소리가 들려오는 일도 있었어요. 마님께서는 그러셨고 집 안은 전

체적으로 조용한 분위기였지요. | 혼마 야스코, 《德惠姬》 |

나카무라 구니에는 소 다케유키를 '백작님'으로 부르고 덕혜옹주는 '마님御前'이라고 불렀다. '마님'이라는 말은 원래 여성에 대한 경칭으로 쓰였으나 메이지 시대 이후로는 작위를 부여받은 귀족 집안의 남자 주인을 부르는 경칭으로 사용됐다. 덕혜옹주가 소 다케유키보다 신분이 더 높은 점을 고려해 궁내성의 종질료宗秩寮[13]에서 그렇게 지시한 것으로 짐작된다.

그들은 정말 사랑했을까

그러면 소 다케유키는 어떤 생활을 하고 있었으며 아내인 덕혜옹주를 어떻게 대했을까. 다시 나카무라 구니에의 증언에 의지한다.

백작 님은 그 즈음 일주일에 몇 번인가 지바千葉로 강의를 하러 외출을 하셨고 거리가 멀어서 밤늦게 돌아오시는 때도 있었습니다. 저희들은 교대로 귀가하시는 것을 기다렸다가 차를 올리거나 타월 등을 가져다 드리곤 했어요. 서양식의 넓은 서재가 있었는데 거기서 자주 무언가를 쓰고 계셨습니다.

방 배치는 잘 생각이 나질 않지만 다다미 방이 여러 개 있었고 그 주위에 긴 복도가 있었습니다. (1층에는) 마사에 아가씨의 방과 안쪽으로 넓은 서재가 있었습니다. 한쪽에 저희들이 대기하는 곳도 있어서 벨이 울리면 달려가곤 했습니다.

2층은 침실로 두 칸이 이어진 넓은 다다미 방이 있었는데 이불을 두

〈조선일보〉는 웨딩드레스 차림의 덕혜옹주 사진만 게재하고 소 다케유키의 사진은 싣지 않았다. 이에 대해 혼마 야스코는 덕혜옹주를 잃은 데 대한 슬픔의 표출이라고 분석했다.

채 깔고 거기서 두 분이 주무셨습니다. 서재 바로 옆에는 2층으로 올라가는 계단이 있었는데 청소를 할 때 계단의 손잡이를 열심히 닦았지요. 저희들이 쓰는 계단은 별도로 있습니다.

그리고 또 생각이 났는데, 백작 님이 목욕을 하시면서 큰 소리로 '이 길この道'을 부르시곤 했던 것도 기억납니다. 그때 목소리가 참 좋으셨어요. | 혼마 야스코, 〈德惠姬〉|

당연한 일이겠지만 소 다케유키는 덕혜옹주와 한 방을 썼다. 덕혜옹주를 홀로 방치하지는 않았다는 뜻이다. 소 다케유키는 그 무렵 도덕과학학교에서 강사 생활을 했고, 도쿄제대 대학원에서는 영어

공부를 하고 있었으므로 시간이 많은 편은 아니었다. 혼마 야스코는 "그럼에도 밤에는 덕혜옹주의 옆에서 시중드는 것을 게을리 하지 않았던 것 같다"며 "아무리 바쁜 중에도 아내의 간호를 사용인들에게만 맡겨 놓지는 않았던 것"이라 했다.

소 다케유키가 부르던 〈이 길この道〉은 어머니를 그리는 노래다. 병든 아내를 둔 젊은 백작은 무슨 생각을 하며 이 노래를 불렀던 것일까. 혼마 야스코의 표현대로 그의 노래는 매우 상징적이고 인상적이다.

혼마 야스코는 덕혜옹주와 소 다케유키, 모두에게 연민의 정을 보내고 있다. 덕혜옹주에 관한 오해와 억측을 풀어보려고 애쓴 흔적을 그녀가 쓴 글에서 어렵지 않게 느낄 수 있다. 그녀는 "다음에 서술하는 내용은 나의 추측과 상상의 결과물"이라며 이렇게 주장한다.

아마 덕혜옹주는 의외로 여겼을지 모르지만 그녀는 자신의 남편이 온화한 성격인데다가 예의바르며 그녀에 대해서도 대단히 상냥하고 친절하다는 것을 알게 되었다.

그는 교양이 있고 시와 그림을 즐기며 그녀의 고국에 대해서도 알고 싶어했다. 말이 없는 그녀가 조금씩 들려주는 이야기를 들으며 매우 즐거워하였다. 그리고 그는 덕혜옹주에게 여러 가지 이야기, 특히 대마도에 관한 이야기를 들려주었다. 초여름에는 이팝나무에 순백의 꽃이 흐드러지게 피고 바다는 아름다우며, 그 바다가 먼 옛날부터 대마도와 그녀의 고국을 서로 연결하고 있었다는 것을. 덕혜옹주가 남편의 이야기를 어느 만큼 이해했는지는 모르지만 적어도 남편이 자신과의 결혼을 기뻐하고 있다는 것을 알았을 것이다.

덕혜옹주는 일본에 와서 처음으로 자신을 진정으로 사랑하는 사람

을 만났음을 깨달았다. 그것은 사랑의 시작이었다. 만일 그녀가 사랑 받는다는 행복을 느끼지 않았다면 결혼 후 한동안 병이 두드러지게는 재발하지 않았다는 기적적인 상황을 설명할 수 없다. 그녀는 부모와 큰오빠와 사별한 후 처음으로 아버지 부왕에 대한 사랑에 비해 더하지도 덜하지도 않은 깊은 사랑을 만난 것이다. | 혼마 야스코, 《德惠姬》 |

물론 혼마 야스코는 추측과 상상만으로 책을 끝내지는 않았다. 그녀는 "나의 이러한 추측을 많은 사람들, 특히 한국 사람들은 받아들이기 어려울 것"이라면서도 자신의 책에서 "가능한 한 나의 추측을 입증해나가고 싶다"고 했다.

그녀가 제시하는 논거는 이미 위에서 인용한 글 속에 다 담겨 있다. 소 다케유키는 시인이자 화가였다. 혼마 야스코는 《德惠姬》에서 소 다케유키가 남긴 수많은 시를 분석하고 그 속에서 덕혜옹주에 대한 사랑을 발견한다.

시 속에서 소 다케유키는 자신의 고향 대마도에 관한 이야기를 덕혜옹주에게 들려주었다. 그리고 대마도의 아름다운 바다가 덕혜옹주와 자신을 연결하고 있음을 노래했다. 그런 시를 통해 혼마 야스코는 확신한다. 소 다케유키와 덕혜옹주는 서로 사랑하고 있었다는 것이다.

이런 결론은 시가 시인의 거짓 없는 내적 고백이라는 전제하에서만 가능한 것이다. 이 전제를 받아들인다면 소 다케유키는 분명 덕혜옹주에 대한 사랑을 노래하고 있다. 하지만 두 사람은 정말 사랑했을까 하는 생각도 든다. 두 사람은 이제 세상에 없다. 혼마 야스코의 추측을 긍정도 부정도 하기 어렵다. 그러면서도 그녀의 주장을 믿고 싶어진다. 그게 아니라면 덕혜옹주와 소 다케유키는 너무 불행한 삶을 산 것이다.

언니의 기억

1946년 1월 1일 혼마 야스코의 어머니와 언니, 큰이모가 소 다케유키의 저택에 새해 인사를 갔다. 혼마 야스코는 아직 태어나기 전의 일이다. 혼마 야스코의 모친은 히라야마平山爲太郎의 딸이었다. 히라야마는 소 다케유키가 다녔던 소학교의 교장이었는데 소 다케유키는 히라야마의 집에서 소년 시절을 보냈다. 히라야마의 선대는 소宗 가문의 가신家臣이기도 했다.

혼마 야스코의 언니는 1943년 7월생으로 우리나라 나이로 치자면 당시 네 살이었다. 정확히 따지면 태어난 지 2년 5개월이 지났을 때였다. 나이를 세세하게 밝힌 이유는 그때 혼마 야스코의 언니가 덕혜옹주를 목격했고 또 그 상황을 상당히 구체적으로 증언하고 있기 때문이다. 2년 5개월짜리 아이가 그걸 기억하고 있었을까. 상식적으로 납득이 가진 않지만 전혀 불가능한 것은 아니라는 생각도 든다.

언니의 기억에 의하면 집 주변에는 기와를 얹은 흰색 담이 둘러쳐져 있었는데 군데군데 무너져 있었다고 한다. 전쟁으로 인한 피해였을 것이다. 그들은 우선 응접실로 안내되었고(세 개 있던 응접실 중 가장 안쪽에 있던 방이었던 듯싶다) 그리고 기모노로 성장盛裝한 마사에가 나왔다고 한다. 이모의 기억에 의하면 마사에는 난로에 불을 피우려고 기모노의 긴 소매를 걷어올리고 있었다고 한다. 집안 일을 돌보는 사람이 거의 없었던 것이다. 마사에는 아장아장 걷는 언니를 데리고 긴 복도를 지나 안쪽으로 들어갔다고 한다. 거기에는 떡을 굽는 화로가 있었는데 아마 부엌이었던 것 같다. 마사에는 밖으로 나가 낮은 대나무 담장 옆에 서서 건너편에 있던 사람과 이야기를 나누었다. 아마 저택 안에서 살고 있던 오우라가大浦家(관리인)의 사람이었을 것이다.

그런데 언니는 긴 복도를 걸어갈 때 우연히 덕혜옹주의 모습을 보았다고 한다. 복도의 왼쪽으로 방이 있었고 그 건너편의 장지문이 열려 있었는데 안방이 보였다. 그곳에 하얀 기모노 차림에 머리를 어깨까지 늘어뜨린 여성의 모습이 있었다. 그녀는 방석 위에 가만히 앉아서 앞을 바라보며 움직이지 않았다. 그 얼굴 표정을 보고 어린 마음에 무서운 생각이 들었다고 한다. 언니가 봤던 것은 틀림없는 덕혜옹주의 모습이다.

언니는 어린아이였기 때문에 보통 다른 사람이 들어갈 수 없었던 소백작 가家의 사적 공간에까지 들어갈 수 있었던 것이리라. 보통 어린아이라면 그런 것쯤 잊어버리기 쉬울 텐데 아직도 기억하고 있는 것을 보면 뭔가 알 수 없는 것이 언니의 마음을 잡아끌었음에 틀림없다.

| 혼마 야스코, 《德惠姬》 |

한국은 물론 일본에서도 덕혜옹주가 결혼 직후 정신분열증에 걸렸고, 곧바로 정신병원에 보내졌다는 설이 사실처럼 알려져 있다. 혼마 야스코는 "언니의 이러한 기억은 내게 있어 중요한 의미를 지닌다"면서 "언니의 기억은 그것이 사실이 아님을 입증해주었던 것"이라고 했다.

우리나라 황실과 민간에 퍼져 있는 소문 중에는 더 심한 것도 많다. 인터넷이나 항간에 떠도는 이야기가 아니다. 드라마를 통해 극화된 것이거나 책에 기록되어 출처가 있는 것들이다.

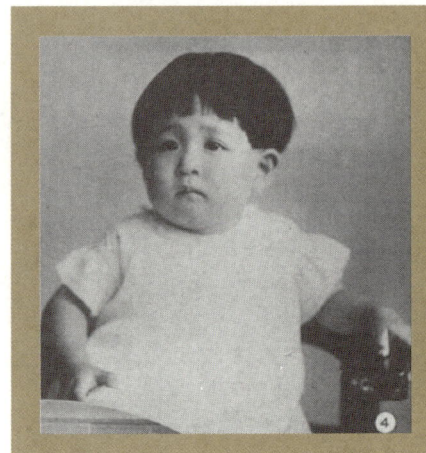
덕혜옹주의 딸 정혜. 정혜는 허약하고 마른 소녀였다고 한다.

- 남편 소 다케유키는 애꾸눈에 키도 작달막하고 아주 못생긴 추남이다.
- 덕혜옹주는 남편에게 강간을 당해 딸을 낳았다. 그 딸이 정혜다. 덕혜옹주는 남편에게 맞아 유산을 한 일이 있다.
- 정혜는 대한제국 황실의 피를 감당하지 못한 대마도의 친척들에 의해 타살됐다.

소 다케유키가 애꾸눈에 키가 작은 추남이라는 이야기는 이미 사실과 다른 것으로 확인되었다. 그는 훤칠한 키에 미남형의 얼굴을 가졌고 애꾸눈은 더욱 아니었다. 강간을 당해 정혜를 낳았다는 것은 당사자들밖에 알 수 없는 일이지만 덕혜옹주가 유산을 한 적은 없다.

서울교대 교수 안천은 "옹주는 19세가 되자 성격이 거친 대마도 번주에게 마음에도 없는 강제결혼을 당하고, 결혼 3년만에 딸을 낳았으나 정신병이 악화되자 끝내는 강제 이혼을 당하며 쫓겨나는 수

모를 당했다"고 주장하며 이런 이야기를 소개했다.

> 덕혜옹주는 마사에를 낳기 전에 임신을 했었다고 한다. 그러나 만삭이 된 어느 날에 남편이 구타하여 구두발로 짓밟아 유산이 되었다고 한다. 특히 유의할 것은 공식적으로 자살했다고 알려진 외동딸 마사에는 타살을 시키고서 그렇게 발표한 것으로 황실에서는 알고 있다고 한다. 아울러 잊을 수 없는 것은 덕혜옹주는 일본 억류 중에 하도 잔인하게 매를 맞아서 실어증失語症까지 생긴 정신병자였고, 너무나 때려서 겁이 난 나머지 항상 고양이같이 누워만 있었다고 한다.[14] | 안천, 《여성정치문화론 : 여성 대통령은 언제 나올까?》|

실제 덕혜옹주는 결혼 15개월 만에 딸을 낳았다. '결혼 3년만에 딸을 낳았다'는 안천의 주장은 사소한 실수에서 비롯된 것이라고 본다. 김용숙이 쓴 《조선조 궁중풍속 연구》 가운데 "3년 남짓 사는 동안 그래도 정혜라는 딸 하나를 낳고서는 그만 정신병 환자가 되고 말았다"는 부분을 검증 없이 받아들이지 않았나 짐작된다.

하지만 작은 실수가 큰 오해를 불러왔다. 한 여자가 결혼을 한 뒤 만삭인 상태에서 유산을 했다. 얼마 후 또 임신을 하고 정상적인 아기를 출산했다. 그 기간이 3년이라면 충분히 가능한 얘기지만 15개월만에 그 모든 과정이 이뤄졌다는 건 믿기 어려운 일이다.

실제로 덕혜옹주가 임신한 상태에서 남편에게 구타를 당했다는 증거도, 그 때문에 유산을 했다는 기록도 존재하지 않는다. 임신한 아내를 때렸다면 보통 일이 아니다. 그게 어디 사람이 할 짓인가. 안천이 기본적인 사실 확인에 충실했다면 '특별한 배경 설명 없이' 그처럼 근거 없는 주장을 소개하지는 않았을 것이라고 생각한다. 더구나 덕혜옹주의 딸 정혜는 타살되지 않은 것이 확실하다.

김을한의 충격적인 증언

2차 대전에서 승리한 후 일본을 점령한 연합군 사령부는 군국주의를 일소하는 사회개혁에 착수했다. 화족 제도를 없애고, 황족도 천황의 직계 형제들만 남겨두고 나머지 근친들은 평민 신분으로 격하시켰다. 그리고 황족과 화족에게 엄청난 재산세를 부과했다. 소 다케유키 역시 다른 화족과 마찬가지로 막대한 세금을 감당해야 했다.

소 다케유키는 저택을 팔고 시모메구로下目黒의 조그만 집으로 이사를 했다. 혼마 야스코는 그때를 1946년 가을 무렵으로 추정한다. 집안 일을 도와 줄 사람도 없었고, 정혜는 아직 중학생이었다. 이러한 이유 때문에 혼마 야스코는 "집 안에서 덕혜옹주의 간병을 계속하는 것은 불가능했을 것"이라고 추측한다. 그래서 이사한 지 얼마 안 돼 "덕혜옹주는 도쿄에 있는 마츠자와松澤 병원에 입원하기에 이르렀다"는 것이다. 마츠자와 병원은 도쿄에서 가장 오랜 역사를 갖고 있는 도립都立 정신병원이다.

우리나라에서는 혼마 야스코의 추측과는 달리 덕혜옹주가 정혜를 낳은 지 얼마 안 돼 정신병원에 입원한 것으로 알려져 있다. 그런데 최근에 발굴된 기록 가운데 주목할 만한 것이 있다. 개인소장가에 의해 보관되어 오던 한 잡지에서 이은의 인터뷰가 발견된 것이다. 문제의 잡지는 〈삼천리〉 1949년 3월호다.[15] 이은은 "친척과는 가끔 교류가 있습니까?"라는 〈삼천리〉 기자의 질문을 받고 이렇게 대답하고 있다.

가끔 형(이강 씨를 지칭)한테서 편지가 오면 답장도 더러 합니다. 도쿄 시내 메구로目黑에 살고 있는 여동생(덕혜옹주) 집안과도 더러 내왕을 합니다. ㅣ2000년 4월 20일자, 〈뉴스피플〉ㅣ

물론 이 기록만을 가지고 덕혜옹주가 1949년까지 입원하지 않은 채 메구로의 저택에 살고 있었다고 단정할 수는 없다. 이은의 증언은 1949년 현재까지 소 다케유키 집안과 '내왕'이 있었다는 사실만을 증명할 뿐이다. 그러나 덕혜옹주의 입원 시점이 정혜의 출산 직후가 아니라는 것은 어느 정도 확실해 보인다. 여동생도 없는 매제의 집안과 그렇게 장기간에 걸친 '내왕'이 있었을까.

김을한은 덕혜옹주와 처음으로 만난 시기를 1951년 이른 봄이라고 기억하고 있다. 〈서울신문〉 특파원 자격으로 도쿄에 도착한 김을한은 덕혜옹주의 거처부터 찾고자 했다. 일제의 방해가 아니었다면 제수弟嫂가 될 뻔한 덕혜옹주였다. 그는 도착하자마자 전화번호부를 뒤져 소 다케유키에게 전화를 걸었다. 소 다케유키는 매우 냉담한 반응이었다. '입원 중'이라고 하면서 만나볼 필요는 없지 않겠느냐며 전화를 끊었다.

이튿날 김을한은 이은을 찾아갔다. 이은과 담소를 나누던 중에 덕혜옹주의 안부를 묻게 되었고 덕혜옹주가 정신병원에 입원해 있다는 사실을 알게 되었다. 김을한은 '그 길로' 마츠자와 병원을 찾아갔다. 김을한은 병실의 덕혜옹주를 보고 충격을 받았다.

(……) 병원에 가보니, 무슨 감옥과도 같이 음산한 공기가 떠돌며, 중환자가 있는 병실은 마치 감방 모양으로 쇠창살로 막고 있었다. 안

내해 주는 간호부의 뒤를 따라가, 한 병실 앞에 이르자 간호부의 발이 딱 멈추었다. 그 안에 들여다보니, 40여 세의 한 중년 부인이 앉아 있는데 창백한 얼굴에 커다란 눈을 뜨고 이쪽을 바라보는 것이 무서울 지경이었다. 그 부인이 바로 덕혜옹주의 후신인 것이다. 아무도 없는 독방에서 여러 해 동안을 우두커니 앉아 있는 옹주가 어찌나 가엾고 불쌍한지 나도 모르는 사이에 눈물을 흘렸다. | 김을한, 《인간 영친왕》 |

김을한이 김용숙에게 전한 뒷얘기는 더 충격적이다.

위의 글은 글인 까닭에 이 정도로 폭로했지만 이 글을 쓴 필자(김을한)의 말을 들어보면 더 비참하다. 독방이 아니라, 한 방에 서너 명의 걸인 같은 여자들이 화로불에 둘러앉아 새까만 손을 쬐고 있었는데, 가만히 보니 11월인데 맨발이었더라는 것이다. | 김용숙, 《조선조 궁중풍속 연구》 |

김을한이 덕혜옹주를 찾아간 시점은 불분명하다. 김을한은 일본에 도착한 당일 소 다케유키에게 전화를 걸었고, 그 이튿날 이은을 찾아가 덕혜옹주가 마쓰자와 병원에 입원해 있다는 사실을 알게 되었다고 《인간 영친왕》에 기록했다. 그리고 '그 길로' 덕혜옹주를 찾아갔고, 그 시기가 '1951년 이른 봄'의 어느날이라는 것이다.

이 주장은 김용숙에게 '맨발의 덕혜옹주를 11월에 보았다'고 했던 자신의 증언과 모순이 된다. 김을한은 또 다른 저서 《사건과 기자》에서 "운명의 1·4후퇴 날(1951년) 그날 나는 도쿄에 있었다"고 했는데 그의 기록과 증언만을 놓고 따져보면 도대체 그가 언제 덕혜옹주를 만났는지 종잡을 길이 없다. 하지만 여러 정황과 증언으로

신혼여행을 겸해 대마도에 들른 덕혜옹주 부부. 덕혜옹주는 엷게나마 미소를 띠고 있다.

미뤄볼 때 김을한이 덕혜옹주를 찾아간 시점이 1951년 전후인 것만은 확실하다.

김을한은 선후 관계가 다른 사실들을 한꺼번에 언급하면서 몇 가지 착오를 일으켰다.

나는 처참한 그 광경을 보고 병원에 갔던 것을 도리어 후회하게 되었으며, 이제는 하루 바삐 덕혜옹주를 데려다가 죽더라도 조국에서 죽게 해야겠다는 생각을 깊이 하였던 것이다. 소 백작은 이미 여러 해 전에 다른 일녀日女에게 장가를 가고 무남독녀 정혜는 해방 후 세상을 비관하고 집을 나간 채 행방불명이 되었다고 하므로 영친왕은 더욱 그

누이동생을 측은하게 생각해서 항상 입버릇처럼 "옹주를 본국으로 데려가면 얼마나 좋겠느냐"고 자꾸 되풀이해서 말씀하는 것이다. | 김을한, 《인간 영친왕》 |

여기에서 덕혜옹주를 만난 시점이 문제가 된다. 김을한이 덕혜옹주를 처음 만난 시기를 1951년으로 가정한다면 그의 기록에는 결정적인 오류가 있다. 소 다케유키가 재혼한 것은 1955년 가을로 추정되며, 정혜가 실종된 것은 1956년 8월이다. 따라서 "소 백작은 이미 여러 해 전에 다른 일녀日女에게 장가를 가고 무남독녀 정혜는 해방 후 세상을 비관하고 집을 나간 채 행방불명이 되었다"는 김을한의 진술은 사실과 다르다.

이런 이유로 혼마 야스코는 "(김을한의 주장은) 아무런 근거가 없는 중상에 가깝다"며 그를 혹독하게 비판했다. 혼마 야스코는 또 김을한의 기록으로 인해 '소 다케유키의 인물상'이 왜곡되었다면서 "소 다케유키는 한국인과, 덕혜옹주를 동정하는 일본인에게 인간답지 않은 인간으로 비난당하는 상황에 빠져버리고 말았다"고 쓰고 있다.

소 다케유키로서는 분명 억울한 측면이 있다. 덕혜옹주가 정신병에 걸리자마자 곧바로 정신병원에 보낸 것도 아니었고, 간병을 위해 나름대로 최선을 다한 것으로 보인다. 정식으로 이혼하기 전까지 덕혜옹주의 병원비도 소 다케유키가 지불했다고 한다. 소 다케유키는 덕혜옹주와 이혼한 뒤, 처가 쪽에서 들여왔던 혼수물품을 돌려보내기도 했다.

하지만 소 다케유키는 스스로를 옹호하는 어떠한 기록도 남기지 않았다. 혼마 야스코는 "소 다케유키 또한 한국 측으로부터 아무리 반감과 증오를 사도 결코 한국을 비판하거나 비난하는 듯한 소리를 입에 담지 않았다"면서 그 이유에 대해 "사랑하는 아내의 고국이었기 때문"이라고 썼다.

김을한의 기록 가운데 부정확한 부분이 있기는 하지만 그렇다고 해서 김을한이 비난받아야 할 상황은 아닌 것 같다. 혼마 야스코 또한 "김을한의 성심誠心을 의심하지 않는다"며 "그는 진심으로 덕혜옹주를 걱정하는 심정에서 행동하고 있으며 그렇기 때문에 한국에서도 잊혀진 덕혜옹주를 찾아낸 것"이라고 인정했다. 어찌됐건 김을한의 관심과 노력 덕분에 덕혜옹주의 귀국은 앞당겨졌다.

이혼이 성립되다

덕혜옹주의 귀국을 다루기 전에 소 다케유키와의 이혼과, 정혜의 실종을 먼저 짚어보기로 한다.

1951년 5월 다이쇼 황후 사다코가 갑작스럽게 서거했다. 같은 달 이건은 아내 요시코佳子와 이혼했는데 혼마 야스코는 이에 대해 "소위 조선과 일본 간의 정략결혼의 조력자였던 황태후의 죽음으로 걸림돌이 없어지자 조속히 이루어진 이혼이라 할 수 있다"고 분석했다. 이건은 의친왕 이강의 장남이며 덕혜옹주에게는 조카가 된다. 혼마 야스코는 소 다케유키가 사다코라는 '걸림돌이 없어졌음에도' 이혼하지 않았다는 사실을 강조하면서 "그에게 있어 덕혜와의 결혼은 강압적인 것이 아니라 운명으로 받아들인 것이었으므로 그녀와의 끈은 쉽게 단절될 수 있는 성질의 것이 아니었다"고 말하고 있다.

그러나 소 다케유키는 결국 이혼에 합의했다. 혼마 야스코는 그 이유를 '외부의 어떤 힘'에서 찾고 있는 듯하지만 굳이 그럴 필요까지는 없다고 본다. 그런 상황에서 혼인 상태만 유지한다는 것은 아무런 의미가 없었다. 그것은 덕혜옹주의 병 치료에도 도움이 안 될 뿐더러, 살 날이 많이 남아 있는 중년의 남자에게도 감당하기 힘든 일이었다.

덕혜옹주와 소 다케유키의 이혼이 언제 이뤄졌는지 정확한 일시는 알 수가 없다. 이방자의 자서전《바람부는 대로 물결치는 대로》에는 "덕혜님의 이혼은 소화 30년(1955년)의 일"이라며 "본인에게는 알려지지 않은 채로 호적에 일가를 창립하여 양덕혜梁德惠로 되어 있었던 것"이라고만 되어 있다.

이덕혜가 아니라 양덕혜란 이름으로 일가가 창립된 연유는 파악되지 않는다. 이은 부부와 소 다케유키 사이에 이혼에 관한 사전 협의가 있었던 것으로 보이지만 그와 관련된 구체적인 기록이나 증언은 발견할 수 없었다.

이방자의 또 다른 자서전《지나온 세월》에도 덕혜옹주의 이혼에 관한 부분은 매우 불명확하게 서술돼 있다.

> 그 전부터 이야기가 있었던 소宗님과 덕혜님의 사이는 덕혜님의 입원생활이 오래 계속되기 때문에 일단 이혼하기로 합의를 보았다. 소宗님은 새로 얻은 부인과 근무처인 지바千葉의 학교숙사로 주택을 옮겼다. 이것도 전후의 슬픈 사건의 하나였다. | 이방자, 《지나온 세월》|

이 기록은 '1955년 5월 22일 다카마스노미야高松宮의 은혼식'과 '같은 해 8월 17일 이강의 사망 소식' 사이에 끼어 있다. 혼마 야스코는 이 점을 중시해 덕혜옹주의 이혼이 1955년 5월 23일부터 8월 17일 사이에 성립된 것으로 추정했다.

소 다케유키의 만년. 1955년(추정)에 재혼해 2남 1녀를 두었다고 한다.

혼마 야스코는 또 다른 근거도 제시했다. 이혼 직후 소 다케유키는 덕혜옹주의 혼수품을 이은에게 반환했다. 경제적인 사정으로 협소한 저택에서 생활하고 있어 보관상 어려움을 겪었던 이은은 얼마 후 물품의 일부를 일본 문화여자대학에 기증했다. 기증 시기는 1956년 1월이었다. 혼마 야스코는 '기증 시기를 고려해볼 때 이혼하고 나서 얼마간은 이은이 보관한 모양이지만 곧 보관이 힘들어져 바로 이듬해에 기증한 것이 납득되는 논리'라고 주장했다.

한국인의 관점에서 보면 참으로 이해하기 힘든 상황이다. 한국이라면 호적초본만 한 장 떼보면 이혼 날짜쯤은 쉽게 확인할 수 있는데 일본에서는 그렇지 않은 모양이다. 소 다케유키의 재혼 날짜도 정확하게 밝혀지지 않았다. 혼마 야스코는 소 다케유키의 재혼을 1955년 가을로 추정했는데 그녀의 추측이 옳다면 소 다케유키는 이혼 직후부터 재혼을 서둘렀거나 또는 그 이전부터 결혼을 염두에 둔 여자가 있었던 것으로 보인다.

 소 다케유키는 재혼한 부인과의 사이에서 두 아들과 딸 하나를 낳았다 한다. 그는 레이타쿠麗澤대학에서 교수로 생활하며 조용히 여생을 보냈다. 《옷과 그들》의 저자 김유경은 이렇게 쓰고 있다.

 영문학자이자 시인이며 여택麗澤대학 교수였던 종무지 백작은 훗날 많은 저서를 남겼지만 옹주와의 결혼생활, 이혼에 대해서는 평생 아무 말도 하지 않았다. 단 한 군데 그의 수필 〈춘정락春庭樂〉에 '20여 년 살았던 동경의 집을 떠나 이사하면서 참기 어려운 생각을 참아온 나는 이곳으로 이사오면서 모든 의미로 대도시의 생활과 깨끗하게 결별한 셈이다……' 라고 쓰고 있어 덕혜옹주와의 비극적 사랑의 기억으로 그가 고뇌했었음을 짐작케 한다. | 김유경, 《옷과 그들》 |

 소 다케유키는 1985년 4월 22일 77세의 일기로 타계했다. 그는 생전의 희망대로 대마도 만송원萬松院에 묻혔다. 만송원은 '소宗' 가문의 가족 무덤이 있는 곳이다.

정혜의 죽음

 정혜에 관한 기록은 많지 않다. 1946년 1월 1일 정혜와 만났던 혼마 야스코의 큰이모는 집안일을 돌보는 사람이 거의 없어 직접 난로불을 피워야 했던 정혜의 모습을 기억하고 있다. 나카무라 구니에에 따르면 정혜는 몸이 마르고 허약한 소녀였다.
 이방인의 자서전에 그렇게 기록된 까닭에 우리나라에는 정혜의 출신학교가 메이지대학인 것으로 알려져 있다. 그러나 정혜는 와세다대 영문과를 다녔던 것으로 추정된다. 정혜의 실종 기사에 와세다 대학으로 기록돼 있고, 히라야마 집안에서도 와세다대를 다녔다고 증언하고 있다. 혼마 야스코는 와세다대를 찾아가 담당자에게 문의했지만 졸업생 명단에서 정혜의 이름을 확인할 수는 없었다고 썼다. 중퇴했을 가능성이 있다.

정혜는 대학 시절 알게 된 스즈키鈴木와 결혼했다. 시기는 소 다케유키가 재혼하기 직전이었던 것으로 혼마 야스코는 추측한다. 이 또한 한국인으로서는 이해하기 힘든 상황인데 다른 기록이 없어 그녀의 추측에 의지할 수밖에 없다. 혼마 야스코는 정혜의 결혼과 소 다케유키의 재혼이 짧은 시간을 두고 연이어 이뤄졌고, 정혜가 먼저 결혼을 해 집을 나가줌으로써 아버지를 배려한 것 같다고 썼다.

스즈키는 중학교 영어교사였다. 소 다케유키는 평범한 가문의 젊은이에게 딸을 주고 싶지 않았지만 정혜의 의사를 존중해 결혼을 승낙했다. 단 한 가지 조건을 달았다. 정혜가 결혼 후에도 소宗 씨 성을 유지할 것, 다시 말해 스즈키가 성姓을 바꿔야 한다는 조건이었다.

정혜의 결혼을 두고 도쿄의 대마회對馬會 회원들은 공공연히 못마땅하다는 반응을 보였다. 결혼상대자의 신분이 낮다는 게 이유였다. 대마회 측에선 정혜의 결혼 피로연에 아무도 참석하지 않았다. 대마회는 '재경在京 향우회' 성격을 띤 친목단체인 것 같다.

결혼 후 1년도 채 안 된 1956년 8월 26일, 정혜는 '산에서 자살하겠다'는 유서를 남기고 가출했다. 불과 3개월여 전만 해도 정혜는 아버지의 출판기념회에 참석해 평소와 다를 바 없는 모습을 보여주었다.

8월 29일 〈야마나시마이니치山梨日日〉 신문에 정혜의 가출 기사가

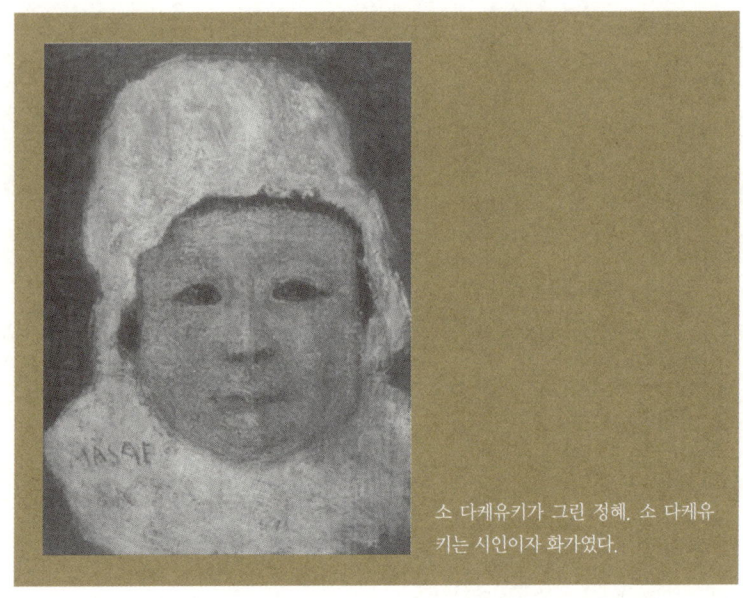

소 다케유키가 그린 정혜. 소 다케유키는 시인이자 화가였다.

실렸다. 다음날 같은 신문은 정혜의 행방이 추적되었다고 보도하면서 소 다케유키의 말을 전했다. 소 다케유키는 "(정혜가) 위가 약하고 신경쇠약증세가 있기 때문에 급히 찾아야 한다"며, "살아 있었으면 좋겠다. 어떤 미혹에 빠져서 그랬는지 모르겠다"고 말하고 있다.

그러나 정혜가 살아 있다는 기사는 오보였다. 9월 1일 이 신문은 정혜의 조난 소식을 전했고, 9월 2일자를 통해 "남알프스를 오른 지 일주일이나 지나고 있어 (생존이) 절망시되고 있다"고 보도했다.

정혜의 시체는 끝내 발견되지 않았다. 수개월에 걸쳐 수색 작업을 벌이고, 헬기를 띄워 찾아보기도 했지만 어떤 흔적과 단서도 발견할 수 없었다. 혼마 야스코도 정혜의 가출 원인을 밝혀내지 못하고 '수수께끼'로 남아 있다고 했다.

그렇다면 마사에(정혜)는 도대체 무엇을 괴로워한 것일까? 그것은 지금도 알 수 없다. 나는 마사에의 유서를 읽지 못했으며 어떤 판단을 내릴 만한 단서도 많지 않다.

다만 생각할 수 있는 가장 큰 원인은 결혼생활에 대한 고뇌가 아니었을까 하는 것이다. 그러나 남편과 둘만의 생활에서 특별히 어떤 문제가 있었을까 하는 생각이 든다. 남편 N 씨는 마사에가 돌아오지 않자 즉시 경찰에 수색 의뢰를 하였고 소다케유키에게도 재빨리 연락을 했다. 그리고 자신도 수색대와 함께 산을 올라갔다. 이는 남편으로서의 극히 상식적인 행동으로 보인다. 보통의 사람이라면 쉽게 극복할 수 있는 결혼 생활의 여러가지 문제들을 마사에는 혼자서 지나치게 심각하게 고민했던 것이 아닐까? 신경쇠약에 걸릴 만큼 괴로워한 것은 그녀의 성실하고 순수한 성격과 무관하지 않을 것이다. 괴로워하면서 어머니 덕혜의 정신병이 유전되는 것을 두려워한 것은 아닐까? 정신분열증의 원인은 오늘날에도 충분히 해명되지 않아서 유전의 가능성을 완전히 부정하고 있지 않다. 자신도 어머니와 같은 병에 걸릴지도 모른다는 불안 때문에 더욱 신경증이 가속화되어 자살을 결심하게 된 것은 아닐까? (1956년이라는 시기에는 정신병에 효과적인 치료약도 있었으나 일반적으로는 잘 알려져 있지 않았다) 최근에는 우울증이 자살로 이어지는 경우가 있음도 지적되고 있다.

또 하나 생각할 수 있는 것은 자신에게 조선 민족의 피가 흐르고 있다는 사실이 마사에正惠를 괴롭힌 것은 아니었을까 하는 것이다. 남편은 이해하고 있었다고 해도 타민족에 대한 일본 사회의 편견이 그녀를 괴롭혔으리라고 생각한다. 자신이 남들과 다르다는 것에 대한 고독감이 어린 시절부터 늘 그녀를 따라다녔던 것은 아닐까? | 혼마 야스코, 《德惠姬》 |

정혜의 실종과 죽음으로 덕혜옹주와 소 다케유키를 연결하고 있었던 단 하나의 끈이 사라져버렸다. 훗날 소 다케유키는 환국 후 낙선재에서 정양하고 있던 덕혜옹주를 찾아갔다. 당시 낙선재 비서실장이었던 이공재는 "나는 단연코 거절하여 그를 돌려보냈다"며, "환자인 옹주에게 정신적 불안과 상처를 주고싶지 않았기 때문"이라고 증언했다.

성대한 환대

김을한은 덕혜옹주와 이은의 귀국에 결정적인 역할을 했다. 김을한이 고종 황제, 덕혜옹주와 남다른 인연을 가지고 있다는 것은 이미 밝힌 바 있다. 그러나 그것과는 별개로 덕혜옹주와 이은을 위해 김을한이 보여준 노력과 헌신은 특별한 데가 있다. 그는 그 과정에서 어떠한 금전적 보상도 바라지 않았고, 모든 일을 사비를 들여 처리했다. 정신질환을 앓고 있던 덕혜옹주는 말할 것도 없지만, 남을 부리는 데만 익숙했던 이은과 이방자도 그런 부분까지 배려해야 한다는 생각을 하지 못했다.

덕혜옹주의 귀국을 추진하던 김을한은 1961년 11월 국가재건최고회의 의장 박정희를 만났다. 김을한은 박정희에게 덕혜옹주가 처한 사정을 이야기했다. 박정희는 흔쾌히 지원을 약속했다. 최고 권력자의 지원 약속이 떨어지자 모든 문제가 금세 풀렸다. 김을한이 박정희를 만날 수 있었던 배경은 이은을 다룬 장에서 이미 설명했다.

1962년 1월 26일 12시 35분 덕혜옹주를 실은 비행기가 김포공항에 착륙했다. 그 옛날 덕혜옹주의 유모였던 변복동은 비행기를 향해 큰절을 올렸다. 김을한은 "(변복동이) 어찌나 반가워하고 기뻐하는

낙선재에 도착한 덕혜옹주. '풀각시'처럼 어여쁘던 소녀가 이렇게 변해버렸다. 귀국 후의 사진은 몇 장이 더 있지만 만년의 모습은 소개하지 않으려 한다.

지 마치 실성한 사람 같았다"고 하면서 "공항에 나왔던 사람들도 모두 따라서 울었다"고 했다. 한 신문의 기사를 인용해본다.

덕혜옹주는 갈색의 둥근모자에 브라운색 외투의 양장 차림을 하고 손자뻘이 되는 이종李淙씨의 부축을 받으며 '트랩'을 천천히 내려왔다. (……) 귀골의 품이 엿보였으나 5척의 단구를 괴기에는 발이 너무 약해 보였다. 상궁들이 드리는 꽃다발을 말없이 받은 옹주는 눈부신 듯 하늘을 잠시 우러러보더니 유치원과 소학교에서 함께 배운 옛친구 민용완閔龍琓 여사를 쳐다봤으나 얼굴색은 조금도 변하지 않았다. 덕혜옹주는 의과대학부속병원차에 올라타고 경찰백차의 호위를 받으며

서울 시내로 향했는데 시내에 들어선 차속의 옹주는 무심한 표정으로 가슴을 어루만지고 있었으며 옆에서 부축하고 있는 유모 변씨는 옹주의 팔을 낀 채 눈물을 닦고 있었다. | 1962년 1월 26일자, 〈조선일보〉 |

덕혜옹주는 창덕궁 낙선재에 들러 순정효황후를 배알하고 친척들의 인사를 받았다. 이 장면을 담은 대한뉴스가 남아 있다. 영문도 모른 채 두 눈만 껌뻑이는 덕혜옹주의 모습은 보는 이를 안쓰럽게 하지만 김유경은 덕혜옹주가 황실 예절을 기억하고 있는 것처럼 행동했다고 서술했다.

(……) 낙선재에서 덕혜옹주는 윤비에 대해 모로 꺾어 앉은 자세에서 협배를 했다. 그 옆에 덕혜옹주의 헌신적 유모였던 변복동 할머니가 옹주를 거들어 앉혀 주었다. 옹주는 윤비에겐 큰절을 했지만 손아래 박찬주 여사(이우공의 부인)로부터는 큰절을 받으면서 고개를 한번 끄덕하는 것으로 윗사람의 처신을 했다. 사람들은 옹주가 정신병자라는 사실을 믿지 못했다. 그녀의 약간 멍한 듯한 표정은 병으로 훼손되지만 않았다면 더할 수 없이 조신한 것이었을 것이다. | 김유경, 〈옷과 그들〉 |

덕혜옹주는 낙선재에서 점심을 먹은 뒤 오후 3시경 서울대 의대 부속병원에 입원했다. 1월 30일 영부인 육영수陸英修 여사가 병문안을 위해 서울대 의대 부속병원을 방문했다. 육영수는 덕혜옹주에게 몸 상태를 물었지만 덕혜옹주는 아무 대답을 못하고 고개만 끄덕였다. 육영수는 덕혜옹주에게 '양단 한복'을 선물했는데 이 한복은 동덕여대 교수이자 복식연구가였던 석주선石宙善이 밤새 지은 것이었다. 석주선은 "그 당시의 박 의장의 부탁은 도저히 거부할 수 없는 것"이었다고 말한다.

옹주가 귀국한 지 이틀 후라고 기억하는데 대통령(당시는 의장) 비서실에서 옹주의 옷을 한 벌 지어달라는 급한 연락이 왔어요. 그래서 곧장 종로 보신 상회로 가서 대화단 남치마에 전자篆字 문양이 들어간 옥색 반회장 저고리, 흰 비단 속치마, 버선까지 해서 꼬박 밤을 새워 성심껏 만들어드렸습니다. | 혼마 야스코, 《德惠姬》 |

육영수의 방문은 이처럼 급작스럽게 이뤄진 것이었다. '국모'의 방문과 선물을 받을 정도로 덕혜옹주는 성대한 환영을 받은 셈이다. 이은은 이듬해 11월에 귀국했는데 덕혜옹주에 비하면 상대적으로 초라한 대우를 받았다고 할 수 있다. 김종필金鍾泌이 "영친왕의 생존 시에 문병한 사람이란 거의 찾아볼 수 없었다고 나는 들었다"고 말할 정도로 비교되는 측면이 있다.

이런 차이가 나타나는 것은 덕혜옹주가 먼저 귀국했기 때문이기도 하지만 박정희의 권력기반, 그리고 대통령 선거와 관련이 있다. 덕혜옹주의 귀국은 박정희의 권력기반이 불안정한 시기에 이루어졌고, 이은이 귀국한 것은 박정희가 대통령에 당선된 직후였다. 덕혜옹주의 귀국은 국민적 관심과 인기를 얻는 데 조금이나마 도움이 되는 '이벤트'였지만, 대통령 선거를 통해 합법적으로 권력을 쟁취한 박정희에게 이은의 귀국이 눈에 들어올 리 없었다.

덕수궁의 꽃이 지다

귀국하던 해가 저물어갈 무렵, 한 신문에는 덕혜옹주의 근황을 전하는 기사가 실렸다.

> 옹주가 환국한 뒤, 정부나 서울대학병원 당국에서 옹주의 병환을 치료하기에 온갖 정성을 기울이고 있지만 차도가 없다는 것이다. 식사나 수면은 정상적으로 하고 가끔 복도나 병실 안을 거닐기도 하지만 그가 지닌 저주의 상흔은 치료도 효험이 없다. 옹주가 입원한 뒤 세 차례 낙선재에 가서 윤비尹妃께 문안을 드렸다. 지난 음력 팔월 보름에도 궁중격식에 의한 문안을 드렸는데 이때 올케인 윤비의 얼굴을 물끄러미 쳐다보던 옹주의 두 눈에서 눈물이 주르르 흐르더라고 목격자가 전했다. 저번 귀국했던 이은 공의 부인 '마사꼬方子' 여사가 문병했을 때에는 천사만념千思萬念이 오갔을 옹주의 가슴 속에 든 단 한 마디의 말도 없이 그저 손에 손을 잡은 채로 한에 맺힌 눈물만 흘리더라는 것이다.
>
> | 1962년 11월 9일자, 〈조선일보〉 |

덕혜옹주는 5년 여 동안 서울대병원에서 생활하다가 1967년 5월 퇴원했다. 주치의 한동세韓東世는 "5년 전 입원했을 때보다 병세가 나아져 왕진 치료만으로도 충분하겠기에 퇴원을 권한 것"이라고 설명했다. 덕혜옹주의 거처는 낙선재 수강재壽康齋로 정해졌다. 그러나 퇴원한 지 3년 뒤, 덕혜옹주는 정신착란이 악화돼 서울대병원에 다시 입원했다. 곧 퇴원해 낙선재로 돌아간 것으로 보이지만 이후에도 수시로 병원 치료를 받았다.

덕혜옹주는 1989년 4월 21일 77년의 생을 마감했다. 생전에 덕혜옹주가 할 수 있었던 일은 많지 않았다. 가끔 상궁의 도움을 받아 나들이를 했고, 때론 상궁들과 화투를 즐기기도 했다. 덕혜옹주의 만년을 지켜본 두 사람의 기록을 옮겨본다. 먼저 김명길의 증언이다.

> 병원에서 5년을 지내다 낙선재의 수강재壽康齋로 거처를 옮긴 지 10년. 1주일에 한 번씩 정신과의 치료를 받지만 아직도 병세는 별 차도가 없다. 입는 것, 먹는 것을 모두 잊으신 옹주는 하루종일 우두커니 앉아 있다. 무료하게 고운 손만 만지작거리거나 혼자서 화투놀이를 즐기신다. 오라버니댁(이방자 여사)이나 아는 사람을 봐도 전혀 무표정하시고 지나치게 기분이 거슬렸을 때만 "싫어!"라는 불평 한마디뿐, 다른 의사표시는 없으시다. 다만 계절이 바뀔 때마다 손뼉을 치시며 "마사에!" "마사에!"(따님 정혜의 일본 이름)라고 외치며 슬픈 표정을 짓는다.
>
> | 김명길, 《낙선재 주변》 |

궁중 의상에 관한 자료를 모으고 복식에 관한 책을 내기도 했던 김유경은 이렇게 썼다.

> 그녀는 수수한 밝은 회색 치마저고리를 입고 머리는 쪽지는 대신 짧게 커트하고 허리엔 치마폭을 여며 허리끈을 질끈 묶은 서울 할머니 차림새로 유모 변복동 할머니의 손을 잡고 뜰을 거닐고 있었다. 아무 말도 건네볼 수가 없었다. 아버지 고종 황제는 풀각시 같던 그 따님이 그처럼 혹독한 운명을 겪고, 끝내는 식물인간처럼 만년을 보내리라고 상상이나 했을까? 왕조의 종말에는 언제나 그런 사람들의 이야기가 있다.

덕혜옹주가 한마디 회한도 설명도 남기지 않고 무서운 침묵 속에서 보냈던 일본에서의 수십년 생은 타협할 수 없는 환경과 사람들에 대한

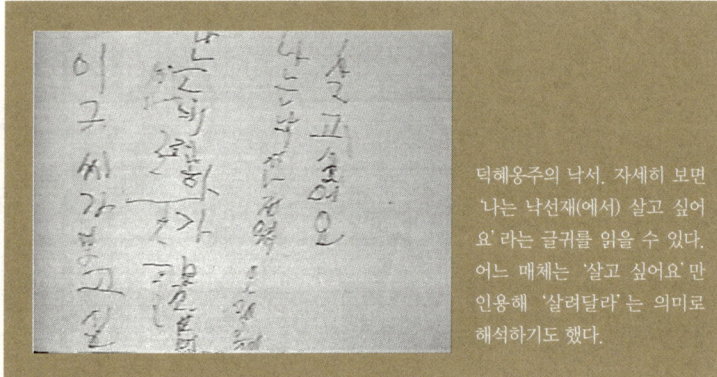

덕혜옹주의 낙서. 자세히 보면 '나는 낙선재(에서) 살고 싶어요'라는 글귀를 읽을 수 있다. 어느 매체는 '살고 싶어요'만 인용해 '살려달라'는 의미로 해석하기도 했다.

철저한 무시였는지 모른다. 그녀의 생은 소리 없는 흐느낌 같다. | 김유경, 《옷과 그들》 |

덕혜옹주는 가끔 순정효황후에게 문안편지를 썼다. 삐뚤삐뚤한 글씨로 써둔 알 듯 모를 듯한 낙서도 남아 있다. '나는 이구 씨가 보고 싶다' '나는 비전하(이방자)가 보고 싶어요' '나는 낙선재(에서) 살고 싶어요.' 덕혜옹주가 남긴 낙서의 일부분이다. 이방자는 병상에 누운 덕혜옹주를 향해 이렇게 말한 적이 있다.

"빨리 깨어나세요. 이대로는 너무나도 일생이 슬퍼요······."

귀국할 때만큼은 못했지만 덕혜옹주의 서거는 언론과 방송에 의해 크게 다뤄졌다. '비운의 생애' '마지막 황녀' 같은 제목들이 눈길을 끈다. 덕혜옹주는 아버지 고종 황제의 능인 홍릉 뒷편에 묻혔다.

극과 극의 평가를 받은 왕자
의친왕 이강

5장

거창에서의 독립운동이 사실이 아니라 해서 이강의 배일排日 의식을 의심한다거나 그의 독립운동을 인정하지 않는다는 뜻은 아니다. 안타까운 것은 이강의 생애에 대한 실증적인 연구가 너무나 부족하다는 점이다. 기본적인 연구는 도외시한 채 극단적으로 폄하하거나, 근거없는 정황이나 증언을 내세우며 영웅으로 떠받드는 이들을 종종 보게 된다.

불우한 탄생

 의친왕 이강李堈은 불우한 유년을 보냈다. 세 살 연상인 순종 황제는 정비 명성황후의 소생이어서 태어날 때부터 극진한 대우를 받았고, 스무 살 아래인 영친왕 이은은 이강을 제치고 황태자에 올랐다. 고종 황제의 환갑 때 태어난 덕혜옹주는 황제의 사랑을 한몸에 받은 금지옥엽이었다.

 반면 이강은 탄생부터 불우했다. 실록에는 이강의 출생에 대한 언급 자체가 없다. 순종 황제, 영친왕 이은, 덕혜옹주는 출생 당일 실록의 기록이 있다. 이러한 점으로 유추해보면 이강의 출생을 둘러싸고 어떤 암투나 곡절이 있었으리라는 생각이 든다.

 의화군 강堈은 상궁 장씨의 아들이었다. 강이 태어났을 때 명성왕후는 화가 나서 날카로운 칼을 들고 장씨의 거처로 가서 그 칼을 문지방에 꽂으며 큰 소리로 말하기를, "칼 받으라"고 하였다. 장씨는 본래 힘이 세어 한 손으로는 칼자루를 잡고 또 한 손으로는 문을 열고 밖으로 나갔다. 그는 땅에 엎드려 목숨만 살려 달라고 애걸하였다. 머리 흘

이강은 훤칠한 키와 잘생긴 용모로 민중의 사랑을 받았다.

어져 길게 드리워지고 얼굴은 가리워져 있었다.

명성왕후는 그가 가여운 생각이 들어 칼을 던져 버리고 웃으며 "과연 대전의 사랑을 받을 만하구나. 지금 너를 죽이지는 않겠다만 다시는 궁중에서 거처할 수 없다"고 한 후 역사力士를 불러 그를 포박하게 하였다. | 황현, 《매천야록》 |

《매천야록》에는 명성황후가 궁인 장씨에게 입에 담기 힘든 모진 고문을 가한 것으로 기록돼 있다. 황현은 "그 후 장씨는 그의 형제들에게 10년 동안 의지하고 살다가 그 상처로 인하여 죽고 말았다"고 썼다.

이강은 어디서 어떻게 태어났을까. 전하는 기록이 거의 없지만 이강의 딸 이해경은 그의 출생 일시와 장소를 구체적으로 전하고 있다.

　내 아버지 의친왕은 격동의 구한말인 1877년 3월 30일(정축년 2월 16일) 고종 황제의 다섯째 아들로 태어나셨다.
　태어나신 곳은 북부北部 순화방順化方 사재감司宰監 상패개 자하동에 있는 범숙의范淑儀(철종의 후궁이며 금릉위 박영효와 결혼한 영혜옹주의 생모)의 궁이었으며, 생모는 귀인貴人 덕수德水 장씨張氏이다.
　그러나 민비는 자신의 궁녀인 장 상궁이 고종 황제의 애기를 낳은 것을 알고, 이는 자신에 대한 장상궁의 크나큰 배신背信이라 생각해 장 상궁을 불러 칼로 찌른 후 애기와 함께 궁 밖으로 쫓아버렸다고 한다.
　이후 장귀인은 그때 입었던 상처로 10여 년을 고생하시다가 돌아가셨고, 아버지는 외가집에서 교육을 많이 받으신 외삼촌으로부터 학문과 서예를 배우면서 유년시절을 보내셨다고 한다. | 이해경, 《나의 아버지 의친왕》 |

　이해경 여사에게 그 출처를 이메일로 여쭤보았다. 여사의 얘기로는 "어머니 의친왕비께서 나에게 남겨주신 집안 계보에 나와 있는 기록"이라 한다. '소문'을 취한 듯한 황현보다는 이해경의 기록에 무게가 실린다. 그러나 이해경의 기록도 확실한 사실史實이라고 단정할 수는 없다.
　생모 장씨의 생몰연대도 불분명하다. 그러나 1906년 5월에서 1911년 11월 사이에 세상을 떠난 것만은 확실하다.[1] 이강을 낳은 뒤 적어도 30여 년 간은 생존해 있었던 것이다. 이강을 낳고 얼마 후에 세상을 떠났다는 기록은 사실과 다르다.

실록에 따르면 궁인 장씨는 이강을 낳은 지 무려 23년이 지나 겨우 숙원 칭호를 받았고, 그로부터 6년 후에 귀인으로 봉해졌다. 사후의 추존이 아니었다. 영친왕을 낳은 후 불과 이틀 후에 귀인으로 봉해졌던 엄 상궁(엄 황귀비)의 경우와는 너무 대조적이다. 이러한 점은 이강의 출생 자체가 실록에 기술되지 않았다는 사실과 함께 그의 출생이 매우 불우했다는 것과, 궁인 장씨가 박해를 받았다는 사실을 짐작케 한다.

보빙대사 활동 후 귀국

이강은 외가에서 자랐을 가능성이 매우 높다. 이강은 1892년 1월 28일(음력 1891.12.29) 의화군義和君에 봉해졌고 그해 9월 10일 관례를 받았다. 이때 만 15세였다. 완화군이 만 9세, 이은이 만 10세 때 관례를 받은 것을 감안하면 매우 늦은 편이다. 이강은 궁 밖에서 자라다가 뒤늦게 궁궐로 들어가 왕자의 대우를 받은 것으로 보인다.

이강을 궁으로 들이자고 한 사람은 명성황후였다고 한다. 세자(순종)의 몸이 병약해 후사後嗣가 걱정됐다는 것이다.

(……) 명성왕후는 세자에게 사속嗣續을 바라볼 수 없음을 한탄하고, 왕자 강堈이 아들을 낳으면 세자 대신 고종의 왕통을 잇게 하려고 하였으므로 강堈을 대할 때 예전보다는 조금 박대하지 않았다. 그것은 완화군을 대하는 것과는 각별한 것이었다. 그 후 신묘년(1891) 겨울에 명성왕후는 고종에게 강堈을 의화군義和君으로 봉하자고 권하였다.

| 황현, 《매천야록》 |

이강은 1893년 12월 6일(음력 10.29) 김사준金思濬의 딸과 길례吉禮를 맺었다. 이듬해 10월 3일(음력 9.5)에는 일본 보빙대사報聘大使로 임명되어 일주일 후 일본으로 떠났다. '보빙'이란 답례로 방문하는 일을 말하는데 일본에 무엇을 답례하기 위한 것인지는 실록에 기록되어 있지 않다.

황현의《매천야록》에는 청일전쟁의 강화조약을 체결하기 위해 떠난 것으로 나와 있다. 황현은 "일본 천황이 고종의 친왕자親王子를 보빙사로 보내기를 바랐으므로 이강이 그 명령을 받은 것"이라고 덧붙였다. 이강이 청일전쟁에서 승리한 일본을 축하하는 사절로 떠났다는 기록도 있다. 당시는 청일전쟁이 끝난 것은 아니었지만 일본이 한창 연전연승 중이어서 타당성이 있는 주장으로 보인다.

실록에는 이강이 40여 일 간 특사 활동을 한 것으로 기록돼 있다.

고종 31년(1894년) 10월 3일(음력 9.5)―일본을 답례 방문하는 대사大使 이준용李埈鎔이 글을 올려 교체시켜 줄 것을 청하니 지시하기를, "일본을 답례 방문하는 대사로 의화군 이강을 특별히 임명하여 보내어 두 나라 사이의 우호관계를 두터이 할 것이다."라고 하였다.

고종 31년(1894년) 10월10일(음력 9.12)―일본을 답례 방문하는 대사인 의화군 이강이 하직인사를 하였다.

고종 31년(1894년) 11월17일(음력 10.20)―일본에 답례 방문하러 갔던 대사 의화군 이강이 다녀온 보고를 하였다.

마지막 기사는 매우 중요한 의미를 지닌다. 이강의 행적을 다룬 상당수의 저술이 '이강이 보빙대사로 일본에 간 뒤 명성황후와 엄황귀비의 방해로 귀국을 하지 못했다'고 기술하는 오류를 범하고 있

이강은 고종 황제의 명을 받아 보빙대사로 활동했다. '보빙'이란 답례로 방문하는 일을 말한다.

다. 그러나 이강은 보빙대사 활동 후 별 일 없이 귀국해 국내에서 생활했다. 이미 이강을 불러들여 의화군으로 봉했던 명성황후가 그의 귀국을 방해했다는 것은 앞뒤가 맞지 않는 얘기다.

이강의 생애를 추적하다 보면 의아한 생각이 들 정도로 인과관계가 설명되지 않는 행적을 많이 보게 된다. 1895년 10월 8일(음력 8.20) 명성황후가 시해됐을 때 이강은 궁 밖으로 피신하는 기이한 행적을 보인다.

암살 다음날 왕의 둘째 아들인 의화군義和君이 우리 집에 피난해도 좋을지를 물어왔다. 우리 집은 미국의 재산이었기 때문에 그가 체포를 면할 수 있는 곳이었다. 공사관들은 고관들의 피난처로 가득 찼으며, 몇 명은 조선말로 '사랑방'이라고 부르는 객실에 머무르고 있었다. 우리는 물론 젊은 왕자를 기쁘게 맞이했으며 그에 대한 우리의 호의를 증명할 좋은 기회를 갖게 된 것은 기뻐했다. 이 피난민들이 있었기 때문에 우리는 의사擬似 정부에 의해 계속 감시받는 영광을 얻었으며 우리의 집은 매일 밤낮으로 모든 출구에서 스파이의 감시를 받았다.

| 릴리어스 호톤 언더우드, 〈상투의 나라〉|

이때의 급박한 상황과 이강의 도피는 의친왕비의 증언에서도 드러난다.

별안간 난리가 났으니 달아나야 한다고 해서 정감(궁에서 일하는 사람)이 이끄는 대로 담으로 갔는데, 이 담을 뛰어넘어야 한다면서 정감은 나를 담 위에 올려놓고 자기는 훌쩍 담을 뛰어 넘은 다음 땅에 엎드리면서 날더러 자신의 등에 뛰어내리라고 하는 게야. 그 사람이 남자인데 어떻게 사나이의 잔등을 밟고 뛰어내릴 수가 있겠니. 그래서 그 옆의 맨땅에 뛰어내렸는데 나중에 살펴보니 바로 그 옆에 커다란 바위가 있었고, 만약 그 바위 위에 떨어졌더라면 나는 죽었을 게다. | 이해경, 〈나의 아버지 의친왕〉|

경복궁이 아수라장으로 변하고, 고종의 안위조차 안심할 수 없는 상황이긴 하지만 한 나라의 왕자가 부왕父王을 저버린 채 외국인의 집으로 도피했던 까닭은 무엇이었을까.

유럽 순유는 없었다?

또 다른 의문점은 명성황후가 시해된 지 불과 닷새 후에 이강이 '특파대사'로 임명됐다는 사실이다. 고종실록의 일부분이다.

1895년 10월 13일(음력 8.25)―의화군義和君 이강李堈을 특파대사特派大使로 임명하는 동시에 영국, 독일, 러시아, 이탈리아, 프랑스, 오스트리아 각국을 답례 방문하라고 지시하였다.

당시는 을미사변으로 친일내각이 들어선 상황이었다. 고종 황제의 권력도 이전보다는 미약했다. 그렇다고 이런 결정에 고종 황제의 의중이 전혀 반영되지 않았다고는 생각되지 않는다. 특파대사 임명이 을미사변과 어떤 관계가 있는지, 또 이강이 고종 황제로부터 무슨 지시를 받았는지는 알 수 없다.

이때부터 '이강'이라는 이름은 고종실록에서 한동안 사라진다. 그의 행적이 묘연하다는 뜻이다. 실록에 나와 있는 대로 이강은 특파대사로 임명된 후 앞서 언급된 여러 나라를 순유한 것으로 알려져 있다.

그러나 방문국에서의 일화나 행적 같은 것은 밝혀진 게 전혀 없다고 볼 수 있다.[2] 그리고 그가 특파대사 활동을 언제 끝냈는지, 또 언제 귀국했는지에 관한 기록은 실록에서 찾을 수 없다. 이강이 일본 보빙사 시절 찍은 사진은 전해오지만 유럽 순유 중에 찍었다는 사진은 발견할 수 없었다.

이강의 생애를 다룬 거의 모든 기록은 그가 유럽 6개국을 순방하고 귀국한 것으로 서술하고 있다. 《한국인명대사전》(1967년)에 기록

사모관대를 한 이강. 소년티를 벗지 못한 모습이다.

된 이강의 행적을 의심 없이 받아들였기 때문인 듯하다. 그러나 《한독수교 100년사》의 연표에는 "구주 6개국 보빙대사 이강 공公이 중도에 사임함"이라는 기록이 있다.

이 연표는 이강이 사임한 날을 '1895년 11월 25일'이라고 명시했다. 특파대사로 임명된 지 40여 일 만에 순유 자체가 무산된 것이다. 설령 이강의 사임이 유럽으로 출발한 후 이뤄졌다 하더라도 당시 교통사정상 유럽까지 도착하지는 못했을 듯하다.

이강이 1896년 봄 서울에 머물고 있었다는 기록도 유럽 순유가 없었을 가능성을 뒷받침한다.

다음해(1896) 봄에 언더우드 씨는 조선의 둘째 왕자(이강)를 수행해 일본을 거쳐 미국으로 가라는 요청을 받았다. 그가 기독교인 가정 교사들의 지도를 받아 대학을 준비하거나 군대 훈련을 받기 위해 미국에 간다는 것은 좋은 생각이었다. 내 남편은 이 계획이 장차 조선에 미칠 중요성을 인식했기 때문에 기꺼이 그 임무를 받아들였다. 모든 절차는 조선 정부가 밟았으며 언더우드 씨는 왕의 뜻을 정확하게 지시받았다. 우리가 집을 떠나던 날부터 어느 곳에 가든 스파이가 우리를 따라다녔다는 것은 한편 놀랍고 화나는 일이었다. 언더우드 씨가 일본에 있는 몇몇 양반들에게 보내는 편지는 매우 조심스럽고 비밀스럽게 보냈지만 수취인이 받아 보기도 전에 스파이들이 먼저 읽었다. 우리들은 어디서나 미행 당했으며, 그들이 우리가 묵고 있는 방 바로 아래층에서 묵고 있다는 것을 알고는 오싹하는 즐거움을 느끼기도 했다.

(……) 그렇지만 우리는 양심에 거리끼는 일이 전혀 없었으므로, 그들의 무례에 대한 분한 마음을 제쳐두고 오히려 탐정놀이를 즐겼다. 우리는 확실히 그 탐색 작전 속에서 장난기 있는 즐거움을 택했다. 탐정들은 의심할 것도 없이 그들 국가의 이익을 고려하여 왕자를 일본에 머무르게 하려 하고 있었다. 그러나 왕의 명령이 확고부동하다고 이해했을 때는 더 이상의 곤란은 없었으며, 미국 행에 관련하여 오랫동안 바라던 왕실의 목적이 성취되었다. 그러나 우리의 힘으로는 어쩔 수 없는 영향력이 행사되어 최근에까지 우리는 알지도 못하는 사이에 가톨릭 통역관이 수행하여 미국으로 갔다. 그리하여 언더우드 씨가 미국에 가면 왕자를 위해 해줄 계획과 희망들은 실망으로 끝을 내렸다.

| 릴리어스 호톤 언더우드, 《상투의 나라》 |

정확한 출발 일시를 알 순 없지만 이강이 일본을 거쳐 미국으로

떠난 것만은 확실하다. 언더우드의 진술이 그만큼 정확하다는 뜻이다. 서재필이 발행하던 〈독립신문〉[3]에는 1896년 7월경 '의화군이 동경에서 신호 근처로 피서를 갔다'는 기록이 있다. '신호'는 일본 고베神戶를 말한다. 〈독립신문〉은 또 이강이 1897년 1월 말 일본을 떠나 미국으로 간다고 전하고, 같은 해 8월 19일에는 이렇게 보도했다.

의화군 전하는 무사히 화승돈(워싱턴)에 득달하셨는데 미국 신문지에들 말하기를 의화군 전하를 암살하려는 사람이 조선에서 미국에 가서 있다고 미국 정부에서 별노히(특별히?) 전하를 호위하여 드린다니 이것은 아마 거짓말인 줄로 우리는 아노라.

〈독립신문〉의 기사를 통해 이강의 행적을 추적해보자. 1898년 3월 31일 〈독립신문〉은 부끄러운 기사를 싣고 있다.

의화군 전하께서 지금 미국에 계신데 여비가 결핍하여 미국 있는 일본 공사에게 600원을 꿔 쓰셨다니 미국에 있는 대한 공사는 어찌 모르는 체하고 다른 나라 공사가 그 여비를 꿔드리게 하였는지 우리는 알 수 없더라.

이강이 미국 내 일본 공사관에서 돈을 빌렸다는 것이다. 이유야 어찌됐든 일국의 왕자로서 품위에 어긋난 행동임에 틀림없다. 그해 5월 28일자에는 이강이 곧 환국한다는 기사가 있고 6월 21일자에는 그가 이미 일본에 와 있다는 기사가 실려 있다.

1899년부터 이강의 행적은 뚜렷해지기 시작한다. 《매천야록》 광무 3년(1899) 기사에는 "의화군 이강의 유학비 2,000원을 일본으로 보냈다"는 기록이 있다. 황현은 이 기사 바로 밑에 이렇게 썼다.

> 황자皇子 이은이 조금 장성하여 엄귀인(엄 황귀비)은 바라는 꿈이 있으므로 제귀인諸貴人들은 김영준金永準, 민병선閔秉璇 등과 함께 이강에게 붙어 (고종에게) 누차 귀국을 간청하였다. 그러나 고종은 왕실에게 무슨 화가 일어날까 싶어 아직 체류하고 있으라고 잇달아 하명하였다. |황현, 《매천야록》|

이 기록은 맥락을 모르는 이가 읽으면 이해하기 어렵다. 부연 설명하면 이은을 황태자로 책봉하려는 엄 황귀비의 야심을 견제하기 위해 다른 귀인들이 몇몇 신하들과 함께 고종 황제에게 이강의 귀국을 간청했다는 뜻이다. 황실의 화를 두려워한 고종 황제가 이강에게 일본에 체류할 것을 명한 것은 엄 황귀비의 의사가 반영되었음이 틀림없다. 이때부터 엄황귀비에 의해 그의 귀국이 지연되고 있는 것이다.[4]

황현의 기록에 따르면 이강은 1900년 6월(음력) 다시 미국으로 떠났다. 이강은 그해 8월 17일 '의친왕'으로 진봉進封되었다. 그가 처음 적을 둔 곳은 오하이오 주 델라웨어 시의 웨슬리안대학교였다. 그가 미국의 수많은 대학 가운데 하필 웨슬리안대학교에 진학하게 된 것은 고종 황제의 신임을 받았던 미국 공사관 서기관 앨런과 관련이 있다.[5]

이강은 당시 버지니아 주 로아노크Roanake대학에 다니던 동포 유학생 김규식金奎植과 친분을 맺었다. 김규식은 훗날 대한민국 임시정부에서 활약하며 독립운동가로서 이름을 알린다. 로아노크대학교 도서관에는 이강과 김규식이 함께 찍은 사진이 소장돼 있다. 이 사

이강과 독립운동가 김규식. 앞줄 중앙이 이강, 뒤에 선 이가 김규식이다.

진은 1996년 이해경이 아버지에 관한 자료를 찾기 위해 로아노크대학을 방문했을 때 찾아내어 세상에 알려졌다.

이해경은 "그 사진을 보는 순간, 내가 해방 후 사동궁에서 환국한 김구金九 주석과 긴규시 선생이 임시정부 각료 일동과 함께 아버지를 찾아와 문안인사를 드리는 것을 목격한 사실이 새삼스럽게 뇌리에 떠올랐다"고 썼다.

사진 설명[6]에 기록된 일시와 장소는 '1901년 3월 20일 버지니아 주 샐럼Salem'으로 되어 있다. 이 날짜와 장소가 정확하다면 이강은 자신이 다니던 오하이오 주 웨슬리안대학에서 버지니아 주의 로아노크대학까지 일부러 김규식을 찾아간 셈이 된다.

미국 지도를 펼쳐보면 오하이오 주와 버지니아 주 사이에 웨스트 버지니아 주가 자리잡고 있다. 오하이오와 버지니아의 거리는 어림잡아 한반도를 종단하는 거리보다 멀게 느껴진다. 이강은 왜 그곳까지 김규식을 만나러 간 것일까. 이유는 알 수 없다. 단순한 격려 차원이거나 혹은 항일의식과 관련된 그 이상의 의도가 있었는지도 모르겠다. 이강은 1902년 LA를 방문해 도산 안창호安昌浩에게 '미국에 있는 우리나라 사람들의 복지를 위해 써달라'며 금일봉을 전달했다고 한다.

1903년 6월 10일 저녁 이강은 델라웨어의 한 공원에서 백인 청년들에게 폭행을 당했다. 백인 청년들은 "중국놈을 죽여라."하고 소리치며 달려들어 이강을 무차별로 폭행했다. 백인우월주의자들의 소행이었다. 실신한 이강은 다음날 겨우 의식을 되찾았고 이후 꼬박 사흘 동안 자리에서 일어나지 못했다. 대한제국 조정은 외교경로를 통해 미국 정부에 항의했다.[7]

이강은 이 사건 이후 로아노크대학으로 학적을 옮겼다고 전해진다. 이해경은 "아버지는 백인 청년들에 의한 구타사건 이후 학교를 버지니아 주 로아노크대학교로 옮기셨고, 여기에서 당시 로아노크대학교에 재학 중이던 김규식 선생을 만나게 되셨다고 한다"고 쓰고 있다. 그러나 이미 밝혔듯이 이강은 이 사건 이전에 김규식을 만나 친분을 맺고 있었다. 물론 앞서 말한 '사진 설명'이 정확하다는 전제하에서 성립되는 추론이다.

역모에 연루되다

이강은 미국에서 많은 화제를 뿌렸다. 황실의 전통이 없는 미국인들은 훤칠한 동양의 왕자를 호기심에 가득찬 눈으로 바라봤다. 때로는 선정적인 허위 보도도 많았다. 전 〈조선일보〉 논설고문 이규태李圭泰에 따르면 1903년 3월 1일자 〈뉴욕 헤럴드〉에 이강의 '놀라운 성명'이 보도되었다고 한다. 이강이 "미국민의 자유와 미국의 독립에 매혹되어 조국 왕관을 포기한다. 국외생활 자유를 위해 왕실이 지워준 책임을 모두 포기한다"는 성명을 발표했다는 것이다.

이규태는 "그렇게 마음을 먹게 한 배경으로 같은 대학에 다니는 활달하고 명랑한 앤지 글라함이란 여대생과의 염문을 장황하게 들고 있다"고 썼다. 그러나 이강의 '성명'은 전혀 사실무근이었다. 이같은 선정적인 보도의 배경에는 이강이 책임질 부분도 있다. 1964년 2월 23일자 〈한국일보〉는 '60년 만에 햇빛 본 의친왕의 외유 일화'라는 제목의 기사를 실었다. 이 기사의 전문前文은 이렇게 시작된다.

> 의화군 이강義和君 李堈이 약 60년 전 도미 유학하였을 때의 일화가 한 미국인 할머니가 오랫동안 간직해 온 미국 신문의 기사로 밝혀졌다. (……) 이 신문은 '네브래스커' 주 '프레몽'에서 발간된 1907년 8월 2일자 〈프레몽·이스트·포스트〉지. '로버터스·러브' 기자가 쓴 이 기사는 한 '페이지'의 절반을 차지한 긴 기사로 그 당시의 '의화군'의 시국관과 '로맨스' 등을 소상하게 소개한 것이다. | 1964년 2월 23일자, 〈한국일보〉|

다음은 〈프레몽·이스트·포스트〉의 기사를 요약한 〈한국일보〉의 보도 내용이다. 먼저 이강의 '연애 사건'과 관련된 것이다.

그의 첫 번째 연애는 '한국적인 풍습'과는 아주 다른 남녀공학을 하는 '웨슬레이언' 대학에서 공부할 때 일어났다. '웨스터·버지니어' 주 '필링' 시 출신의 미모 여학생 '앤지·그레함' 양이 상대였다. 목사의 딸인 '그레함' 양과는 그녀의 집을 몇 번 찾아다녔고 약혼설까지 났지만 이 동양 출신의 왕자에게 쏠리는 여학생들의 관심과 의중의 여인과 가깝다 하여 분통이 터진 한 농촌 출신의 대학생이 '의화군'과 한판을 벌여 왕자가 기절을 한 사건이 벌어졌다.

이 사건은 마침내 '워싱턴' 주재 한국 공관이 국무성에 항의하여 미국 정부가 유감의 뜻을 표하기에 이르렀으나 왕자는 그곳을 떠날 수밖에 없어 '로아노크' 대학으로 전학하여 끝이 났다.

두 번째 '로맨스'는 '오하이오' 주 '델러웨어'에서 일어난 일. 모자 가게의 '클라라·번'이라는 미모의 처녀였다. '의화군'은 매일 극장표와 '캔디' 등을 선사했고 그녀가 '신시네티'의 본가로 가자 비서를 데리고 그곳까지 따라갔지만 '번' 양이 '조선'보다 '오하이오'를 택했기 때문에 두 번째 '로맨스'는 끝장이 났다.

그 다음 번도 '버지니아'에서 생긴 일. '마운틴·레이크' 공원에서 만난 17세의 '메리·버븐스' 양이었다. 그녀는 '의화군' 대하기를 왕실의 존엄에 구애받지 않고 평범한 미국 청년을 대하듯 했다. 그녀는 '의화군'과 함께 등산을 하기도 하여 한때 많이 걸어 보지 않은 '의화군'은 발바닥이 부르트기도 했다. 그러나 그녀는 끝내 '조선의 왕후'가 되기를 꺼려 실연失戀으로 끝났다. | 1964년 2월 23일자, 〈한국일보〉 |

백인 청년들의 구타 사건을 애정을 둘러싼 '결투'로 혼동하고 있는 등 〈프레몽·이스트·포스트〉의 기사에는 부분적인 오류가 있다. 그러나 이강이 미국 여성들과 염문을 뿌린 것은 사실이다. 특히 '앤지 그레이험'과의 연애는 다른 신문에도 보도될 만큼 유명했던 모양이다.

일부 연구가들은 이강의 여성 편력과 방탕한 삶에 대해 '망국의 한'이나 '생모의 불행한 죽음'과 결부시켜 설명하기도 한다. 이강을

1964년 2월 23일자 〈한국일보〉에 실린 이강의 외유일화.

마의태자에 비유하는 사람도 있다. 그러나 이강이 미국에서 유학하던 기간은 을사늑약 이전이었다. 망국의 그림자가 다가오긴 했지만 나라를 빼앗기지는 않은 상태였다. 생모 장 귀인도 엄연히 살아 있었다. 그런 상황에서 이강이 올바른 처신을 하지 않았던 측면을 간과할 수는 없다. 과장이 섞여 있다고 생각되지만 이강의 사치스러운 생활도 〈프레몽 · 이스트 · 포스트〉에 의해 크게 다뤄졌다.[8]

미국 유학 시절, 이강은 본의와는 상관없이 역모 사건에 연루되기도 했다. 발단은 1895년까지 거슬러 올라간다. 갑신정변(1884년) 실패 후 일본에 망명했던 박영효가 갑오개혁(1894년)으로 사면을 받고 귀국해 1894년 말 김홍집 친일내각의 내부대신이 됐다. 박영효의 주선으로 1895년 한국인 청년 21명이 일본 육군사관학교 11기생으로 입교했는데 이 유학생들이 쿠데타의 주역이었다.

유학생들이 입교한 뒤 정세는 급변했다. 박영효는 그해 반역 사건으로 재차 일본에 망명했다. 을미사변(1895년) 후 친일내각은 무너지고 박영효의 주선으로 육사에 들어갔던 유학생들까지 '친일분자'로 몰렸다. 이들은 1899년 육사를 졸업했지만 대한제국으로부터 버림받은 신세로 전락했다. 조국에서의 임관은커녕 귀국도 기대하기 어려웠다. 이들은 도쿄에서 생활고를 겪으며 울분의 나날을 보내게 된다.

1900년 10월 육사 11기 출신 청년 장교 15명이 모여 비밀결사 '일심회一心會'를 결성했다. 이들은 보수정권 타도를 결의하며 '혁명혈약서'를 낭독했다.

　一. 대황제폐하를 폐廢한다.
　一. 황태자전하를 폐한다.
　一. 의친왕전하(이강)로 그 위位를 대신한다.
　一. 망명 중인 국사범國事犯으로 정부를 조직한다.
　一. 만약 이 일이 누설되면 전원 자결한다.

| 이기동, 《비극의 군인들》 |

그러나 이들의 결의는 점차 퇴색되었다. 먼저 귀국했던 일부 동기생들이 민영환閔泳煥의 노력으로 무관학교 교관으로 임관했고, 나머지 일심회 회원들도 1902년 초까지 모두 귀국해 일자리를 얻었다. 그런데 이들이 '혁명 자금'을 마련하는 과정에서 접촉했던 한 인물이 쿠데타 계획을 조정에 밀고하면서 일심회의 음모가 발각됐다. 이 사건은 주동자 세 명이 처형되고 마무리됐지만 이강의 입지를

압박하는 계기가 됐다. 이기동은 "이 때문에 (고종) 황제가 받은 충격은 컸다"며 "황제는 의친왕을 제쳐놓고 영친왕을 차대次代의 황저皇儲(황태자)로 생각하게 되었다"고 썼다.

이토 히로부미의 계략

1904년 2월 러일전쟁이 발발하자 이강은 한반도의 운명을 결정지을 전쟁의 추이에 깊은 관심을 갖게 된다. 〈프레몽·이스트·포스트〉의 보도에 따르면 이강은 미국에서 기자회견을 열고 이렇게 말했다고 한다.

> 조선에 관한 한 나로서는 현재 벌어지고 있는 노일露日전쟁이 그 운명을 결정지을 것이라고 말할 수밖에 없다. 나 개인으로서는 이번 노일 간의 분규에 일본의 편을 들고 싶다. 이것은 대다수의 한국인의 생각이라고 본다. 따라서 일본이 승리하기를 바라고 그래야만 조선이 제국으로 계속될 것이다. 만일 내가 제위에 오르면 지금과는 완전히 다른 정부를 조직할 생각을 갖고 있다. 조선은 더 서구문명에 동화되어야 한다. 모든 부문에 개혁을 해야 하고 교육의 보급이야말로 정부가 그 노력을 경주해야 할 제1의 분야이다. | '60년 만에 햇빛 본 의친왕의 외유일화', 1964년 2월 23일자, 〈한국일보〉 |

전쟁이 일본의 승리로 기울어지던 1905년 2월, 이강은 귀국을 위해 일본으로 건너왔다. 1905년 2월 16일자 〈대한매일신보〉는 '의친왕이 부산에 도착하였다는 풍설이 낭자하지만 지금까지 일본에 체류하고 있고 회국할 기약은 요원하다'고 적고 있다. 엄 황귀비의 귀국 방해가 계속된 것이다.

광무 9년(1905년) ─의친왕 이강이 미국에서 일본으로 돌아와 곧 귀국을 하려고 하였으나, 엄비는 이근상李根湘을 일본으로 보내 은전 300만 원을 그에게 주고 그곳에서 체류하게 하였다. | 황현, 《매천야록》 |

일제는 그해 11월 강압적으로 '보호조약'을 체결했다. 이른바 '을사조약'이다. 고종 황제는 일제의 강압적인 태도에 분노했고, 조약 체결의 주도자인 이토 히로부미에게 배신감을 느끼게 되었다. 이기동에 따르면 고종 황제는 이전까지 이토 히로부미에게 호감을 가지고 있었다고 한다.

고종 황제와 이토 히로부미는 서로를 견제하기 시작했다. 이토 히로부미는 일본에 머물고 있는 이강을 주목했다. 이기동은 "그(이토 히로부미)는 최근 사이가 나빠진 고종 황제를 견제하고 위협할 수 있는 비책을 생각하고 있었다"며 "마침내 그는 의친왕의 존재를 생각해내고 그를 이용하려 했다"고 썼다.

1906년 3월 2일 이토 히로부미가 조선통감으로 부임해 한국에 왔다. 이때 이토 히로부미는 고종 황제에게 이강을 귀국시키자고 건의했다. 황현은 "이등박문이 의친왕 강 및 망명한 국사범들을 소환하자고 간청하였으나 고종은 가부를 말하지 않았다"고 쓰고 있다.

고종 황제의 재가를 받은 것인지 아닌지는 알 수 없지만 얼마 후 이강이 귀국했다. 이때부터 이강은 '이상한' 행적을 보이기 시작한다.

광무 10년(1906년) ─3월(음력), 의친왕 이강이 귀국한 후, 통감부에 있으면서 잠시도 이등박문과 떨어져 있지 않았다. 그리고 근친觀親할 때는 이등박문과 함께 고종을 알현하였으나 그는 본궁으로 돌아가지 않았다. 이강이 일본에 있을 때, 어떤 자객을 만나 겨우 죽음을 모면한 적이 있었다. 이때 어떤 사람들은, 그것이 엄비의 지시였다고 하였다. 그러므로 그가 귀국한 후에는 그런 불상사를 주밀하게 예방하였다.

(……) 그리고 이때 일본에서는 관병식觀兵式이 있어 이등박문이 장곡천長谷川(하세가와)과 함께 귀국(도일)하자 이강도 그들을 따라갔다. 14일 왔다가 25일 떠난 것이다. 10년 만에 귀국하였다가 겨우 10일 정도 머물다가 떠났으므로 사람들은 더욱 이상하게 생각하였다.

| 황현, 《매천야록》 |

《매천야록》에 기록된 일시를 양력으로 환산해보면 이강이 4월 7일 일시 귀국했다가 4월 18일 다시 일본으로 돌아간 것을 알 수 있다.

실록에는 이강이 4월 8일 대한제국 육군 부장에 임명되고, 4월 9일 '대훈위 금척 대수 훈장大勳位金尺大綬勳章'을 받은 것으로 기록돼 있다. 그리고 4월 15일 고종 황제는 이강에게 "일본에 가서 열병식에 참가하라"는 지시를 내렸다. 이 열병식은 단순한 분열 행진이 아니었다. 러일전쟁의 개선을 축하하는 대대적인 전승戰勝 행사였던 것이다. 이강을 육군 부장에 임명한 것도 열병식에 참여시키기 위함이 아니었나 생각된다.

이기동은 이 모든 일들의 배경에는 이토 히로부미의 농간이 자리 잡고 있다고 설명한다.

이토는 옛 일본공사관 가까운 곳에 저택邸宅을 마련하여 그(이강)의 숙소로 제공했을 뿐 아니라, 헌병순사로 항상 경호하게 했다. 게다가 4

월 초순 이토는 의친왕을 육군부장에 임명하여 군부참모관軍部參謀官에 보직시킬 것을 황제께 요구하여 이를 관철시켰다. 동시에 의친왕에게 상당한 자산을 내려줄 것도 아울러 요청했다. 이 때문에 황제는 신경이 날카롭게 되고 불안한 마음까지 생기게 되었다. 이토 통감에 대한 황제의 불만은 이제 증오심으로 화하였다. | 이기동, 《비극의 군인들》 |

4월 18일 다시 도일한 이강은 4월 30일 이토 히로부미와 함께 이른바 '육군 개선凱旋 대관병식'에 참석했다. 이강은 여러 가지 사정이 겹쳐 관병식 참석 후 바로 귀국하지 못하고 수개월 동안 일본에서 체류하게 된다.

이강과 이토 히로부미가 일본에 있는 동안, 기묘한 일이 벌어졌다. 몇 마디로 간단하게 설명할 수 없는 사건이라 《비극의 군인들》을 토대로 재구성하고자 한다.

시종무관 어담魚潭은 이강의 수행원으로 동행한 인물이다. 어담은 이강의 체류 기간이 길어지자 일본 유학 시절 신세를 졌던 육군 대좌大佐 우쓰노미야宇都宮를 찾아갔다. 어담은 일본 육사 11기 출신이다. 우쓰노미야 대좌는 어담에게 육군대장 고마다兒玉를 소개했다. 고마다는 어담에게 편지 한 장을 내밀었는데 놀랍게도 고종 황제의 밀서였다. 고마다 대장이 한국 통감이 되어 부임하길 바란다는 내용이었다. 일본 군부는 문관文官인 이토 히로부미를 견제하는 상황이었다. 밀서의 내용은 현재 통감인 이토 히로부미를 쫓아내고 새 통감을 들이고 싶다는 말이나 다름없었다. 고마다는 어담에게 고종 황제의 밀서를 이토 히로부미에게 보여주겠다고 말했다.

어담은 큰일났다고 생각했다. 어담은 황제의 밀서가 마음에 걸려 귀국을 서둘렀다. 먼저 귀국하겠다는 의사를 전했더니 이강과 이토 히로

대한제국 육군부장 복장의 이강. 안타깝게도 육군부장 임명은 이토 히로부미의 진의에 의한 것이었다. 이강은 이 복장으로 러일전쟁 승리를 축하하는 열병식에 참석한다.

부미는 두 말 없이 허락했다. 어담은 귀국하자마자 고종 황제를 배알하고 밀서 이야기를 꺼냈다. 고종 황제는 격한 어조로 이렇게 말했다.

고마다 대장에게 이노飯野(밀서의 전달자)를 보낸 것은 대장 쪽에서 요구가 있었기 때문이다. 여기에는 충분한 증거가 있다. 종전 같으면 무슨 일을 해도 먼저 이토에게 통지하였겠지만, 약속을 어기고 짐의 뜻을 유린하여 독단적으로 행하는 자에게는 이제 나로서도 조금도 의리를 지킬 필요가 없다. | 이기동, 《비극의 군인들》 |

고종 황제의 이야기는 고마다의 말과는 정반대였다. 어담은 누구의 말이 진실인지 알 수 없었다. 여기까지가 재구성한 내용이다.

6월 하순 이강과 함께 서울로 돌아온 이토 히로부미는 28일 오후 급히 고종 황제를 배알하고 '궁금宮禁의 숙청肅淸'을 건의했다. 이기동은 이것이 이토 히로부미의 반격이라 설명한다.

(궁금의 숙청이란) 말하자면 황제의 사생활을 단속하겠다는 것이었다. 황제의 윤허가 미처 내리기도 전에 통감은 이날 밤 다수의 일인日人 경찰 헌병을 대궐로 끌어들여 황제의 신임이 두터운 내시內侍들을 일제히 몰아낼 뿐 아니라 대궐 출입자를 엄격히 통제하게 했다. 황제는 사실상의 포로 신세가 되었다. (……) 필자는 이것을 이토 통감의 황제에 대한 반격으로 생각하고 싶다. 이토는 외무대신이 주최한 연회 석상에서 틀림없이 황제의 친서를 보았을 것이다. 그 순간 충격이 컸을 것은 상상하기 어렵지 않다. 결국 이토는 이런 일이 황제 주변을 싸고도는 내시라든지 점장이들의 소행일 것으로 보았음직하다. | 이기동, 《비극의 군인들》 |

사견이지만 고종 황제가 거짓말을 했을 것 같지는 않다. 다시 말하면 고마다가 먼저 '황제의 밀서'를 요구했을 것이라는 뜻이다. 그렇게 가정한다면 다음과 같은 두 가지 시나리오가 가능해진다.

이토 히로부미는 고종 황제를 함정에 빠지게 하기 위해 계략을 꾸민다. 이토 히로부미는 고마다에게 요청해 황제의 밀서를 받아내게 한다. 그리고는 이를 위협 도구로 삼아 고종 황제의 측근을 제거한다. 이것이 첫 번째 시나리오다.

두 번째는 고마다가 독단적으로 고종 황제의 밀서를 요청했을 것이라는 추정이다. 고마다는 이토 히로부미를 견제하고 그에게 정치적인 타격을 가하기 위해 고종 황제의 밀서를 받아내기로 계획한다. 밀서의 내용을 일본 정계에 흘리면 이토 히로부미가 한국 내에서 신망을 잃고 있다는 사실을 입증하게 되고, 고마다는 어렵지 않게 자신의 목적을 달성하게 된다. 만일 이러한 추측이 맞다면 그의 목적은 실패하고 이토 히로부미에게 반격의 빌미만 제공하게 된 것이다.

신변의 위협

측근이 제거되어 '포로 신세'나 다름없는 생활을 하고 있던 고종 황제의 모습은 《매천야록》에도 묘사돼 있다.

이등박문이 대궐문으로 병력을 파견하여 무당들과 대소 관원들의 출입을 막고 통감부에서 발행한 출입표가 없으면 들어가지 못하게 하므로, 이 궁금宮禁으로 인하여 대궐이 쓸쓸하기 시작하였다. 고종은 덜렁하게 혼자 앉아 사람을 볼 수 없었으므로 두려움을 느껴 울었고, 눈에는 모두 종기가 나 있었다. (……) 고종은 의친왕 강을 불렀으나 강은 병을 칭하여 가지 않자, 그 다음날 고종은 김덕수金德秀의 산정山亭으로 가서 술을 많이 마시고 돌아왔다.

그런데 이강은 왜 이와 같은 일련의 과정에서 이토 히로부미의 의도대로 움직였을까. 이강은 신변의 위협을 상상 이상으로 심각하게 받아들였던 것은 아닐까.

(……) 아버지는 무슨 이유 때문인지 귀국하시던 날, 궁으로 오지 않으시고 이현泥峴에 있는 청수제일은행 근처 여관에 묵으셨다고 한다. 그리고 그 후에도 아버지는 그 여관을 자주 왕래하셨는데, 그곳에서 아버지를 해치려던 자객이 붙들리기도 했다고 전한다.
몇 년 전 어느날 황재경[9] 목사님(이분은 아버지와 각별한 친분이 있으셨는데, 아버지께서 이 분을 수양아들로 삼으셨다고 알려지기도 했다)을 만났을 때, 아버지에 대하여 여쭈어 보았더니, 아버지께서 14번이나 시해를 당하실 뻔했다고 말씀해 주셨다. 그때서야 비로서 나는 왜 아버지가 항상 권총을 휴대하고 다니셨는지 알 수 있게 되었다. | 이해경, 《나의 아버지 의친왕》|

어떤 이유에서든 이강이 일본인들과 긴밀한 관계를 맺고 있는 것처럼 보이는 것은 그에게도 좋을 것이 없었다. 동포들도 이강의 그런 모습을 안타깝게 바라보았다.

의친왕 전하께서 환국한 후에 진고개 일본인 청수태길씨 집에 사처를 정하시고 일본 헌병이 보호하였다 하니 당당한 대한제국 대황제 폐

궁중복식을 한 이해경. 이강의 5녀로 《나의 아버지 의친왕》이 라는 책을 썼다.

하의 차자로서 십여년을 외국에 유람하시다가 환국하셨으니 내황제 폐하 성념에 사랑하심이 일층 더하실 터이요, 황족 중에서도 환영할 마음이 있을 터이요, 또한 신민이라도 경애치 아니할 자 없거늘 저 일본 사람의 사가에 해처를 정하시고 일인의 보호를 받으니 우리 한국 인민된 자 뉘 상심하고 탄식할 바 이 아니리오. 어찌하여 본국 경관은 보호하지 못하며 또한 황실 중에 유하실 만한 궁실이 없었으리오. 생각이 이에 이르매 상심됨이 마지 아니 하도다. | 1906년 5월 20일자, 〈공립신보共立新報〉| [10]

이강은 그해 9월 25일 다시 도일했다. 또다시 신변의 위협을 느꼈던 듯하다. 이강은 15개월 가량 일본에서 체류하다가 1907년 12월 8

일 서울에 입성했다. 이강은 이튿날 고종 황제를 폐현陛見했다.

이강이 신변의 위협으로부터 어느 정도 벗어난 것은 이 무렵이었다. 그 사이 고종 황제의 퇴위(1907.7.20), 이은의 황태자 책봉(1907.8.7) 등 여러 가지 문제가 일단락됐다. 이강은 1908년 1월 12일 다시 서울을 떠나 일본에 체류하다가 2월 28일 완전히 귀국하게 된다. 황현은 이때 이강이 일본 여자와의 사이에서 낳은 세 살배기 아이를 데리고 귀국했다고 기록했다.

1909년 10월 26일 안중근安重根 의사가 이토 히로부미를 저격했다. 그의 죽음으로 대한제국 조정이 들썩였다. 10월 28일 이토 히로부미에게 문충공文忠公이라는 시호가 내려졌다. 그 이튿날에는 이강을 조문 사절로 보내자는 결정이 내려졌다. 이강은 조례弔禮 대사로 임명돼 이날 출발까지 했지만 일본은 급히 전보를 보내 이강의 방문을 사양했다. 그래서 대한제국은 궁내부 대신 민병석을 사절로 보냈다.

이 무렵 이강이 경남 거창에서 의병 근거지를 마련하려고 했다는 기록이 있다.

그(이강)는 1909년 10월 위천渭川의 전 승지承旨 정태균鄭泰均을 방문하여 한달 동안 머물면서 이 지방의 뜻있는 우국청년들과 접촉하고 북상北上의 사선대四仙台 일대를 장차 의병의 근거지로 삼으려고 막사幕舍의 터와 훈련장을 마련하기 위해 일부 땅을 매수하다가 탄로되어 정태균과 함께 일헌日憲에게 호송되다시피 환경還京하였다. 사선대四仙台는 이씨왕실의 근원인 선원璿源을 사모한다는 뜻으로 그가 명명한 사선대思璿台를 후인들이 고쳐 쓴 것이다. | 거창군지편찬위원회 편, 《거창군지》, 밑줄 필자 |

그러나《거창군지》의 기록은 사실이 아니다. 〈조선총독부 시정25주년 기념표창자명감〉이라는 자료에는 정태균의 주요 경력이 실려 있다. 이 자료에는 정태균이 "1909년 폭도가 각지에서 봉기하고, 이를 진압하기 위하여 위천면에 수비대가 파견되자 이들에게 주택을 개방하고 임시 막사를 제공"했다고 기록돼 있다.[11]

《거창군지》와 〈조선총독부 시정25주년 기념표창자명감〉에 실린 정태균의 기록은 서로 정반대다.《거창군지》에는 의병에게 근거지를 마련해주기 위해서 노력하다가 체포되었다고 나온 반면, '기념표창자명감'에는 '폭도(의병)'를 진압하기 위해 출동한 '일본 수비대'에게 막사와 주택을 제공한 것으로 기록된 것이다.

정태균은 중추원 참의로 활동하면서 총독부의 시책에 협조해 기념표창까지 받은 인물이다. 이 사실만으로 그를 친일파라고 매도할 순 없겠지만 독립운동을 할 만한 인물은 아니었다. 이강이 이토 히로부미의 사망으로 정국이 혼란스러운 마당에 굳이 거창까지 가서 일제에 협조적인 인물과 함께 의병 근거지를 만들려고 했다고는 믿어지지 않는다.

더 확실한 근거는 이강의 근황을 세세히 전하던 〈대한매일신보〉의 보도 내용이다. 〈대한매일신보〉는 구한말 대표적인 항일 민족지였다. 1909년 10월에서 11월까지 이강을 다룬 〈대한매일신보〉의 기사 어디에도 이강이 거창에서 압송됐다는 구절은 없다. '의친왕이 연회를 열고 놀았다' '의친왕 별장의 장독에 벼락이 쳤다'는 정도의 가십까지 취급하던 〈대한매일신보〉가 그런 큰 뉴스를 보도하지 않았다는 것은 말이 되지 않는다.

엇갈리는 평가

거창에서의 독립운동이 사실이 아니라 해서 이강의 배일排日 의식을 의심한다거나 그의 독립운동을 인정하지 않는다는 뜻은 아니다. 안타까운 것은 이강의 생애에 대한 실증적인 연구가 너무나 부족하다는 점이다. 기본적인 연구는 도외시한 채 극단적으로 폄하하거나, 근거 없는 정황이나 증언을 내세우며 영웅으로 떠받드는 이들을 종종 보게 된다. 〈경향신문〉 기자 출신의 소설가 윤덕한尹德漢은 전자에 해당하는 사람이다.

의친왕은 전에 도쿄에 머물면서 공부는 안하고 돈을 물 쓰듯이 쓰며 방탕한 생활을 하다 이토에게 여러 차례 꾸지람을 당한 전력이 있는 인물이다. 나라는 망해 가는데 황제의 아들이라는 친왕은 침략국에 건너가 국고를 탕진하면서 주색잡기에만 몰두한 것이다. 이것은 부실경영으로 부도 위기에 몰린 재벌의 2세가 회사 돈을 몰래 빼내 유흥비로 탕진하는 짓과 조금도 다름없는 부도덕한 행동이다. 그는 이토가 통감으로 부임하자 통감부에 머물며 잠시도 이토 곁을 떠나지 않은 철저한 친일 도배였다. 이런 인물이 3·1운동 때는 독립운동을 한답시고 상해로 떠나다 일본 경찰에 저지 당하는 해프닝을 빚기도 했으니 그가 꿈꾸는 독립이라는 것이 과연 어떤 것이었는지 그저 궁금할 뿐이다.

| 윤덕한, 《이완용 평전》 |

반면에 서울교대 교수 안천은 이강의 모든 행동을 항일의식의 발로로 여겼다. 그는 이강이 "술망나니로 일생을 허송한 것"도 "자신의 본모습을 위장"하기 위한 행동이라고 주장한다. 또 이강이 러시

아 공사의 부인을 "외진 곳에서 덮친 것"에 대해 "의왕이 얼마나 담력이 있고 큰 행동력을 가졌는가를 보여주는 일화"라며, 이를 "면밀하게 계산을 하고 벌인 행동"이라고 평가한다. 심지어 이강이 여러 명의 여인들에게서 수많은 자녀를 낳은 사실에 대해서도 일제에 대한 '산아産兒 투쟁'이라고 강변하고 있다.

> (의친왕은) 침략일본에 맞서서 황실을 지키기 위해 겉으로는 미친 사람 행세를 하면서, 단호하게 곳곳에서 아기를 낳으며 일본인들이 어쩔 수 없이 손을 들게 만든 것이다. 생각하면 의왕은 가장 멋지고 슬기로운 항일전쟁 애국애족을 했다고 생각이 된다. 그는 황통을 단절시키려는 침략일본을 맞서서 '아들 딸 구별없이 대량생산'이란 목표로 강력하게 추진한 아기 낳기로 무참히 일본을 항복시켰기 때문이다.
>
> | 안천, 《일월오악도》 5권 |

안천이 수긍할 만한 근거를 제시했다면 한국인이라면 누구든지 이강의 항일의식과 독립운동을 자랑스러워할 것이다. 그러나 그의 책은 그런 근거를 별로 제시하지 못하고 있다.

이강에 대한 평가가 엇갈리는 것은 당대에도 마찬가지였다. 특히 지식인과 일반 민중의 평가는 극과 극이었다. 황현은 "이강은 나이가 어려 중망重望을 받지 못하고, 또 외국에 있으면서 학문을 하지도 않았으며, 오직 주색酒色만 좋아하고 자전거를 잘 탄 것으로 유명하였다"고 썼다. 윤치호의 평가도 부정적이다.

> 의친왕이 국외로 빠져나가려다가 의주에서 붙잡혔다는 얘길 들었다. 어차피 그는 별볼일없는 사람이라서—최근 들어 좀 달라졌는지는 몰라

중앙일보에 연재된 이난향의 〈명월관〉. 이난향은 이강을 존경했다.

도―외국인 사회를 상대로 한 독립운동에 큰 도움이 되지는 못했을 것이다. 하지만 그가 선동가들과 입장을 같이하고 있다고 여겨지는 만큼은 조선인들에게 영향을 끼칠 것이다. | 〈윤치호 일기〉, 1919년 11월 14일 |

그러나 명월관 기생이었던 이난향은 이강을 긍정적으로 평가하는 쪽이다.

명월관 초기의 손님중에서 잊혀지지 않는 분은 의친왕 이강공이시다. (……) 의친왕이 명월관에 나타나시면 종로경찰서 고동계주임 '미와三輪(삼륜)' 경부가 사복 차림으로 그림자처럼 따라다니면서 옆방서 감시하고 있었다. 의친왕께서는 겉으로는 주색을 가까이 하는 것 같았지만 항상 친일파와 왜놈들에 대한 적개심에 불타 있었고 일인들도 이 점을 특히 경계했던 모양이다.
옆방에 미행하는 경찰이 있는 것쯤은 아랑곳하지 않는 의친왕께서는 일인들이 부르지 못하게 금지시킨 노래를 들으라는 듯이 크게 부르기도 했나. '부쇠골격 돌근육. 대한남아야 애국의 정신을 분발하여라. 다다랐네 다다랐네 우리나라에 소년의 활동시대 다다랐네.' | 이난향, '남기고 싶은 이야기들-명월관'. 1970년 12월 30일자, 〈중앙일보〉 |

창덕궁 상궁 김명길도 "(의친왕은) 인물이 출중하게 잘났던 것으로 기억하는데 듣던 것과는 달리 영민하셨고 또 일본 사람들에게 바른 말을 잘해 속이 후련하곤 했다"고 증언한다.

배일과 울분의 나날

이난향은 13세 때인 1913년 명월관에 들어갔다. 이난향이 명월관의 '초기 손님'인 이강의 모습을 본 것은 1910년대 중후반이었다고 생각된다.

한번은 의친왕께서 성북동 별장에서 구신舊臣들과 함께 거나하게 술에 취하셨다. 호탕한 웃음소리에 좌흥이 한참 무르익을 무렵, 눈살을 찌푸리신 의친왕께서는 구신들을 뚫어지라 바라보시면서 "우리 아버지를 팔아먹은 놈들이 여기 있구나"하고 크게 호통을 치셨다. 갑자기 터져 나온 말씀에 구신들은 어쩔 줄 몰라했고 의친왕의 성격을 잘 아는 일부 측들은 벌벌 떨기조차 하였다. | 1970년 12월 30일자, 〈중앙일보〉|

이강의 배일排日 의식을 드러내는 일화의 대부분이 야화野話 수준에 머물고 있는 것이 사실이다. 그러나 그런 이야기들이 재미 삼아 만들어지는 것도 아니다. 5공 때 떠돌았던 많은 '유언비어'가 대부분 사실로 밝혀지는 경우를 우리는 자주 보아왔다.

다음과 같은 일화도 실제 일어났을 것이라는 생각이 든다. 하지만 믿고 안 믿고는 독자의 몫이다. 이런 일화가 마치 100퍼센트 진실인 양 악용되는 경우가 있어 원문 그대로 소개한다.

합병 후 어느 날 사내寺內(데라우치) 총독 별저 녹천정綠泉亭에서 총독의 연회가 있어서 초대를 받아간 의친왕은 술을 마시며 기생을 껴안고 일부러 광태狂態를 부릴 적에 사내 총독은 너무나 마땅치 못하여 '전하, 이게 무슨 광태요. 앞으로 처신을 삼가시오' 하고 정중하게 의친왕을 나무랬었다. 그리고 총독으로서 위풍을 은연 중 뽐내 보고자 함이었다. 그러나 강직한 성격을 가진 의친왕은 총독의 그 말 한 마디에 꿀릴 인물이 아니었다.

술이 취한 게슴츠레한 눈초리로 사내정의(데라우치 마사타케)를 한참 노려보더니 별안간 후닥탁 일어나며 바지주머니에서 항상 가지고 다니는 권총을 꺼내어 사내정의에게 겨누며 '음! 무엇이 어째? 너 죽고 나 죽자!' 금세 권총을 발사할 것 같았다. 참으로 뜻밖의 일이었다. 사내는 이 말 한마디에 고개가 푹 수그러지려니 하였던 의친왕이 대담하게도 자기에게 권총을 겨누는 데야 할말이 없었다.

그때 왕족은 일본 황족과 같이 대우하는 때라 일개 총독의 신분으로 어떻게 제지할 수 없었던 것이다.

'전하! 잘못하였습니다. 살려 주시오.'

하고 할 수 없이 빌었던 것이다. | 이증복, '대동단총재 의친왕의 비화', 1957년 6월호, 〈삼천리〉 |

데라우치 미사타케는 1916년 10월 9일까지 조선 총독으로 재임했다. 이증복이 언급한 대로 당시는 대한제국 황족이 일본 황족과 명목상으로 동일한 대우를 받던 시기였다. 섣불리 대한제국 황족을 박해할 경우, 민중의 격렬한 반발을 불러올 것이 뻔했고 식민지 지배에도 유리할 것이 없었다. 이강은 왕공족王公族이었고, 데라우치는 '일개 자작子爵'이었다. 속마음이야 어찌됐든 데라우치는 자신보다 신분도 높고 건드려봐야 득될 것도 없는 이강에게 머리를 굽힐 수밖에 없었을 것이다. 이해경은 "이 얘기는 나 역시 어머니 의친왕비로부터 들은 바 있다"고 했다.

이증복은 이강과 하세가와 요시미치長谷川好道[13]와의 일화도 소개했다. 이강이 하루는 '무슨 부탁'을 하기 위해 하세가와를 찾아갔는데 하세가와가 비협조적으로 나오자 격분한 이강이 권총을 겨누고 위협했다는 것이다. 이강은 "너 이놈 그만한 말도 아니 들어주려면 무엇하러 여기 나와 있느냐"고 호통을 쳤고, 하세가와는 위기를 모면하기 위해 협조를 약속했다고 한다.[14]

두 일화 가운데 권총을 겨누었다는 대목은 확인할 길이 없지만 평소 이강이 권총을 휴대하고 다녔던 것은 이난향도 증언하고 있다.

의친왕은 우리들 사이에서는 무서운 분으로 통했다. 명월관에 오셔도 대개 지정한 기생이 있었고 의친왕의 부름을 받으면 한편 영광스럽기도 했지만 워낙 무서운 분이라 겁나기도 했다. 한잔 마시고 화가 나시기만 하면 울분을 터뜨리셨다. 내가 알기로는 그 당시 육혈포를 갖고 다니는 사람이 많지 않았는데 의친왕께서는 육혈포를 갖고 다니셨던 것으로 기억한다.

"술 따르라"는 의친왕의 말씀에 술 주전자를 든 나의 친구는 주전자를 드는 순간 술이 없었다는 것을 알고 어쩔 줄을 몰라 우물쭈물하고 있었다. "웬일이냐"고 다시 묻는 말씀에 당황한 이 기생은 "약주가 안 계십니다"라고 술에 경어를 붙여 좌중의 분위기를 의외로 누그러뜨린 일이 있었다. 그 뒤로 그의 별명처럼 되어버렸다. |1970년 12월 30일자, 〈중앙일보〉|

이강에 대한 민중들의 평가가 호의적이었던 것은 확실하지만 몇몇 일화는 와전된 것도 있다. 그가 민중들의 사랑과 존경을 받았다는 '증거' 가운데 자주 인용된 것이 고무신 광고였다. '이강 전하가 신던 고무신'이라는 신문광고가 있어 조선 민중들이 그 광고를 보며 망국의 한을 되새겼다는 것이다. 이 일화는 이규태의 글에 소개되어 일반인에게 사실처럼 받아들여졌다.

    망국의 백성들은 그 왕조에 대한 동정과 향수가 남다르게 마련이다. '이강 전하가 손수 고르셔 신고 계시는 만월표 고무신'이며 '이강 전하께서 손수 틀어 육자배기를 들으신 축음기' 하는 식으로 광고문구에 전하가 자주 등장하는 것을 보면 백성 심정속의 위상을 미루어 잡아볼 수가 있다. | 이규태 역사에세이, 1999년 10월 1일자, 〈조선일보〉 |

축음기 광고는 확인을 하지 못했지만 이강이 적어도 고무신 광고에까지 등장하지는 않았던 것 같다. 이규태가 쓴 비슷한 내용의 두 칼럼을 비교해보면 이규태가 '이왕(순종)'을 '이강'으로 착각한 것이라는 생각이 든다. 6년의 시간적 간격을 두고 이규태는 앞뒤가 맞지 않는 칼럼을 썼다.

    <u>나라 잃은 임금님인 순종</u>은 고무신을 신은 최초의 한국 사람이었다. <u>조선 고무신의 원조인 대륙大陸고무</u>가 1922년 9월 21일자의 신문에 낸 광고는 다음과 같다.
    '대륙 고무가 고무신을 출매함에 있어 이왕(순종)께서 어용하심에 황감함을 비롯 여관女官 각위의 애용을 수하야~.' | 이규태코너, 1990년 9월 7일자 〈조선일보〉 – 밑줄 필자 |

    <u>최초로 한국 고무신을 신은 이가 왕족 중에 항일의식이 가장 강했던 의친왕 이강</u>이다. 의친왕이 신고 다녔다는 사실이 당시 신문에 널리 광고되고 나라 잃은 설움을 고무신 신는 것으로 달랬기로 당시 고무신

을 신는다는 것은 일본 제국주의에 대한 저항적 과시로 받아들이기까지 했다. |이규태코너, 1996년 2월 22일자, 〈조선일보〉-밑줄 필자|

이강이 '왕을 시켜주겠다'는 이토 히로부미의 면전에 대고 방뇨를 했다는 일화도 있다.[15]

방뇨까지야 모르겠지만 이토 히로부미가 한때 이강을 옹립하려 한 것은 사실일 가능성이 높다. 이토 히로부미가 고종 황제를 견제하기 위해 이강을 이용하려 했던 것은 앞서 다룬 바 있고, 이강 스스로 그런 말을 했다는 증언도 있다.

2005년 4월 25일 경기도 안양에서 이학진李鶴鎭 선생을 만났다. 이학진 선생은 이강의 넷째 사위다. 1911년생인 선생은 94세의 고령임에도 건강한 모습이었다. 그는 이런 말을 했다.

선친으로부터 들은 얘기입니다. 이토 히로부미가 의친왕에게 "원한다면 왕을 시켜주겠다"고 했답니다. 의친왕께서는 결국 거절하셨는데 나중에 그 이유를 선친에게 이렇게 말했다는 겁니다. "결국 일본에게 먹힐 텐데, 망국亡國의 왕으로 관여하기 싫었다"라고요.

3·1운동과 그의 역할

이강이 3·1만세운동 발발에 일정 부분 기여를 한 사실은 여러 정황과 증언을 통해 확인되고 있다. 갑작스런 고종 황제의 붕어崩御와 그 이후의 독살설이 3·1운동의 기폭제가 된 것은 널리 알려진 사실이다. 고종 황제의 독살설에 대해서는 현재 이론의 여지가 있긴 하

하란사. 이강과 3·1운동 민족대표 사이에서 연락업무를 담당했다는 증언이 있다.

지만 당대인들은 이를 의심 없이 받아들였다.

고종 황제의 사망 시각은 1919년 1월 21일 오전 1시 45분경이다. 그러나 총독부는 22일 아침에서야 고종 황제가 '1월 22일 새벽 6시에 훙거薨去했다'고 공식발표했다. 총독부가 공식발표를 지연한 이유에 대해서는 의견이 분분하다.

하란사河蘭史는 총독부의 공식발표가 있기 전 고종 황제의 죽음을 알고 있었던 독립운동가다. 1920년대 중후반 〈조선일보〉 기자를 지낸 최은희崔恩喜는 이강과 3·1운동의 관련성에 대해 증언한다.

고종이 승하하시던 날, 신승우 박사가 이화학당에서 미스 프라이와 환담을 나누고 있는데 하 부인이 창백한 얼굴로 급히 들어와 고종 황제의 승하하심을 전하였다.

내가 신흥우[16] 씨 생전에 친히 들은 말이 "궁중의 발표가 있기 전

하란사가 국상國喪을 먼저 알고 비밀리에 소식을 전한 걸 보면 의친왕을 통하여 독립운동자들끼리 긴밀한 연락을 하며 크게 활약하고 있었음을 짐작할 수 있다"라는 것이었다. | 최은희, 《한국 개화여성 열전》 |

1906년 웨슬리안대학을 졸업한 하란사는 미국 유학 시절부터 이강과 친분이 있었다.

하 부인은 미국 유학 당시부터 교제가 넓었던 사람인 만큼 고종은 그녀에게 궁중패물을 군자금으로 주어서 의친왕과 함께 해외에서 일을 착수하도록 했다. 고종은 그 준비 공작으로 일본인의 눈을 피하여 부자분이 변소에서 밀의를 했다는 소문까지 났었다. | 최은희, 《한국 개화여성 열전》 |

'해외에서의 일'이란 파리강화회의에서 조선의 독립을 호소하려던 계획을 의미한다. 고종 황제의 붕어와 뒤이은 하란사의 사망으로 파리강화회의와 관련된 이강의 역할은 수포로 돌아갔다. 하지만 그는 어떤 형식으로든 고종 황제가 '독살당했다'는 사실을 국내의 독립운동가들에게 전달했던 것으로 보인다.

특히 3·1운동을 주도한 손병희孫秉熙와 이강은 각별한 사이였다. 조선총독부 경무국장이 1919년 11월 24일 본국의 외무차관에게 보낸 보고서에는 "(이강)공은 즐겨 시정잡배와 왕래하였는데 특히 금춘수春 독립운동의 수모首謀 손병희와는 몰래 회합 모의하였고, 손孫이 체포되자 공은 매우 낭패狼狽한 빛이 있었다고 한다"고 기록돼 있다.

이강은 3·1운동 후 해외로 망명하겠다는 뜻을 굳힌 듯하다. 이

같은 뜻은 곧 대동단 총재 김가진金嘉鎭에게 전해졌다. 대동단은 전협全協, 김가진 등의 주도로 1919년 3월 말 결성된 비밀 독립운동단체다. 김가진은 이강에게 함께 상하이로 망명하자고 권유했다. 김가진의 며느리 정정화鄭靖和의 증언이다.

시아버님은 당시에 의친왕 이강과 친근한 사이였으며 사돈까지 맺기로 약속된 사이였다. 왕의 친동생인 이강이 함께 망명길에 오른다면 그것이 미치는 영향이 막대할 것으로 믿었다. 그리고 그를 움직일 수만 있다면 막대한 자금도 가지고 갈 수 있을 터이므로 그야말로 일석이조의 효과를 얻을 수 있었을 것이다. 시아버님은 이강에게 자신의 결의를 전했으며 동행할 것을 권유했다. 이강은 이에 쾌히 승낙했으나 선뜻 출발하는 것은 쉽지 않았던 모양이다. | 정정화, 《녹두꽃》 |

이강의 '출발'이 어려웠던 이유는 신분을 감추기가 어려운데다 좀더 많은 자금이 필요했기 때문이다. 김가진은 이강의 처지를 이해하고 자신 먼저 망명하기로 했다. 김가진은 아들 김의한金毅漢을 시켜 이강에게 "소인은 이제 상해로 떠나오나 장차 전하도 함께 모시기를 도모하나이다"[17]라는 쪽지를 보냈다. 그러고는 10월 10일 아들과 함께 상하이로 떠났다.

김가진의 망명 소식은 얼마 후 국내외 신문에 크게 보도됐고 이어 총독부를 발칵 뒤집어놓았다. 김가진은 구한말 이름 높은 고관高官이었던데다 한일병탄 직후 일제로부터 남작 작위까지 받은 바 있었다.

상하이 망명 시도는 이강의 전생애를 통틀어 그가 이룬 가장 빛나는 독립운동이었다. 하지만 아직까지 이에 대한 명확한 전모가 드러난 것 같지는 않다. 건국대 교수 신복룡申福龍이 그 전모에 접근한

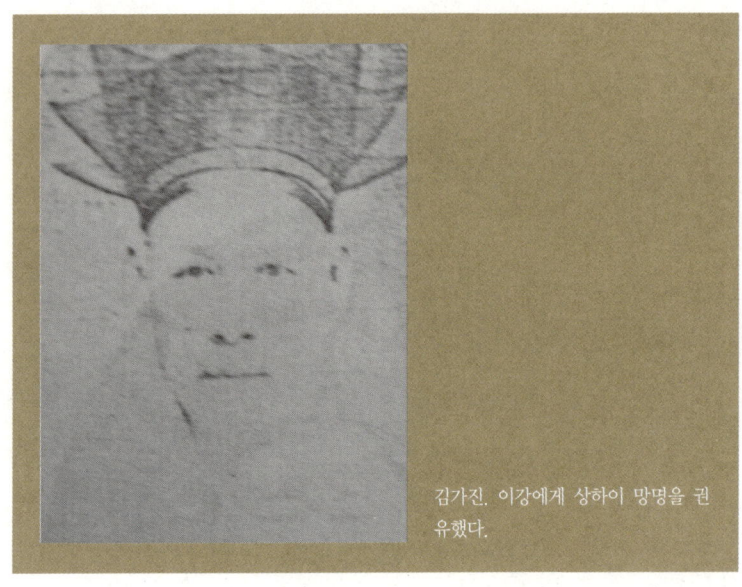

김가진. 이강에게 상하이 망명을 권유했다.

몇 안 되는 연구자라고 생각한다. 그는 1982년 《대동단실기》를 출간했는데 이 책에는 대동단 결성과 활동, 의친왕 탈출 시도 사건, 그리고 대동단원들의 여생과 최후가 매우 생동감 있게 그려져 있다.[18]

신복룡은 대동단 사건 연루자의 경찰조서, 예심조서, 예심판결문 등과 함께 언론보도, 대동단 생존자의 증언을 통해 이 사건의 전모를 추적했다. 그러나 이 책이 설명하지 못하는 몇 가지 의문점이 남는다는 것이 한 가지 아쉬운 점이다.

1966년 3월호 〈신동아〉에 실린 '의친왕 탈출 사건 비사'는 칼럼 형식의 글이지만 꽤 정확하게 사건의 실체에 근접하고 있다. 이 글은 청록파 시인 조지훈趙芝薰이 연재한 '방우한화放牛閑話'라는 칼럼의 첫 회분이다. 대동단 사건에 대한 연구 결과가 나오기 이전에 쓴 글인 것 같은데 글의 분위기와 문체는 다르지만 그 핵심 내용은 《대동단실기》의 관련 부분과 거의 비슷하다.

먼저 신복룡의 연구 결과를 정리한 다음, 이를 조지훈의 글, 일제의 주장과 비교해보기로 한다.

가장 빛나는 불꽃

먼저 《대동단실기》(2003년판)의 내용이다.

김가진의 상하이 탈출로 경계가 삼엄해진 상황 속에서도 이강은 김춘기를 통해 상하이 임시정부 측과 접촉을 시도한다. 신복룡은 "자금의 면에 있어서나 탈출의 방법에 있어서 (이강) 자신만의 힘으로써는 불가능하다는 사실이 김춘기와 그의 동료이자 상해 임시정부의 내무차장인 강태동姜泰東: 錫龍의 루트를 통하여 상해에 있는 김가진에게 전달되었다"고 썼다.

김가진은 임정 요원 이종욱李鍾郁을 서울로 급파해 강태동과 접선케 했다. 강태동은 이종욱에게 김춘기를 소개했다. 김춘기는 이종욱에게 20만 원 정도의 자금이 필요한데 우선 10만 원만 마련할 수 있다면 탈출을 시도해보겠다는 이강의 뜻을 전한다.

그런 거금을 마련할 수 없었던 이종욱은 대동단의 도움을 받기로 하고 단장 전협을 찾아갔다. 신복룡의 책에는 명확하게 기술되어 있지 않지만 이때 이종욱은 이런 사실을 강태동이나 김춘기에게 전달하지 않은 것으로 보인다. 이로 인해 결국 혼선이 빚어져 후일 이강의 탈출이 실패하는 결과를 낳게 된다.

전협은 의친왕을 탈출만 시킬 수 있다면 국내외에 커다란 반향을 일으킬 수 있다고 생각하고 이종욱의 지원 요청을 흔쾌히 받아들였다. 전협은 묘안을 짜냈다. 그는 대동단원 이재호李在浩를 이강의 측근인 정운복鄭雲復에게 접근시켰다. 정운복은 구한말 서우학회, 서북학회 창립 멤버로 활약하고 대한협회 회장까지 지냈으나 당시는 총독부 경무국의 촉탁으로 일하며 생계를 유지하고 있었다.

이재호는 정운복을 만나 이강이 소유한 통영 어장漁場의 조업권을 매수하고자 하는 사람이 있다며, 계약이 성사되면 정운복에게 알선료를 지불할 뜻을 넌지시 비쳤다. 정운복은 이강에게 이를 보고했지만 이강은 계약기간이 5~6년이나 남았다며 난색을 표했다. 통영 어장의 조업권은 한 일본인이 임차한 상황이었다. 정운복은 이강의 말을 이재호에게 전달했고, 이재호는 이를 전협에게 보고했다. 전협은 우선 이강과의 만남이 가장 중요하다고 보고 정운복이라는 '끈'을 놓으려 하지 않았다.

1919년 10월 20일 전협은 이재호와 윤용주尹龍周를 대동하고 종로에 있는 중국 요리집 '신세계'에서 정운복과 만났다. 전협은 자신을 '통영 갑부 한韓 참판'이라고 속였고, 윤용주는 자신의 동업자인 이민하李敏河라고 소개했다. 이날의 회동은 서로의 의중을 탐색하는 수준에 머물렀다.

정운복을 만나고 돌아온 전협은 일이 수월치 않으리라 직감하고 정운복을 매수하고자 결심한다. 11월 초순 전협은 정운복과 다시 만나 계약금조로 3만 원을 선불하겠다고 제안했다. 그리고 정운복에게는 사례비 1만 5,000원을 즉시 지불하겠다고 약속했다. 그러나 전협에게 그런 거금이 있을 리 만무했다. 전협은 이재호를 시켜 위조 현금다발을 만들게 했다. 마분지 뭉치의 앞뒷면에 현금을 붙인 위조지폐였다.

그런 사정은 모르고 사례비에만 눈이 멀었던 정운복은 전협과 이강 사이를 오가며 동분서주했다. 정운복은 일본인과의 계약기간이

만료된 후에 운영권을 넘겨주겠다는 약속만 하면 계약금을 미리 받을 수 있다고 이강을 설득했다. 그 결과, 전협과 이강의 회동이 성사된다.

11월 9일 오후 8시 전협이 미리 구해놓았던 공평동의 민가民家에 정운복이 도착했다. 전협은 정운복이 반항할 경우에는 그를 죽이기로 작정하고 그를 암매장할 구덩이까지 파놓게 했다.

이강은 이날 오후 자택을 빠져나오다가 일본인 형사와 조우했다. 이강은 이것이 마음에 걸려 일단 이문동에 있는 소실 김정완金貞完의 집에 머물고 있었다. 이강은 사람을 보내 이문동에서 돈을 받겠다는 뜻을 전달했다. 당황한 전협은 정운복을 보내 이강을 모셔오도록 했다. 그로서는 암매장할 구덩이까지 파놓은 약속 장소를 바꿀 수가 없었다. 불길함을 느낀 이강은 인력거꾼 김삼복金三福을 보내 거듭 안전을 확인한 후, 밤 11시가 넘어서야 공평동 민가에 도착했다.

술이 몇 순배 돌고 나자 전협이 정체를 밝혔다. 전협은 "이번에 이강 공을 모신 것은 어기권漁基權을 계약하기 위한 것이 아니라 공을 상해로 탈출시켜 상해 임시정부에 합세하게 함으로써 고종 황제의 독살과 일본의 조선 병탄이 부당함을 세계 만방에 알리려는 데 있다"고 밝혔다. 이강은 의외의 상황에 놀란 나머지 말을 잃었다.

정운복은 조선 독립이 불가능하다고 역설했지만 뒤이어 하인으로 위장했던 대동단원들이 들이닥쳐 그를 옆방으로 끌어냈다. 대동단원들은 권총으로 정운복을 위협했고 정운복은 순순히 대동단의 뜻을 따르겠다고 대답했다. 어느 정도 마음이 진정된 이강에게 전협은 가짜 현금 다발이 들어 있는 가방을 열어 보이며 "전하를 상해로 모시고 갈 자금"이라고 말했다. 그제야 이강은 강태동이란 인물을 아느냐고 전협에게 물었다. 전협은 자신과 김가진의 관계를 설명하고,

강태동은 김가진이 보낸 밀사라고 밝혔다.

이강은 망명을 결심했다. 이강과 대동단 일행은 미리 준비해두었던 헌옷가지로 변복을 했다. 10일 새벽 3시 이들은 세검정에 이르렀고, 새벽이 밝아올 무렵 경기도 고양군 은평면 구기리의 안가安家에 도착했다. 그런데 수색역으로 출발하기 직전 갑자기 예상치 않은 상황이 발생했다. 이강이 소실인 김흥인金興仁과 간호원 최효신崔孝信을 데려오지 않으면 갈 수 없다고 버텼던 것이다.

이강의 말에도 일리가 있었다. 고종 황제에게 받은 프랑스 채권증서 120만 원어치와 각종 국가문서가 김흥인의 집에 숨겨져 있는데 망명을 하자면 그 정도의 돈은 있어야 한다는 주장이었다. 전협 등은 기가 막혔지만 이강의 주장은 강경하면서도 간곡했다. 전협은 김흥인에게 이재호를 보내 이강의 뜻을 전하기로 했다.

이재호가 김흥인의 집으로 떠난 사이 또다시 의외의 일이 벌어졌다. 이강이 구기리의 안가에 머물고 있다는 사실을 뒤늦게 탐지한 강태동과 김춘기가 찾아온 것이다. 강태동은 이번 일에 자신이 소외된 데 대해 분노했다. 그러면서 "지금으로서는 강우규姜宇奎 사건 이후 경계가 삼엄하니 이듬해 봄에 거사를 미루고 이강공은 하룻밤을 기방에서 지낸 것으로 당국을 속이는 수밖에 없다"고 말했다.

그러나 전협은 일이 여기까지 진행된 이상 그럴 수 없다며 강태동의 제안을 거절했다. 거기에 이강까지 나서 "나는 가기로 결심하고 나왔는데 연기하면 다시 나오기가 어렵다"고 하자 강태동은 설득을 포기하고 서울로 돌아갔다. 일찌감치 설득이 불가능하다는 것을 깨달았던 김춘기는 이미 서울로 떠난 지 오래였다.

아침 10시경 김흥인은 채권 증서와 문서를 챙겨 간호원 최효신과 함께 수색역 안가에 도착했다. 김흥인과 최효신을 본 이강은 마음이

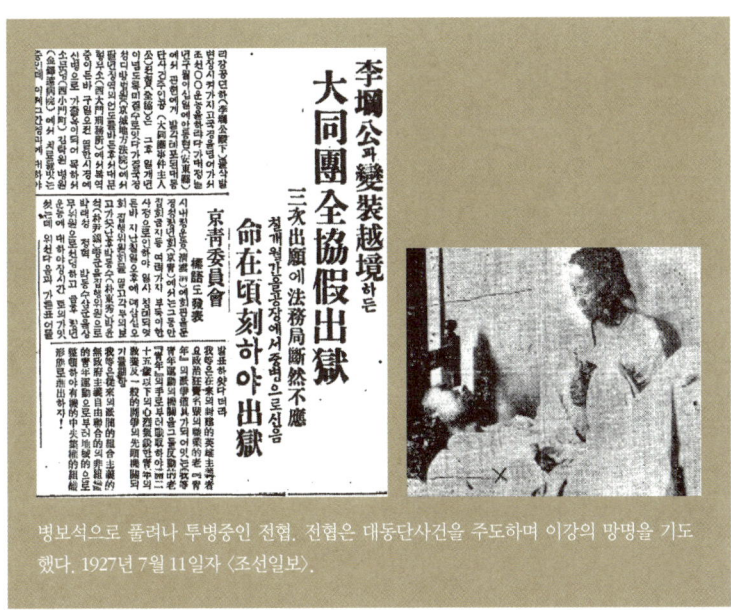

병보석으로 풀려나 투병중인 전협. 전협은 대동단사건을 주도하며 이강의 망명을 기도했다. 1927년 7월 11일자 〈조선일보〉.

약해졌다. 이강은 이들을 상하이까지 데리고 가겠다고 고집을 부렸다. 난감해진 전협은 이강이 먼저 탈출한 뒤 이른 시일 내에 이들을 데려가겠다고 약속했다. 결국 이강이 뜻을 굽혔다. 하지만 이러는 사이 10일 오전 11시발 안동(중국 단둥) 행 기차를 놓치고 말았다.

이 무렵 강태동이 다시 안가로 찾아왔다. 전협은 강태동이 기밀을 누설했을지도 모른다는 의심을 하기 시작했다. 전협은 강태동이 거사에 방해가 된다고 보고 그를 결박케 했다. 강태동은 정운복, 인력거꾼 김삼복과 함께 골방에 갇혔다.

초조한 하루가 지나고 이튿날(11월 11일)이 밝았다. 다른 대동단원들은 기밀 유지를 위해 정운복과 김삼복을 처단해야 한다고 주장했지만 전협은 이를 받아들이지 않았다. 이강은 구기리 안가를 떠나며 시 한 수를 남겼다.

> 늦은 가을 밝은 바람 단풍 소리
> 네 소리 처량하고 네 빛 어여쁘다
> 네 소리 그치지 말라 우리 ×××××성
> 네 빛 변치 말라 우리 형제 ×× 붉은 빛
> 나는 네 소리 빛 따라 이로부터 죽을 때까지

| 《대동단실기》에서 재인용. ×부분은 일제시대의 검열로 삭제된 것임. |

이강과 대동단원들은 비장한 각오로 기차에 올랐다. '11월 11일 오전 11시' 수색역발 안동 행 열차였다. 여기까지가 《대동단실기》를 재구성한 내용이다.

실제로 《대동단실기》에 기록된 승차시간은 '11월 10일 오전 11시'로 하루가 빠르다. 근거로 삼은 '예심 조서'의 오류에서 빚어진 결과인 듯하다. 그러나 이 책에 기록된 사건의 추이를 검토해보면 승차시간이 11월 11일 오전 11시임을 어렵지 않게 확인 할 수 있다. 승차시간은 꽤 중요한 의미를 지니기 때문에 사건의 추이를 시간대 별로 다시 짚어보기로 한다. 다음은 《대동단실기》의 내용을 분석, 정리한 것이다.

11월 9일 오후 8시 정운복 공평동 민가 도착.
    오후 11시 이강 공평동 민가 도착.
11월 10일 오전 3시 이강, 전협 일행 세검정 도착.
    오전 10시 김홍인, 최효신 수색역 부근 안가 도착.
    오전 11시 안동행 열차를 타려 했으나 김홍인 동반 문제로 실랑이가 벌어져 기차를 놓침. 이후 하루 지체.

11월 11일   오전 11시 단둥 행 열차 탑승.

조지훈의 칼럼 '의친왕 탈출 사건 비사'의 내용이《대동단실기》의 관련부분과 비슷하다는 점은 이미 언급한 바 있다. 이제 두 글에서 차이나는 부분을 비교해볼 차례다.

우선 조지훈은 이강이 해외 망명을 위해 적극적으로 자금 마련에 나섰다는 점을 부각하고 있다. 조지훈은 "정운복은 곧 의친왕에게 자금 조달할 뜻을 편지로 알리고 직접 찾아가 권설勸說하기도 하였는 바 의친왕은 어기漁基(어장) 문제가 이왕직 사무관의 연서連署를 요하는 것이므로 그러한 시끄러운 절차를 밟지 않고 자금을 차용할 수만 있다면 해보라고 답하기에 이르렀다"고 썼다.

조지훈은 또 다음과 같이 서술했다.

김춘기는 그날(11월 10일) 의친왕이 자금을 얻었다는 소문을 듣고 강태동과 함께 모든 준비를 갖추고 출발일자 통지가 오기를 기다리고 있었으나 9일 밤 이래 그(의친왕의) 소재가 불명하여 크게 낭패하였다.

| 1966년 3월호,〈신동아〉|

김춘기가 기다리던 '출발일자'는 물론 망명의 그것을 뜻한다. 망명 자금만 마련되면 독자적으로 탈출하겠다는 의지를 지니고 있었다는 반증이다. 조지훈의 칼럼과《대동단실기》의 결정적인 차이는 이강 일행의 승차시간이다. 조지훈은 10일 밤 이들이 3등 열차에 승차한 것으로 기록했다.

이강은 중국 단둥역에서 체포된 것으로 알려져 있다. 신복룡과 조지훈의 글에도 단둥역으로 기록돼 있다. 그런데 그가 단둥역이 아니라 신의주에서 체포되었다는 기록과 증언이 많다. 윤치호는 "(의친왕이) 의주에서 붙잡혔다는 얘길 들었다"고 일기에 썼고, 최은희도 "경찰이 단둥현으로 거짓 발표한 것은 당시의 왕실보호법이 국내에서는 여행의 자유를 막지 못하게 되어 있었다는 데에 있다"고 했다. 이해경도 같은 주장이다.

당시 일제의 재판기록을 보면 아버지께서 신의주역에서 발각되어 호송되신 것을 '만주의 안동현'으로 기록하고 있는데, 이는 한일합방 후 "조선왕실 보호법규상 왕족의 국내 여행에는 제한을 두지 않는다"는 조항 때문에 일제가 재판 기록을 위조한 것이다.

또한 1919년 11월 11일, 당시 조선총독이 본국 외무대신에게 보낸 비밀전문을 보면 "행방불명 중인 이강 공公을 11월 11일 오전 11시 30분 신의주역에서 발견, 보호 중이다"라고 기록되어 있다. | 이해경, 《나의 아버지 의친왕》 |

여기서 이강의 승차시간이 문제가 된다. 이해경이 소개한 비밀전문이 거짓이 아니라고 가정한다면 이강의 승차시간이 '11월 11일 오전 11시'일 수는 없다. 그렇다면 조지훈의 '11월 10일 밤 승차설'이 유력해지는데 조지훈이 어떤 기록을 근거로 그렇게 썼는지는 확인할 길이 없다.

1930년 조선총독부 경무국이 편찬한 《고등경찰관계연표》에는 이강이 11월 12일 '발각' 된 것으로 기록돼 있다. 비밀전문에 비해 신빙성이 떨어지긴 하지만 일본의 기록조차 혼선을 빚고 있다는 것을 보여주고 있다.

어쨌든 일제는 이 사건을 철저하게 '납치'로 몰아갔다. 경찰의 조

이해경과 생모 김금덕(오른쪽).

서나 법원의 판결문이 그랬고, 수사 당사자의 증언 또한 그랬다. 1937년 조선총독부는 《조선통치비화》라는 책을 발간했다. 이 책은 1920년대 이른바 '문화정치'에 참여했던 일본인 관료들의 회고 좌담 내용을 엮은 것이다. '비화秘話'라는 제목을 달고 있지만 내용은 그다지 비밀스럽지가 않다. 오히려 '이 책을 읽고 조선인들은 오해를 풀어라' 하는 의도가 담긴 게 아닌가 하는 생각도 든다. 이 책은 1993년 우리말 번역본이 출간되었다.

번역본의 전체 내용을 읽어보지는 않았지만, 이강의 탈출 사건과 관련된 부분은 검토했다. 이 대목은 "이강공 탈출사건에 대해 지장이 없는 범위 내에서 그 진상을 말해달라"는 사회자의 질문에 대동단 사건 당시 경찰 고위간부였던 지바 료千葉了가 대답하는 형식으로 꾸며져 있다.

지바 료의 증언 가운데 의도적인 거짓말이 눈에 띈다. 그는 "남작

김가진이 이종욱에 의해 상해로 유괴되었다는 확실한 정보가 입수되었기 때문에 귀족저택에 대한 특별한 경계가 필요하다고 생각되어 수배망을 좁혔습니다"라고 회고했다. 하지만 김가진의 경우는 이론의 여지가 없는 자발적인 망명이다. 이종욱의 도움을 받기는 했지만 이를 '유괴'라고 표현하는 데엔 어이가 없다. 이로 미루어 보아 이강의 탈출 사건에 대해서도 그가 진실을 이야기하는 것 같지는 않다.

(의친왕에게 대동단원들이) 반강제적으로 지금 상해로 가시지 않으면 안 된다는 것을 부탁드리고 싶다고, 말하더라는 것입니다. 그래서 전하는 그것 곤란하다고 말하고 거절했다 합니다. 순간, 뒤에 있는 미닫이를 확 열어제치며 5, 6명의 불온 조선인이 돌연히 뛰어나와 전하의 주위를 둘러싸고 피스톨로 위협하면서 상해 탈출을 강요하더라는 것입니다. 전하께서는 좀더 자유스런 생활을 희망하시어 돈도 융통하고 싶어했던 것이라고 생각되는데, 당장 피스톨로 위협을 당하자 굉장한 공포감을 느끼게 되었다는 것입니다. 이 점은 뒤에 말씀드리겠지만, 전하 자신이 저에게 말씀하실 때에 틀림이 없는 사실임을 인정하셨습니다. 전하는 이러한 협박을 받게 되자 할 수 없이 상해행을 승낙하지 않을 수 없었다는 것입니다. | 조선총독부 편찬, 《조선통치비화》 |

이처럼 지바 료의 증언은 곧이곧대로 믿을 게 못 된다. 그러나 그의 증언을 곱씹어보면 반대로 이강의 자발적인 망명 의사를 드러내는 단서를 발견하게 된다. 그의 증언 가운데 그런 단서를 요약, 정리해본다.

| 11월 9일 | 오후 10시경. 이강공 전하 저택 뒷문 부근에서 키가 큰 두 사람의 모습을 희미하게 확인했다는 형사가 있었음. 전하의 모습 같다고 생각한 이 형사는 두 사람의 뒤를 밟다가 명월관 지점의 문 부근에서 놓쳤음. 형사는 이 사실을 숙직에게 보고함. |
| 11월 10일 | 오전 10시경. 이강공 전하가 공저를 탈출한 혐의가 있다는 보고를 받음. |

(시간 미상) 이왕직 사무관 구로자키 테이죠에게 전하의 재택在宅 유무를 확인케 함.

오후 3시경. 구로자키 사무관으로부터 전하가 저택에 계시다는 답변이 옴. 의친왕비가 전하는 아무 탈없이 잘 계시다고 말했다는 간접적인 확인이었음.

(시간 미상) 확실하게 확인해줄 것을 다시 요청.

오후 5시경. 전하가 저택에 없다는 의친왕비의 실토가 있었음. 제발 경찰 쪽에는 비밀로 해주었으면 한다는 의친왕비의 부탁도 있었음. 전하가 저택을 빠져나갔다는 사실을 최종적으로 확인.

(시간 미상) 명월관 지점 주인 황원균黃元均이 출두해 증언. 어젯밤(9일) 늦게 전하께서 명월관 지점까지 오셔서 인력거를 타고 거기서 다시 어디론가 가시는 것을 목격했다고 증언.

| 《조선통치비화》에서 지바 료의 증언을 재구성한 것임 |

형사와 명월관 지점 주인의 증언으로 추리해보면 이강이 인력거를 타지 않고 저택을 빠져나간 것을 알 수 있다. 형사는 '키가 큰 두

사람의 모습을 희미하게 확인했다'고 했고 황원균은 '명월관 지점까지 와서 인력거를 타고 거기서 다시 어디론가 가시는 것을 목격했다'고 말했다. 인력거에 탄 사람의 키를 가늠한다는 것은 말이 되지 않는다.

의친왕비가 끝까지 '전하가 집에 계시다'고 주장한 것도 주목을 요하는 대목이다. 지바 료의 상세한 증언을 옮겨본다.

경위과에 있는 자를 이강공저에 출두시켜 구로자키 테이죠黑崎定三라는 이왕직 사무관에게 면회시켜 전하가 계시는지 안 계시는지 확인시켰습니다. 그런데 오후 3시경에 제게 그 답변이 왔는데, 구로자키 사무관의 답변에 의하면, 전하께서는 분명히 저택에 계시다는 회답이었습니다.

그는 비妃 전하를 배알하여 전하께서 계시는지 안 계시는지 여쭈었다는 것인데, 비 전하가 전하께서는 아무 탈없이 잘 계시다고 대답하셨다는 것이 하나의 근거이고, 또한 재부在否를 확인하기 위해 서류에 결재를 해달라고 내시를 들여보냈는데, 전하께서 결재는 나중에 해도 좋지 않겠느냐는 말씀을 하셨다는 것이 두 번째의 근거라는 것이었습니다.

나는 구로자키 사무관의 말이 너무 불확실하여 안심하고 받아들일 수가 없었고, 어떠한 희생을 치르더라도 사무관 자신이 전하의 모습을 직접 뵙고 말씀드리지 않는 한, 한 걸음도 물러서서는 안 된다. 만약 그로 인해 책임 문제가 발생하게 되면 내가 경비상 필요하여 이러한 요구를 했다고 말할 것이고 그로 인해 발생하는 모든 문제에 대해서는 어떠한 책임이라도 내가 지겠다. 그러니 어떤 어려움을 무릅쓰고 꼭 전하의 모습을 확인할 수 있는 방법을 알선토록 하라고 강경하게 구로

의친왕비 김덕수. 어질고 자애로운 성품이었다.

자키 사무관에게 요구했습니다.

(그래서 구로자키 사무관이) 어디서라도 좋으니 이강공 전하의 모습을 잠깐만이라도 뵙게 해달라고 비 전하에게 강경하게 말씀드렸다는 것입니다. 그러자 비 전하는 드디어 입을 여시고 그렇게까지 말씀하신다면, 사실을 말씀드리지 않을 수 없군요. 실은 전하께서는 어젯밤 집을 나가셨습니다. 그러나 아시는 바와 같이 경찰이 주위를 경계하게 되면 오히려 전하가 돌아오시기가 어려울 것이라고 생각되니 제발 경찰 쪽에는 비밀로 해주었으면 한다는 비전하의 부탁말씀이 있었다는 것입니다. | 《조선통치비화》, 발췌 인용 |

의친왕비는 무엇을 위해 그토록 이강의 부재를 숨겼던 것일까. 의친왕비는 남편이 모종의 계획을 꾸미고 있었다는 것을 알지 않았을까. 남편이 어장 문제로 계약금을 받으러 가는 줄로만 알았다면 그렇게까지 숨기지는 않았으리라 본다. 의친왕비의 부친 김사준金思濬은 한일병탄 후 남작의 작위를 받았지만 후에 독립운동에 관여했다는 이유로 지위를 박탈당했다.[19] 이로 미뤄보아 의친왕비의 일제에 대한 반감도 이강에 못지 않았을 것이다.

이강이 인력거도 타지 않고 집을 빠져나갔다는 것과 의친왕비가 이강의 부재를 끝까지 숨긴 것은 이강이 적극적으로 해외 망명을 시도했다는 사실을 암시하고 있다. 상하이 탈출 시도는 그의 독립운동 가운데 가장 빛나는 불꽃으로 타올랐지만 많은 부분이 아직까지 베일 속에 감춰져 있다.

정운복의 역할

당대 조선인들은 일제가 발표한 경찰조서나 판결문 내용과 〈매일신보〉의 보도를 믿지 않았다. 대부분은 이강이 자발적으로 상하이 탈출을 시도하다가 체포되었다고 생각했다. 이난향은 "우리들은 이 소식을 듣고 모두들 하염없는 눈물을 흘렸고 의친왕에 대해 새로운 존경심을 갖게 되었다"고 회고한다. 1931년 10월호 〈삼천리〉는 일제의 검열을 의식하면서도 대동단 사건의 진실을 알리기 위해 부심하고 있다.

대동단은 3월 1일에 일어나 4월 말까지 전 조선을 휩쓸던 ㅇㅇ운동을 계속 진행하려던 비밀결사이다. 비밀출판물을 배포하고 시위운동을 수시隨時 종용慫慂하려던 것이다. 이강 전하가 이 단체의 술중術中에 빠졌는지 또는 전하가 동同단체와 얼마나 X계(X契)가 있었는지 허허실실의 기다幾多 책략은 사건의 깊은 장막 뒤에 숨어 천고千古의 비밀로 남을 것이니 필자 어찌 즐겨 이 현기玄機를 누설하려는 자者리오.

(……) 당시 관헌에게 진술된 공문서에는 이강 가家 어장을 한기동이가 3만 원에 예약하고자 정운복을 소개하여 모아놓고 별안간 권총으로 위협하야 전하는 따라가시게 되었다고 한다. 그러나 이것은 전기前記 사실의 자초지종을 읽은 독자가 스스로 판단할 것이다. 비밀단체일수록 그 정체는 모르게 된다. |1931년 10월호, 〈삼천리〉. 'X'는 판독 불능, 일제 검열로 인한 복자|

이미 대동단 사건이 종결되고 그 연루자들이 옥살이까지 치른 후였지만 〈삼천리〉는 이 사건의 내막이 '천고의 비밀'로 남을 것이라며 '진실은 독자 스스로 판단하라' '비밀단체일수록 그 정체는 모른다'고 말하고 있다.

〈삼천리〉는 정운복의 역할에 대해서도 의문을 제기했다. 《대동단실기》나 지바 료의 증언에 따르면 그는 단지 사례비를 받기 위해 이강과 전협의 회동을 주선한 인물에 불과하다. 지바 료는 "그(정운복)는 불온 조선인에게 이용당한 자로 촉탁 자신은 조금도 악의가 없었다는 것이 판명되었습니다"라고 썼다. 그러나 〈삼천리〉는 이렇게 말한다.

정운복은 전기前記 어장 사건에 수수료 150원을 먹으려고 소개하였다가 위협으로 인력거에 태워 재갈을 물리고, 수족이 결박되어 잡혀갔다고 기술되었으나 수백 원의 급료를 먹는 정鄭이 150원에 이강 전하

를 유출誘出하는 대모험을 하다가 무서워서 창의문 외外까지 따라 나갔다는 것도 앞 뒤 등이 닿지 않는 일— 의문이다. | 1931년 10월호, 〈삼천리〉 |

〈삼천리〉의 기사에는 필자가 드러나 있지 않다. 일제의 검열을 의식했던 모양이다. 하지만 이 글의 필자가 일제시대 〈매일신보〉, 〈조선일보〉 등에서 기자로 활동했던 유광렬柳光烈이 아닐까 조심스럽게 추정해본다. 유광렬은 1974년 〈한국일보〉에 '나의 이력서'를 연재하면서 대동단 사건에 대해 회고한 적이 있다.

나는 경성통신의 보도를 읽고 반신반의하며 정운복鄭雲復이 가 있다는 종로경찰서(현 YMCA 부근)로 달려갔다. 정鄭은 붙들린 전협全協 등 대동단 간부와 대질을 하기 위해 그곳에 가 있었다. 그는 시골 노인처럼 흰두루마기를 입고 언제나 입에서 떼어놓지 않은 장죽長竹 담배를 빽빽 빨아 유유히 푸른 연기를 내뿜고 있었다. 왕년에 〈대한매일신보〉 주필, 대한협회간부로 이름을 날리던 풍모는 찾을 길이 없었으나 형형하게 빛나는 안광眼光은 옛모습 그대로였다. 나는 그에게 다가서서 "선생님 일전에 욕을 보셨다구요"라고 물었다. 그는 의아한 눈초리로 나를 보면서 "미친놈들" 한마디를 내뱉고 입을 다물었다. 누구를 나무라는 듯했다. 나는 지금도 "미친놈들"이라고 한 그의 진의를 알 수 없다. 허위 발표를 한 것 같은 총독부당국자가 '미친놈'이란 뜻인지 또는 강제납치를 한 것으로 발표된 대동단 사람이 '미친놈'이라는지 분간할 수 없다. 어떻든 일본 당국의 발표는 반드시 사실은 아닌 듯하다. 그가 후에 집에 돌아와 가족들에게 생활에 대한 지시를 하고 서랍에 용돈을 넣어두고 어디로 갔다는 말을 그의 아들 정인택鄭人澤씨에게 듣고 더욱 반신반의하게 됐다. | '나의 이력서', 1974년 3월 15일자, 〈한국일보〉 |

한국일보에 연재된 유광렬의 〈나의 이력서〉. 유광렬은 대동단사건을 직접 취재한 사람으로 총독부의 발표를 믿지 않았다.

정운복의 아들 정인택은 1930년 등단한 소설가다. 〈매일신보〉와 〈문장〉의 기자를 지냈으며 6·25전쟁 때 월북했다고 전해진다.

정운복이 진정 이강의 망명을 돕고자 한 것인지, 돈에 눈이 멀어 알선비만 챙기려 한 것인지 확답을 내릴 수는 없다. 과연 어느 쪽이었을까. 상하이에서 발행되던 〈독립신문〉은 불과 두 달 사이에 정운복에 대한 극과 극의 평가를 내렸다. 1919년 11월 1일자 〈독립신문〉은 "고등 정탐꾼 정운복은 다년 창귀倀鬼노릇 하되 봉급이 불과 호구糊口라 물가는 고등高騰하고 생활은 곤란한데 더욱이 하일하시에 하등 천벌이 자신에 급及할까 하여 (……) 전전긍긍 중"이라고 썼고, 12월 25일자는 "피금被擒(체포)한 정운복씨는 해단該團(대동단)과 밀접한 관계가 있었다"고 주장했다.

정운복의 행적에 관한 정확한 연구 결과가 나온다면 이강의 상하이 탈출 사건에 대한 성격이 명확히 밝혀질 것으로 보인다.

유고에 담긴 뜻

나라에서 결행할 일을 백성에게 알려 주는 일을 유고諭告라 한다. 이강은 공평동에서 유고를 썼다. 이강은 법정 진술에서 유고는 자신이 쓴 것이 아니라고 증언했지만 이를 그의 진심이라 보기도 어렵다. 이 글이 그가 쓴 것이라고 믿고 싶다.

유고諭告

통곡하며 우리 2,000만 민중에게 고하노라. 오호嗚呼라. 이번의 만주행은 무슨 이유인가? 하늘과 땅 끝까지 이르는 깊은 원수를 갚으려

함이요. 뼈가 부서지고 창자가 찢어지는 큰 수치를 씻으려 할 따름이라. 지난 날 선제 폐하의 밀지를 받들어 바로 일어나려 했으나 형연극벽荊延棘壁의 체자掣刺를 생각하여 이를 숨기고 아직 수행하지 못했더니 희세의 대흉한은 선제를 그 독수로 시해했도다. 희희라. 생명을 보전하여 무슨 일이 있으리요. 오직 스스로가 죽지 못함이 한恨이었도다. 이 때를 당하며 개세융운闓世隆運의 사私가 없으며 우리 2,000만 민족의 생사가 중대한 시기를 맞이하여 앞의 함정도 뒤의 채찍도 돌보지 아니하고 궐연蹶然히 나는 궐기했노라. 오로지 민중은 한 뜻으로 나와 함께 궐기하고 분발 전진하여 삼천리의 응기膺基를 극복함으로써 2,000만의 치욕을 설雪하고 공통적 세운世運의 도래를 맞이함에 후퇴하지 말라.

 오호 만세.

건국 4252년 11월 9일
의친왕 이강

| 《대동단실기》에서 재인용 |

상하이 〈독립신문〉에 이강의 망명 시도와 관련된 기사가 잇달아 보도됐다. 11월 20일에는 이강의 친서가 실렸다. 친서에서 이강은 상하이 행의 목적을 "독립과 복벽復辟"이라고 밝히면서 다음과 같은 4개항을 천명했다.

 一. 일본은 기개幾個 간적奸賊을 부동符同하여 아我 모후母后와 부황父皇을 시해하였나니, 이 원정寃情을 열국列國에 오소嗚訴할 일.
 二. 3월 1일 이래 전국민이 적수공권으로 독립을 규호叫號하는데 일본은 종시 정의와 인도를 무시하고 학살을 자행하나, 인민은 백절불회

百折不回의 세勢로 독립을 요구하는 애국열혈이 유왕유비愈往愈沸하야 인민의 정신이 결코 일본에 동화되지 아니할 것을 선포할 일.

三. 일본이 우리 나라에 대하여 10년 전후에 제반 조약으로 국토를 병합함이 간적奸賊을 이용하야 협박강결脅迫强結이고 결코 아我 부황父皇의 긍종肯從하심이 아닌 것은 여余는 확실히 아는지라. 이것을 세계에 공포할 일.

四. 아역我亦 한국국민의 일一이라. 아我로 독립되는 우리 나라에 평민이 될지언정 합병한 일본에 황족 되기는 원치 않는지라, 우리 임시정부 성립된 당지當地에 나아가서 개부제공改府諸公으로 수手를 악握하고 생사를 공共히 하여 우리 나라 완전독립에 갈력竭力하여 동포의 고심을 만분의 일이라도 돕고자 하노니, 아我의 여차결심如此決心은 일즉一則 복벽復辟을 위함이요, 일즉一則 조국의 독립과 세계의 평화를 위함이로다. ㅣ1919년 11월 20일자, 〈독립신문〉ㅣ

1920년 1월 1일에는 '의친왕 이하 33인 선언'이 〈독립신문〉에 게재됐다. 이 독립선언서는 "만일 일본이 종시 회과悔過가 무無하면 오족吾族은 부득이 3월 1일의 공약에 의하여 최후 일인까지 최대의 성의와 최대의 노력으로 혈전을 불사하고자 자에 선언하노라"고 끝을 맺고 있다.

선언문에는 '대한민국 원년 11월 일'이라는 날짜와, 이강을 포함한 34명의 성명이 기록되어 있다. 대한민국 원년은 물론 1919년을 뜻하는데 '월'은 기록되어 있지만 '일'이 빈칸으로 남아 있는 게 눈에 띈다. 미리 선언문을 준비하고, 망명에 성공한 뒤 해당 일을 기입하려고 하지 않았나 추측된다.

서울로 호송된 이강은 총독관저 부근의 녹천정綠泉亭에 사실상 연금되었다. 지바 료는 "이 급박한 조치는 완전히 극비리에 진행되었고, 천하 제일의 신문기자들도 3~4일 간은 전하의 행방을 탐지하지 못하여 매우 혼미한 상태에 있었다"고 회고한다.

일제는 이에 만족하지 않고 이강의 거처를 일본으로 옮기고자 했다. 이강은 단호히 반대한 것으로 전해진다. 미국에서 발행되던 〈신한민보新韓民報〉에는 이강이 일본 총리, 내부대신, 조선 총독과 조선 백성에 보내는 서한이 게재됐는데 이 가운데 '일본 내무대신에게 보낸 글'을 소개한다.

> 배계차(의례적인 인사-필자)는 전자에 한 편지는 아마 보셨을 듯 하오며 폐구에 들어 있어 용서하기를 기다릴 뿐이더니 불의에 경관이 와서 나를 동경으로 가며 또는 자원하기를 강박하니 마음에 원치 아니 하는 바를 말하라 함은 이 어떤 이유오니까. 경관이 나를 대접하기를 죄수랑 다름이 없이 하니 더럽고 서러움이 극도에 달한지라 자원컨대 불초하의 존영을 욕되게 하였도다. 전에 간청한 바를 다시 청하노니 천폐에 품하여 잔민을 공작에서 삭철하시어 평민으로 남은 세월을 선영고국에서 마치게 하심을 천만 지원하나이다. | 1920년 6월4일자, 〈신한민보〉 |

1920년 4월 3일자 〈독립신문〉도 이강의 서신을 소개하면서 "평민으로 여생을 선영고토先塋故土에서 종終케 하심을 천만지원千萬至願하나이다"라는 그의 말을 전하고 있다. 〈독립신문〉의 친서나 〈신한민보〉에 실린 서한 같은 글이 그가 직접 쓴 것이라고 단언할 수는 없다. 중요한 것은 이강의 상하이 탈출 사건이 3·1운동 이후 일제의 탄압으로 주춤해진 독립운동에 새로운 불을 당겼다는 점이다.

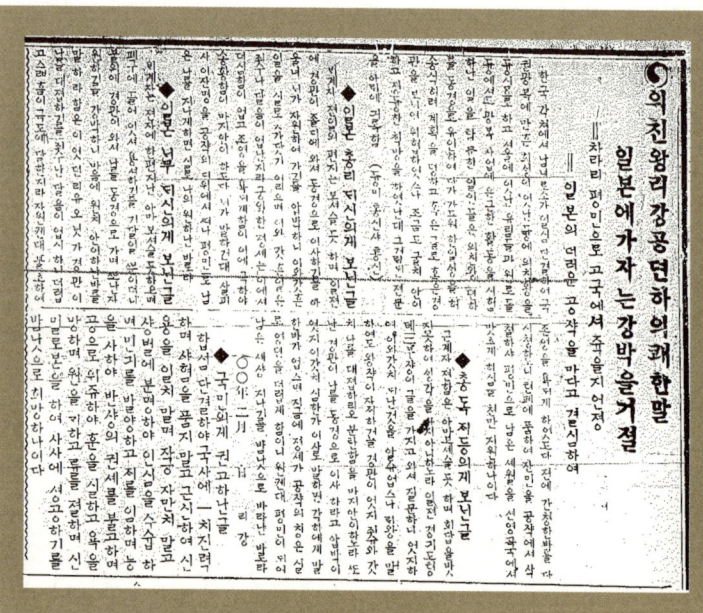

1920년 6월 4일자 〈신한민보〉에 실린 이강의 편지. 평민으로 조국에서 죽겠다는 결의를 드러내고 있다.

다시 어둠 속으로

이강은 50여 일 간 녹천정에서 연금 상태로 있다가 이듬해 1월 사동궁으로 돌아간 것으로 보인다. 1920년 1월 7일자 〈독립신문〉은 "녹천정에 억류중이던 의친왕은 신년축하로 인하야 환궁還宮하야 1일부터 본저本邸에서 왜노倭奴의 감시를 수受하다"라고 보도했다. 하지만 사동궁에 돌아왔다 해도 일제의 감시가 약화되기는 커녕 더욱 강화되었을 것이 분명하다.

이후 해방이 되기까지 이강의 행적은 다시 암흑 속에 묻힌다.《나의 아버지 의친왕》에 수록된 '의친왕 강 연보'는 단 두 줄로 이 시기를 설명하고 있을 정도다.

1920~1930 — 계속되는 항일 행적은 민간기록에만 남아 있음. 연금과 감시 생활의 연속.
1930. 6. 12 — 강제 은퇴 이후 의친왕의 호칭에는 공公자가 붙지 않고, 이강 전하로 됨.
일본의 구주九州로 끌려감.

일제시대 민간지나 〈순종실록〉 부록에서 이강의 행적에 관한 단편적인 기록을 발견할 수 있었다. 이를 토대로 그의 행적을 연대순으로 기록하고자 한다. 사건의 전말이나 인과관계를 설명할 수 없어 내용이 매우 거친 점에 대해 양해를 구한다.
1921년 4월 29일, 이강은 재在한국 일본군 사령부에 배속되었다. 계급은 육군 중장이었고, 5월 6일 첫 출근을 했다. 같은 해 8월 9일 무관 13명과 함께 함경도 원산으로 여행을 떠났다. 9월경 가벼운 병환으로 잠시 치료를 받았고 같은 달 14일부터 다시 군사령부에 출근했다.
1922년 12월 17일, 전주 이씨 대동종약소 주요 간부 및 회원과 오찬을 가졌다.
1923년 4월경, 전주 이씨 대동종약소 총재직에서 퇴임했다. 10월 경기도 고양군의 한 학당學堂에 들러 원조를 약속했다.
1924년 1월, 일본은 이강에게 대훈위大勳位를 내렸고, 국화대수장菊花大綬章을 수여했다. 1월 20일 아침 이강은 훈장을 받기 위해 도쿄로 떠났다. 귀국일은 분명치 않고 5월 24일 다시 도쿄로 떠나 일본 황태자의 결혼식에 참석했다.

이강과 이건(맨 왼쪽), 이우 형제. 이강의 자녀 가운데 이건과 이우만이 황적에 올랐다.

1925년 5월, 일본 천황의 은혼식에 참석했다. 10월에는 순종 황제의 명을 받아 조선 신궁神宮의 진좌제鎭座祭에 참석했다.

1926년 1월 27일, 순종 황제의 병세가 깊어 내직소內直所에서 민영기, 한창수 등과 탕제湯劑를 의논했다. 2월 28일자 〈동아일보〉는 "오는 4월 동경에 이강공의 저택이 준공될 것"이라고 보도했다. 이강은 임시 귀국해 있던 이은과 덕혜옹주를 위해 3월 7일 조선호텔에서 오찬회를 열었다. 4월 3일 순종 황제를 알현해 병세를 여쭈었다. 4월 9일부터 이강은 박영효, 윤덕영, 민영휘, 이달용 등 종척, 외척과 함께 돌아가며 순종 황제를 간병했다. 6월 10일 밤, 이강이 현궁의玄宮儀에 참례하는 사이, 군경 10여 명이 경비하던 이강의 숙소에

도둑이 들어 의복, 문방구와 현금 180원이 들어 있는 '트렁크'가 도난을 당했다. 11월 8일 〈동아일보〉는 "이강공 전하가 왕복 4주 간의 일정으로 일본을 여행할 예정"이라고 보도했다.

1927년 3월 21일, 〈동아일보〉는 "일본에 머물고 있던 이강 전하가 19일 귀국을 위해 동경을 출발할 예정"이라고 보도했다. 5월 23일, 〈중외일보〉는 "유럽으로 떠나는 이은 전하를 배웅하기 위해 이강 전하가 요코하마까지 전송하실 예정"이라고 보도했다. 6월 15일, 〈중외일보〉는 "동경에 체류 중인 이강 전하께 19일 귀국할 예정이었지만 어족부御足部에 미령靡寧(병)이 있어 당분간 귀국이 연기될 모양"이라고 보도했다. 12월 20일 밤, 이강의 성북동 별장에 불이 나 안채 열네 칸이 전소하고 부속 건물 한 채가 반소하여 2,100원 상당의 재산 피해가 났다.

1928년 2월 23일, 개성 천마산을 탐승하고 돌아왔다.

경비관계철

대동단 사건 이후부터 1920년대 말까지 이강은 일견 황족으로서 평온한 삶을 살았던 것으로 보인다. 하지만 이강은 일제로부터 철저한 감시를 받았다. 그 증거가 1992년 발간된 《일제문서해제선집》에 의해 드러났다. 이 책은 조선총독부에서 만든 2만 4,000여 권의 문서 가운데 경무·식산·학무국에서 작성한 60여 권을 선별해 해제를 붙인 것이다.

이 책이 해제를 붙인 문건 가운데 〈경비관계철警備關係綴-이강동비양전하관계李堈소妃兩殿下關係〉라는 게 있다. 《일제문서해제선집》

에 따르면 이 문건은 "1929년에서 1931년까지 3년 간에 걸친 의친왕 이강 부부에 대한 일본 경찰의 감시일지 서류철"로서 "이강 부부의 동태를 매일매일 살펴서 경기도 경찰부장 명의로 조선총독부 경무국장에게 보고한 내용"이라 한다.

'해제선집'에 기록된 문건의 내용은 충격적이다. 일부를 옮겨본다.

> 이강공이 그의 생일을 기해 국내 주요 온천지와 관광지를 찾아 행차함에 언제나 출발시각과 도착시각, 접견 인사, 수행자의 주변 동정 등 일거수 일투족을 놓치지 않고 기록하고 있다. 즉 여관에 투숙하여 식사, 목욕, 대담 내용은 물론 저녁의 술상과 동석한 기생 또는 여급의 신상조사까지 모두 살피고 정확한 취침 기상 시각을 몇시 몇분이라고 표기할 정도이다.
> 이강공은 망국의 왕족으로서 남다른 비애를 겪고 있음을 엿볼 수 있는데 보고일지에 의하면 하루도 술을 거르지 않고 마시는 것으로 되어 있다. 몸이 불편한 때를 빼고는 매일밤 술을 마시고 기생, 예기를 불러 들여 이들과 잠자리를 같이 한 것으로 기록되어 있다. | 총무부 정부기록보존소 편, 《일제문서해제선집》 |

이처럼 이 문서는 이강의 사생활과 여자 관계에 초점이 맞춰져 있다. 더 심한 내용도 많지만 이 이상은 소개하고 싶지가 않다. 그 이야기는 《일제문서해제선집》이 처음 발간된 직후 한 언론에 의해 알려질 만큼 알려졌다.

이강에 대한 감시가 1929년부터 1931년까지 3년 동안에만 이뤄졌다고 생각하지는 않는다. 오히려 대동단 사건 직후에 더 철저한 감시가 행해졌을 텐데 유독 이 문건만 남았을까 하는 의문도 생긴다.

《일제문서해제선집》의 엮은이는 "본문서에 따르면 이강공은 왕족으로서 극도로 타락한 생활의 연속으로 여성 편력이 무절제하고, 낭비벽이 심해 그대로 방치할 수 없어 제반 통제를 가일층 가할 수밖에 없다는 결론을 유도하고 있다"면서 "그렇지만 본 문서를 통해서 왕권을 상실한 왕족들의 일제에 대한 저항운동의 실태와 그 좌절, 그리고 암울한 현실을 살아가는 생활상의 일면을 들여다볼 수 있다"고 썼다.

1930년 6월 12일 이강은 일제에 의해 강제 은퇴를 당했다. 그에게서 '공公'이라는 칭호가 떼어졌다. 이때부터 언론은 그를 '이강공 전하' 대신 '이강 전하'라고 부르게 된다. 이기동은 강제 은퇴의 배경을 이렇게 설명했다.

> 당시 이강공은 아직 50대 초반이었으나 당국은 그에게 병기病氣가 있다는 이유를 붙여 아들에게 상속하게 한 것이다. 사실 그전부터 그는 당국의 주목을 받아왔다. 그것은 공公의 악부岳父(장인)인 김사준金思濬 남작이 병합 직후 한국 독립운동가들과 기맥을 통하다가 발각되어 체포된 일이 있었을 뿐 아니라(후에 옥사했다는 설이 있음), 공公 자신은 3·1운동 직후 국외로 탈출하다가 붙잡혀 되돌아온 일이 있었기 때문이다. 따라서 당국은 그전부터 사동궁의 가독家督을 그로부터 박탈할 생각이었는데 마침 그의 장남인 이용길(이건의 아명)이 성년이 된 것을 좋은 기회로 여겨 반강제로 상속을 단행한 것이었다. | 이기동, 《비극의 군인들》 |

강제 은퇴를 당할 때 이강은 일제의 강요에 의해 각서를 썼는데 그 각서가 뉴욕의 공공 도서관에 남아 있다. 이해경은 그 이야기를 서울대 사대 교수 김기석金基奭에게 듣고 도서관을 찾아가 각서를

이강의 동정을 감시한 일제의 보고서.

찾아냈다.

각서는 전부 일본어로 되어 있었으며, 내용은 "의친왕은 은퇴를 하고 공公의 칭호와 모든 재산을 큰아들인 이건에게 물려준다. 그리고 은퇴 후에는 일본에 머물기로 하며, 일본 국내에서는 자유로이 여행할 수 있다"와 "의친왕에게는 당시 화폐로 30만 원을 지불하고 의친왕비에게는 생활비로 1년에 12만 원씩을 지불한다" 등이었다.

그런데 나는 어렸을 때 아버지를 국내에서 뵙던 기억이 있었고(이해경은 1930년생—필자), 도대체 이 각서의 내용이 사실인지에 대해 의문이 생겼다. 그래서 사실 여부를 확인하기 위해 현재 강릉에 살고 있는 나의 둘째 언니에게 물어보았더니 "당시 아버지는 하는 수 없이 일본 규슈九州 지방 어느 곳에 수인당修仁堂(김흥인 여사, 수길 오빠 생모)을 데리고 가 계셨다"고 말해주었다. | 이해경, 《나의 아버지 의친왕》|

이강이 일본으로 끌려간 뒤 언제 귀국했는지는 확실치 않다. 이강의 '은퇴' 이후 그의 행적은 신문에서도 찾기 어렵다. 1935년 5월 31일자 〈조선중앙일보〉의 보도가 유일하다시피 하다. 이날 〈조선중앙일보〉는 "동경에 어御 체재滯在 중이시던 이강 전하께옵서는 내來 (6월)3일 오후 3시 20분 착着 '노소미'호로 어御 귀경歸京하옵신다"고 전하고 있다.

이강은 서서히 잊혀졌다. 순종 황제가 붕어한 뒤 이복동생인 이은이 명목상 조선의 왕이 되었다. 이강은 왕도 아니었고 '공公'도 아니었다. 은퇴 이후 신문 지면을 장식하는 것은 그가 아니라 '이왕李王 은垠 전하'의 근황이었다. 이강은 상하이 탈출 사건의 주역으로 식민지의 백성들에게 강렬한 인상을 남겼지만 시간이 지나면서 그저 비운의 왕자, 호방하고 잘생긴 왕족으로만 기억될 뿐이었다.

안천은 이강이 강제 은퇴를 당한 이후 사돈인 이기권李基權을 밀사로 활용하며 비밀리에 독립운동을 했다고 추정하지만 근거는 매우 희박하다. 이기권은 만주에서 독립군을 귀순시키려는 일제의 선무 공작에 협조했다는 혐의로 해방 직후 반민특위에 소환된 적이 있다. 만약 이기권이 이강의 독립운동 밀사로 활동했다면 친일파로 의심받고 있는 상황에서 그처럼 좋은 기회를 놓칠 리가 없다.

이기권의 진술을 담은 반민특위 조서가 현재까지 남아 있다. 하지만 조서 어디에도 이강의 명을 받아 독립운동을 했다는 진술은 없다. '없는 독립운동 경력'도 만들어내던 판국에 '있는 독립운동'을 굳이 감출 까닭은 없는 것이다. 하지만 이기권은 '이런 말을 하면 오히려 내가 무슨 독립운동가 행세를 한 것처럼 오해할까봐 주저된다'는 말까지 하고 있다.[20] 이기권은 기소유예 처분을 받았다. 친일파도 독립운동가도 아닌 것이다.

그의 최후

해방이 되던 해 11월 23일 상하이 임시정부 주석 김구金九가 환국했다. 이해경은 "해방 후 사동궁에서 환국한 김구 주석과 김규식 선생이 임시정부 각료 일동과 함께 아버지를 찾아와 문안인사를 드리는 것을 목격했다"고 말한 바 있다. 그러나 김구의 《백범일지》에 이강을 찾아갔다는 대목은 없다.

김구가 이강에게 문안인사를 드린 이후의 일인지도 모르겠다. 오히려 이강이 경교장을 찾아 김구와 만났다. 1945년 12월 6일 〈동아일보〉는 "경교정京橋町 임시정부 숙사에는 각 정객을 위시하여 출입이 빈빈頻頻한 가운데 오후 3시에 이강공이 김구 주석을 방문하고 요담要談을 한 후 사거辭去(작별하고 떠나감)하였다"고 보도했다.

해방 이후 이강의 행적을 추적하는 것은 일제시대보다 어려운 일이었다. 그는 완전히 역사의 무대에서 물러난 셈이었다. 게다가 이강은 새로 들어선 정부로부터 시기와 핍박을 받았다. 이승만이 이강과 이은을 견제하고 박해한 것은 잘 알려진 사실이다.

이강은 사동궁에서 칩거했다. 한국 바둑계의 원로 조남철趙南哲 국수는 이 무렵 이강의 모습을 곁에서 본 사람이다. 조남철은 이강의 사위인 이학진 등과 함께 1945년 11월 한국기원의 전신인 한성기원을 설립했다. 조남철과 이학진은 1948년 5월 이강의 배려로 한성기원을 사동궁으로 옮기며 기원 이름을 조선기원으로 변경했다. 《조남철 회고록》에서 인용한다.

> 실질적 기원 주인(?)인 의친왕이 바둑을 두었는지는 확실치가 않다.[21] 조남철 역시 의친왕이 조선기원에 들러 바둑을 두었던 기억은

이학진. 이강의 넷째 사위로 게이오대학 경제학부를 졸업한 지식인이다.

없다. 하지만 의친왕은 산책길이라도 나설라치면 으레 기원에 들러 바둑 삼매경에 빠진 사람들의 모습을 신기한 듯 바라보곤 했다. 일흔을 넘긴 연세로 백발이 성성했지만 왕족다운 당당한 풍모의 노인이었던 것으로 조남철은 회고한다. | 조남철·양형모, 《조남철 회고록》 |

언젠지는 분명치 않지만 이때를 전후해 이강에게 접근하여 사동궁을 매각하라고 권유하는 '모리배'가 있었다. 이강은 이승만 정부가 들어서면 황실 재산이 국가에 몰수된다는 모리배의 말에 현혹되어 시가 수백만 원에 달했던 사동궁을 200만 원에 매각했다고 한다.

이강이 사동궁을 매각하자 조선기원은 1949년 4월 한 여관에 둥지를 틀게 된다. 이강은 안국동 별궁別宮에 새 거처를 마련했지만 생활의 대부분을 소실들의 집에서 보냈다.

  6·25가 발발하고 얼마 지나지 않아 이강은 초라한 행색으로 별궁을 찾아들었다. 이해경은 "아버지를 뵈온 어머니(의친왕비)께서는 전쟁 중이라는 것도 잊어버리신 것 같이 무척이나 기뻐하셨다"면서 "그럴 만한 것이 어머니께서 아버지와 단둘이 오붓하게 조그만 방 안에서 오손도손 지내시게 된 것은 두 분이 결혼하신 후 처음이 아니셨나 싶다"고 회고한다.

  인민군 치하에서 괴로운 나날을 보내던 이강 부부는 1·4후퇴 때 부산으로 피난을 갔다. 이강의 9남 이충길은 "아버지는 지밀어머니[22], 윤대비(순정효황후), 삼축당, 광화당 할머니와 함께 화물칸 한 구석을 겨우 빌려 피난을 떠나셨다"고 증언한다. 이강과 의친왕비는 부산의 한 포교당에서 피난살이를 했다. 이해경이 증언하는 당시 상황은 처연하기 짝이 없다.

> (……) 부산 서면의 포교당에 부모님이 머물고 계시다는 소식을 알아내어 찾아갔다. 그곳 포교당의 방 세 칸 중에 운현식구(운현궁)가 한 방을 차지했고, 광화당(고종 황제의 후궁) 할머니들이 한 칸을 사용했으며, 나머지 한 칸 방에서 어머니 그리고 아버지께서 영길이네 식구(가수 錫:당시 錫이는 열 살이었고 동생들이 세 명이나 있었다)들과 함께 머물고 계셨는데 비좁은 방 안이 북적거리는 형편이었다. 어머니(의친왕비)께서 그 방 한구석에 휘장을 치고 계시는 모습을 보고 견딜 수 없어서 무작정 그 곳을 뛰쳐나와 버렸다. | 이해경, 《나의 아버지 의친왕》 |

  휴전이 성립된 해인 1953년, 이강의 막내가 태어났다. 그의 나이 76세였고, 그가 타계하기 2년 전의 일이었다.

만년의 이강.

이강의 장남 이건은 아버지의 생애를 다음과 같이 반추했다.

아버지는 생활이 문란하기는 했지만 암우暗愚한 천성은 아니었다. 일족 중에 머리는 명석한 편이었다. 만약 장 귀인에게 엄 귀인(엄비)만 한 총명함이 있고 조부가 보다 강한 성격과 소신의 소유자였던들 아버지가 왕통의 계승자는 못 되었더라도 꽤 다른 양상이 벌어졌을 것이다. 평생 자신을 둔 주변의 불공평에 불평한 적이 없었으나 오로지 생모의 비참한 죽음에 대해서는 저녁 반주라도 할 적에는 으레 한탄하고 슬퍼하였다. 아버지는 이처럼 비극의 사람이었다. |1999년 10월 1일자, 〈조선일보〉|

1955년 8월 15일 이강은 세상을 떠났다. 광복10주년 기념일이었다. 장례는 9일장으로 매우 초라하게 치러졌다. 문상객도 별로 없었다. 그의 유해는 생모 장 귀인이 잠들어 있는 화양리에 묻혔다가 얼마 후 경기도 고양군 서삼릉 경외에 매장되었다.

의친왕비의 부덕婦德

의친왕비 김덕수金德修는 1880년 11월 21일생(음력)[23]으로 이강보다 세 살이 아래다. '덕수'는 호적명인데 '숙淑'이라는 이름도 있다. 부친 김사준은 연안 김씨 김제남金悌男의 후손이다. 인목대비의 부친인 김제남은 광해군 때 영창대군(인목대비의 소생)을 옹위하려 했다는 모함을 받고 사약을 받았다.

이후 폐모론廢母論이 일자 김제남은 부관참시되었고, 그의 세 아들도 죽임을 당했다. 인목대비는 일시적으로 폐서인이 되었다가 인조반정 직후 다시 대왕대비에 올랐다. 친정 아버지와 형제들이 몰살당하는 참화를 겪은 인목대비는 친정에 서신을 보내 다시는 국혼을 하지 말라고 당부했다. 연안 김씨 가문은 인목대비의 유지遺旨에 따라 대대로 국혼을 하지 않게 된다.

김사준은 가문의 뜻을 따르기 위해 이강과의 길례를 정중히 거절했다. 하지만 명성황후는 김덕수를 대단히 마음에 들어했다. 황현은 "김사준이 국혼을 않겠다는 사유를 적어 올리자 민후閔后(명성황후)는 김씨(의친왕비)의 용모와 부덕婦德을 사랑하여 그(김사준)의 의견을 받아들이지 않았다"고 기록했다. 황현은 "김씨(의친왕비)는 현명하고 문자를 잘 알아《맹자》를 줄줄 외우고 배서褙書도 법도 있게 잘 썼다"며 세간의 평가도 전했다.

그러나 김덕수는 이강의 사랑은 받지 못했던 모양이다. 김덕수는 단 한 명의 아이도 갖지 못했다. 김덕수는 6·25때 이강과 잠시 한 방을 썼는데 이강의 생존 자녀들은 "그때가 지밀어머니께서 아버지를 곁에 모셨던 유일한 시기였다"며 "어머니께서 너무 행복해하셨다"고 한결같이 말하고 있다.

김덕수는 '부덕婦德의 상징'으로 칭송받았다. 이강이 다른 여자로부터 낳은 자녀들을 자신의 자식인양 아끼고 보살폈다. 최은희는 이렇게 말한다.

> 김비(의친왕비)의 가슴 속을 파헤치면 숯검댕이가 됐을 거라는 솔직한 세평을 받은 불우한 생애를 지녔던 분이 김비다. 마마는 무조건 전하의 소생이라면 일시동인一視同仁으로 기출己出같이 사랑하였다. 그들의 유년시대 축일의 노느매기(물건을 여러 몫으로 갈라 놓는 일) 음식까지도 불평없이 하도록 분부하고, 전하가 외간 여자에게서 낳은 자녀를 돌보지 않아 그 생모의 하소연을 받게 되면 마마는 일일이 너그럽게 처리하고 궁으로 아기를 데려다가 기르는 일도 있었다. 그런 애들에게는 더욱 큰 자애를 베풀었다. | 최은희, 《한국 개화여성 열전》 |

이강은 1920년대 초반까지는 궁중의 법도에 따라 자신의 아이를 낳은 궁인에게 당호堂號를 내렸다. 1922년 8남 경길을 낳은 수경당 김씨가 마지막으로 당호를 받았다. 이후 이강은 자녀들의 생활과 교육 문제 등에 관해 이전보다 등한시하는 경향을 보였다. 그러나 아이가 어느 정도 크면 집을 얻어주었고 생모와 함께 궁 밖에서 살게 했다.

의친왕비와 이충길. 이강의 9남인 이충길은 의친왕비와 함께 살았던 몇 안 되는 아들이었다.

최은희의 증언대로 자녀의 양육에 관한 문제는 김덕수가 처리했다. 이강은 "군부인君夫人이 알아서 하시오. 부탁하오."라고 말하며 김덕수에게 모든 것을 맡겼다. 김덕수는 때로는 아이를 궁에 데려다 직접 기르기도 했다. 생모가 일찍 죽거나, 이런저런 사정으로 생모의 양육을 받을 수 없는 아이들이었다. 이강의 장남 건鍵, 7남 형길亨吉, 5녀 해경海瓊, 9남 충길忠吉이 그런 자녀들이다.

이들은 생모 못지않게 김덕수를 존경하고 사랑했다. 여섯 살 때 이기용李埼鎔의 양자로 들어간 이형길은 경성유치원에 다니며 매일같이 사동궁에 들렀다. 그때마다 이형길은 집(이기용)에 돌아가지 않겠다고 고집을 부렸다. '지밀어머니' 곁을 떠나지 않겠다는 뜻이었다. 이해경은 "내가 어머니라고 부르는 분은 의친왕비뿐"이라면서 "어머니께서는 자신에게 무척 엄격하셨지만 다른 사람에게는 누구보다도 인자하시고 동정심이 많은 분이셨다"고 말한다.

이강은 겉으로는 김덕수를 박대하는 듯한 태도를 보였다. 언제나 수많은 시녀들에게 둘러싸여 있었던 이강은 아내에게 다정한 말을 건넬 틈이 없었다. 그러나 김덕수는 시녀들을 물리치거나 투기하지 않았다. 이해경은 그런 태도가 이해가 되지 않아 "어머니께서는 목석木石이십니까? 시샘도 나지 않으세요?"라고 물은 적이 있다. 김덕수는 잔잔한 미소를 지으며 "나야 어디 사람하고 결혼했나? 법도法度하고 결혼했지. 그러나 죽어서 너희 아버지 묘소에 들어갈 사람은 나 하나뿐이란다."라고 말할 뿐이었다.

이강도 속마음은 달랐던 모양이다. 아내에게 직접 전하지는 못했지만 만년의 이강은 이런 속내를 친척에게 털어놓았다.

> 험악한 분위기 속에서 이리저리 시달림을 받은 마마(의친왕비)의 처량한 심정을 헤아려 다정한 위로를 하고 싶어도 누설이 되면 마마를 에워싸고 보다 불리한 일이 생길 것을 예측하고 있으므로, 내심에 미덥고 소중할지라도 남 보기에 법으로 비전하의 위신을 세워주는 데 불과한 것 같이 무관심한 표정으로 지낼 수밖에 없었다. | 최은희, 《한국 개화 여성 열전》|

김덕수는 을미사변, 대한제국의 종말, 한일병탄, 의친왕의 탈출 실패와 연금생활, 고종·순종 황제의 붕어, 해방과 6·25전쟁, 4·19와 5·16 등을 직간접적으로 경험했다. 그런 이유 때문인지 최은희는 김덕수를 일러 '살아 있는 사전'이라고 칭했다. '조선의 흥망성쇠와 파란만장한 말로를 누구보다도 자세히 목격한 분'이라는 뜻이었다.

1964년 1월 5일(음력 11월 21일) 김덕수의 여든네 번째 생일 잔치가 열렸다. 김덕수는 수많은 황실 일가친척의 축하를 받으며 "오래 살기 잘했어."라는 말을 되풀이했다. 김덕수는 9일 후인 1월 14일 세상을 떠났다.

지아비와 함께 묻히겠다는 김덕수의 소박한 꿈은 죽은 지 30년이 지나 이뤄졌다. 김덕수는 시아버지 고종 황제의 능陵인 홍릉 뒷편에 외따로 묻혔다가 1996년에야 한을 풀었다. 이해 11월 이강의 자녀들은 서삼릉에 묻혀 있던 이강의 유해를 이장해 의친왕비와 합장했다.

일본인이 된 황족
이건 6장

1947년 10월 이건은 정식으로 일본에 귀화하고 모모야마 겐이치桃山虔一로 개명했다. 이은은 "아직 안정되지 않은 어수선한 세상이니 더 좀 기다렸다가 결정하는 것이 어떠냐"고 설득했지만 이건은 "(그러면) 마음이 안정되지 않는다"고 받아들이지 않았다. 이건의 일본 이름도 의미심장하다. "모모야마"는 대정 천황이 묻힌 곳의 지명이기도 하다.

출생의 비밀

1908년 초 이강이 일본에서 귀국했을 때 세 살 먹은 아이를 데리고 왔다는 사실은 앞서 언급한 적이 있다. 그런데 이 아이는 얼마 지나지 않아 죽었다.

이듬해 말 황현은 "의친왕 강의 궁에서 황손이 태어났다"며 "그의 어머니는 궁인이었다"고 기록했다. 이때 태어난 '황손'이 이강의 장남인 이건李鍵이다. 궁내성 기록에 나와 있는 이강의 출생일자는 1909년 10월 28일이다.

이건의 출생은 한 신문에도 보도돼 있다. 1909년 11월 9일자 〈대한매일신보〉에는 "의친왕이 가까이 하던 본궁 내인 정씨가 10월 29일 황손을 출산했다"는 기사가 있다. 이를 보면 궁내성 기록이 상당히 정확하다는 것을 알 수 있다. 하지만 무슨 이유에서인지 궁내성이 기록한 출생일시 밑에는 '근거 없음'이라는 부가설명이 붙어 있다. 그런 이유 때문인지 이건은 궁내성의 기록을 "전연 신용할 수가 없다"고 했다.

이건은 "나는 언제 어디서 났는지 그 정확한 것을 모른다"며 "믿

의친왕비와 이건. 고종 황제 국상 때의 모습이다.

을 만한 기록도 남아 있지 않고 그 진상을 가르쳐주는 사람도 없었다"고 말한다. 이 말은 그의 자서전《이건공의 수기》[1]에서 인용한 것인데 자서전의 맨 처음 두 문장을 차지한다. 이처럼 그는 자신의 출생의 비밀에 관한 지울 수 없는 상처를 가슴에 품고 살았던 것이다.

대전大戰(2차대전)으로 일본이 몰락하자 나는 내가 신뢰하고 존경하는 어느 복술가卜術家에게, 내가 어디 출생인지를 확인해 달라고 부탁해 본 일이 있었다. 그 복술가는 일주일이 지나 10일 간만 시간의 여유를 달라 했고, 그 시일이 지나자 그는 내게 와서 하는 말이,

"아무래도 알 수가 없습니다. 좀더 조건이 구비되었더라면 확실히

알 수 있습니다만……" 하는 것이었다.

"조건이 구비됐으면 구태여 선생에게 묻지 않아도 알겠소."

라고, 나는 대답하며 웃을 수밖에 없었다.

농담이지만 이만큼 나는 내가 출생한 장소, 시일, 그리고 나를 낳은 어머니를 알고 싶은 마음 간절하다. | 이건, 《이건공의 수기》 |

이건이 무슨 이유로 그렇게 믿고 있었는지 현재로선 알 길이 없다. 그러나 《나의 아버지 의친왕》에 수록된 이강의 가계도와, 이강의 둘째딸 이해원李海瑗의 증언을 종합해보면 이건을 낳은 생모는 수관당 정씨임이 확실하다. 이해원 여사와는 2005년 1월과 3월, 두 차례 만나 인터뷰를 했다.

오빠의 생모에 대해선 저도 이야기를 들은 적이 있습니다. 궁인이었고 일찍 돌아가신 것으로 알고 있어요. 아버지와는 그리 사이가 좋지 않았는데 말다툼 중에 아버지가 오빠가 타고 있는 유모차를 차버렸다고 합니다. 만약 유모차가 계단 밑으로 떨어졌으면 오빠가 죽었을 거라는 얘기를 들었습니다.

생년월일은 1909년 10월 말, 태어난 곳은 서울, 생모는 궁인 정씨. 이 정도면 출생에 관한 사항이 모두 밝혀진 셈이다. 하지만 이건은 그런 사실을 받아들이지 않았다.

나의 부친인 친왕親王, 이강은 왕가의 집안 소동으로 일본에 망명했으나 일본에 와서도 역시 자객에게 쫓길 위험이 있었기 때문에 미국으로 건너가 있다가 (……) 일본이 한국을 소위 보호국으로 만들고 통감

정치를 시작하자 다시 일본에 와서 1, 2년 동안 지낸 일이 있는데 그 동안에 어디의 뭐라고 하는 사람인지는 모르지만 하여간 어느 부인과 관계해서 아이 하나를 낳게 했다. 그 후 고국의 정정政情이 지정되자 그 아이를 데리고 귀국했으나 그 아이는 이내 죽고 그 직후 출생한 것이 나라는 것이었다.

이런 얘기도 의심되는 바 없지 않지만 누구에게 물어야 될지 몰랐고, 아마 앞으로도 영원히 풀 수 없는 수수께끼로 남겨 둘 수밖에 없을 것이다. 다시 말하면, 나는 한국인인지 일본인인지조차 정확히 알아낼 도리가 없는 것이다. | 이건, 《이건공의 수기》 |

한번은 이강이 '너의 생모' 라면서 사진 한 장을 이건에게 보여준 적이 있었다. 그것은 의친왕비를 시중하는 한국 여인의 사진이었다. 이건은 부친의 말을 믿지 않고 부정했다.

이건은 부친이 자신을 이유 없이 미워한다고 생각했다. 그가 보기에 부친은 바로 밑의 이복동생인 이우만을 편애했다. 그의 생각은 이해할 만한 것이었다. 이해원은 이렇게 말한다.

두 오빠가 모두 일본에서 유학 생활을 했잖아요. 운현궁 오빠(이우)가 귀국할 때면 아버지는 아예 마중을 나가십니다. 그런데 이건 오빠가 올 때는 어디론가 나가셔서 잘 만나주지도 않으셨어요. 한번은 이건 오빠가 사동궁에서 아버지를 기다리는데 비가 몹시 내렸어요. 오빠는 너무 슬프고 분했던 나머지 웃통을 벗고 빗속에서 고함을 질렀는데 그 장면이 아직도 눈에 선합니다.

일본식 교육

이건에게는 자신의 출생에 관한 비밀을 캐내는 것보다, 부친이 자신을 미워하는 이유를 알아내는 것이 더 절실한 일이었는지도 모른다. 혹시 그는 자신의 생모가 죽은 아이를 낳았던 일본인 부인이라고 생각했던 것은 아닐까. 아버지와 일본 여인과의 사이가 좋지 않았고, 자신은 일본인의 피까지 섞여 있었기 때문에 아버지가 자신을 미워했을 거라고 믿었던 것은 아닐까. 이건이 "나는 한국인인지 일본인인지조차 정확히 알아낼 도리가 없다"고 했던 것에 대해 주목할 필요가 있다.

어찌됐건 그는 이강의 엄연한 장남이었다. 어릴 때부터 왕자의 교육을 받았다. 그런데 다른 형제들과는 달리 그만 유독 일본식 교육을 받았다. 이강은 무슨 이유에선지 이건에게 조선인들과 접촉할 기회를 주지 않았다. 당시 서울에는 조선인이 다니는 소학교와 일본인이 다니는 소학교가 따로 있었는데 이건은 부친이 굳이 자신만 일본인 학교에 다니게 했다고 말했다.

이강은 이건을 돌보는 사람도 일본인으로 붙여주었다. 유치원에 들어가기 전부터 이건을 보살핀 이는 호리바 류타로掘場龍太郞 부부였다. 이건은 유아 때부터 일본 옷을 입고 일본 말을 했다. 가끔 조선 말馬을 타고 놀기는 했지만 다른 장난감은 모두 일본 것이었다. 그는 "형제 중에서 그러한 일본적인 양육을 받은 것은 오직 나 하나뿐"이라고 했다.

어릴 때 이건이 가장 괴로워했던 것은 아버지와의 식사시간이었다.

혼인 예복을 입은 이해원. 이강의 둘째 딸로 황손들 중 최고 연장자다.

저녁식사 때, 부친은 반주飯酒를 했다. 두세 시간씩 걸리며 천천히 술을 마신다. 그 동안을 어린애인 나는 꼼짝 못하고 서서 그 광경을 바라보고 있어야 했으니 정말 질색이었다. 그것은 우리 집만의 예의였던 것이다. 서울에 있는 동안, 물론 금전적인 걱정은 한 번도 해본 일은 없지만, 나는 내가 불행하다고 생각했다. 부친이나 형제에게 친절한 말 한 마디 들어보지 못했고, 나를 낳아준 어머니는 없고, 특히 부친은 나를 멀리하는 눈치라는 것이 어린 마음으로도 알 수 있었다. (……) 부친은 저녁식사에 술기운이 돌면 언제나 나에게 이상한 말을 했다.

"얼른 일본으로 가버려라."

"한국에 오래 있지 말아라."

그 밖에 그런 종류의 싫은 소리를 많이 했다. 그 중의 하나로,

"일본 사람과 결혼하는 게 좋으리라. 그리되면 나는 네 치다꺼리를 안 한다."

라고 말한 일이 있었다.

어디까지나 귀여운 자식이 못 되었던 듯싶다. | 이건, 〈이건공의 수기〉 |

열세 살이 되던 해인 1921년, 이강은 이건에게 일본으로 유학을 가라고 떠밀었다. 이건은 '쫓기다시피' 도쿄로 가야 했지만 이제야 부친 곁을 떠난다는 생각에 마음만은 기뻤다. 호리바 부부도 이때 함께 도일해 이건을 돌보기로 했다.

이건은 도쿄 아자부麻布에 있는 일본인의 집에 기거하며 그해 4월 학습원에 입학했다. 그가 거처로 삼은 집은 햇볕도 잘 들지 않는 건물이었다고 한다. 이건은 "맛 없는 음식을 먹어야 했고 필요한 물건을 살 길이 없었고 학습원까지 전차 통학을 해야 했는데도 그 전차 값조차 절약하지 않으면 안 되었기 때문에 돌아오는 길은 걸어야 했다"고 회고한다.

이건은 휴일이 되면 삼촌인 영친왕 이은의 저택을 찾아가 고국의 이야기를 들려주었다. 이듬해 6월 이복동생 이우도 일본으로 유학을 왔다. 이강의 자녀 가운데 이건과 이우만이 황적에 입적된 형제였다. 다시 말하면 일본에 의해 정식으로 황족 대우를 받았다는 뜻이다. 이건은 자신이 일본에서 '평민'의 대우를 받았다고 주장하지만 이는 엄살에 가깝다.

하지만 이건이 이복동생인 이우보다 낮은 대우를 받은 것은 사실인데 여기에는 이유가 있다. 1917년 3월 이준용李埈鎔이 딸만 하나 남기고 세상을 떠나자 고종 황제는 이우를 이준용의 양자로 들여보내 후사後嗣를 잇게 했다. 이준용은 고종 황제의 친형인 이재면李載

鎔의 장남이며, 대원군 이하응李昰應이 가장 아끼고 사랑하던 손자였다.

5월 28일 이우는 법적으로 대원군의 직계 증손이 되어 운현궁의 상속자가 되었다. 양부가 갖고 있던 '공公'의 지위도 물려받았고, 이때부터 그는 '이우공 전하'로 호칭이 바뀌었다.[2)]

이건이 이우에게 시기심을 느낀 데에는 다음과 같은 배경이 깔려 있다.

나는 당시 호주戶主가 아니기 때문에 단지 이강공의 아들 이건이었지만 나의 동생인 이우는 차남이면서 어릴 때 다른 집 양자로 간 까닭에 처음부터 이우공 전하라고 불리우는 신분이었다. 그 동생이 이내 학습원에 들어왔다. 그렇게 되니까 동생은 전하이고 형인 나는 일개의 평민과 같으니까 나는 학습원에서 항상 동생에게 경례를 해야 했다.

(……) 동생이 전하이고 내가 하나의 평민으로 취급되는 처우였기 때문에 동급생들은 나를 엄청나게 경멸한다. 생활은 궁핍하고 의지할 곳도 없으니 언제나 굴욕을 느끼고 있었다. | 이건, 〈이건공의 수기〉|

이건과 이우의 차이를 극명하게 보여주는 기사가 있다.

동경에 유학하던 이우공 전하와 이용길李勇吉씨는 겨울방학을 이용하여 경성에 돌아오게 되어 이우공 전하는 어御 23일 저녁에 이용길씨는 24일 저녁에 형제가 전후하여 무사히 남대문에 도착하였더라.
| 1922년 12월 26일자, 〈동아일보〉|

이용길은 이건의 아명兒名이다. 이우는 '공 전하'이고, 이건은 '이

이우의 양부 이준용.

용길씨'인 것이다. 학습원을 졸업한 이건은 육군 유년학교를 거쳐 1926년 4월 일본 육사에 입교했다. 이건은 일본 유학 생활을 괴로워했다. 생활비는 부친이 보내주는 송금에 의지했는데 걸핏하면 송금이 중단되곤 했다. 그는 이를 "(부친이) 나를 미워하는 까닭"이라고 생각했다.

　1930년 6월 12일 이강이 일제에 의해 강제 은퇴를 당했고, 이건은 '공公'의 작위를 계승했다. 이때부터 이건도 이우와 같은 '공 전하'가 됐다. 이건은 그해 7월 육사를 졸업하고, 소위로 임관하여 기병騎兵학교에 들어갔다. 그는 기병을 선택한 것에 대해 "유시幼時에 조선 말을 타고 놀았던 것이 영향을 가져왔는지도 모른다"고 말하였다.

이건은 같은 해 12월 16일 서울에 왔다. 서울에서 10일 간 머물며 신궁참배, 능묘전배陵墓展拜, 습가피로襲家披露 등의 일정을 가졌다. '습가피로'는 이건의 가계 상속을 축하하는 연회였다.

"나는 천황을 존경하기로 결정지었다"

그 무렵 이건은 군인이라는 직업에 회의를 느끼기 시작했다. 그렇다고 군직을 버릴 수는 없었다. 어린 시절부터 그의 염원은 음악이었다. 그는 개인교사를 초빙해서 바이올린 레슨을 받았다. 1935년 이건은 독일의 베를린에 있던 지인에게 부탁해서 고급 바이올린을 구입한 적이 있다. 바이올린 값이 1,000마르크에 달했다는데 그는 바이올린을 손에 넣고 "퍽이나 기뻐했던 기억이 난다"고 술회한다.

1931년 10월 5일 이건은 해군 대좌의 딸인 마츠다히라 요시코松平佳子와 결혼했다. 요시코는 이방자의 외가쪽 사촌동생으로 이방자의 넷째 이모 도시코俊子가 요시코의 모친이다. 요시코와 결혼하기 몇 해 전 이건은 어떤 일본 여자에게 청혼을 했지만 승낙을 받지 못한 적이 있다. 낙담한 이건은 안 마시던 술까지 마시게 되었다. 호리바는 이를 근심해 결혼 자리를 알아봤고, 이건은 "여자라면 누구든지 좋다"는 자학적인 심정으로 "만나본 일도 없는" 요시코와 결혼을 하게 된 것이다.

그런데 이 결혼에는 또 다른 에피소드가 있다. 요시코의 부친 마츠다히라 대좌는 화족이 아니었다. 〈황실전범〉 제39조에 따르면 황족이, 황족이 아닌 다른 신분의 사람과 결혼하기 위해선 '특별한 인허'가 필요했고, 그 신분도 화족에 제한되었다. 이건은 '황족'이 아닌 '공족'이어서 〈황실전범〉의 규정을 따를 필요는 없었다. 왕공족에 관한 법률인 〈왕공가궤범〉이 이미 제정돼 있었다.

그러나 일본은 조선의 왕공족을 일본 황족에 준하게 예우한다는 방침을 스스로 세웠기 때문에 두 사람의 결혼을 성립시키기 위해 편법을 사용했다. 요시코를 히로하시廣橋 백작의 양녀로 입적시켜 화족의 신분을 부여한 것이다. 이름도 요시코佳子에서 '요시코誠子'로 고쳤다. 일본의 《皇室皇族聖鑑(황실황족성감)》은 당연히 '성자誠子'로 기록했고, 이방자는 예전에 부르던 대로 '가자佳子'라고 자서전에 썼다. 이 때문에 우리나라 기록에서 혼선이 빚어져 요시코의 이름을 '세이코誠子'로 표기한 책도 제법 눈에 띈다.

이건과 요시코의 결혼은 이 같은 편법이 사용될 만큼 정략적인 것이었다. 이기동은 "이건공은 수기에서 자신의 결혼이 '정략적'인 것이라는 인상을 되도록 주지 않으려고 마음을 쓴 것 같다"며 "그러나 실제에 있어서 그의 결혼은 고도로 정략적인 것이었다"고 썼다. 물론 그 정략은 대한제국 황족의 피에 일본인의 피를 섞는 것이었다.

이건 부부는 신혼여행을 겸해 그해 11월 서울을 방문했다. 이건 부부는 조선신궁을 참배하고 정무총감, 군사령관 등이 주최한 연회에 참석한 뒤 11월 9일 서울을 떠났다. 본인 의사와는 관계 없었겠지만 신궁神宮 참배가 빠지지 않는다는 것이 씁쓸하게 느껴진다.

1932년 8월 14일 장남 이충李沖이 태어났다. 이날 덕혜옹주도 딸 정혜를 낳았다. 이건은 요시코와의 사이에서 아들 하나, 딸 하나를 더 두었다. 1935년 3월 4일에는 둘째 아들 기沂가, 1938년 12월 19일에는 딸 명자明子가 태어났다.

1936년 12월 이건은 일본 육군대학에 입학했고, 이듬해 7월 중일전쟁이 발발했다. 이건은 일본 군부의 태도를 대단히 불쾌하게 여겼다. 전쟁은 자기들이 벌여놓고 비상시국이 왔다고 떠들어대니 "깜직하다"고 느꼈던 것이다. 하지만 그는 군인인 이상 천황에게 목숨을 바치겠다고 굳게 결심했다. 그는 그 이유에 대해 "천황을 존경하고 있다"며, "천황에게서 이렇다 할 찬사를 받아본 일도 없고 감격할 말을 들은 일도 없지만 그저 존경하고 있기 때문에 그에게 절조를 지키고 있다"고 했다. 반면 대한제국 황실에 대해서는 섭섭함을 숨기지 않았다.

오늘날까지 내가 본 바에 의하면 한국 왕실의 왕족에 대하는 태도와 일본 황실의 황족에 대하는 태도와는 판이한 점이 있다. 일본 황실의 태도에는 따뜻한 맛이 있는데 한국 왕실에는 냉담만이 있다. 가령 나는 한국 왕실에 있어서 제일급의 친족인 것이다. 일본 황실에 있어서의 지지부노미야秩父宮(소화 천황의 동생)과 동격인 것이다. 그런데 그런 내게 대한 냉담한 태도에는 인간미라고는 아예 없다. |이건, 〈이건공의 수기〉|

그는 또 "일본 황실의 온정을 잊을 수 없다"면서 "한 달에 한 번씩 일본 황족들과 부부동반해서, 밤새 거리낌없이 마시고 놀고 한 기억이 그립기까지 하다"고 적었다.

해방 후 이건은 한국 국적과 일본 국적 가운데 하나를 선택해야 할 상황에 처했다. 그는 주저 없이 일본을 택했다. 이건에게 충성의 대상은 일본과 천황이었다. 전쟁이 끝나기 전 천황을 위해 목숨을 바치고자 할 때는 군인으로서의 의무감도 작용했지만 이제는 달랐다. 그는 마음으로부터 일본인이 되고자 했다.

(1945년) 8월 12일인가, 13일이었다(실제는 12일-필자). 고오후甲府에

이건과 요시코.

있는 나에게 즉시 상경上京 참내參內(입궐)하라는 기별이 있었다. 당시 나는 동생 이우공이 광도廣島(히로시마)에서 원폭으로 전사했기 때문에 역연逆緣이지만 복상중服喪中에 있었다. 그래서 일단 사양을 했으나 아무래도 좋으니 참내라하는 것이었다.

궁중에 들어가 보니 가 황족이 모두 모여 있었다. 말굽 모양으로 정렬해서 기다리고 있으려니까 천황이 누구 하나 따르는 사람도 없이 혼자 나왔다. 너무 이례異例인 까닭에 나는 깜짝 놀라 있으려니까 이윽고 그는 종전終戰에 대한 이야기를 시작하였다. 그 말투며 태도며 실로 경복하기에 족한 것이 있었다.

나는 천황이 그렇게까지 강렬한 말을 하리라고는 그때까지 몰랐다. 더구나 그는 엄청난 변설辯舌의 소유자였다. 웬만한 신념을 가지고 있지 않으면 그러한 변설이 나올 수 없는 것이었다. 그 말을 들으니, '일본의 천황은 절대로 로버트가 아니다'라고 여겨졌다. 사실 그렇게 생각했다.

이때 나는 한국 문제가 머리에 떠올랐다. 나는 이때 간단하게 내 절조의 방향을 결정짓고 말았다. | 이건, 〈이건공의 수기〉 |

재빠른 적응

1947년 10월 이건은 정식으로 일본에 귀화하고 모모야마 겐이치 桃山虔一로 개명했다. 이은은 "아직 안정되지 않은 어수선한 세상이니 더 좀 기다렸다가 결정하는 것이 어떠냐"고 설득했지만 이건은 "(그러면) 마음이 안정되지 않는다"고 받아들이지 않았다. 이건의 일본 이름도 의미심장하다. '모모야마'는 다이쇼 천황이 묻힌 곳의 지명이기도 하다.

물론 그가 단순히 심리적인 안정을 위해 일본에 귀화한 것은 아니었다. 일본과 천황을 향한 충성심에 더해 아버지에 대한 증오심까지 영향을 미쳤다. 그는 "말하기 매우 거북한 일이지만 나는 아버지와의 인연을 끊고 싶다"고 했다.

1946년 2월 일본에서 통화通貨 개혁이 실시됐다. 구화폐의 통용이 금지되어 일본의 경제난이 더욱 가중되던 상황이었다. 다른 황족들은 새로운 시대 흐름에 쉽게 적응하지 못한데 비해, 이건은 놀라운 적응력을 보였다. 이건 부부는 도쿄 시부야澁谷 역전 시장에서 팥죽 장사를 시작했다. 이방자의 어머니 이츠코伊都子가 이를 알고 직접 먹고 와서는 흥분이 가시지 않은 어투로 이방자에게 소식을 전해주었다.

황족 출신이 장사를 시작했다는 것은 놀라운 뉴스였다. 이방자는 이은과 함께 당장 시부야로 달려갔다. 이건 부부는 이은 부부를 보며 적지 않게 당황했지만 이내 장사꾼 티를 내며 상냥하게 맞이했다. 이방자는 훗날 "그 익숙한 접대 솜씨에 내심 감탄했다"면서 당시의 놀라움을 이렇게 전했다.

> 당시는 암거래 시장의 전성기로서, 초토화된 역전 빈터에는 배급 루트에서는 볼 수도 없는 물건들이 어디서 그렇게 쏟아져 나오는지 산더미같이 쌓여 있어 굶주린 서민들의 창자를 채워주고 있었는데, 지금 이건공 전하는 상기도 전하의 몸으로서 그 안에 뛰어들었던 것입니다. 그러나 우리들의 놀라움은, 얼마 안 가서 패전의 타격에도 불구하고 시장의 한 상인으로써 용감하게 길을 개척해 나간 생질의 듬직한 생활력 및 그 젊음에 넘친 에너지에 대한 강한 감명으로 변해갔습니다. | 이방자, 《영친왕비 수기》 |

이건은 가게를 찾아온 이은에게 "(생활을 위해) 어떤 계획을 세우고 계신지요."라고 물었다. 그 물음 속에는 이건의 자신감이 배어 있었다. 이건 부부는 단팥죽뿐만 아니라 산양山羊 젖을 팔기도 했고, 도쿄 긴자銀座 거리에서 과자 가게를 열기도 했다.

그러나 당시 일본에서 장사를 하는 황족을 고운 눈으로 보는 사람은 많지 않았다. 가게 경영은 어려워졌고 이건은 실의에 빠졌다. 게다가 아내 요시코는 '긴자구락부(긴자클럽)'의 사장이 되어 바깥으로만 나돌았다. '사장'은 이방자의 표현인데 김을한의 증언에 따르면 말이 사장이지 마담이나 다름없었던 모양이다.

> (요시코는) 동경 은좌銀座에서 모모야마桃山라는 바酒店의 마담이 되어 일시는 일본 사회의 큰 이야깃거리가 되었었다. 그리하여 '거리로

뛰어나온 공비公妃'이니, '사양斜陽의 왕가王家'니 하여 각 신문과 잡지에 크게 보도되었던 것이다. | 김을한, 《인간 영친왕》 |

이건은 아내에 대한 불만을 토로한다.

> 아내佳子는 원래부터 가정이나 가사에 관심이 없었다. 가정 때문에 생계 때문에 비롯된 심정이라 하더라도 그 전후파적 개인의 자유와 남녀동등권적 사상이 바탕이 된 분방한 상업활동은 인생의 기반인 가정을 나에게서, 그리고 세 아이들에게서 완전히 박탈해 가고야 말았다.
> 뿐만 아니라 상업상 불가피한 일이라 하여—나의 재삼의 충고에도 불구하고—그때까지 계속하고 있던 교양 없는 잡동산이雜輩(교육의 유무와 귀천빈부의 사이에는 아무런 관련도 없다는 것을 단언해 둔다)들과의 교제는 필연적인 상괘常軌를 벗어나는 결과가 되어 우리 부처의 사이를 구원할 수 없는 상태에까지 밀어내고 말았다. | 이건, 《이건공의 수기》 |

그렇게 불만이 쌓여가던 어느날이었다. 이건은 이날을 '1950년 8월 중순(한국동란이 일어난 직후)'이라고 기억한다. 전차 안에서 이건은 한 젊은 여자를 보고 깜짝 놀랐다. 10여 년 전 이건의 마음을 사로잡았던 여인과 너무 비슷한 인상이었기 때문이다.

1940년대 초반 이건은 공무로 출장을 갔다가 '미자美子'라는 여자를 만났다. 둘은 처음 만난 날부터 서로에게 끌렸고 1년 가량 '깨끗한 교제'를 했다. 이건은 아내의 "병적인 투정"에 염증을 느끼고 있었지만 어쨌거나 그는 유부남이었다. 그 후 '미자'라는 여인은 부모의 성화에 내키지 않는 이와 결혼을 했고, 이건은 그 충격으로 중국 전출을 요청했다.

10여 년 전의 '미자'와 놀랍도록 비슷한 분위기를 풍기는 전차 안의 여인을 보고 이건은 강렬한 인상을 받았다. 이튿날 이건은 모르는 길을 걷다가 우연히 어느 홍등가로 접어들었다. 거기서 전차 안의 여인을 다시 만났다.

　몇 백만의 사람들이 때와 곳을 달리해서 스쳐가는 대大 동경의 복잡한 거리에서 보지도 알지도 못하는 한 사람의 사나이와 또 한 사람의 여자가 이틀이나 계속해서 서로 만나게 된다. 천의天意의 소치가 아니고 무엇이겠는가……
　이 여인…… 이름은 미자美子…… 2월 3일생이란다…… 10년 전의 미자美子도 2월 3일생이었다.
　거기다가 이 사람도 그 사람도 양장洋裝을 좋아 않고 일본 전통의 예능藝能을 애호하는 일본 여성이라는 데는 오직 우연의 부합에 놀라 따름이었다. | 이건, 〈이건공의 수기〉 |

　믿기지는 않지만 이건은 이름도 같고 생일도 같은 동명이인의 여인을 만난 것이다. 이때부터 이건은 밤마다 이 여인이 있는 홍등가를 찾았다. 이건은 "술은 남과 같이 마셨지만 교성嬌聲의 거리에는 발조차 들여놓을 줄 모르던 내가 대담도 해졌던 것"이라고 했다.
　둘은 빠르게 가까워졌지만 육체관계는 없었다. 이건은 '남자의 정조'도 중요하다고 여기는 사람이었다. 그는 연애를 할 때도 생명을 바치는 것 이상으로 해야 한다고 생각했다. 종전 후 어느 여성지에 자신을 난봉꾼으로 묘사한 글이 실렸는데 이건은 이에 대해 "나는 난봉이 되지 못하는 성격으로 한 사람의 여자가 좋아지면 최후까지 씨름을 해서 부부가 되지 않으면 못 견디는 성미"라고 반박하기도 했다.

이건은 그런 인성이 형성된 이유를 호리바의 교육에서 찾고 있다. 호리바는 이건이 식사하는 동안에 어김없이 시중을 들었다. 그렇게 예의를 갖추면서도 젊은 여자들이 이건에게 접근하는 것만은 철저히 막았다. 이건은 "호리바는 부친(의친왕)의 탈선을 알고 있었던 까닭에 내게 그런 길을 밟지 않도록 한 것인지 정말 엄격했다"고 회고한다.

이혼과 소송

남녀 사이에 흔히 일어나는 이런저런 밀고 당김이 있었다. 이건은 여자의 부친이 은근히 자신을 "생활의 도구"로 삼으려는 태도에 마음이 상하기도 했다. '미자'는 어릴 때 어머니를 여의고, 아버지를 봉양하기 위해 밤거리에 나선 여자였다. 우여곡절 끝에 두 사람은 함께 밤을 보내고 같이 살기로 약속했다. 그 직후 이건이 요시코에게 제의해 1951년 5월 이혼이 성립됐다.

이건과 요시코의 이혼, 이건과 '미자'의 로맨스는 일본 언론과 잡지에 의해 선정적으로 다뤄졌다. 김을한은 그때의 당혹스러움을 숨기지 않는다.

패전 후 일본의 황족과 귀족들은 갑자기 변한 시대풍조에 순응하지를 못하여 몰락하는 가정이 많았고, 그들도 인간이므로 여러 가지 불미한 사건도 적지 않았지만, 이건공 내외만큼 일본 매스컴에 많이 등장한 사람도 별로 없을 것이니, 그 때문에 "실과 망신은 모과가 시키고, 이왕가의 망신은 이건공이 시킨다"는 말까지 있었던 것이다.

이충. 이건의 장남이다.

아닌 게 아니라 필자가 동경에 있을 때 가장 창피스럽고 곤란했던 일은 일본 사람들이 '이왕 전하(이은)'와 '이건공'을 혼동해서 말하는 것이었다. '이건공과 그 부인'의 이야기가 신문이나 주간잡지에 커다랗게 보도된 다음 날에는 누군가로부터 번번이 질문을 받는데, 그것은 거의 모두가 '이건공'을 영친왕으로 잘못 알고 하는 질문이었다. | 김을한, 《인간 영친왕》 |

이건과 요시코가 갈라서면서 차남과 딸은 이건이, 장남은 요시코가 키우기로 했다. 이방자의 자서전에 따르면 차남 이기는 행방불명이 되어 그 후론 소식을 들을 수 없었다고 한다.

이건은 새 아내와 아이들을 데리고 사이타마埼玉현으로 이주했다. 그런데 가끔 이건의 새 부인이 이은의 저택을 찾아와 돈을 요구했다. 김을한은 그 광경을 직접 목격했다.

이건은 만년에 자신이 '일본 황실의 식객'이었다는 사실을 깨달았다.

어느 날 오후, 나는 덴엔 조후田園調布에 있는 왕전하댁에 갔더니, 영친왕 내외분은 안 계시고 웬 중년의 일본 부인 한 사람이 그녀의 아들인 듯한 어린아이와 함께 응접실에 앉아 있었다. 안으로 들어가서 당시 영친왕 댁의 살림살이를 도맡아 보던 이나바稻葉라는 여비서에게 물어보니, 그 여자가 바로 이건공의 새로 얻은 부인인데, 전력前歷이 무엇인지는 몰라도 가끔 와서 돈을 뜯어가며, 간혹 돈이 없어서 주지를 못하는 때에는 "그래, 왕전하라고 하면서 조카도 못 봐주느냐?"고 함부로 대들어서, 그 여자만 나타나면 왕전하 내외 분은 딱 질색이며, 그날도 그 여자 때문에 밖에서 일부러 돌아오시지 않는 것이라고 하였다.

| 김을한, 〈인간 영친왕〉 |

이건은 등사인쇄일을 익혔고 이 기술을 생활의 방편으로 삼았다. 이후에는 원자력연구소 직원으로 일했다.

1970년 4월 22일 이건은 한국을 방문했다. 사기당한 부친 재산의 소송 문제로 28년 만에 한국을 찾은 것이다. 이건은 고종 황제의 능과 부친의 묘를 '몰래 숨다시피' 참배했다. 그는 "재산을 찾더라도 그것은 내 것이라고는 생각하지 않겠다"며 "육영사업이나 기타 사회사업에 쓰고 싶다"고 했다. 또한 재판이 잘 끝난다면 "한국에 와서 살 때가 있을 것"이라고 말하기도 했다.

〈조선일보〉 보도(1970.5.5)에 따르면 이건은 출국 직전 이복동생들을 불러놓고 "왕족이라고 나타내지도 말고 이용도 당하지 마라. 한 시민으로 바르게 살아가라"고 당부했다고 한다. 이해 6월 이건은 이복형제들과의 호주 상속 소송에서 패소했다. 이 재판이 그가 주장했던 '사기당한 부친 재산의 소송'이었던 것이다.

귀국해서 살 때가 있으리라고 말했던 이건은 일본에서 여생을 마쳤다. 생각이 변했던 모양인지 이건은 이렇게 말했다. 이기동의 기록이다.

> 이건공은 당시는 깨닫지 못했으나 1945년 일본 패전 후가 되어서 비로소 자신들(왕공족—필자)의 본질이 일본 황실의 식객食客이며, 천황제 기구의 부록附錄이고, 인격이 없는 괴뢰였다는 사실을 알게 되었노라고, 1965년에 발표된 그의 또 다른 수기《조선왕조의 말예末裔》에서 쓰고 있다. | 이기동, 《비극의 군인들》 |

'말예末裔'는 먼 후대의 자손이라는 뜻이다. 《조선왕조의 말예》는 국내에서 입수할 수 없어 그 내용을 확인하지 못했다.

이건은 1991년 타계했다. 재혼한 부인과는 3남매를 두었다 한다.

원폭에 희생된 미남 황손
이우 7장

1945년 7월 초 이우는 결국 일본으로 떠났다. 이해원은 "운현궁 오빠(이우)가 일본으로 떠나기 전 지붕에서 구렁이가 떨어지고 집안에서 제일 큰 장독이 깨졌다. 오빠가 돌아가시고 나자 다들 그 이야기를 했던 기억이 난다"고 했다.
이우의 부임지는 히로시마였다.

운현궁의 새주인

이우李鍝는 몇년 전 예기치 않은 유명세를 탔다. 2003년 11월 한 스포츠신문에 이런 기사가 실렸다.

> 얼짱 신드롬의 선배격인 전설의 얼짱 중 특히 네티즌들의 큰 사랑을 받고 있는 인물은 조선의 왕족 이우. 대원군의 손자이자 고종 황제의 조카로 태어나 히로시마에서 원자폭탄의 피해를 당한 후 숨진 풍운의 주인공이다. 인터넷 게시판에는 군복을 입은 그의 흑백 사진들이 최근 전해지며 꽃미남 대열의 선두에 서 있다.
>
> 이우는 구한말 서울에 상주하던 외국 공사들도 인정했을 만큼 수려한 얼굴로 오늘날의 꽃미남 연예인들을 압도하는 귀족적인 마스크를 자랑한다. 네티즌들로부터 조선시대 마지막 얼짱이란 칭호를 얻은 그는 일제 치하에서의 '러브 스토리'로도 유명하다.
>
> 일제에 의해 황실이 왕실로 격하되고 왕이 공작으로 강등된 시절 이우는 장래를 보장해줄 일본 왕실의 여인을 버리고 조선인 박찬주를 신부로 택해 고종 황제로부터 황실의 기상을 떨쳤다는 칭찬을 듣기도 했

이우. 인터넷에 '얼짱 황손'으로 알려진 사진이다.

다. 인터넷에는 이우와 박찬주 두 분의 결혼 사진도 올려져 있어 네티즌들의 큰 사랑을 얻고 있다.[1] | 2003년 11월 9일자, 〈일간스포츠〉|

이 기사의 주인공인 이우는 의친왕 이강의 둘째 아들이다. 1912년 11월 15일 출생했다. 생모는 김흥인이다. 김흥인은 이강으로부터 수인당修仁堂이라는 당호를 받았다. 김흥인은 이강이 상하이로 망명을 시도할 때 데려가고자 했을 만큼 이강의 총애를 받은 여인이다. 이강의 둘째 딸 이해원은 "수인당은 '10년 세도'를 누렸다는 소리를 들을 만큼 아버지의 사랑을 받았다"고 했다. 김흥인은 이우 외에도 이수길(5남)과 이명길李命吉(6남)을 낳았는데 이강은 유달리 이우를 사랑했다. 이우가 여러모로 자신을 닮았기 때문인 듯하다. 이우는 아버지처럼 호방한 성격을 지녔고 일본을 증오했다.

여섯 살이 되던 해, 이우는 이준용의 양자로 입적됐다. 운현궁의 새로운 주인이 된 것이다. 이 상황을 이해하려면 먼저 운현궁의 가계에 대한 사전지식이 필요하다. 운현궁雲峴宮의 원주인은 흥선대원군 이하응李昰應이다. 이하응은 세 아들을 두었는데 장남이 재면載冕이고 차남이 재황載晃이다. 차남 재황이 곧 고종 황제다. 서자庶子인 재선載先은 고종 황제의 이복형제다. 이재선은 역모에 가담하여 제주도로 유배되었다가 1881년 고종이 내린 사약을 받았다.

1898년 이하응이 세상을 떠나자 장남 이재면이 가독家督을 이었다. 이재면은 1900년 완흥군完興君에 봉해졌다. 1910년 한일병탄 때 일제에 의해 공公의 지위를 부여받고 흥친왕興親王에 책봉되었다. 말하자면 '황족의 예우'를 받게 된 것이다. 그는 병탄 직전 이희李熹라는 이름으로 개명하여 흔히 이희공으로 불리기도 했다.

이재면은 아들이 둘 있었는데 차남 문용은 일찍 죽고, 장남 준용埈鎔이 대를 이었다. 이준용은 이하응이 가장 아끼고 사랑하던 손자였다. 이준용은 늘 조부 곁을 떠나지 않을 만큼 효심이 깊었다. 아버지와 정적 관계에 있었던 고종 황제는 정치적 야심까지 지닌 이준용을 견제했다. 이준용은 국사범으로 몰려 10년이 넘게 일본에서 망명 생활을 하다가 고종 황제가 퇴위한 후 귀국했다. 그는 1912년 9월 9일 부친의 사망 후 '공公'의 지위를 물려받았고, 같은 달 20일 이준李埈으로 개명했다.

그런데 1917년 3월 22일 이준용이 심장마비로 돌연 사망했다. 이준용에게는 딸 진완辰琬이 있었지만 당시 분위기에서 딸에게 가독을 잇게 하는 것은 있을 수 없는 일이었다. 그해 5월 28일 이우는 운현궁의 상속자로 결정된다. 실록에는 고종 황제의 뜻이었다고 기록돼 있다.

순종부록 10년(1917년) 3월 23일—이준공李埈公이 대를 이을 아들이 없었다. 그래서 덕수궁德壽宮에서 친족회의를 열고 이강공李堈公의 둘째 아들 이우를 대를 이을 자식으로 삼았다. 태왕(고종) 전하의 뜻을 받든 것이다.

그러나 양자를 결정한 것은 고종 황제가 아니라 순종 황제라는 주장도 있다. 이기동은 "당시 이왕직 사무관이었던 일본인 곤도 시로스케의 회고록[2])에 의하면 이 결정은 순종(당시는 창덕궁 이왕)의 특지 特旨에 의한 것이었다고 하지만 그 내막은 확실하지가 않다"고 썼다.

'공작公爵'이 된다는 것은 어떤 의미를 지닐까. 한일병탄 당시 '공公'의 작위를 받은 사람은 이강과 이희(이재면)밖에 없었다. 유쾌하진 않지만 1910년 8월 29일 일본 천황이 공포한 이른바 '조서詔書'를 옮겨보기로 한다.

짐이 생각건대 이강李堈과 이희李熹는 이왕李王의 의친懿親으로 명성이 일찍부터 두드러졌고 온 나라에서 우러러보고 있으니 마땅히 특별한 대우를 더 내려서 그 의칭儀稱을 풍요롭게 할지라. 이에 특히 공公을 삼고 그 배필을 공비公妃를 삼아 모두 황족의 예로써 대하고 전하殿下란 경칭을 쓰게 하여 자손으로 하여금 이 영광의 하사를 세습하여 영구히 군주의 은덕을 누리게 하노라. | 〈순종실록〉 부록 |

같은 날 공포한 조선귀족령朝鮮貴族令 제5조는 "작위가 있는 자는 그 작위에 응하여 화족령華族令에 의거하는 작위 있는 자와 동일한 예우를 누린다"고 규정하고 있다. 이 규정에 따라 조선인이 일단 작위를 받게 되면 일본의 귀족들처럼 하사금이나 품위유지비 명목의

이재면. 흥선대원군의 장남으로 이준용의 부친이다. 이우는 이준용의 양자로 입적됐다.

생활비를 받을 수 있었다.

이희의 작위를 이준이 물려받았고 그것이 다시 이우에게로 넘어왔다. 여섯 살의 이우는 조선에 두 명밖에 없는 공작이 되었고, 아버지 이강과 같은 지위에 올라섰다.

일본 유학

1915년부터 경성유치원에 취학한 이우는 1919년 4월 종로소학교에 입학했다. 그는 1922년 6월 다른 황족들처럼 일본 유학을 떠났다. 같은 달 이우는 학습원 초등과 3년생으로 편입했다. 그런데 이우의 유학 결정이 순탄치만은 않았음을 엿보게 하는 기사가 있다.

> 이우공 전하께옵서 일본에 유학하신다 함은 오래동안 현안이 되었던 바, 여러 가지 장애로 인하여 결정이 없어서 어御 연령 11세 되시는 금년에 종로소학교에 통학하시는데, 작년 말에 용길공자(이건)께서 조선에 돌아오셨을 때에 여러 가지 이야기하시는 말씀을 듣고 전하께서는 급조히 일본 유학에 뜻을 두시었는데, 그 위에 왕세자(이은) 전하께서도 여러 번 일본 유학을 권고하시는 일도 있고, 또 각 궁가宮家에서도 여러 가지로 교제한 일이 있어서, 부군되시는 이강공 전하께서는 벌써부터 유학의 허가가 계셨으나 다만 전하의 조모군과 기타 비전하께서 꺼리심으로 지금까지 실행치 못한 바인데, 조만간 일본 유학의 결정이 되시리라더라. |1921년 5월 13일자, 〈조선일보〉|

이 기사는 이강을 이우의 '부군'으로 표기하고 있다. 따라서 '조모군'은 조모祖母를 뜻한다. 이우의 실제 조모는 귀인 장씨지만 입적 후라면 이재면의 처妻가 이우의 조모가 된다. 이재면의 부인은 이재면이 상처한 후 새로 들인 계실繼室이었다. 이재면이 흥친왕에 봉해졌기 때문에 흔히 흥친왕비로 불려졌다.

이강, 이은은 유학을 찬성하고 흥친왕비와 '기타 비전하'는 반대했다는 것이 기사가 전하는 내용 가운데 하나다. 기타 비전하는 의친왕비와 이준용의 부인을 말한다. 이 기사를 전적으로 믿을 수는 없겠지만 흥친왕비와 이준공비李埈公妃(이준용의 부인)가 이우의 유학을 반대한 것은 충분히 개연성이 있는 얘기다. 이우가 유학을 떠나버리면 운현궁에는 여자들만 남게 되는 상황이었으므로 흥친왕비의 반대는 납득할 만하다. 그러나 알려지지 않은 어떤 이유로 이우

육군 중앙유년학교 시절의 이우.

의 유학이 지연됐을 가능성도 배제할 수는 없다.

1926년 이우는 육군 유년학교에 들어갔고, 1929년 4월 일본 육사에 입교했다. 이우가 休가를 맞아 조선과 일본을 오고갈 때마다 조선·동아 등의 민간지는 어김없이 그의 도착과 출발을 보도하였다. 기사를 검색하면서 받은 느낌인데 이우에게는 유독 사고가 따라붙었던 것 같다.

1925년 10월에는 이우의 자동차가 서울 교동에서 여중생을 치어 생명이 위독하다는 기사가 있고, 1928년 6월에는 이우공가李鍝公家의 중요문서와 현금이 든 가방을 '맹등孟登'이라는 사람이 도쿄역에서 도난당했다는 보도가 보인다. 두 달 후에는 이우가 부산을 출발하는 연락선 내에서 병이 걸려 하선下船 후 치료를 받았다는 기록이 있다. '하×증下×症'이라는 병명이 나오긴 하는데 기사의 보존상태가 좋지 않아 가운데 글자는 판독이 불가능하다.

이밖에도 이우의 저택이 폭우로 피해를 당했다는 기사(1926.8.4), 또한 그가 탄 기차가 우차牛車와 충돌했다는 기사(1933.12.9)도 있다. 1933년 11월에는 말에서 떨어져 가벼운 부상을 입기도 했다.

'민족과 해협'

1988년 9월 15일 '히로시마 쥬고크'라는 방송사는 이우의 생애와 민족의식을 다룬 '민족과 해협'이라는 프로그램을 방영했다. 이 프로그램의 극히 일부가 SBS〈그것이 알고 싶다〉'황실의 후예들' 편에 소개되었다. '히로시마 쥬고크'라는 방송사의 이름도 〈그것이 알고 싶다〉의 자막을 통해 알게 된 것이다.

일본어에 능숙하진 않지만 프로그램의 전체 내용을 보고 싶었다. 일본 방송사에서 녹화본을 구입하려고 했지만 여러 가지 무리와 장애가 따랐다. 혹시나 해서 SBS프로덕션 측에 문의해봤는데 '녹화본이 없다'는 대답만 돌아왔다. 그러나 안천의《황실은 살아 있다》하권에 이 프로그램의 대본이 발췌, 요약돼 있었다.

이우의 민족의식은 일본인 동급생에게까지 유명한 얘기였다. 동기생 '아사카'의 증언이다.

조선은 독립해야 한다고 항상 마음속으로 새기고 있었기 때문에, 이우공은 일본인에게 결코 뒤지거나 양보하는 일 없이 무슨 일에든지 일본인을 앞서려고 노력했지요. 말로 표현하지는 않았지만 조선인이라는 의식이 아주 강했습니다. 그의 형인 이건공은 일본인처럼 행세하고

민족의식도 없었으나 이우공은 달랐습니다. 조선은 독립해야 한다고 머리 속에 항상 생각하고 있었습니다. 당시의 조선을 생각할 때에 조선을 걱정하는 것은 당연한 일이었습니다. | 히로시마 쥬고크, '민족과 해협', 《황실은 살아 있다》에서 재인용 |

아사카는 이우에 대해 "총명한 사람"이었다고 평하면서 "화가 나면 조선말을 곧잘 쓰므로 무슨 말인지 못 알아들었지요. 글도 잘 쓰고 노래도 아주 잘 불렀어요."라고 덧붙였다.

이처럼 민족의식이 강했던 그가 삼촌, 고모, 이복형의 정략결혼을 어떻게 생각했을까. 삼촌인 이은은 1920년 4월, 고모 덕혜옹주는 1931년 5월, 이복형 이건은 덕혜옹주의 가례가 있던 그해 10월 각각 일본인과 결혼했다. 이은의 가례는 이우가 아홉 살 때 있었던 일이라 별 소회가 없다손 치더라도 덕혜옹주와 이건의 결혼은 그에게 강렬한 인상을 주었음이 틀림없다. 이우는 자신만은 정략결혼의 희생자가 되지 않기로 결심했다. 이기동은 "그에게는 전부터 하나의 확고한 결심이 서 있었다"며 "그것은 어떤 일이 있어도 한국 여성과 결혼한다는 사실이었다"고 했다.

그 무렵 일본 궁내성은 이우의 배우자로 야나기사와柳澤 백작의 딸을 내정한 상태였다. 야나기사와는 나베시마 후작의 다섯째 사위였다. 나베시마는 딸이 다섯 있었는데 둘째 사위가 나시모토노미야 모리마사, 즉 이방자의 부친이었다. 넷째 사위 마츠다히라松平 해군 대좌는 이건의 장인이었다.

이우가 야나기사와 백작의 딸과 결혼을 하게 되면 이은, 이건, 이우 모두가 나베시마 후작의 '손녀 사위'가 되는 셈이었다. 이기동은 "(이우는) 이 같은 정략결혼 그 자체에 불만이었을 뿐 아니라 무

박영효. 이우와 박찬주의 가례를 성사시킨 공로자이다.

엇보다도 일본식의 근친혼에 대해서 혐오감을 갖고 있었다"고 말하고 있다.

이우는 소년 시절부터 알고 있었던 박영효의 손녀 박찬주朴贊珠를 떠올렸다. 유학을 떠나기 전 이우는 박찬주와 한두 번 만난 일이 있다. 부친 이강과 박영효 사이가 워낙 긴밀했기 때문에 자연스럽게 만날 기회가 있었던 것으로 보인다. 두 사람의 긴밀한 관계와 관련된 이학진의 증언이 있다.

의친왕께서는 주로 박영효와 대사를 논의하셨고 술자리도 자주 가지신 걸로 알고 있습니다. 손병희 선생과는 신분의 차이도 나고, 일제의 감시가 심해 그렇게 하지 못하셨는데 박영효는 달랐습니다. 아시다시피 박영효는 철종의 사위인데다 중추원 부의장을 맡고 있어서 격이

통했던 것 같습니다.

이우는 육사 예과 시절 무렵부터 두 집안의 허락하에 박찬주와 만나기 시작했다. 1914년생인 박찬주는 이우보다 두 살이 아래다. 이우는 1931년 3월 예과를 졸업하고 그해 10월 본과에 입교한 바 있다. 방학을 맞아 귀국한 이우는 장충단공원에서 박찬주와 만나 데이트를 즐겼고, 그 무렵부터 서로에게 친숙해졌다. 정확한 기간은 알수 없지만 박찬주 역시 도쿄 학습원에 '통학중'이었다는 기사가 보이는데 이로 미루어 두 사람은 일본에서도 자주 만났던 듯하다.

이건의 정략결혼을 지켜봐야 했던 이우는 자신에게 많은 시간이 남아 있지 않다는 사실을 깨달았다. 육사 본과를 졸업하는 1933년 7월이 지나면 궁내성은 이우의 결혼을 본격적으로 추진할 터였다. 이우는 박찬주와의 혼인을 서둘렀다. 이우는 부친 이강과 장인이 될 박영효의 허락을 얻어 약혼반지와 사주단자를 박찬주에게 보냈다. 그러고는 이왕직 장관 한창수를 불러 "혼약은 이미 성립되었다"고 통고했다.

한창수는 분개했다. 그는 이왕직 차관 시노다 지사쿠와 이 문제를 협의했다. 시노다는 이우의 처사가 "왕공족의 혼가婚嫁는 기약其約을 하기 전에 칙허를 받아야 한다"는 〈왕공가궤범〉 제119조에 위배된다고 지적했다. 한창수는 이우의 혼약을 저지하기로 결심하고 궁내성에 다음과 같이 보고했다.

이우공이 혼약을 하기 전에 칙허를 얻어야 함은 왕공가궤범에도 규정되어 있음에도 불구하고 공전하가 칙허를 받지 않고 혼약하고, 또 칙선勅選에 의한 후견인(이왕직 장관을 말함)을 무시한 것은 분명히 유

감스러움 일이라고 생각됨. | 김을한, 《인간 영친왕》 |

박영효의 기지와 열성으로 결실을 맺은 결혼

궁내성 측에서도 이우에게 유감을 표시했다. 궁내성은 한창수에게 이우를 설득할 것을 지시했다. 도쿄로 날아온 한창수는 이우와 대면했다. 《비극의 군인들》에 소개된 둘 사이의 대화 내용을 옮겨 본다.

"전하殿下께서 칙허勅許를 받지 않고 혼약을 한 것은 왕공가궤범 위반입니다."

"그것은 나도 유감으로 생각하오."

"뿐만 아니라 박朴양의 부친 박일서朴日緖는 박 후작侯爵의 서자庶子입니다. 운현궁은 조선 최고의 문벌인데 어찌하여 서출庶出 계통과 혼인하려는 것입니까? 종친 가운데서도 이에 대한 반대가 많습니다. 어떻든 박양은 운현궁의 비로서는 적당치 않습니다."

"조선의 옛날 관습으로 문벌가는 서자 계통과는 혼인을 하지 않는다고 하나 시대의 변천으로 그러한 악습은 이미 타파된 지 오래요. 또 친척들 중에서 반대를 하는 사람이 있다고 하나 일일이 그에 구속받을 필요는 없소. 더욱이 부친(의친왕)께서는 이 결혼에 반대하시지 않는다고 하셨소."

"박 후작은 일찍이 1894년 갑신정변 때에 내부대신內部大臣으로 있으면서 부하인 경무관警務官으로 하여금 운현궁을 침입케 하여 전하의 선대先代인 이준李埈 공 전하를 포박하고 전하를 사형에 처하려다가

이우와 박찬주.

유배를 보낸 일이 있습니다. 따라서 그러한 사람의 손녀를 비로 삼는다는 것은 선대의 영靈을 편안히 모시는 방법이 못 됩니다."

"박 후자이 니의 양부를 어떻게 했다 하지만 그것은 당시의 정치적 관계 때문일 것이며 결코 사원私怨에 의한 것이 아니었다고 생각하오."

"공公 전하! 어쨌든 이 혼약은 철회하셔야만 합니다."

"이 결혼에 대한 나의 신념은 확고하며 따라서 변경할 수 없소."

"그러나 칙허를 받지 않은 이 혼약을 성사시키려 하신다면 이왕직 책임자인 저로서는 심히 난처한 입장이 됩니다."

"이 결혼으로 인해서 장차 어떤 문제가 발생한다면 그 책임은 내가 질 것이요. 결코 장관에게 누를 끼치게 하지는 않겠소. 그러니 장관은 속히 그 절차를 밟으시오."

한창수는 이우의 지시를 따르지 않았다. 그는 궁내성과 함께 맹렬하게 반대공작을 펼쳤다. 하지만 이우 역시 조금도 물러서지 않았다. 그는 공작 작위를 버리는 한이 있다 해도 박찬주와의 결혼만은 쟁취하겠다고 결심했다. 한창수와 궁내성은 이우의 양모인 이준공비와 이강을 움직여 이우를 설득하려했지만 그것도 허사였다.

상황이 심각해지자 이번엔 박영효가 움직였다. 일본에서 망명생활을 오래 했던 박영효는 일본 정계의 실력자들을 많이 알고 있었다. 박영효는 일단 약혼반지와 사주단자를 이우에게 되돌려주며 약혼을 철회한 것처럼 꾸며놓고 직접 일본으로 날아갔다. 박영효는 궁내성 간부들과 담판을 하는 한편, 추밀원樞密院과 귀족원貴族院의 실력자들을 만나 교섭을 벌였다.

박영효의 시도는 성공적이었다. 박영효의 열성에 감복한 궁내성은 이우의 결심도 꺾지 못할 것이라 판단하고 이우와 박찬주의 결혼을 인정했다. 궁내성은 두 사람의 결혼을 추진할 것을 이왕직에 명령했다. 한창수는 이왕직의 명령에 반발하며 1932년 7월 1일 사퇴했고, 차관 시노다가 장관직을 승계했다.

그러나 이 같은 소동을 겪은 후에도 순탄치 않은 과정을 밟아야 했다. 1933년 7월 이우는 육사 본과를 졸업하고 포병 소위로 임관했다. 그리고 그해 12월 13일 〈동아일보〉와 〈조선중앙일보〉에 이우와 박찬주의 '결혼설'이 동시에 보도되었다.

〈동아일보〉는 "이우공 전하께옵서는 금년 22세로서 금회今回 중추원 부의장 박영효 후侯 영손 박찬주 양(19)과 어御 혼약이 내정되어 있다"고 보도했고, 〈조선중앙일보〉는 "금년 22세의 어御 성년에 달하옵신 이우공 전하의 어 배우자에 대한 인선은 중추원 부의장 박영효 후작의 영손으로 방금 동경학습원 중기中期에 통학중인 찬주

양으로 결정되었다고 한다"고 썼다.

두 신문 모두 취재원을 밝히지 않은 채 그저 '혼약이 내정되었다'는 사실만을 단정, 또는 추측하고 있다. 일제 강점기 황족에 대한 기사 대부분이 이왕직 또는 궁내성 관계자를 취재원으로 밝히고 있는 사실을 감안한다면 매우 이례적인 대목이다. 김을한은 이에 대해 박영효가 민간신문에 약혼 사실을 흘려 언론플레이를 시도했다고 설명한다.

> (……) 일녀日女와의 결혼을 거부하고 박朴양과의 약혼을 결행한 것은 물론 이우공 자신이었으나, 이면에서 그것을 촉진시켜 필경 '웨딩벨'을 울리게 한 것은 오로지 금릉위錦陵尉(박영효)의 숨은 공로라고 할 것이니, 한 예를 들면, 처음 이우공과 박양과의 약혼이 성립되자 때를 놓치지 않고 즉시 국내 각 신문에 그 비밀을 발표토록 하여 우선 일인日人들을 당황하게 한 것과 같은 일은 정치가 박영효가 아니고는 아무나 흉내낼 수 없는 일이었다. | 김을한, 〈인간 영친왕〉 |

7개월 뒤 〈조선중앙일보〉에는 좀더 구체적인 기사가 실렸다. 이 기사에는 이왕직이라는 '취재원'이 분명히 드러나 있다.

> 이우공 전하께옵서는 최근 박영효 후 영손녀 찬주희와 어혼담이 어 진행중이더니 11일 이왕직에서 '본일 어 내허內許를 마치시고 정식 수속이 끝나는 대로 어 혼약이 계옵실 터이라'는 의미를 발표하였다.
> | 1934년 7월 12일자, 〈조선중앙일보〉 |

이우의 혼약 소식을 보도한 신문 기사와 김을한의 증언을 종합해

보면 한창수가 사임한 이후에도 이우의 결혼 문제는 한동안 난항을 겪었음을 짐작케 한다.

"나는 일본 것이라면 병적으로 싫습니다"

1935년 5월 3일 이우는 도쿄에서 박찬주와 가례를 올렸다. 이듬해 4월 23일 장남 이청李淸이 태어났고, 1941년 차남 이종李淙이 출생했다.

일본에서의 생활은 궁내성이 제공한 공저公邸에서 기거했을 뿐 일반 직업군인이나 별 차이가 없었다. 상부의 명령에 의한 진급과 전출의 연속이었다. 1938년 12월 이우는 육군대학에 입교하여, 1941년 봄 졸업했다. 일제의 패망 이후 없어졌지만 당시 육군대학은 '동경제대와 비길 바가 아닐 만큼' 들어가기가 어려웠다. 일제시대 육군대학에 입학한 한국인은 이은, 이건, 이우, 홍사익洪思翊[3] 뿐이다.

1941년 여름 이우는 조선군사령부에 배속되어 서울에서 근무하기 시작했다. 같은 해 10월 소좌로 진급했고, 이듬해(1942) 3월 11일 육군대학교 연구부 부원으로 전보됐다. 1942년 3월 18일자 〈매일신보〉는 이우의 전보 사실을 전하면서 그가 3월 16일 박찬주와 두 아들을 동반하고 서울을 떠났다고 보도했다.

전쟁이 막바지로 치닫으면서 일본은 황족이 모범을 보이라는 의미에서 황족을 일선부대로 전출시켰다. 이에 따라 이우도 1944년 3월 중국 산시성 타이위안太原으로 전출됐다. 이은, 이건도 이 무렵 중국에서 근무하게 된다. 이우는 중국 전출을 기회로 삼아 일본 생활을 청산했다. 박찬주와 두 아들은 운현궁으로 거처를 옮겼다.

이우는 일본 것이라면 병적으로 싫어했다.

북지北支(북중국) 방면군 제1군사령부에서 참모장교로 근무하던 이우는 1945년 6월 육군 중좌로 진급했다. 이때 일본으로 전출하라는 특명을 받게 된다. 일본은 이른바 '본토 결전'을 내세우며 상당수의 병력을 자국으로 이동시키고자 했다.

안천은 이우가 타이위안에서 3년 동안 머물며 암암리에 독립운동을 했다고 주장하고 있지만 일단 3년 간 머물렀다는 주장은 사실과 어긋난다. 이우가 타이위안에 머문 기간은 1년이 조금 넘는다. 그러나 이우의 독립운동 자체가 존재하지 않았다고는 누구도 단언할 수 없다. 다만 이우의 독립운동에 관한 사료적 근거 또는 최소한의 정황 증거조차 나오지 않는다는 점이 아쉬울 뿐이다.

전출을 위해 서울에 들른 이우는 운현궁을 떠나려 하지 않았다. 그는 급박한 전세戰勢를 꿰뚫어보고 군당국에 서울 근무를 요청했다. 운현궁의 가정교사였던 가네코의 증언이다.

이우공은 서울의 일본군 사단으로 전속되기를 원했지요. 당시 이우공은 일본의 모든 행위가 마음에 들지 않았고, 독립해야 한다는 확실한 신념을 갖고 있었으므로 일본 육군에서도 두려워했습니다. 그래서 일본 본토로 발령을 내서 붙잡아두려고 한 것이지요. 시종 사무관도 이우공의 심중을 알고 그런 걱정을 하고 있었지요.

이우공은 본토 발령을 맹렬히 반대하고 나섰고, 할머니 홍왕비도 서울 발령을 청원했으나 아베 총독이 더 이상 반대하지 못하게 눌렀지요. 서울로 발령을 받았더라면 좋았을 텐데……. 만일 그렇게만 되었더라면 그 분은 틀림없이 지금 대통령이 되셨을 것이라고 믿습니다. 히로시마에서 그렇게 허무하게 돌아가시지 않고. | 히로시마 쥬고쿠, '민족과 해협', 《황실은 살아 있다》에서 재인용 |

이우가 '6개월을 운현궁에서 버티며 일본에 가지 않았다'는 주장을 하는 이도 있는데, 그가 서울에 머문 기간은 한 달 여에 불과하다. 하지만 이우는 그 짧은 기간에도 여러 사람을 만나며 전세戰勢와 시국에 관한 의견을 들었다. 김을한은 이때 이우와 만난 이들 가운데 한 사람이다.

> 나는 꼭 한 번 이우공을 만난 일이 있다. 그것은 태평양전쟁이 거의 끝날 무렵인데, 하루는 이우공의 매부 윤원선尹源善씨가 찾아왔다. 그는 영선군 따님의 남편으로 이우공과는 양가편으로 남매간이 되는 사람이다. 그는 나를 보자 "이우공이 지금 서울에 와 있었는데 당신을 만나고자 하니 한번 가서 봅시다"라고 하였다. 당시는 일제 시대라 영친왕은 물론이요 이우공 같은 이도 만날 수가 없었던 때이므로, 이우공도 다만 사진으로만 그 얼굴을 보았을 뿐 한번도 만난 일이 없었는데, 나를 만나고자 한다니 웬일이냐고 하였더니, 윤씨는 그렇게 생각하기가 쉬우나 실상인즉 이우공은 미구에 일본으로 귀임하는데, 가기 전에 누구인가 민간 사람을 만나서 이야기를 듣고 싶다고 하므로 당신을 추천했더니 곧 만나게 해 달라고 해서 왔노라고 하였다. | 김을한, 《인간 영친왕》 |

김을한이 말한 '영선군 따님'은 이준용의 딸인 이진완이다. 이진완은 1934년 12월 20일 윤원선尹源善과 결혼했다. 윤원선은 윤보선尹潽善 전 대통령의 친동생이다.

김을한은 이우와 주고받은 이야기를 그의 책에 소개하고 있다. 《인간 영친왕》과 《비극의 군인들》을 근거로 둘 사이에 오고간 대화를 재구성해본다.

이준용의 서녀 이진완. 황족이면서도 별 어려움 없이 한국인과 가례를 맺었다.

이우 : 대관절 시국은 어떻게 되는 겁니까? 그리고 일반 민중은 이 판국을 어떻게 보고 있나요?

김을한 : 일제의 압박으로 민중들은 아무 소리도 못하고 있지만, 마음속으로는 일본은 이미 전쟁에 졌으며, 조선의 해방과 독립은 이제는 오직 시간 문제로 된 줄 알고 있습니다.

이우 : 남에게 말할 수는 없지만, 내가 보기에도 일본의 패전은 기정 사실인데, 미국뿐만 아니라 소련도 가만히 있지 않을 것이니, 조선의 해방도 뒷수습이 큰일입니다. 이제는 그만 군복을 벗고 운현궁에서 여생을 보내고 싶지만, 어디 그것이 마음대로 되겠습니까.

김을한 : 곧 히로시마로 가신다는 말을 들었습니다.

이우 : 그래요. 처음에는 서울에도 군대가 있으니 되도록이면 본국

이우는 1944년 3월부터 중국 산시성 타이위안에서 근무하게 된다. 중국 전출을 계기로 박찬주와 두 아들은 운현궁으로 이주했다.

에 있게 해달라고 한 것인데 그것이 잘 안 되어서…… 지금은 꾀병을 써서 출발을 연기하고 있으나 이젠 더 핑계를 댈 수도 없고, 그래서 어린애에게 일부러 설사약을 먹여 병중이라는 이유로 며칠 더 여유를 얻은 것이지요.

그날 밤, 이우는 김을한에게 많은 이야기를 했다. 이우는 "짧은 생애를 거의 일본에서 보내고 일인日人들 틈에서 지내왔건만, 일본 것에 대해서는 병적이라고 할 만큼 모든 것을 싫어해서 군대 생활 중에는 음식 때문에 제일 혼이 났었다"고 했다. 이우는 또 김을한에게 한 가지 부탁을 했다.

"내가 동경을 떠나올 때 영친왕을 뵈러 갔더니 그 어른 말씀이,

시국은 앞으로 더욱 혼란해질 터인데 우리나라의 고유한 문화재를 보존해둘 필요가 있으니 명창들이 취입한 레코드판이 있거든 한번 구해달라고 하셨어요. 김 선생께서 한번 알아봐주시오."

김을한은 기꺼이 그 부탁을 들어주었다.

안타까운 죽음

이우는 서울에 남기 위해 할 수 있는 모든 것을 시도했다. 이학진은 "형님(이우)은 신병身病의 이유를 들어 일본에 가지 않으려고 했다"면서 "그러자 일본 궁내성에서 어의御醫를 보내겠다고 해 이우공도 더는 버틸 수 없었다"고 말한다.

1945년 7월 초 이우는 결국 일본으로 떠났다. 이해원은 "운현궁 오빠(이우)가 일본으로 떠나기 전 지붕에서 구렁이가 떨어지고 집안에서 제일 큰 장독이 깨졌다. 오빠가 돌아가시고 나자 다들 그 이야기를 했던 기억이 난다"고 했다.

이우의 부임지는 히로시마였다. 그가 히로시마로 가게 된 데에는 이런 곡절이 있다.

당시 그(이우)는 전국戰局이 매우 급박해진 것을 알고 가족이 있는 한국에서 근무하기를 열망했다. 그는 굳이 전보발령을 내릴 바에는 서울의 조선군관구사령부로 해줄 것을 군당국에 요청했다. 그러나 당국은 이른바 본토결전本土決戰의 중대성에 비추어 그가 모름지기 '모범적으로' 그 준비에 참여해줄 것을 요망했다. 군당국은 조금은 선심을 쓰는 체했다. 즉 그를 한국에서 가까운 히로시마廣島에 있는 부대로 발

령을 냈던 것이다. | 이기동, 《비극의 군인들》 |

이우는 히로시마에 가기 직전, 도쿄에 들러 이은 부부를 만났다. 그것이 마지막 인사가 될 줄은 이우도 이은 부부도 몰랐을 것이다.

(……) 이우공 전하가 이번에 히로시마로 전임되었다고 하며 7월 16일에 상경, 오랜만에 원기왕성한 모습을 보여주신 것이었습니다. 본래 당당하신 체격에 장래성 있는 청년장교이시던 분이 한층 늠름해지셔서 얼마나 믿음직스럽고 마음 든든했는지 모릅니다. 서울에 돌아가 계시고 있는 찬주비贊珠妃 전하와 청淸님, 종淙님의 양 공자公子도 북경으로부터의 귀로에 만나셨다고 했습니다. 여러 분이 잘 계시는가도 여쭙고, 여기서도 지금은 나스의 별장에 소개 중인 구玖의 이야기 등을 하면서, 서로 기쁨을 나누었던 것입니다.

"앞으로도 도쿄는 공습당할 테지만, 숙부님과 숙모님도 부디 주의하여 주십시오. 무사하시기를 빌겠습니다. 또 건강하게 만납시다."

우공님이 히로시마에 돌아가신 지 며칠도 되지 않은 8월 6일, 히로시마에 원자폭탄이 투하되어 출근 중에 그만 피폭되어 병원에 수용된 후 사망해 버리셨습니다. 그 기별을 받았을 때의 충격은 이루 형언할 수가 없었습니다. '또 건강하게 만납시다' 하고 격려하듯이 말씀하시던 그 분이……. | 이방자, 《바람부는 대로 물결치는 대로》 |

8월 6일 히로시마에 원자폭탄이 떨어졌다. 그날의 상황에 대해서는 이우의 육사 동기 하시모토橋本正勝의 증언이 상세하다. 이기동은 《소화사昭和史의 천황》에 실린 하시모토의 증언을 요약해 자신의 책에 실었다.

이우의 전사를 알리고 있는 〈매일신보〉 기사(1945년 8월 9일자).

8월 6일 새벽은 유난히 맑았다. 이우공은 고이근麸의 가假 어전御殿에서 내리쬐는 아침 햇살을 받으며 출근길에 올랐다. 그가 말에 올라타고 여느 때처럼 두 명의 승마 호위헌병을 데리고 숙소를 떠난 것이 7시 반경이었을 것으로 추측된다. 그는 시내 거리를 남쪽에서 북쪽으로 종단하여 총군사령부로 향했다. 마침 이때 라디오 소리가 거리에서 들려왔다. 이에 의하면 미군 비행기 한 대가 히로시마 동쪽으로 기수를 돌리고 있다는 것이었다. 라디오 소리와 동시에 히로시마 일대에는 곧 경계경보가 발發해졌다.

(…) 비행기에서 낙하산 하나가 떨어졌고 그 끝에 조그만 물체 하나가 매달려 있었다. 그가 '이상하다'고 생각했을 순간 폭음爆音인지 무엇인지 알 수 없는 이상한 소리가 들려왔다. 그 순간 그는 다른 원폭 피해자들과 마찬가지로 눈이 화끈거리며 정신이 아찔해지는 것을 느꼈을 것이다. 동시에 그는 '확!' 하는 화염을 마셨을 것이 틀림없다. 이때 그는 '꽝!' 하는 진동 소리와 함께 말 위에서 떨어졌다. 순간 그는

정신을 잃고 말았다.

이우공은 온몸이 불덩어리가 된 것처럼 뜨거워 견딜 수가 없었다. 몽롱한 가운데서도 그는 군인의 직감으로 물이 있는 곳을 찾아야겠다고 생각한 듯 일어서려고 했으나 하반신이 말을 듣지 않았다. 그는 개천을 찾아 기어가기 시작했다. | 이기동, 《비극의 군인들》 |

육군 중좌 요시나리 히로시吉成弘는 왕공족부 무관 소속으로 이우의 부관이기도 했다. 하시모토의 증언에 따르면 당시 요시나리는 무좀으로 고생하던 때라 이우의 승용차를 타고 먼저 사령부에 출근해서 이우를 기다렸다.

시간이 지나도 이우가 출근하지 않자 요시나리는 상부에 이 사실을 보고하고 수색대를 조직해 이우를 찾아나섰다. 이날 오후 늦게 요시나리는 혼가와本川 상생교相生橋 아래에서 흙투성이가 된 이우를 발견했다. 밤 10시경 이우는 히로시마 남단에 있는 니노시마似島라는 섬으로 후송되었다. 그곳 해군병원에서 이우는 의식을 되찾았고, 의사와 대화를 할 정도로 상태도 호전되었다.

그러나 밤 12시부터 이우의 상태는 갑자기 악화되었고, 이튿날(7일) 새벽 고열에 신음하다 숨을 거뒀다. 8월 8일 이우의 유해가 비행기에 실려 서울로 운구됐다. 의무관들에 의해 방부처리가 됐고, 시신이 상하지 않게 얼음까지 관 속에 넣어졌다 한다. 유족들의 간청에 의해 관이 열렸다. 이해원은 이렇게 회고했다.

저는 그때 집안 어른들의 만류로 오빠의 유해를 직접 보지는 못했습니다. 하지만 어른들의 말로는 화상을 입은 부분이 시커멓게 변해 있었고, 특히 안구眼球 부분의 상처가 너무 심해서 한쪽 눈이 거의 없었다는 말을 들었습니다.

유해가 방부처리되는 것까지 확인한 요시나리는 병원 잔디밭에서 자결했다. 방송작가이자 소설가인 신봉승辛奉承은 요시나리의 최후에 대해 "스스로 일본도로 배를 가른 다음 권총으로 자신의 관자놀이를 쏘아 섬기던 상전의 뒤를 따르는 장렬한 죽음을 택했다"고 썼다.

이우는 허무하게 세상을 떠났다. 신봉승의 말처럼 "조국의 광복을 일주일 앞두고 가장 훌륭했던 왕족 한 사람이 원폭의 희생자로 참변을 당한 것"이다. 요시나리의 자결도 그가 이우의 인품을 흠모하지 않았다면 있을 수 없는 일이었다. 이우의 육사동기였던 이형석李炯錫은 일본 방송사와의 인터뷰에서 이렇게 말했다.

> 우리들 동기생들은 전하가 훌륭한 군인이었다고 생각합니다. 동기생들에게 친절했고 모두들 존경했습니다. 일본인들에게 존경받는 것이 한국인들에게 자랑이 될 수는 없지만, 황실의 혈통을 받은 몸으로 나라를 빼앗긴 그 슬픔이 얼마나 컸을까! 정말로 애석한 일생이었습니다. 전하의 독립에 대한 열망이나 빼앗긴 나라를 걱정하던 그 충정을 그대로 땅에 묻어두어서는 안 된다고 봅니다. 반드시 후손에게도 그의 위대한 일생을 알려야 할 책임감이 막중함을 느낍니다. | 히로시마 쥬고크, '민족과 해협, 《황실은 살아 있다》에서 재인용 |

1945년 8월 15일 정오 일본 천황은 무조건 항복을 발표했다. 이날 오후 5시경 서울운동장에서 이우의 장례식이 열렸다(예정은 오후 1시였으나 일본의 항복 방송으로 4시간 지연됐다). 조선군사령부가 주관하는 육군장陸軍葬이었다.

이우의 두 아들 이청(左)과 이종.

해방 후 대한제국 황실의 남은 재산은 대부분 국가에 귀속됐지만 운현궁은 사유물로 인정되어 박찬주를 비롯한 유족들에게 상속되었다. 이우의 두 아들 청淸과 종淙을 제외하면 운현궁의 어른은 모두 여자였다. 이재면의 부인 이씨(1883년생)는 1978년 타계했고, 이준용의 계실 김씨(1878년생)는 1955년 타계했다. 박찬주는 1995년 7월 13일 세상을 떠났다.

장남 이청은 1954년 1월 미국으로 유학을 떠나 밀워키 마퀘드대학을 졸업했다. 토목기사, 사업가로 활동했던 이청은 2006년 1월 현재 서울 북아현동에 거주하고 있다. 차남 이종은 미국 브라운대학에 유학 중이던 1966년 12월 25일 교통사고로 세상을 떠났다.

남아 있는 황실의 후예들 8장

몰수된 황실재산은 권력자와 모리배들이 "꿀 항아리에 모여드는 벌떼"처럼 달려들어 나눠가졌다. 이승만은 황실재산관리 사무총국장에 이병위李丙胃와 윤우경尹宇景을 연이어 임명했는데 이들을 둘러싸고 추문이 그칠 날이 없었다. 사무총국 직원들도 왕궁 매점 수입을 착복하는 등의 방식으로 비리에 동참했다.

황실 재산 몰수

해방 후 경복궁, 창덕궁, 덕수궁 등 황실재산은 미군정에 귀속되었다. 1948년 8월 15일 대한민국 정부가 수립되자 정부 또한 서둘러 황실재산 환수에 나섰다. 1949년 2월 16일 정부는 '구왕궁재산처분법'을 입안해 국회에 제출했고, 이 법안은 국회의 심의를 거쳐 이듬해 4월 8일 공포되었다. 이에 따라 운현궁과 이강외 일부 재산을 제외한 황실의 거의 모든 재산이 국가 소유로 넘어갔다.

애초 이 법안에는 운현궁도 환수 대상으로 포함되어 있었다. 그러나 운현궁은 박찬주의 지혜로운 판단과 국회의원들의 호의적인 태도 덕분에 가까스로 몰수를 면할 수 있었다. 박찬주는 운현궁이 미군정의 관리를 받고 있던 1948년 초, 당국에 운현궁의 반환 요청 진정서를 제출했다. 남편 이우가 고종 황제의 손자이긴 하지만, 이준용의 양자로 들어갔기 때문에 황실과는 관련이 없고, 따라서 운현궁은 황실의 소유가 아닌 개인의 소유라는 내용이었다.

박찬주의 주장에 일리가 있다고 판단한 미군정은 같은 해 6월 "운현궁 재산은 순전히 사유로 구왕궁 재산에 소속되지 않음이 인정된

이강의 자녀들. 앞줄 왼쪽부터 이해완(1녀), 이해숙(4녀), 이형길(7남), 의친왕비, 이경길(8남), 이해원(2녀), 이해춘(3녀). 뒷줄 왼쪽부터 이홍길(3남), 이상궁, 박상궁, 이창길(4남).

다. 그러므로 지금까지 국가에서 행사하던 관리권을 철회하며 모든 재산에 대한 권리와 소유권 및 이권利權 일체를 반환하겠다"는 공문을 박찬주에게 전달했다. 박찬주는 공문을 근거로 그해 9월 운현궁의 소유권을 장남 이청 앞으로 이전하게 된다. '구왕궁재산처분법'의 국회 심의 과정에서 이 점이 고려되어 운현궁은 개인재산으로 남았던 것이다.

이승만 정부는 '구왕궁재산처분법' 공포 이후에도 집요하게 운현궁 환수를 시도했다. 1952년 7월 21일 정부는 '구왕궁재산처분법'의 대체 법률인 '구황실재산법'을 다시 만들어 국회에 제출했다. 순전히 운현궁의 환수를 위한 법률이었다. 국회는 이 법안 가운데 '의친왕 및 운현궁 재산에 관한 조항'을 삭제하고 정부로 이송했다. 이승만 대통령은 거부권을 행사하고 1953년 5월 13일 재심의를 요구했지만 국회는 5월 30일 재가결 처리하여 운현궁 환수 문제는 일단락됐다.

황실재산 몰수와 관련된 법률 중에는 1954년 9월 23일 제정된 '구황실재산처리법안'도 있다. 김을한에 따르면 정부는 이 법률에 의거하여 달마다 일정 금액을 황실 직계 존비속에게 지급했다고 한다. 그러나 법에 규정된 생활비조차 제대로 받지 못할 때가 많았다. 김을한은 "불과 몇십만 환의 생계비를 가지고도 사무당국이 항상 자기 돈을 거저 주듯이 많다, 적다 하고 말썽을 부렸다"고 증언한다. 당시 일본에 있던 이은 부부와 덕혜옹주에게는 단 한 푼도 지급되지 않았다.[1]

몰수된 황실재산은 권력자와 모리배들이 '꿀 항아리에 모여드는 벌떼'처럼 달려들어 나눠가졌다. 이승만은 황실재산관리 사무총국장에 이병위李丙胃와 윤우경尹宇景을 연이어 임명했는데 이들을 둘러싸고 추문이 그칠 날이 없었다. 사무총국 직원들도 왕궁 매점 수입을 착복하는 등의 방식으로 비리에 동참했다.

황실 후손들은 특히 1953년 4월 20일 사무총국장에 임명되어 6년 간 재임했던 윤우경에 대해 원망이 많았다. 한 황손은 "그 사람이 다 해먹었다"고 반감을 드러냈다. 윤우경은 일제 강점기 경찰 고위관료 출신이기도 하다.

1959년 12월 6일 국회 재정경제위원회는 윤우경을 출석시켜 황실재산 처분과 관련된 의혹을 추궁했다. 이날 자유당 최용근崔容根 의원은 "윤 국장은 구황실재산법에 의하여 대통령이 사전재가권이 없음에도 불구하고 대통령의 재가를 받아 (배재대학 부지를) 처분했다"

고 질책했다. 이용범李龍範 등 민주당 의원들은 배재대학 부지 7만여 평을 평당 250환의 헐값에 수의隨意 매각한 의혹과 왕궁 매점 수익금을 사무총국 직원 후생금으로 유용한 경위를 따졌다.[2]

윤우경은 12월 11일 검찰에 소환돼 신문訊問을 받았다. 윤우경은 배재대학 부지 매각은 대통령과 재무장관의 재가를 받았다는 사실을 거듭 강조하면서, 매점 수입 착복과 관련해서는 "직원후생용에 4,500여만 환을 썼고, 나머지는 공용(자동차 수리비, 사무용 소모품, 출장여비 등)으로 소모했던 것"이라고 진술했다.

당시는 사무총국 전현직 직원 2명이 매점 수익금 650여만 환을 착복한 혐의로 구속된 상태였다. 윤우경은 1960년 2월 15일 무혐의 처리됐지만, 3·15부정선거 직후인 3월 31일 사무총국장에서 해임됐다. 이승만은 신임 총국장직에 정부 공보실장을 지낸 오재경吳在璟을 임명했다. 오재경은 법제처에 근무하던 이창석李昌錫을 사무총국 차장으로 발탁해 황실재산을 조사하게 했다.

그러자 사무총국 직원 10여 명이 오재경의 해임을 촉구하는 시위를 벌였다. 직원들은 "(오재경이) 3·15선거에 간섭했을 뿐 아니라 요즈음 혼란기에도 불구하고 신규 직원 및 주사급 전형시험을 실시하여 부당한 인사행정을 하고 있어 직원들의 불만을 조성하고 있다"고 주장했다. 자신들의 비리가 노출되는 것을 두려워한 일부 직원들의 소행이라는 생각이 든다.

이창석은 5월 28일 정식 발령을 받았지만 그 이전부터 사무총국에 출근해 서류 검토에 착수했다. 이창석은 해방 이후 황실재산과 관련된 서류가 부실한 데 대해 적잖게 놀랐다. 밤을 새워가며 겨우 황실 재산 목록을 작성했지만 6월 6일 밤 창덕궁 내 사무총국에 의문의 화재가 발생, 애써 정리한 목록이 소실되고 말았다. 훗날 이창

이승규·이해원 부부.

석은 김을한에게 이렇게 말했다.

> 구황실 사무처에 가보고 놀란 것은 신빙 서류가 하나도 구비되어 있지 않아서 누가 무엇을 어떻게 협잡을 해먹었는지를 잘 알 수가 없는 것이며, 그나마 조사를 해서 대강이나마 증거 서류를 만들어 놓으니까 화재가 나서 다 버렸으니, 그것은 분명히 방화라고 생각합니다. |김을한, 《인간 영친왕》|

밤이 되면 창덕궁 내는 인적이 끊긴다. 인적 없는 한밤에 화재가 발생했으니 '방화'라고 단정하는 사람이 많았다. 이날의 화재로 윤우경의 비리는 묻히는 듯했다.

그런데 4·19 혁명 이후 검찰에 투서 한 장이 날아들었다. 내용은 "(윤우경이) 재직시 3·15 부정선거에 예하 직원을 가담하도록 독려

했으며 막대한 액수의 경리 부정이 있다"는 것이었다. 부정선거 혐의를 잡은 검찰은 6월 14일 윤우경을 일단 선거법 위반으로 입건하고 윤우경의 사무총국장 재직시의 부정행위를 수사했다.

윤우경은 이듬해(1961년) 2월 16일 부정선거 관련자 처벌법 위반 혐의로 긴급구속됐다. 특별검찰부가 발표한 혐의 가운데 하나는 "구황실 소유인 임야를 부정 매각처분하여 선거자금으로 수억 환을 마련했다"는 것이었다. 장면 정부하에서 구속된 윤우경은 5·16쿠데타 후에 재판을 받았다. 그 사이 특별검찰부와 특별재판소는 쿠데타 세력에 의해 1961년 7월 혁명검찰부와 혁명재판부로 바뀌었다.

그해 12월 27일에 윤우경 사건에 대한 첫 공판이 열렸다.[3] 윤우경의 혐의는 상당 부분 인정되었다. 혁명검찰부는 윤우경에게 무기징역을 구형했지만 혁명재판부는 징역 10년형을 언도했다. 윤우경은 1962년 4월 10일에 열린 상소심에서 징역 5년형으로 감형됐다.

의친왕의 12남 9녀

황실재산 몰수는 대한제국 황손들이 이후 불우한 삶을 살게 되는 결정적인 계기가 됐다. 강용자의 이야기를 들어본다.

해방 전에는 이왕직에서 나오는 돈과 왕실 재산으로 이들은 부유하지는 못해도 생활 걱정은 하지 않아도 되었다. 그러나 자유당 정부 때 왕실재산이 국유로 몰수되자 이들은 하루아침에 왕자에서 거지로 변해버린 셈이었다. 왕가의 자손들이므로 생활을 위해 스스로 돈을 버는 훈련이 전혀 되어 있지 않았고 교육을 받지 않았으니 제대로 취직할

의친왕 이강의 자녀들

아들	이름	생몰연대	생모
1남	이건	1909~1991	수관당 정씨
2남	이우	1912~1945	수인당 김씨
3남	이흥길	1914~1951	수현당 정씨
4남	이창길	1915~사망	조병숙
5남	이수길	1918~1982	수인당 김씨
6남	이명길	1920~1984	수인당 김씨
7남	이형길	1921~1952	송씨
8남	이경길	1922~1996	수경당 김씨
9남	이충길	1938~생존	함씨
10남	이영길	1940~생존	홍정순
11남	이문길	1944~생존	김혜수
12남	이정길	1947~생존	홍정순

딸	이름	생몰연대	생모
1녀	이해완	1915~1981	수덕당 이씨
2녀	이해원	1919~생존	수덕당 이씨
3녀	이해춘	1920~생존	수완당 김씨
4녀	이해숙	1920~사망	수길당 박씨
5녀	이해경	1930~생존	김금덕
6녀	이희자	1940~생존	김혜수
7녀	이해란	1944~생존	홍정순
8녀	이해련	1950~생존	홍정순
9녀	이민	1953~생존	김혜수

*이 표는 1954년 9월 27일 편제된 이강의 호적과 《나의 아버지 의친왕》에 나온 가계도, 이준이 작성한 가계도를 참조하여 작성했다. 호적의 특성과 기억의 불확실성을 고려할 때 사실과 다른 생몰연대가 있을 수 있다. 이해완의 경우 호적엔 1918년생으로 기재돼 있다.

수도 없었다. | 강용자, 《왕조의 후예》 |

자료와 증언을 취합하다 보니 여러 가지 사실을 알게 되었다. 기사 검색을 통해 이복형제들 간의 호주 상속 다툼을 접했고, 궁궐에서 쫓겨나면서 문화재청 직원에게 폭행을 당한 이야기, 이수길을 비롯한 여러 황손들의 불우한 죽음 같은 것도 알게 되었다. 그런 이야기를 이 책에서 구체적으로 밝히고 싶지는 않다.

황손들은 언론매체의 선정적이고 부정확한 보도에 대해 피해의식을 갖고 있었다. 이강의 자녀가 많다보니 이 황손의 근황을 저 황손의 그것으로 착각한 보도가 있었는데 이런 보도에 대해 불만을 느끼는 것은 인지상정이다. 황손이라고 주장하는 사람의 일방적 주장을, 사실 확인도 없이 '기정사실화 하여' 보도하는 태도에 대해서도 반감을 드러냈다.

이강이 몇 명의 자녀를 두었는지는 확실히 알 수가 없다. '공식적'으로는 12남 9녀를 둔 것으로 알려져 있다. 김을한은 40여 명에 이를지도 모른다는 전언을 소개했고, 한 신문은 어떤 자료를 봤는지는 모르겠지만 29명이라고 단정지은 적도 있다. 《나의 아버지 의친왕》에 수록된 '의친왕 가계도'에는 13남 9녀로 기록돼 있다.

황손 한 분으로부터 이강의 호적을 입수했다. 이에 따르면 1954년 9월 27일 취적신고에 의해 이강의 호적이 편제되었다. 친자 유무를 놓고 분쟁이 벌어질 것을 우려했던 한 친척이 의친왕비에게 호적을 만들 것을 권유했고, 의친왕비 김덕수는 호적 편제를 신청하면서 이강의 자녀들을 검증한 뒤 모두 호적에 올렸다고 한다.

이때 호적에 올라간 자녀가 9남 9녀. 여기에 그 이전에 사망한 2남 이우, 3남 이홍길, 7남 이형길을 포함하면 12남 9녀가 된다. '공식적'이라는 단어에는 이런 곡절이 숨어 있다.

해방 이후 이강과 관련된 친자 확인 소송 또는 '소동'이 여러 번 있었다. 지금도 이강의 후손이라고 주장하는 사람들이 존재한다. 그 주장을 여기서 맞네 아니네 단정할 수는 없다. 이 책을 쓰기 위해 만난 이강의 혈육 가운데 한 분은 "친자 확인을 위한 것이라면 내가 피라도 뽑아 유전자 검사를 받게 해줄 용의가 있다"고 했다.

그들이 진정 이강의 후손이라면 유전자 검사를 통해 간단하게 이 문제를 해결할 수 있다고 생각한다. 비록 법적으로는 이강의 후손으로 인정받지 못한다 하더라도 유전자 검사를 통해 혈육으로 인정이 된다면 아버지를 아버지로, 할아버지를 할아버지로 부르지 못하는 한恨은 풀 수 있지 않을까. 그 한을 푸는 일 말고 그들에게 더 절실한 것이 있을까. 그렇게 된다면 이강의 후손들도 기꺼이 그들을 가족으로 받아들여 줄 것이다.

이제 이강의 남은 자녀들에 대해 이야기할 차례다. 이건과 이우를 제외한 나머지 자녀들은 불행하게도 황실 속보에 이름이 오르지 못했다.

3남 이흥길李興吉은 후손이 없이 1951년 사망했다. 관련 기록이 거의 없다.

4남 이창길李昌吉은 완평궁完平宮의 양자로 들어가 조예희와의 사이에서 2남 2녀를 두고 타계했다. 두 딸의 이름은 광주光柱와 은주銀柱이다. 아들 일주一柱는 1938년생, 석주石柱는 1943년생이다. 어떤 연유인지는 모르겠지만 이창길은 생모 조병숙曺秉淑의 호적에 입적됐다가 1955년 1월 친자인지로 이강의 호적에 다시 편제되었다.

이석주 선생과 통화를 했다. 선생은 사회적으로 존경을 받는 직업을 갖고 있었지만 "그런 것까지 굳이 밝히고 싶지 않다"고 말했다.

앞줄 왼쪽부터 이명길(6남), 이해원(2녀). 뒷줄 왼쪽부터 이수길(5남), 이해완(1녀), 이창길(4남), 이흥길(3남).

    5남 이수길은 대궁大宮 이인용李寅鎔의 양자로 들어갔다. 어릴 때 일본으로 건너가 학습원에 다녔고, 그곳에서 농업대학을 졸업했다. 미국으로 유학을 떠나려고 했지만 동복형인 이우의 만류로 꿈을 접어야 했다. 생전의 이수길은 미국 유학을 떠나지 못한 것을 한스럽게 생각했고 이따금 이우를 원망하곤 했다.

    그는 장면 총리와 친분이 있어 장면 정부 시절 구황실재산관리사무총국장을 지냈다. 이때를 전후해 사비를 들여가며 이은과 덕혜옹주의 귀국을 위해 헌신적인 노력을 했다. 이은의 아들 이구와는 매우 사이가 좋았다 한다. 이수길은 전두환 정권 때 거처인 칠궁七宮에서 쫓겨날 처지에 처하자 화병으로 세상을 떠났다. 부인 김신덕의 증언이다.

1982년 12월 10일이었어요. (……) 일찍 저녁을 먹고 잠이 들었는데 텔레비전에서 '지익지익' 소리가 나서 잠이 깼죠. 평소와 달리 남편은 전등과 텔레비전도 끄지 않고 엎드려 자고 있었어요. 아무래도 이상해서 '왜 엎드려 주무시냐?'며 몸을 흔들었는데 꼼짝도 하지 않더라구요. 그때가 새벽 2시였어요. 이미 운명한 뒤였어요. 그래도 혹시나 하는 마음에 외부에서 의사를 불렀는데 궁 안으로 들여보내 주지를 않더군요. 더 기가 막힌 건 신문에 부고 한 줄 내지 못하게 하는 거예요. 장례식날 조화 한 다발을 보낸 것이 당국이 베푼 최대의 호의였어요. | 김선주 외, 《이야기 여성사》 2권 |

이수길은 전처로부터 네 자녀를 두었다. 둘째 딸 영은 아이를 낳다 사망했고, 홍익대 미대를 다니던 둘째 아들 범은 서커스 구경을 갔다가 감전사고로 유명을 달리 했다. 장남 한주는 일본에, 막딸 순은 인천에 살고 있다. 한주를 제외하면 모두 외자 이름인데 한자 이름을 확인할 수 없었다.

이수길은 상처한 뒤 1948년 김신덕과 재혼했다. 김신덕은 칠궁에서 쫓겨나 서울 개포동에서 거주하고 있다. 김신덕 여사와는 두 번 통화를 했다. 이구 선생의 영결식 때 먼발치에서 얼굴을 뵌 적은 있다. 건강이 다소 안 좋으신 것 같았다. 여사의 건강을 기원한다.

6남 이명길李命吉은 수인당 김흥인의 소생이다. 이강의 총애를 받았던 김흥인은 이우, 이수길, 이명길 세 아들을 두었다. 그런데 세 아들의 운명은 너무나도 판이했다. 이우는 비록 히로시마에서 폭사했지만 황족의 대우를 받았고, 이수길은 대궁 양자로 들어가 가계를 이었다.

그러나 이명길은 생모 김흥인의 호적에 입적되었다가 1955년 1월 친자인지로 이강의 호적에 편제됐다. 장면 정부 때는 국회의사당 도서실에서 근무하기도 했다. 청장년 시절 이명길의 외모는 놀랍도록 서구적이다. 사진만 보면 서양인이라고 해도 믿을 정도지만 김흥인의 소생인 것만은 분명하다. 아들 준準과 전화 통화를 했는데 그저 서울에 살고 있다는 사실과 이름 정도만 밝혀줬으면 좋겠다고 했다. 이명길은 1984년 타계했다.

7남 이형길李亨吉은 계동궁桂洞宮 이기용李埼鎔의 양자로 들어갔다. 이기용의 부친 이재원李載元은 원래 흥선대원군의 둘째형인 이정응李㝡應의 아들이었다. 그러나 흥선대원군의 장형인 이창응李昌應에게 아들이 없어 그의 양자로 입적됐다.

이형길은 1948년 서울대 국문과를 졸업한 수재였다. 이화여대, 숙명여대에서 국어를 가르치다가 6·25때 부산으로 피난을 갔다. 이해경은 이형길에 대해 "나를 가장 사랑하고 아껴주던 오빠였다"며 "만약 이 오빠가 아직까지 살아만 있었다면 내가 지금 부모님 묘소를 걱정할 필요도 없었을 것이고, 이 글을 쓸 필요도 없이 모든 것을 그분이 다 해주었을 것이라 생각되어 새삼스러이 그분이 그리워진다"고 썼다. 이형길은 1952년 부산 신선대 부근에서 수영을 하다가 심장마비로 익사했다.

8남 이경길李慶吉은 어린 시절부터 남달리 잘생긴 용모와 희고 고운 피부 덕분에 주위의 눈길을 끌었다. 혹자는 이강이 러시아 외교관 부인과 관계를 맺어 낳은 아들이라고도 하나 가당치 않은 주장이다. 이경길이 수경당 김씨의 소생이라는 것은 황실의 여러 근친들이 단언하고 있다.

이경길은 평생을 독신으로 살다가 1996년 2월 17일 한 양로원에서 타계했다. 당시 한 신문의 보도를 인용해본다.

앞줄 왼쪽부터 이수길(5남), 이경길(8남), 이승규(이해원 부군), 박찬범(이해춘 부군), 이창길(4남), 이우(2남), 이홍길(3남), 정운조(이해완 부군), 박찬주 둘째 동생, 이명길(6남), 뒷줄 왼쪽부터 이해숙(4녀), 이해원(2녀), 이해춘(3녀), 조예희(이창길 부인), 박찬주(이우 부인), 이홍길 부인, 이해완(1녀), 이해경(5녀), 박찬주 여동생.

고종의 손자인 이경길(75)옹이 설을 이틀 앞둔 지난 17일 오후 2시 30분 수원시 장안구 조원동 천주교 수원교구 소속 평화양로원에서 쓸쓸히 숨을 거뒀다. 고종의 다섯째 아들인 의친왕 이강의 여덟째 아들인 이옹은 어린 시절을 일본에서 지내다 귀국했으며 그 뒤 사업에 실패하자 지난 88년 영친왕의 부인 이방자 여사가 타계할 때까지 창경궁 낙선재에서 살았다. 이옹은 이 여사가 숨진 뒤 낙선재를 나와 여관방을 전전하는 등 불우한 생활을 이어가다 90년 8월 예수회 소속 진베드로(81) 신부의 주선으로 이 양로원으로 옮겨와 여생을 보냈다. ㅣ1996년 2월 21일자, 〈한겨레〉ㅣ

기사 가운데 '어린 시절을 일본에서 지냈다'는 부분은 사실과 다른 듯하다. 이해원은 "그런 일이 없다"고 잘라 말했다. 또 기사와는 달리 이방자는 1988년이 아니라 1989년에 타계했다. 한겨레뿐만 아니라 당시 그의 타계 소식을 보도한 조선·동아·한국 등 상당수의 신문이 이러한 두 가지 오류를 한결같이 범하고 있다. 통신사의 기사를 그대로 받아썼기 때문인 것 같다.

살아 있는 황손들

이강의 자녀 가운데 살아계신 분에 관해 언급하는 것은 쉽지 않은 일이다. 그 분들의 명예나 사생활에 누가 되지 않을까 두렵다. 직접 만난 분들도 있고, 전화상으로 대화만 나눴던 분들도 있다. 약속 시간을 잡기 어려울 정도로 바쁘게 사시는 분도 있었고, 세상에 나서기를 꺼리는 분도 있었다.

이해숙(이강의 4녀). 이학진의 부인이다.

9남 이충길李忠吉은 별궁에서 의친왕비와 함께 살았다. 국내 생활에 환멸을 느끼고 1979년 6월 미국으로 이민을 떠났다. 이강의 아들 가운데 생존자로는 최연장자다. 이충길은 이민을 떠나기 직전 이방자를 찾아가 두 아들을 인사시켰다. 이 무렵 자신이 의친왕의 아들이라는 것을 두 아들에게 처음 밝혔다.

장남 상협相協은 서울 상문고를 나와 뉴욕에서 신문방송학을 전공했다. 대학 졸업 후 귀국해 현대전자에 입사했고 그 후 금강기획, 현대방송 등을 거쳐 현재 현대홈쇼핑에서 근무하고 있다. 이상협은 이구가 타계한 뒤 전주 이씨 대동종약원에 의해 이구의 후계자로 지명됐다. 이때 '이원李源'이라는 황실명으로 황실의 적통을 공식적으로 승계했다. 이충길은 현재 미국 뉴욕에서 거주하고 있다.

10남 이영길李英吉은 '이석'이라는 예명으로 더 잘 알려져 있다. 호적명은 이해석李海錫이다. 한국외국어대 스페인어과를 졸업했고, 대학 때 잠시 DJ 생활을 했다. 미8군 가수 공개 모집에 합격해 가수가 됐고, 〈비둘기집〉으로 인기를 끌었다. 1979년 12월 미국으로 이민을 떠나 10년 정도 살았다. 1989년 덕혜옹주와 이방자의 타계를 계기로 귀국해 한때 가수 생활을 재개하기도 했다. 그해 교통사고를 당해 혼수상태에 빠졌다가 10여 일 만에 의식을 회복한 적도 있다. 2003년에는 찜질방을 전전하고 있는 모습이 TV에 방영돼 사람들에게 충격을 주었다. 이 방송을 계기로 그를 돕자는 분위기가 조성됐고 전북 전주시의 주선으로 현재 '황실테마생활관'인 전주 승광재承光齋에서 기거하고 있다. 이상협이 이구의 양자로 입적됐을 때 이석은 강하게 반발했다. 이때 이구의 유해가 안치된 낙선재에서 종친들 사이에 몸싸움이 벌어지기도 했다.

이석 선생과는 통화는 여러 번 했지만 만나뵌 적은 한 번밖에 없다. 그것도 이구 선생의 영결식장에서 잠시 악수를 나눈 것이 전부인데 선생이 나를 기억하고 계실지 모르겠다. 잡은 손이 크고 두터웠다. 널리 알려진 대로 호방한 성격이라는 느낌이 들었다.

11남 이문길李文吉은 미국 캘리포니아 주 산호세에 거주하고 있다. 동복 누나인 이희자 여사는 "남동생이 1남 1녀를 두고 평범하게 살고 있다"고 전했다.

12남 이정길李定吉은 홍정순洪貞順의 소생이다. 홍정순은 영길(이석)과 정길, 해란과 해연, 2남 2녀를 낳았다. 이석 선생으로부터 이정길의 근황을 들을 수 있었다. 미국으로 이민을 떠난 뒤, LA에서 자동차 정비업을 하고 있다고 한다. 아직 미혼이라는 전언이다.

1녀 이해완李海琓, 2녀 이해원, 3녀 이해춘李海瑃, 4녀 이해숙李海俶, 5녀 이해경은 1930년대 후반 한꺼번에 이기용의 양녀로 입적됐다. 이해경은 이렇게 설명한다.

> 나는 7살 때 경성여자사범학교 부속 소학교(지금의 초등학교)에 입학을 하게 되었다. 그러나 학교에 입학하려면 호적이 있어야 하는데 일제는 큰오빠 건공鍵公만을 호적에 입적하고 나머지 형제들을 입적시키는 것을 거부하였다. 그래서 어머니께서 사동궁 딸 다섯 명을 대원왕 맏형님 흥령군興寧君의 손자인 계동궁 이기용씨의 호적에 입적시키셨다. 그 댁에는 이미 나의 오빠 해청海晴(일곱째 오빠 형길)이 양자로 가 있었는데 사동궁 형제 여섯 명이 그 집의 호적에 들어가게 된 셈이다.
> | 《나의 아버지 의친왕》 |

이때 양녀로 들어간 다섯 명 가운데 1녀 이해완과 4녀 이해숙은 이미 타계했고 나머지 세 명은 생존해 있다. 1녀 이해완의 부군 정운조와 2녀 이해원의 부군 이승규李昇圭는 6·25때 납북되었다.

2녀 이해원은 1992년 미국으로 이민을 떠났다가 2002년 2월 귀국한 뒤 경기도 하남시에서 차남 이진왕李鎭旺과 함께 살고 있다. 호적상 1945년생인 이진왕은 미혼이다. 일본 게이오대를 졸업한 부군 이승규李昇圭는 해방 후 공무원 생활을 하다가 6·25때 납북됐다.

이해원 여사와는 두 번 만났다. 한 번은 하남의 자택에서, 한 번은 가락동 경찰병원에서였다. 여사는 낙상하여 입원한 일이 있다. 이해원 여사는 의친왕의 자녀 가운데 생존자로는 최고 어른이다. 의친왕의 가족사에 대해선 그 누구보다도 정통하다. 지금도 건강하신 편이다.

이석(좌)과 이경길.

3녀 이해춘은 박찬범朴贊汎(1917년생)과 결혼해 아들 하나를 두었다. 부군은 이미 타계했다. 현재 외아들 박형우朴亨雨(1938년생)와 함께 경기도 용인시에 거주하고 있다. 박형우 선생은 만나뵌 일은 없고 한 번 통화를 했다. 선생은 "내가 어머니와 함께 단칸방에 살고 있다는 소리가 인터넷 같은 데서 떠돌고 있는데 전혀 근거 없는 소리"라고 일축했다. 현업에서 은퇴한 뒤 여유로운 일상을 보내고 계시다는 느낌을 받았다.

4녀 이해숙은 이미 타계했다. 부군인 이학진李鶴鎭(1911년생)은 바둑기사 조남철趙南哲 9단과 함께 한국 바둑계의 공로자다. 일본 게이오대학 경제학부를 졸업한 이학진은 김인金寅 9단과 조훈현曺薰鉉 9단의 일본 유학을 도왔고, 한국기원의 전신인 한성기원 설립을 주도했다. 선생은 90대 중반의 고령임에도 서울과 안양의 기원을 오갈 정도로 정정함을 유지하고 있다.

젊은 시절 이학진 선생은 조남철 국수와 두 점을 깔고 바둑을 두었다고 한다. 나는 이학진 선생과 바둑을 둔 일이 있다. 염치도 모른 채 세 점만 깔고 두었는데 큰 가르침을 받았다. 선생은 외동딸 숙경淑慶(1941년생)과 경기도 안양시에서 살고 있다. 이숙경 여사에게는 이구 선생의 영결식 때 만나 인사를 드렸다. 세련되고 기품 있는 언행이 인상적이었다.

5녀 이해경은 1946년 경기여고를 졸업하고 이화여대 음대에 진학했다. 1950년 졸업 직후 풍문여고 음악 교사로 취직했다. 1956년 미국으로 이민을 떠나 현재 뉴욕에서 거주하고 있다. 텍사스 주의 한 여자대학에서 성악을 전공한 후, 30여 년 간 컬럼비아 대학교 도서관 사서로 근무했다. 1990년대 중반 은퇴한 뒤, 1997년《나의 아버지 의친왕》을 출간했다.

이해경 여사와는 이메일을 여러 번 주고받았다. 전화 통화도 꽤 했다. 처음 이해경 여사와 국제전화가 연결됐을 때의 기쁨을 나는 잊지 못한다. 후손들의 연락처를 몰라 헤맬 때였는데 친구 김복희金福姬 여사를 통해 전화번호를 알게 되었다. 김복희 여사는 소설가 김기진金基鎭 선생의 따님이다. 이해경 여사로부터 받은 여러 가지 조언과 배려에 대해 감사를 드린다.

6녀 이희자는 최창규崔昌圭와 결혼해 1남 1녀를 두었다. 부군은 이미 타계했다. 이희자는 미국 캘리포니아 주 산호세에서 살다가 2004년 영구 귀국했다. 딸 최수미崔秀美(1966년생) 씨가 사는 전남 순천이 현재의 거주지다. 아들 최종문崔鐘文(1969년생)은 경기도 용인에 살고 있다. 이희자 여사와는 한 번 통화를 했다.

7녀 이해란李海蘭은 아르헨티나로 이민을 떠나 그곳에서 봉제공장을 운영했다. 남편과는 사별하고 딸만 둘이 있다. 이석 선생의 말로는 최근 미국 LA로 이주해 영주권을 획득했다고 한다.

    8녀 이해연李海蓮은 농장을 경영하는 남편과 함께 평범한 주부로 생활하고 있다. 전화로 한 번 인사만 나눴는데 세상에 나서는 것을 극도로 꺼렸다.

    9녀 이민李玟은 미국 캘리포니아 주 산호세에서 살고 있다. 2남 1녀를 두었다는 이야기를 이희자 여사로부터 들었다.

■ 에필로그

　현재 영국, 일본, 태국 등 약 30여 개국에는 국왕이 존재한다. 국왕과 왕족의 일거수일투족은 곧 그 나라의 화제와 뉴스가 되곤 한다.
　일반인들에겐 낯설게 느껴질지도 모르겠다. 대한제국 황실을 상징적으로 복원해 입헌군주제 국가로 개헌해야 한다는 주장이 있다. 황실 복원을 위해 노력하는 여러 모임과 사람들도 존재한다. 그들은 국왕이 국가의 구심점 억힐을 하는 나라에서는 우리나라처럼 극심한 국론 분열이 없다고 말한다. 사회적으로도 안정돼 있어 쿠데타 같은 국가적 위협 요인도 제거할 수 있다는 것이다.
　그들의 주장에는 일면 타당성이 있다. 1981년 스페인에서 쿠데타가 발생했을 때의 일이다. 스페인 국왕 후안 카를로스는 텔레비전에 직접 출연해 "나를 죽이지 않고는 무슨 짓도 할 수 없을 것"이라고 경고했다. 군부는 결국 쿠데타를 포기했다. 1992년 태국에서도 비슷한 일이 벌어졌다. 군부와 야당 지도자들이 국왕 앞에 머리를 조아리는 모습이 TV에 방영되면서 쿠데타는 무위로 돌아갔다.
　우리나라는 사정이 좀 다르다. 우리는 제대로 총 한 방 쏴보지 못하고 나라를 빼앗겼다. 황족의 순국이나 목숨을 건 투쟁은 들어본 일이 없다. 우리가 못난 탓이기는 하지만 국권 상실의 최종적인 책임은 고종·순종 황제 그리고 당시 조정의 대신들에게 있다. 게다가 현 시점에서 황실을 복원한다면 그 사회적 비용은 고스란히 국민의 세금으로 귀속된다. 적지 않은 토론과 조율이 필요한 문제다.

나로서는 입헌군주제 개헌론자들의 생각에 대해 아직 공감이나 반감을 피력할 만한 주관이 서 있지 않다. 다만 이런 생각은 든다. 이 책을 쓰면서 나는 여러 가지 새로운 사실을 알게 되었다. 그 중 하나는 우리나라처럼 우리 황족에 무관심한 나라도 없다는 것이다. 사실 나조차도 고종 황제가 자녀를 몇이나 두었는지, 그 후손들이 어디에서 무엇을 하는지 알지 못했다. 아니, 관심조차 없었다는 것이 옳은 말일 듯하다.

우리나라 화산花山 이씨李氏의 시조인 이용상李龍祥은 베트남 왕족 출신이다. 이용상은 역모의 화를 피하기 위해 베트남을 탈출, 고려 고종 때 귀화했다. 1992년 한국과 베트남의 국교가 수립되고 난 뒤, 이용상의 직계 후손인 이창근 씨가 베트남을 방문했다. 이창근 씨는 베트남에서 극진한 대우를 받았다. 베트남의 촌로들은 '뒷산의 나무가 다 베어지고 개울이 메워지면 그 후손이 돌아온다'는 전설이 이뤄졌다고 기뻐했다. 지금도 화산 이씨 종친들이 베트남을 방문하면 귀빈 대우를 받는다고 한다.[4] 우리나라와는 다른 대목이다.

불순한 의도로 황실과 황족을 이용하려고 했던 사람이 많았다는 생각도 했다. 이승만 대통령이 그랬고, 박정희 대통령도 마찬가지였다. 필요에 따라 황실의 재산을 뺏거나, 여론 호도용으로 황족을 이용했다. 언론은 또 언론대로 구미에 맞는 기사나 프로그램만 양산해 왔다. 그 과정에서 황실과 황족에 관해 오해와 오류가 발생했다. 아직도 황실과 황족을 이용해 개인의 이익을 탐하려는 사람들이 아주 없지는 않은 것 같다.

한창 원고를 쓰고 있던 지난해 여름, 이구 선생이 도쿄의 한 호텔에서 타계했다. 창덕궁 낙선재를 찾아가 문상하고, 그 이튿날 영결식에도 참석했다. 이후 종묘 앞에서 열린 노제를 참관하고 장지인 남양주 금곡까지 따라가 고종 황제, 순종 황제, 영친왕 이은의 능묘를 차례로 둘러보았다. 두 황제와 황태자에게 큰절을 올렸다. 태어나서 처음이었다. 한국인의 한 사람으로서 조금 부끄러웠다. 왜 이제야 이곳을 찾아왔나 하고 자책을 했다.
그 영령 앞에 엎드려 삼가 명복을 빌었다.

■ 참고문헌

▲ 단행본
'*' 표시는 일본어 문헌(주로 사진만 참고했음)

강용자, 《왕조의 후예》, 삼인행, 1991년
거창군지편찬위원회 편, 《거창군지》, 거창군지편찬위원회, 1979년
*곤도 시로스케, 《李王宮秘史》, 朝鮮新聞社, 1926년
곽학송 외, 《세계 퍼스트레이디 전집》, 평범사, 1981년
국사편찬위원회 편, 《통감부문서》(3권), 1998년
기독교대한감리회, 《삼일운동, 그 날의 기록》, 2001년
김구, 《백범일지》, 서문당, 1996년
김명길, 《낙선재 주변》, 중앙일보 : 동양방송, 1977년
김선주 외, 《이야기 여성사》(2권), 여성신문사, 2000년
김용숙, 《조선조 궁중풍속 연구》, 일지사, 1983년
김영곤, 《영친왕 전하》(1권~3권), 성문사, 1970년
김유경, 《옷과 그들》, 삼신각, 1994년
김은신, 《한권으로 보는 한국 최초 101장면》, 가람기획, 1998년
김을한, 《인간 영친왕》, 탐구당, 1981년
— , 《인간 이은》, 한국일보사, 1971년
— , 《인생잡기》, 일조각, 1989년
— , 《민덕임여사의 생애》, 비매품
— , 《어느 무명기자의 수기》, 탐구당, 1984년
— , 《사건과 기자》, 신태양, 1960년
김정례, 《민갑완》, 교양사, 1990년
김정열, 《재미있는 성씨·족보 이야기》, 해성, 2002년
김종원, 《한국영화감독사전》, 국학자료원, 2004년

김종필,《JP칼럼》, 프로젝트409, 1997년
김태수,《한국자연의학회》, 새로운사람들, 2004년
류시원,《풍운의 한말 역사 산책》, 한국문원, 1996년
* 마키야마 코우조우 편,《朝鮮紳士名鑑》, 日本電報通信社 京城支局, 1911년
민갑완,《백년한》, 문선각, 1962년
서울미디어,《고종순종실록》, (국립중앙도서관 DB 형태)
서울진명여자고등학교,《진명 75년사》
서울특별시(시사편찬위원회),《서울600년사》, (홈페이지 형태 자료)
선원보감편찬위원회,《선원보감》(1권~3권), 계명사, 1988년
신복룡,《대동단실기》, 양영각, 1982년
— ,《대동단실기》, 선인, 2003년
신봉승,《국보가 된 조선 막사발》, 삶과꿈, 2001년
안천,《여성 대통령은 언제 나올까》, B · B Books, 2002년
— ,《일월오악도》(1권~5권), 교육과학사, 2002년~2005년
— ,《황실은 살아 있다》(상 · 하권), 인간사랑, 1994년
*와타나베 미도리,《日韓皇室秘話李方子妃》, 讀賣新聞社, 1998년
유모토 고이치,《일본 근대의 풍경》, 그린비, 2004년
유성출,《젊은 보수주의자》, 얼과알, 2001년
유주현,《황녀》(1권~3권), 동화출판공사, 1975년
윤덕한,《이완용 평전》, 중심, 1999년
윤치호,《윤치호일기》, 김상태 편역, 역사비평사, 2001년
의암손병희선생기념사업회,《의암 손병희선생전기》, 발행자 불명, 1967년
이건 · 이방자,《영친왕비의 수기/이건공의 수기》, 신태양사, 1960년
이기동,《비극의 군인들》, 일조각, 1982년
이덕일,《누가 왕을 죽였는가》, 푸른역사, 1998년
이덕일 · 이희근 · 김병기,《우리 역사의 수수께끼》(1권~3권), 김영사, 1999년
    ~2004년
이방자,《지나온 세월》, 여원사, 1969년
— ,《지나온 세월》, 동서문화원, 1974년
— ,《바람부는 대로 물결치는 대로》, 한진출판사, 1980년
— ,《세월이여 왕조여》, 정음사, 1985년
* — ,《動亂の中の王妃》, 講談社, 1969년

* ─ , 《すぎた歳月》, 발행처불명(비매품), 1973년
* ─ , 《流れのままに》, 啓佑社, 1983년
이범석, 《우둥불》, 삼육출판사, 1986년
─ , 《우둥불》(후편), 삼육출판사, 1992년
*李王垠傳記刊行會, 《英親王 李垠傳》, 共榮書房, 1982년
이용상, 《용금옥시대》, 서울신문사, 1994년
이한우, 《이승만 90년》(상·하), 조선일보사출판국, 1995년
이해경, 《나의 아버지 의친왕》, 진, 1997년
이형근, 《군번1번의 외길 인생》, 중앙일보사, 1993년
정정화, 《녹두꽃》, 미완, 1987년
조교환, 《운현궁의 어제와 오늘》, 예문관, 2001년
조남철·양형모, 《조남철 회고록》, 한국기원, 2004년
*조선연구회 편, 《朝鮮貴族列傳》, 朝鮮研究會, 1910*년
조선총독부 편, 《조선통치비화》, 이충호·홍금자 공역, 형설출판사, 1993년
*조선총독부경찰국 편, 《高等警察關係年表》, 1930년
조용중, 《대통령의 무혈혁명》, 나남, 2004년
조훈현·김종서, 《전신戰神 조훈현》, 청년사, 2004년
*株式會社帝國地方行政學會, 《現行朝鮮法規類纂》, 1937년, (국립중앙도서관 마이크로 형태자료, 2000년)
쯔기오 가다노, 《일본인이 쓴 조선왕조멸망기》, 윤봉석 옮김, 우석출판사, 1998년
총무처 정부기록보존소 편, 《일제문서해제선집》, 총무처 정부기록보존소, 1992년
─ , 《일제문서해제》(경무편), 정부기록보존소, 2000년
최은희, 《한국 개화여성 열전》, 조선일보사출판국, 1991년
최종고 외, 《한독수교100년사》, 한국사연구협의회, 1984년
친일문제연구회, 《조선총독 10인》, 가람기획, 1996년
혼다 세츠코, 《비련의 황태자비》, 범우사, 서석연 옮김, 1989년
* ─ , 《朝鮮王朝 最後の 皇太子妃》, 文藝春秋, 1988년
*혼마 야스코, 《德惠姬》, 葦書房有限會社, 1998년
*皇室皇族聖鑑刊行會, 《皇室皇族聖鑑》, 1933년
황현, 《(완역)매천야록》, 김준 역, 교문사, 1994년

F. A. 매켄지, 《대한제국의 비극》, 신복룡 역주, 집문당, 1999년
— , 《한국의 독립운동》, 신복룡 역주, 집문당, 1999년
I. B. 비숍, 《조선과 그 이웃 나라들》, 신복룡 역주, 집문당, 2000년
L. H. 언더우드, 《상투의 나라》, 신복룡·최수근 역주, 집문당, 1999년
W. F. 샌즈, 《조선 비망록》, 신복룡 역주, 집문당, 1999년

▲ 사진집
국정홍보처, 《대한민국 정부 기록사진집》, 2001년
동아일보사, 《사진으로 보는 한국백년》, 1978년
최석로 해설, 《민족의 사진첩》(1권), 서문당, 1994년

▲ 주간지·월간지
〈뉴스메이커〉, '대한제국 새 황실사진 첫선', 2002년 8월 8일
〈뉴스피플〉, '영친왕 이은 해방후 최초 인터뷰 첫 공개', 2000년 4월 14일
〈시사평론〉, '고종은 무능한 황제가 아니다', 2004년 7월
— , '대한제국의 강제 병합은 국제법상 무효다', 2004년 8월
〈신문과방송〉, '특재와 혁재 시절 일화들', 남시욱, 1995년 3월
〈주간경향〉, '이방자 여사가 궁중의상쇼 모델로 등단', 1974년 5월 5일
— , '고종 황제에 또 한 분 숨은 따님…', 1974년 8월 11일
— , '이강공이 마지막 왕 될 뻔했다', 1975년 2월 23일
— , '일본 대정천왕이 즉위전, 경회루에서 뒷통수 얻어맞았다', 1975년 3월 30일
— , '이왕가 마지막 70년 비화(1)', 1984년 2월 19일
— , '이왕가 마지막 70년 비화(2)', 1984년 2월 26일
— , '이구씨 사기쳤나? 당했나?', 1984년 7월 8일
〈주간조선〉, '일제, 백두산 천지에 쇠말뚝을 박다', 2004년 2월 26일
— , '일제, 조선의 꽃을 짓밟다', 2004년 3월 4일
— , '종묘제례에 '일본 무속인' 무더기 참석', 2004년 5월 20일,
— , '내 뿌리는 800년 전 고려로 망명한 베트남 왕족', 2006년 1월 2일
〈삼천리〉, '이강 전하 국경 출주 비사' 1931년 10월
— , '덕수궁 시절의 덕혜옹주, 그립던 20년 전의 옛 일이여', 1939년 4월
— , '이은씨 언제 귀국하려는가', 1948년 9월

─, '대동단총재 의친왕의 비화', 1957년 6월
〈신동아〉, '의친왕 탈출사건 비사 : 방우한화(放牛閑話)', 조지훈, 1966년 3월
─, 〈마지막 황태자〉, 송우혜, 1998년 3월~1999년 2월
〈신태양〉, '안연공사', 최병우, 1957년 11월
〈여성조선〉, '조선의 마지막 황족', 2002년 6월
〈월간 아리랑〉, '조선왕조 마지막 왕녀, 덕혜옹주가 갔던 길', 1999년 1월
─, '일본에 인질로 간 의친왕의 두 아들', 2003년 7월
〈월간중앙〉, '영친왕 병상기', 1970년 6월
─, '고종은 독살당했다', 2004년 7월
〈TOP Class〉, '비운의 황세손비 줄리아', 2005년 9월

▲ 방송 프로그램

MBC스페셜, '줄리아의 마지막 편지', 2000년 11월 17일 방영
SBS 〈그것이 알고 싶다〉, '황실의 후예들', 1995년 2월 4일 방영
SBS 〈뉴스추적〉, '나의 아버지-義親王/벤처玉石 가리기/옥서면의 고통', 2000년, (방영일자 미확인, 국립중앙도서관 열람)
SBS 광복 60주년 특집 다큐멘타리 '그에게 자유는 없었다—마지막 황세손 이구', 2005년 8월 12일 방영

▲ 신문

구한말·일제강점기—〈독립신문〉(서재필 발행), 〈대한매일신보〉, 〈조선일보〉, 〈동아일보〉, 〈매일신보〉, 〈중외일보〉, 〈중앙일보〉, 〈조선중앙일보〉, 〈공립신보〉, 〈신한민보〉, 〈독립신문〉(상하이 임시정부 발행) 등
해방 이후—〈조선일보〉, 〈동아일보〉, 〈중앙일보〉, 〈한겨레〉, 〈한국일보〉, 〈경향신문〉 등

■ 주석

책머리에

1) '영친왕'이나 '의친왕'은 일본식 호칭이라고 주장하는 사람이 꽤 있다. 일제가 대한제국 황족의 지위를 격하시키기 위해 '친왕'이란 호칭을 붙였다는 것이다. 따라서 '친'자를 뺀 '영왕'이나 '의왕'으로 불러야 한다는 것이 그들의 주장이다. 실제로 일본에 친왕 제도가 존재해 그런 주장이 그럴 듯하게 들리기도 한다.
그러나 친왕 제도는 중국 황실에서 유래된 것으로 처음부터 일본과는 관련이 없다. 《중문대사전中文大辭典》은 '친왕이란 수나라 때부터 사용된 품계로, 황제의 아들 또는 황제의 형제, 지친至親 중에서 선택 임명하고 왕보다 상위에 위치하는 신분'으로 정의하고 있다. 국어사전의 정의도 이와 비슷하다. 게다가 '영친왕'과 '의친왕'은 1900년 8월 고종 황제가 친히 내린 호칭이다. 일제의 의도와는 전혀 무관하다. 의친왕 이강의 9남 이충길李忠吉은 "고종황제께서 봉하여 주신 '친왕'인 만큼 의친왕, 영친왕으로 써야 옳다"고 했다. 5녀 이해경李海瓊도 같은 주장이다.
2) 이기동의 《비극의 군인들》, 신복룡의 《대동단실기》, 김을한의 《인간 영친왕》, 송우혜의 〈마지막 황태자〉, 강용자의 《왕조의 후예》, 혼다 세츠코의 《비련의 황태자비 이방자》, 혼마 야스코의 《德惠姬》에서 많은 도움을 받았다.
《비극의 군인들》을 읽으며 정확한 검증이 바탕이 된 책이라는 느낌이 들었고, 그래서 이 책을 믿고 인용하는 데 주저함이 없었다. 그것은 《대동단실기》도 마찬가지였다. 《인간 영친왕》은 구한말과 일제 강점기에 이르는 풍부한 일화가 돋보이는 책이며, 〈마지막 황태자〉는 영친왕 이은의 생애를 세심하게 추적한 '다큐멘터리 소설'이다.
《왕조의 후예》에는 귀국 후 이방자와 그 아들 이구의 삶이 따로 취재할 필요가 없을 만큼 기술돼 있었다. 《비련의 황태자비 이방자》는 이방자를 중심으로 민갑완과 이은의 생애를 다룬, 능란한 기교와 문체의 평전이었고,《德惠姬》를 읽으면서 여러 가지 오해들을 불식할 수 있었다. 일곱 분에게 마음으로부터 존경과 감사를 보낸다.

1장 | 고난의 황태자 · 영친왕 이은

1) 황족과 귀족 자제들을 위한 교육기관. 1906년 설치되어 1910년까지 존속되었다.
2) 조선 민중들은 영친왕이 볼모로 잡혀간다는 소식을 전하기 위해 '글돌'을 이용했다. 전 조선일보 논설고문 이규태李圭泰의 글을 소개한다.
'넓적한 돌에 널리 알리고 싶은 내용을 글로 적어 사람이 많이 다니는 길바닥에 엎어놓는다. 누군가 주워 읽고 나면 반드시 그 자리에 엎어두어야지 만약 버리거나 파손하면 병귀나 액귀가 붙어 화가 조손 3대까지 미치는 것으로 알았다. 또한 그 글돌에 쓰인 내용을 반드시 남에게 전해야지 전하지 않고 있어도 화가 미친다 하고 좀더 많은 사람에게 전할수록 화가 희석된다고도 알았다. (……) 이 글돌은 광고뿐 아니라 일본 침략에 대한 공감력과 여론 형성에도 한몫 했다. 이를테면 백인들이 어린이를 잡아다 삶아서 사진약을 만든다는 글돌이며, 이등박문伊藤博文이 영친왕을 일본에 강제로 끌고 갔을 때 늙은 염소가 황태자 업어갔다는 글돌이 나돈 것 등이 그것이다.' ('이규태 역사에세이', 1999년 5월 28일자〈조선일보〉)
3)〈순종실록〉1907년 11월 22일자 기사. 사학계는〈고종실록〉과〈순종실록〉의 사료적 가치를 부분적으로만 인정한다. 대한제국의 사관이나 대신이 편찬한 것이 아니라 일본인이 다수 포함된 이왕직 관료들이 편집했기 때문이다. 두 실록의 편찬을 위해 이왕직 장관 시노다 지사쿠篠田治策가 편찬위원장을 맡았고, 경성제대 교수 오다 쇼교小田省吾 등이 감수위원으로 참여했다.〈고종실록〉과〈순종실록〉은 각각 '덕수궁이태왕실기', '창덕궁이왕실기' 로 책의 이름까지 격하됐었다.
4) 김을한은 일제강점기〈조선일보〉,〈매일신보〉기자를 지냈다. 고종 황제의 시종을 지낸 김황진의 조카로 한말 궁중 사정에 밝다. 해방 후 도쿄 특파원으로 활동하면서 영친왕 이은과 만나 많은 이야기를 주고받았다.
5) 순종 황제의 계비繼妃. 정비正妃인 순명효황후가 죽자 동궁계비東宮繼妃로 책봉되어 황후가 되었다. 윤택영尹澤榮의 딸로 해방 이후에는 흔히 '윤대비' 또

는 '윤비'로 불렸다.
6) 황태자를 수행한 대신은 궁내부대신 이윤용李允用, 농상공부대신 송병준宋秉畯, 배종무관장 조동윤趙東潤, 특진관 엄주익嚴柱益, 시강원첨사 고희경高義敬, 궁내부비서관 윤세용尹世鏞, 배종무관 김응선金應善, 수학원 교관 엄주일嚴柱日, 농상공부 서기관 이범익李範益, 표훈원 서기관 정동식鄭東植, 궁내부 서기랑書記郞 고희중高義中 등이었다.
7) 개항 이후 성균관 부설로 설치된 특수 교육기관. 일제는 한일병탄 후 성균관을 폐지하고 경학원을 개편해 일본에 협조적인 유림들로 채웠다.
8) 조중응은 1896년 김홍집 내각이 무너지자 일본에 망명했다. 1907년 이완용 내각의 법부대신·농상공부대신을 지내며 친일 활동을 했다. 한일병탄 때 매국 7역신의 한 사람으로 규탄을 받았다. 일본으로부터 자작의 작위를 받고, 조선총독부 중추원 고문을 지냈다.
9) 엄주명의 부친 엄준원嚴俊源은 엄진삼嚴鎭三의 양자로 들어가 엄 황귀비와 남매 간이 됐다. 엄진삼은 엄 황귀비의 생부다. 일본에서 이은과 똑같은 교육을 받고 일본 육군에서 근무하던 엄주명은 1938년 부친이 타계한 후 예편했고 아버지의 뒤를 이어 진명여학교 교장이 된다.
10) 이방자는 "(이은 전하께서) 러일전쟁은 여덟 살 전후에 일어났기 때문에 인천 앞바다의 포성을 들었던 일을 기억하고 계시다고 말씀하신 일이 있다"고 증언했다.
11) 엄주명의 아명.
12) 릴리어스 호톤 언더우드는 연희전문학교의 설립자 언더우드 목사의 부인이다.
13) 이완용은 뒷날 친일파로 변신했고, 이범진은 한일합방 후 자결했다. 헤이그 밀사 이위종李瑋鍾이 이범진의 아들이다.
14) 민갑완의 부친 민영돈은 1863년 충북 청주에서 출생했다. 민영돈의 집안은 가세는 빈한했지만 그 일대에서는 '학자님댁'으로 이름이 높았다. 민영돈은 열두 살 때 아들이 없던 민석호閔奭鎬의 양자로 출계해 서울로 올라왔다. 1886년 정시문과庭試文科에 병과丙科로 급제했고, 1893년부터 6년 동안 동래부사東萊府使를 지냈다. 민석호 집안은 당대 최고의 권문세가였다. 명성황후의 조카인 민영익閔泳翊과, 을사늑약 때 자결 순국한 충정공 민영환閔泳煥 등이 일가였다. 민갑완은 병조판서를 지낸 민영환을 '병판 아저씨'라 부르며 자랐다.

15) 민갑완의 자서전《백년한》은 시중에서는 쉽게 구할 수가 없지만 주요 도서 관에는 소장돼 있다. 원전原典이 주는 감동을 느끼고 싶은 분은 이 책을 읽어보시길 바란다. 민갑완과 관련된 이 책의 주요 내용은 대부분《백년한》을 인용하고 참고했다. 그 외 민갑완의 조카 민병휘閔丙輝로부터 소중한 증언을 들었고, 혼다 세츠코의《마지막 황태자비 이방자》와 〈동아일보〉 기사 등을 참조했다.
16) 부녀들이 예장할 때에 머리 위에 꾸미는 장식품.
17) 앞뒤에 각각 두 사람씩 한 줄로 서서 메는 가마.
18) 삼회장저고리의 겨드랑이에 덧붙인 자주색의 천.
19) 왕의 기거와 안부를 묻던 관리.
20) 민갑완이 스스로 '거의 나로 확정이 됐다' 고 한 것은 틀린 말이 아니었다. 간택은 세 번에 걸쳐 이뤄진다. 초간택에서 뽑은 3~5명의 규수가 재간택을 받고, 재간택에서 한 규수가 결정되어 '약혼지환約婚指環'을 받게 된다. 최종 결정된 규수는 삼간택에 들어가 궁중예법을 배우게 되고, 나머지 탈락한 처자는 예물과 보물을 받는다.
21) 황현은 "고종은 그를 매우 사랑하여 늘 무릎 위에 앉혀놓고 대소변을 닦으며 기뻐하였다"고《매천야록》에 기록했다.
22) 윌리엄 샌즈,《조선 비망록》, p.79~p.80
23) 그 이유를 〈마지막 황태자〉의 작가 송우혜는 이렇게 분석한다.
  '우선 이은을 잘 돌보아줘서 일본 사회에 적응하기 쉽게 만들어주어야 일본땅에 오래 잡아둘 수 있다는 현실적인 이유를 꼽는다. 그러나 그것만으로 설명되지 않는 부분 또한 있었다. 아마도 명치천황 개인사에서 비롯된 특수 감정이 작용한 것일지도 모른다. 명치천황은 어린 나이에 제위에 올라, 명치유신 초기의 격동기에 덕천막부로부터 권력을 용이하게 탈취하는 수단으로 그를 옹대하고 나선 장주번이니 살마번이니 하는 거대한 웅번雄藩들에 둘러싸여서 그들의 조종대로 움직여야 했던 경험이 있다. 그래서 단지 고귀한 신분으로 태어났다는 이유 하나 때문에, 본의 아닌 운명의 격랑에 휘둘리는 어린아이에게 본능적인 연민과 애정이 있을 수 있었던 것이다.'
24) 윤치호,《윤치호일기》, p.68
25) 그런데 도일한 지 4년째인 1911년 2월 1일, 일본 천황이 아자부의 도리사카에 저택을 마련해줬다는 실록의 기록이 있다. 원 거처가 있던 같은 장소에 새로운 저택을 지어 마련해준 듯하다. 일본 궁내성宮內省은 도리사카에

있는 사사키佐佐木 후작의 저택을 매입, 내부를 크게 개조했다. 저택이 완공
됐다는 보고를 받은 메이지 천황은 이은이 살기에 적당한 집인지 확인해보
라고 명령했다. 용도계 담당자가 3일 동안 묵어본 뒤 이상이 없다고 보고하
자 비로소 이사가 이뤄졌다.

26) 〈순종실록〉 1911년 7월 10일자 기사.
27) 괄호 안의 한글 설명은 독자의 이해를 위해 필자가 추가한 것이다.
28) 왕실 관련 문서를 모은 책이다.
29) 가슴이 꽉 막히는 것 같으면서도 토하지도 못하고 대소변도 잘 나오지 않는 위급한 병.
30) SBS 〈그것이 알고 싶다〉, '황실의 후예들' 편, 1995년 2월 4일 방영.
31) 이왕직은 한일병탄 직후 설치됐다. 일제는 1910년 12월 30일 이왕직 관제(황실령 제34호)를 비준, 공포했다. '이왕직 관제'에 따르면 이왕직은 일본 궁내대신宮內大臣의 관리하에 왕족과 공족의 '집안 사무'를 관장하는 기관이다. 왕족은 구舊 대한제국 황실의 직계로 규정했다. 고종 황제, 순종 황제, 순정효황후, 황태자 이은이 일제가 정한 '왕족'이었다. 의친왕 이강과 흥친왕興親王 이희李熹는 공작 작위를 받으며 '공족公族'이 되었다. 왕공족은 메이지 천황의 소위 '성지聖旨'에 따라 일본 황족에 준하는 예우를 받았다. 이희는 개명 전 이름이 이재면李載冕으로 흥선대원군의 장남이다.
32) 이규태 역사에세이, 1999년 8월 27일자 〈조선일보〉.
33) 〈매일신보〉와 실록에 기록된 이은의 행적을 정리하면 다음과 같다.
    1월 13일―석조전 만찬회 참석.
    1월 15일―선원전·경효전·의효전 전알展謁(궁궐, 문묘 등에 절하여 뵘). 덕수궁 석조전에서 문무관과 민간유력자를 인견引見.
    1월 16일―종묘 전알, 육궁 참배.
    1월 17일―영휘원(엄 황귀비의 묘)에 작헌례酌獻禮(참배하고 잔을 올리는 제례).
    1월 18일―창덕궁 인정전 오찬 참석, 직물준비공장·직물공장 시찰, 조선 보병대 교련 훈련 사열.
    1월 19일―이왕직 미술공장 관람, 비원·창경원 관람, 의친왕 주최 만찬 참석.
    1월 20일―덕수궁 석조전에서 일식 오찬 참석, 휴식.
    1월 21일―총독 관저 방문 및 오찬회 참석, 수송농관립학교·경성고보 방문, 숙명여고보 임시 학예회 관람, 중앙시험소·공업전문학교 방문.

1월 22일—용산 군사령관저 방문, 초년병 교련 훈련 사열.
1월 23일—덕수궁 석조전 오찬회 참석, 덕혜옹주가 교육을 받는 즉조당 유치원 친람親覽, 영친왕 답례 만찬.
1월 24일—영친왕 답례 만찬.
1월 25일—경성유치원 방문.
34) 장사를 치르고 나서 세 번째 지내는 제사.
35) 메이지明治대학 경제학부 학생이던 서상한徐相漢은 결혼식장에 조선총독 사이토 마코토와 이완용 등 친일고관이 참석한다는 소식을 듣고 양주영梁柱瑛 등과 함께 폭탄을 제조했다. 서상한은 일본 경찰의 밀정에 의해 발각되어 4월 11일 체포되었다. 그는 항일무장투쟁 단체인 대동청년당大東靑年黨을 조직한 서상일徐相日의 친동생이다. 서상한은 금고 4년형의 옥고를 치렀다.
36) 이은이 도일한 지 20여 일 후임.
37) 윤덕영의 증언은 두 가지 점이 사실과 다르다. 윤덕영의 말과 달리 민갑완의 간택은 엄 황귀비 생존시에 이뤄졌고, 윤덕영의 며느리는 민영돈의 큰딸이 아니라 둘째 딸이다.
38) 1918년 1월 1일자 〈매일신보〉. 그 일부를 소개한다.
 '여러 해 만에 조선에 건너옵시는 왕세자 전하와 가례를 행하옵시기로 내정되옵신 이본궁방자梨本宮方子 전하께서는 명치 34년(1901) 11월 4일이 탄생이시니까 신년에 18세가 되시며 방금 귀족학교되는 학습원 여학부에 재학중이옵신데 금년 3월로써 영화롭게 졸업을 맞으신다 하옵는데 천질이 총명하시며 성품이 단정하시와 학교의 성적도 우등이시며 여러 선생도 여왕 전하의 총명하옵신데는 항상 놀란다고 들었습니다.'
39) 양궁을 존폐시킨다는 것은 원문에 한자漢子가 노출되지 않아 그 정확한 뜻을 알기 어렵지만 앞뒤 문맥상 일제가 황제와 황후(양궁·兩宮)를 폐립케 한다는 의미인 듯하다. 국권을 상실한 이후라 폐립이 구체적으로 무엇을 의미하는지는 명확하지 않다. '이왕李王'이라는 형식적인 지위마저 박탈한다는 뜻이 아닐까 한다.
40) 민갑완의 자서전에는 '영수증'으로 표현되어 있다.
41) 망자亡子의 혼백에 딸린 물건 또는 그것들을 차려 놓은 곳.
42) 민갑완의 자서전에는 '국내 장관까지 지낸 송모宋謀'라고 표현되어 있는데 실은 송병준宋秉畯이다. 김정례의 실화소설 《민갑완》에도 송병준으로 나와 있다.

43) 김지섭에겐 무기형이 선고됐고 이후 20년 형으로 감형됐다. 김지섭은 1928년 옥사했다.
44) 무기형을 선고받은 박열은 22년 2개월 동안 복역하다가 해방 후 석방됐다.
45) 민천식의 아명.
46) 1930년대부터 친일적인 문필 활동을 했던 장혁주는 한국전쟁 당시 일본에 귀화했다. 일본식 이름은 노구치 미노루野口稔다.
47) 다음은 시의 전문.
　　험난한 인생살이 길어야 백년인데
　　어찌타 이내운명 이리도 기구한가
　　지난일 추억삼아 새날을 꿈꾸려니
　　사라져라 번뇌여 사라져라 사라져

　　흘러보낸 추억속에 움트는 그리움을
　　애타며 지우려도 야속한 관능이여
　　거역만이 임무인가 거역만이 임무인가
　　사라져라 번뇌여 사라져라 사라져

　　한평생을 추억 속에 잠재우려 생각하나
　　청춘의 아쉬움을 나만이 버릴소냐
　　아니다 즐기련다 행복찾아 즐기련다
　　사라져라 번뇌여 사라져라 사라져

48) 민갑완보다 스물두 살 연상인 이승만이 민갑완에게 정말 청혼을 했는지는 분명치 않다. 이한우가 쓴 《이승만 90년》의 연보를 보면 이승만은 1921년 상하이를 떠난 이후부터는 미국, 주로 하와이에서 활동한 것으로 되어 있다. 이 연보를 믿는다면 적어도 민갑완과 이승만이 상하이에서 만난 적은 없었던 것으로 보인다. 그러나 이승만의 성향으로 보아 전혀 사실무근은 아닌 듯하다. 그가 외국인들에게 조선의 왕자인 양 행세하고 다녔다는 사실은 여러 문헌에서 확인된다. 황태자비로 간택되었던 민갑완은 그런 허세를 충족시켜주기에 적당한 인물이었을지도 모른다.
49) 다음은 시의 전문.
　　어느 五월 밤의 매력이여
　　그대 나에게 무슨 말을 하려느뇨?

사랑에 그득 찬 몸뚱이같이
그대 나에게로 오는구나
하지만 한 영혼이라 나를 생각하지 말라
풀잎처럼 수풀 속 새들처럼
내 지극히 겸손된 마음에서 사노니

어찌해 그대 나를 청하느뇨
아무 말 없이 잠들어
시원스런 안식 속에 사는 나를!
가라앉은 계절의 무한한 저 향기
귀와 눈과 코에까지

자연의 힘이여
내가 여기 쉼을 나무람 말아달라
꺼진 등불과 함께
내 영혼이 홀로 있는 이 즐거움을 갖게 하라

그림자처럼
하지만 오 밤이여 좀더 내 곁에 머물러 있으라
오 무거운 보리수여
향기 짙은 보드라운 바람이여!

50) 김을한의 증언이다.
'바로 그 무렵에 나는 볼 일이 있어서 동경으로부터 임시 수도 부산에 온 일이 있었는데, 영친왕에 대한 일반의 인기는 대단한 바가 있었다. 그것은 미지수에 대한 호기심과 자칫하면 바닷속으로 들어가야 할 위급한 처지에 있던 때에 어떠한 기적을 희구希求하는 심리에서 나온 것이라 하겠으나, 심지어 어떤 이는 "대통령은 영친왕이 되어야 한다"고 무슨 '신의 계시'처럼 말하는 사람도 있었고, 영남에서도 특히 유림儒林으로 명성이 높은 어떤 고령의 노인은 정부가 얼른 영친왕을 모셔 오지 않는다고 땅을 치고 통곡하였다. (……) 그러나 다행하게도 영친왕에게는 그러한 생각이 없었으니까 망정이지, 만일 그에게 조금이라도 정치적 야심이 있어서 1950년대, 즉 부산이 임시 수도였을 당시에 그가 만일 대통령 선거전에 출마를 했었더라면 지금과는 달라서 그때는 정치파동이니 뭐니 하여 정국이 극도로 혼란하고 일반 민중이 누군가 새로운 지도자를 열망했을 뿐더러, 구왕실이라면 무조건 굴복하는 유림과 예전의 노년층이 아직도 많이 살아 있을 때였으므로, 모르면 몰라도 영친왕이 절대 다수로 당선되었을 것은 틀림없었다고 단언할 수 있다.' (김을한《인간 영친왕》)

51) 다음은 김용주의 증언.
'내가 처음으로 영친왕을 뵈온 것은 바로 그 전해(1949년)에 경제사절단원으로 동경에 갔을 때인데, 왕자王者의 풍도風度라고 할까, 털끝만큼도 거짓이 없고 훈훈한 그 인품에 우선 머리가 수그러졌습니다. 그리고 나는 영친왕이라는 분은 열한 살 때에 볼모로 끌려와서 한 평생을 일본에서 지내왔고, 또 부인도 일본 황족인 만큼 우리말은 전혀 못할 줄로 알았었는데, 실상 만나보고 나니 어찌나 한국말을 잘 하시는지, 그것도 우아한 궁중 용어만 쓰시는 데는 탄복하지 않을 수 없었습니다.
그리고 내가 주일공사가 되어 동경에 갔을 때에는 6·25동란이 격심할 때였는데, 영친왕은 내가 인사의 말씀을 올리자마자 우선 "이 난리에 국민들은 대체 어떻게 지내느냐?"고 묻고, "이대통령도 안녕하시냐?"고 국가원수에 대한 인사도 잊지 않으시고, 깍듯이 하는 것을 보니, 제왕학을 공부한 분은 역시 다르구나 하는 생각이 들었습니다.' (김을한,《인간 영친왕》)

52) 변영태는 시인 변영로卞榮魯의 친형이다.

53) 그런데 이방자의 기록은 앞서 언급한 김을한의 증언과 모순되는 부분이 있다. 김을한은 1958년 이구의 졸업식에 참석하기 위해 이은 부부가 일본에 귀화했다고 했고, 그러면서 변영태나 이기붕을 만난 일화를 소개하는 등 매우 구체적인 정황을 묘사했다.
하지만 이방자는 또 다른 자서전《지나온 세월》에서도 1960년 두 번째 미국 방문 때 귀화했다고 일관되게 기록했다. 두 사람의 기록이 모두 일리가 있어 누구의 말이 사실인지를 따지기가 매우 어려웠다. 둘 중 한 사람의 기억의 착오에서 비롯된 일이라 생각되지만 이방자의 기록에 더 신뢰가 간다.

54) 박흥식은 비행기표를 흔쾌히 끊어준 배경에 대해 이렇게 말했다.
'나는 해방 전에 종로에서 화신和信백화점을 경영하고 있었는데, 당시 서울에는 미스꼬시三越·히라따平田·죠오지야丁子屋·미나까이三中井 등 일본인이 경영하는 백화점은 여러 개가 있었으나, 한국인의 것으로는 오직 화신 하나밖에는 없었습니다. 따라서 그들과 치열한 경쟁을 하게 되었는데, 오랜 역사를 가지고 자금이 풍부한 일본인들과 경쟁을 하자니 여간 힘이 드는 것이 아니었습니다. 그러던 차에 영친왕(그때는 이왕 전하) 내외분이 동경으로부터 본국에 다니러 오신다는 소식을 듣고, 이 기회에 어떻게 한 번 양전하를 화신으로 오시게 하는 수가 있다면 크나큰 영광이 될뿐더러, 일본인들의 백화점에 대해서도 큰소리를 칠 수가 있을 것 같아서 이왕직에 여러번 탄원하였으나 "왕전하를 백화점으로 가시게 할 수는 없다"고 하여 그 계획은 부득이 단념할 수밖에 없었는데, 누구에게서 그 이야기를 들으셨는지 1933년 8월 6일 갑자기 영친왕 내외분이 일부러 화신을 참관해 주셔서 크게 면목을 떨친 일이 있습니다. 그러니까 아마 그때의 영친왕의 생각으로는 한국인이 처음으로 경영하는 백화점을 당신 내외분이 잠깐 가봄으로써 조금이라도 도와주자는 거룩하신 뜻에서 나온 것이겠지요……'. (김을한, 《인간 영친왕》)

2장 | 두 조국의 사이에서 · 이방자

1) 일본에서 작위를 받은 특권계급이 탄생한 건 메이지 시대(1867~1912)였다. 공훈에 따라 공公·후侯·백伯·자子·남男의 작위를 받은 귀족들을 화족이라 부른다. 일본에서 대정치가로 존경받는 이토 히로부미는 최고 작위인 공작까지 올랐다. 일본은 대한제국을 병탄倂呑하면서 조선인에게도 작위를 주었다. 윤택영尹澤榮은 후작, 이완용은 백작이었다. 당시 조선총독 데라우치 마사타케寺內正毅의 작위는 자작으로 이들보다 낮았다.
2) 1984년 5월 14일부터 10월 24일까지 연재.
3) 이 책에서는 편의상《영친왕비의 수기》《지나온 세월》《바람부는 대로 물결치는 대로》세 권만을 '이방자의 자서전'이라고 칭하고자 한다. 별다른 부가 설명이 없을 경우《지나온 세월》은 1967년 여원사에서 발간된 책을 뜻한다. 동서문화원에서 나온《지나온 세월》을 인용할 경우에는 반드시 '동서문화원'이라는 설명을 부가했다.
4) 기록에 따라 '晉', '晋', '瑨'이라는 글자가 혼용돼 있지만 고종·순종실록과 이방자의 자서전《바람부는 대로 물결치는 대로》에 나온 '晉'이 맞는 한자로 생각된다. '晋'은 '晉'의 속자로 같은 글자라고 볼 수는 있지만 사람의 이름이므로 '晉'이라고 써야 옳다.
5) 이방자의 자서전《지나온 세월》을 근거로 2주 간의 서울 체류 일정을 정리해

본다. 이방자의 감상도 옮겨 적는다. 간결하게 소개하기 위해 문체는 많이 바꿨다.

4월 23일 도쿄 출발.

4월 24일~25일 교토 체류. 시모노세키에서 승선.

4월 26일 부산 도착. 붉은 산과 소나무 등이 색다른 풍경이다. 의친왕 이강李堈 전하가 선실까지 영접을 나오다. 8시 45분 환영 행사. 9시 열차 출발, 역마다 정차. 6시 15분 남대문 역 도착. (이은) 전하만 순종 황제를 문안하고 숙소로 돌아오다.

4월 27일 아침에 테라스에 나와 사방의 경치를 바라보다. 참으로 아름다운 풍경. 내일 있을 근견식 준비를 하다. 고종 황제가 살아계셔서 뵐 수 있었다면 하는 서운한 생각이 들다.

4월 28일 근견식. 전하는 붉은색 용포를 입고, 나는 황후의 복장인 *적의翟衣를 입고 치마를 걸치다. 예복을 입힌 진을 시종이 안고 식에 참석하다. 장엄했지만 긴장의 연속. 의친왕 이강 전하의 궁을 방문. 의친왕비는 시원시원한 성격. 어린 조카들이 일본 창가를 불러줘 기쁜 마음에 눈물을 글썽이다. 만찬회 참석. 덕혜옹주의 영리한 눈동자와 귀여운 미소가 인상적.

4월 29일 종묘 봉배奉拜.

5월 4일 진명여고보, 숙명여고보 그 외 소학교, 중학교 방문.

5월 5일 원유회園遊會 참석. 진이 *고이노보리의 종이 잉어를 보고 자꾸 손을 흔들다. 그 모습을 보고 기뻐하다.

* 적의- 조선 시대에 왕후가 입던, 붉은 비단 바탕에 꿩을 수놓고 둘레에 용龍이나 봉鳳을 그린 붉은 선을 두른 옷.

* 고의노보리- 남자 아이들의 입신양명과 무사한 성장을 빌기 위해 해마다 5월 5일에 치르는 일본의 전통축제.

6) 이 기록영화는 2005년 8월 12일 SBS 광복 60주년 특집 다큐멘터리 '그에게 자유는 없었다—마지막 황세손 이구' 편에서 그 일부가 소개되었다.

7) 여성용의 긴 숄.

8) 유아용의 소매 없는 외투.

9) 모리다 요시오는 진을 치료하기 위해 달려갔던 의사 가운데 한 명인 이케다 히데오池田季雄 집에 기숙하고 있던 학생이었다.

10) 1961년 3월 20일자 〈조선일보에서 재인용〉.

11) 다음은 〈동아일보〉의 사설 제목이다. '권문교'는 당시 문교부장관 권오병權五炳을 지칭한다.

숙명학원과 이은 씨의 청원(1964.3.5)
문교부의 사학재단 간섭(1965.12.6)
소위 숙대 분규를 조작한 문교부(1965.12.25)
숙대에 대한 문교부의 폭거(1966.2.18)
권문교權文敎의 업적(1966.2.22)
유출유괴愈出愈怪(갈수록 더욱 괴상해짐)한 숙대 교란책(1966.3.10)
계속되는 권문교權文敎의 숙대 교란(1966.7.9)
권문교權文敎의 숙대 교란(1966.7.23)
권문교權文敎의 사학 탄압(1966.7.30)
권장관權長官의 문교정책 재론(1966.8.19)
숙대에 대한 새로운 책동(1966.12.5)

3장 | 황태자 아들과 탄광부의 딸 · 이구와 줄리아

1) 2005년 9월 월간 〈TOP Class〉에는 LJ필름 이승재 대표가 쓴 '비운의 황세손비 줄리아'란 글이 실려 있다. 이 글에는 이은 부부와 줄리아가 처음 만난 시점이 '1958년 3월 무렵'이라고 나와 있는데 이는 사실과 다른 것 같다. 이방자의 자서전 《지나온 세월》에는 1957년 12월경으로 나와 있다. 줄리아의 증언에 의존한 이승재의 글보다는 이방자의 일기를 토대로 쓰여진 《지나온 세월》에 더 신뢰감이 간다. 이 글에는 이 밖에도 사실과 다른 부분이 더 있다. 영구 귀국 때 이구 혼자 한국으로 떠났다는 부분도 사실과 다르지만 번잡한 설명은 피하려 한다.
2) 줄리아는 제대병의 교육 · 훈련에 관한 지원 법률인 'G. I Bill' 장학금을 받았다.
3) 필자 번역.
4) 원문 그대로가 아니며 일부 간접화법의 문장을 이구의 의도에 어긋나지 않게 직접화법으로 바꿨다.
5) 필자 번역.

4장 | 덕수궁의 금지옥엽 · 덕혜옹주

1) 황실의 공식 기록이라 할 수 있는 실록에는 9남 4녀,《선원보감璿源寶鑑》에 실린 '고종 황제 행장'에는 9남 3녀로 기록돼 있다.《선원보감》의 기록은 내안당內安堂 이씨가 낳은 옹주를 누락하고 있다. '9남 4녀' 또는 '9남 3녀'라는 숫자는 직접 세어보면 그렇다는 뜻이지, 실록이나《선원보감》에 '고종황제께서 몇남 몇녀를 두셨다'고 명시적으로 나와 있는 것은 아니다. 자녀수에 차이가 나는 다른 기록이나 자료도 무시할 수 없을 만큼 존재한다.
2) 그런 이유로 순종 황제를 맏아들(원래는 3남), 의친왕을 둘째(5남), 영친왕을 셋째(7남) 아들로 부르기도 한다. 이들은 각기 생모가 다른 이복 간이다.
3) 〈서울 600년사〉홈페이지에는 영보당 이씨와 내안당 이씨의 사망 일시가 서로 바뀌어 기록되어 있다.
4) 고종 황제에게 또 다른 딸이 있었을 가능성이 있다. 1970년대 고종 황제의 숨겨진 딸이라고 알려져 화제를 뿌린 사람이 있다. 1900년 태어나 1987년에 타계한 이문용李文鎔이 그 주인공이다.《조선총독부》,《대원군》을 쓴 소설가 유주현柳周鉉은 그녀의 이야기를 소설화하여 1972년《황녀》라는 제목으로 〈사상계〉에 연재했다. MBC는 1974년 이 소설을 원작으로 삼아 같은 제목의 일일드라마를 만들었다. 2003년에는 이문용의 일생을 연극으로 만든다는 보도도 있었다.

이무용이 고종 황제의 딸일 가능성은 매우 높은 것 같다. 황실 근친인 이면용李沔鎔은 이문용을 만나 친족임을 확인했다. 2005년 1월 23일 이면용의 조카와 통화를 했는데 그는 이런 말을 했다.

'삼촌(이면용)께서 이문용 여사를 만나고 오시더니 "고종 황제와 너무 닮았다", "예전에 우리 일가가 살던 종로 6가 그 집을 너무 환하게 알고 계시더라", "너도 찾아가 인사 드려라"라는 말씀을 하셨습니다. 그래서 이문용 여사가 돌아가시기 전까지 제가 가끔 찾아뵈었고 장례식에도 참석했습니다. 아쉬운 것은 자손도 없고, 자료도 없어 고종 황제의 따님으로 인정받지 못했다는 것입니다.'
5) 괄호 안의 한글 설명은 독자의 이해를 돕기 위해 필자가 추가한 것이다.
6) 덕혜옹주와 학습원을 같이 다녔던 동급생의 딸이 교토의 한 향토사학자에게 증언한 내용이다. 이 향토사학자는 1996년 교토京都 도시샤同志社대에서 열린 한 세미나에서 부산외대 일본어과 교수 김문길金文吉에게 증언이 담긴 원고를 건네줬다. 이 원고를 김문길이 공개했고〈월간중앙〉이 이를 기사화했다.

7) 〈왕공가궤범〉 186조.
8) 동법 140조.
9) 일본인의 이름 가운데 '무지武志'는 흔히 다케시라고 읽는다 한다. 이방자의 자서전과 혼다 세츠코의 우리말 평전에도 '소오 다케시', '소 다케시'라고 쓰여 있다. 하지만 혼마 야츠코의 《德惠姬(덕혜희)》에는 '소 다케유키(そう たけゆき)'로 표기돼 있어 이를 따르기로 한다. 이 책은 소 다케유키의 평전이기도 하다.
10) 번역은 박미옥朴美玉씨의 도움을 받았다. 경희대 국문학과와 오사카 외국어대 일본어과를 졸업한 박미옥 씨는 현재 전문번역가로 활동하고 있다. 《德惠姬》의 번역 역시 박미옥 씨가 도움을 주었다.
11) 혼마 야스코의 이어지는 말이다.
'실제로 조선에서의 덕혜옹주에 관한 신문 기사는 덕혜옹주의 결혼 후 모습을 감추었다. 조선 민족은 깊은 절망과 함께 덕혜 옹주를 잃은 것이었다. 〈조선일보〉에 덕혜옹주의 결혼 의상 모습의 사진이 실려 있다. 그러나 이 사진에는 덕혜옹주 혼자만 찍혀 있으며 소 다케유키의 모습은 보이지 않는다. 처음부터 소 다케유키는 한국 사람들에게 무시되었던 것이다. 덕혜옹주를 잃은 사람들의 슬픔이 그만큼 깊었던 것이 아닐까?'
12) 제목은 〈덕수궁 시절의 덕혜옹주, 그립던 20년 전의 옛 일이여〉이다.
13) 궁내성에 소속된 부처인 종질료는 황족, 왕공족, 화족에 관한 사무를 맡아 보던 곳이다.
14) 이 대목은 '황실 근친' 이현향의 증언을 안천이 간접화법으로 옮긴 것이다. 이현향은 SBS 〈그것이 알고 싶다〉에서도 비슷한 증언을 했다. 집안에 전해 오는 이야기를 가감 없이 전달했을 뿐 다른 의도는 없었을 것이라고 생각한다. 이 프로그램에서 이현향은 '흥선대원군 조카의 딸'로 소개돼 있다.
15) 〈삼천리〉는 현재 영인본이 나와 있는 상태지만 1949년 3월호는 영인본에서 빠져 있다. 영인본을 만들 때, 시중에서 구할 수가 없었던 모양입니다. 세상에 알려지지 않았던 1949년 3월호를 수년 전 김영식金英植이 입수했다. 김영식은 〈삼천리〉의 발행인이었던 시인 김동환金東煥의 아들이다. '국경의 밤'이란 시로 유명한 김동환은 일제강점기 〈조선일보〉〈동아일보〉 기자를 역임한 뒤, 〈삼천리〉의 편집자로 활약했다. 김영식은 입수 사실을 〈뉴스피플〉측에 제보했고, 〈뉴스피플〉은 1949년 3월호의 내용 가운데 이은을 인터뷰한 부분을 단독보도했다.

5장 | 극과 극의 평가를 받은 왕자 · 의친왕 이강

1) 고종 · 순종실록에는 이런 기록이 있다. '궁인 장씨'나 '장 귀인'은 이강의 생모를 말한다.

고종 37년(1900년)	9월 17일—궁인 장씨에게 숙원淑媛 칭호를 줄 것을 명하였다.
고종 43년(1906년)	5월 27일—지시하기를, "소의昭儀 이씨, 숙원 이씨, 숙원 장씨를 귀인貴人으로 봉할 것이다"라고 하였다.
순종부록 4년(1911년)	11월 9일—장 귀인의 묘소를 남부 두모포豆毛浦 화양정華陽亭 근처로 이장하는데 경비가 5,950여 원이었는데 그 2/3는 창덕궁 덕수궁 두 궁에서 보조하였다.
순종부록 4년(1911년)	11월 26일—장 귀인을 이장할 때 찬시贊侍 이교영을 보내고 덕수궁에서는 찬시 박서양을 보내어 참여하게 하였다.
순종부록 16년(1923년)	11월 29일—이강 공에게 고양군 화양華陽 모진 2리에 있는 임야 1만 4021평을 내려주었다. 그의 사친私親 귀인 장씨의 묘지 확장 때문이었다.

2) 〈삼천리〉(1957년 6월호)에 실린 이증복李曾馥의 글에는 이강의 유럽 외유 풍의 일화가 소개되어 있다. 그러나 거의 야사野史 수준이다. 이증복은 "이때 의친왕을 구라파의 대사로 고종 황제가 떠나보내게 된 것은 국교사절國交使節로 보내는 것이라는 것보다도 명성황후의 날마다 늘어가는 질투와 모함 속에서 볶여 지내는 왕자가 불쌍하고 또는 당신의 마음도 불안한 것을 풀기 위하여 외국으로 추방追放한 것이라고 하여도 과언이 아닐 것"이라고 주장했는데 신빙성이 크게 의심되는 기록이다. 이강이 특파대사로 임명된 것은 명성황후가 시해된 직후이기 때문이다.

3) 1896년 4월 7일부터 1899년 12월 4일까지 발행된 우리나라 최초의 민간 신문. 상하이에서 발행(1919년~1925년)되던 임시정부 기관지 〈독립신문〉과는 제호는 같지만 다른 신문이다.

4) 이기동은 《비극의 군인들》에서 "어려서부터 민비의 질시를 받았던 그(이강)는 청일전쟁 때 일본에 보빙대사로 파견된 이래 계속 귀국이 불허되고 있는

불우한 왕자였다"며 "민비가 죽은 뒤에는 영친왕 이은의 생모인 엄 귀인이 그의 귀국을 방해하고 있었다"고 썼다. 하지만 청일전쟁 이래로 귀국하지 못했다는 기록은 이미 밝힌 바대로 사실史實과 다르다.

안천은 《황실은 살아 있다》에 "(의친왕이) 일본에 청일전쟁 축하 사절로 가기도 했으나, 명성황후는 그 기회를 놓치지 않고 일본에 머물고 있는 그의 귀국을 계속 불허하였다"고 기술해 더 심한 오류를 범했다. 이강은 보빙대사로 활동한 뒤 무사히 귀국했다. 명성황후의 방해를 받은 일이 없다.

5) 앨런의 우리식 이름은 안연安連이다. 선교사이자 의사였던 그는 갑신정변 때 부상당한 민영익閔泳翊을 치료해준 것을 계기로 왕실 주치의 겸 정치고문이 됐다. 앨런은 조선에 대한 청淸의 불법적인 간섭을 미 국무성에 알렸고, 그 공로로 1890년 주한 미국공사관 서기관으로 부임했다. 오하이오 주 델라웨어에서 태어난 앨런은 그곳 웨슬리안대학에서 신학을 공부했다. 이강은 앨런의 주선으로 이 대학으로 유학을 떠난 것이다.

6) 사진설명은 다음과 같다.

'한국 황제의 둘째 아들 ; 22세 가량 ; 일본에서 4년, 미국에서 1년(1897~1898) 간 유학 ; 1900년 7월 미국에 돌아와 1900년 3월 7일 로아노크 대학에 오기기 전까지 워싱턴에서 영어를 배움.' (출처·《나의 아버지 의친왕》, 번역·밑줄—필자)

사진설명 가운데 '1900년 7월 미국에 돌아왔다'는 기록은, '이강이 1900년 6월(음력) 미국으로 떠났다'는 황현의 기록과 정확하게 일치한다. 그러나 밑줄 친 일시는 앞뒤가 맞지 않는데 뒤의 '1900년 3월 7일'이 오기로 보여진다.

7) 이강의 구타 사건은 《매천야록》을 비롯한 당대의 문헌에도 기록돼 있지만, 구체적인 일시와 장소 등 그 전말은 1995년 미 국무부의 외교기록 자료가 공개되고 나서야 밝혀졌다.

8) 〈한국일보〉는 이강이 '꽃을 꽂는 조끼 달린 양복만 여든 일곱 벌'이라면서 이런 일화를 소개 했다.

'의화군은 '버지니아' 주에 있을 때 '뉴요크'로 이행한 일이 있었다. 세월가는 줄 모르고 나날을 보낸 '코니·아일랜드'에서 그의 주위엔 유객인誘客人, 협잡객 노름꾼들이 들끓었다. 그리하여 그는 10년 동안에 써야할 금액에 해당하는 돈을 썼고 부도어음을 발행하여 재판을 받기까지 했다. 문제가 시끄러워지자 그 돈은 본국 정부에서 갚았지만 그때 '워싱턴' 주재 한국공관의 한 관계자는 '아, 왕자 전하께서는 그의 생활비를 약간 초과 지출하셨지요. 그 것 아무 것도 아닙니다' 하고 얼버무렸지만 '의화군'은 얼마동안 공관에 머무르다가 본국으로 되돌아갔다.' (1964년 2월 23일자)
9) 황재경黃材景 목사는 해방 이후 미국에 정착해 '미국의 소리' 방송에서 활약했던 인물이다.
10) 1905년 11월 미국 샌프란시스코의 교포단체 공립협회共立協會가 창간된 신문이다. 1909년 2월 공립협회가 국민회로 개편·통합되면서〈대동공보大同公報〉와 합쳐져〈신한민보新韓民報〉로 제호가 바뀌었다.
11) 다음은〈조선총독부 시정25주년 기념표창자명감〉에 수록된 정태균의 주요 경력이다.

> 1908년 10월 함양군 안의安義에서 사립 의명학교義明學校(안의공립보통학교의 전신)를 설립하고 스스로 교장이 됨.
> 1909년 폭도가 각지에서 봉기하고, 이를 진압하기 위하여 위천면에 수비대가 파견되자 이들에게 주택을 개방하고 임시 막사를 제공.
> 1913년 4월 위천면에서 사립 고북학교古北學校(위천공립보통학교의 전신)를 설립하고 스스로 교장이 됨.
> 1916년 위천면에 사재를 들여서 잠업전습소蠶業傳習所를 설립.
> 1919년 만세운동이 일어나자 경상남도의 대표로서 총독부가 주최한 시국강연회에 출석하여 청강.
> 1925년 진주의 사립 일신一新여자고등학교에 대하여 일금 3,000원을 기부. 부락민들을 위해 사재를 들여서 우물을 파고 약과 식량을 매년 나눠줬음.
> 중추원 참의, 본도本道의 관선 도회의원道會議員 등도 역임

13) 1916년 10월 16일부터 1919년 8월 12일까지 재임했던 조선 총독.
14) 다음은 그 원문.

> '장곡천호도(하세가와 요시미치)가 조선주둔군사령관으로 있었을 때에 의친왕이 하루는 찾아가서 무슨 부탁을 하였으나 장곡천 사령관은 잘 들어주지 아니하였음으로 여기에 격분한 그는 그 자리에서 별안간 바지주머니에서 권총을 꺼내어 사내정의에게 하던 식으로 '너 이놈 그만한 말도 아니 들어주려면 무엇하러 여기 나와 있느냐?' 하고 금세 쏠 기세를 보이었다. 장곡천호도는 혼비백산하여 '전하 그대로 하겠습니다' 하고 무수히 빌어서 위급한 찰나를 모면하였다 한다.' (1957년 6월호,〈삼천리〉)

15) 연예주간지 〈주간경향〉은 "(방송작가 김영곤이) 이방자 여사, 이수길씨, 박찬주 여사 등, 이왕가의 많은 인사들을 만나 이등박문이 이강공을 조선의 마지막 임금으로 추대한 사실을 밝혀냈다"며 이렇게 보도했다.
"'이강공, 자. 축배를 듭시다! 오늘부터 당신은 조선의 국왕이요, 오늘을 위해 우리는 세상 에 태어났나보오"
영국산 위스키를 쭉 들이키며 이등박문은 이강공(의친왕)에게 술잔을 권했다. 한데 기뻐해 야 할 이강공의 표정은 차디차기만 하다.
"내가 왕이라고요? 하하하…당치도 않는 소리지…오직 술과 계집만 있으면 나의 인생은 즐거울 따름이오."
일인日人 기생 세천천대細川千代와 산구시자山口時子는 두 사람이 "왕관을 받아라" "싫다"로 옥신각신하자 당사자들보다도 더 초조한 표정이다.
이윽고 "에이, 이 치사한 사람아. 제왕이 그렇게도 좋다더냐?"라는 고함 소리가 들렸고 이강공은 허리춤을 들고 술상에다 쏴 그것을 보는 것이 아닌가!' (1975년 2월 23일 〈주간경향〉)
16) 이은을 다룬 장에서 언급했던 신흥우는 일제강점기 신간회 결성에 참여하고, YMCA 총무를 지낸 인물이다. 해방 이후 주일대사로 활동하면서 이은과 이승만의 도쿄 회견을 수행하기도 했다.
17) 한자 원문. '小人今往上海 計殿下從枉賀.'
18) 《대동단실기》는 2003년 개정판이 출간되었다.
19) 1915년 12월 5일자 〈매일신보〉에는 김사준이 작위를 박탈당했다는 사실이 보도돼 있다.
20) 이기권의 관련 진술.
'별로 선무사업을 실천한 사실이 없느니만큼 특기할만한 일은 기억에 남지 않습니다만 다만 한가지 이러한 말씀을 드리면 오히려 피의자가 무슨 독립운동자나 된 것 같이 가장한 바 오해하실 듯하와 말씀하기 주저하오나 승낙하시면 하겠습니다.(……)
적치敵治 소화 16년(1941) 10월 말경 어느날 지금도 기其 시간은 잊어지지 않습니다. 오후 1시에 당시 동만주 일대 토벌사령관 산기山崎 소장이 헌병을 보내서 최진동과 이기권 양인을 동행하라 하는 명이 있다하여 당시 최진동은 병세가 중하여 가지 못하고 부득이 피의자만 토벌사령부에 간즉 산기 소장이 부관과 연석하여 노기등등한 태도로 고압적 언사로 제1언이 여등汝等(너희들)이 관동군을 속이고 선무공작을 빙자하여 삼림벌채운동을 추진하는 이면裏面에 불령不逞한 생각으로 조선독립운동을 획책하는 통비자通匪者가 아니냐 하며 고함하기에 피의자는 그러한 사실없다 한즉 일층 노하여 "나는 관동군을 거느리고 동만 일대 비적을 토벌하는 사령관으로서 간도 일대 선인鮮人 일거일동을 상세 조사한바 있다. 여등은 형식만 선무부라는 간판을 내건 통비자이며 최진동은 전신이 독립운동자이고 여汝(너)도 경성에 신원조사를 완료한 결과 과거 독립을 꿈꾸고 국외 도주를 획책한 이강공의 친척이란 것도 알고 있다. 여는 이 기회에 이강공의 앞잡이로 최와 공모하여 부령한 생각을 갖는 자이면서 관동군을 속이려 하니 도저히 용서치 못하겠다. 바로 총살시키겠다"하는 서슬이 당장 죽는 것만 같아서 피의자는 그만 그 자리에서 울면서 억울하다는 것을 말하는 일면, "피의자가 만주에 있으므로 해서 그러한 의심을 받게 된다면 귀국하겠습니다. 선무한 실적은 없으나 통비한 사실도 없으니 명찰明察하여 주십시요"하며 문자 그대로 애원하였더니 그 자가 묵묵히 노려보다가 용서하여 주어서 사지를 벗어나는 기억이 있습니다.' (반민특위조사기록)
21) 이강은 바둑을 둘 줄 알았다. 1910년 6월 19일자 〈대한매일신보〉에는 "의친왕 전하께서는 동소문 밖 신흥사에서 한양하옵시는데 바둑으로 소일하신다더라"는 기사가 있다.
22) 의친왕비 김덕수를 말한다. 지극히 은밀하다는 뜻인 '지밀至密'은 왕과 왕비가 거처하는 곳을 가리킨나. 이강의 자녀들은 의친왕비를 '지밀어머니'라고 불렀다.
23) 김덕수는 호적에는 1878년 11월 27일생으로, 《나의 아버지 의친왕》에는 1878년 12월 22일생으로 기록되어 있다. 하지만 김덕수의 친정 후손에게 알아본 결과, 두 기록에 오류가 있었다.

6장 | 일본인이 된 황족 · 이건

1) '이건공의 수기'의 원제목은 《영친왕비의 수기/이건공의 수기》이다. 편의상 《이건공의 수기》로 부르기로 한다. 앞서 《영친왕비의 수기》라고만 표기한 것은 번잡한 설명을 피하기 위해서였다.
2) 일본에서는 원래 공작公爵에게 '전하'라는 존칭을 붙이지 않는다. 이토 히로부미를 '이토 공公'이라고 높여 부르기는 하지만 '이토공 전하'라고 칭하지는 않는다는 뜻이다. 그러나 일제는 조선의 왕공족을 '일본 황족의 예禮'로

대우한다는 방침에 따라 일반인이나 언론이 이 호칭을 사용할 수 있게 허가
했다.

7장 | 원폭에 희생된 미남 황손 · 이우

1) 기사에서 '대원군의 손자이자 고종 황제의 조카'라는 부분은 사실과 다르다. 이우는 대원군의 증손자이며, 필연적으로 고종 황제의 손자가 된다.
2) 《이왕궁비사》를 말한다.
3) 홍사익은 평민의 신분으로 육군대학에 입교한 유일한 조선인이다. 필리핀 포로수용소장을 지내며 중장까지 진급한 홍사익은 종전 후 전범으로 몰려 1946년 처형되었다.

8장 | 남아 있는 황실의 후예들

1) 지급대상자와 금액은 다음과 같다.
〈윤대비(순정효황후) 50만환, 의친왕비 30만환, 광화당(고종 귀인 이씨) 10만환, 삼축당(고종 귀인 김씨) 10만환〉(김을한, 《인간 영친왕》)
통계청에 문의해보니 1954년도 쌀 한 가마니(80kg) 가격은 4,240환이었다. 그러나 이듬해부터 쌀값이 폭등해 1955년에는 1만 60환, 1956년에는 1만 5,725환으로 치솟았다. 의친왕비가 받은 30만환은 1956년 기준으로 한 달에 쌀 열아홉 가마니를 살 수 있는 금액이다. 김을한은 "(지급액을 합쳐) 도합 100만환 가량인데, 그나마 여러 번 인상된 결과였다고 하니, 그것을 가지고는 여러 집의 수많은 사람들이 살아가기가 어려웠을 뿐더러, 첫째 체면을 유지하기도 곤란하였다"고 썼다.
2) 국회의원의 질문에 윤우경은 이렇게 답변했다.
'배재대학 기지基地로 사용될 부지 문제는 원매자願買者가 신청해왔기 때문에 대통령의 재가를 얻어 매각한 것이며 가격은 당시 조은朝銀과 흥은興銀에 사정의뢰查定依賴하여 조은朝銀 조정가격 250환에 매각한 것이며 수의계약을 한 것은 육영기관이기 때문에 재정법에 의거, 재무국장 승인하에 계약한 것이다.
황궁내皇宮內 매점 수입은 당시에 직원들 봉급이 낮고 후생기관이 없으므로 임대료만 국고에 수납하고 수입 1억 900여만 환(54년 이후 6년간) 중 직원 후

생비로 4,370만 9,150환을 쓰고 그 밖에 일반사무비, 보조 판공비 등에 사용했다.'(1959년 12월 6일자 〈조선일보〉)
3) 특검의 '공소 요지' 가운데 주요 내용을 정리하면 다음과 같다.
· 구황실 소유 임야의 은행 및 영림서 감정 가격(임야=5,758만환, 임산물=495만 1,856환)을 무시하고 1,797만 7,500환에 수의계약하여 배재학원 측에 4511만여 환의 부정이득을 취하게 한 행위
· 덕수궁 미술관 소장 일본화(2억 5000만 환 상당)를 밀반출한 행위
· 구황실 장서각에 소장된 국보급 서적(《전당시全唐詩》,《연려실기술練藜室記述》등)을 경무대 경호관 곽영주郭永周과 경무대 비서 차익교車益敎를 통해 대통령 이승만에게 대여 명목으로 제공한 후 회수 조치를 하지 않아 이를 유실케 한 행위.
4) 김정열,《재미있는 성씨 · 족보 이야기》, p.80~p.87.

■ 찾아보기

4·19 136, 213, 447
5·16쿠데타 135, 213
AP통신 254
MIT대학 125, 254, 270

| ㄱ |

간택단자 33
강용지 96, 138, 153
거창군지 397
경비관계철 435
고마다 390, 392, 393
고정기 171
고종 독살설 175
고종 황제 23, 28, 30, 34, 37, 46, 50, 53, 56, 57, 161, 180
곤도 시로스케 52, 478
관동대지진 75, 77, 187
관물헌 312, 313, 325
교구치 사다코 305, 334
구왕궁재산처분법 505, 506
구황실재산법 219, 506, 507
국가재건최고회의 136, 264, 360
궁금의 숙청 392
기원절 96, 147, 148

긴자구락부 465
김가진 409, 411, 413
김구 200, 381, 440
김규식 82, 83, 380, 381, 440
김명길 25, 38, 46, 49, 166, 172
김사준 373, 424, 437
김신덕 514, 515
김우현 234
김을한 24, 40, 44, 49, 95, 98, 107, 112
김장한 309, 310
김제남 444
김종필 144, 215, 263, 363
김지섭 75
김춘기 411, 414, 417
김학중 135, 136, 139, 140, 143, 230
김흥인 414, 416, 438, 476

| ㄴ |

나스 125, 209, 252, 497
나시모토노미야 마사코 6, 147
나카무라 구니에 339, 340, 356
노기 마레스케 148

찾아보기 555

| ㄷ |

다롄 74
다이쇼 천황 78, 153, 189, 464
다카하시 고레키요 99
대동단실기 410, 411, 416
대동종약원 282, 283, 289, 519
대마회 357
대한제국 6, 21, 23, 43, 52
덕수궁 중화전 39
덕혜옹주 7, 8, 78, 138, 161, 188, 214, 295, 302
데라우치 마사데케 46, 307
델라웨어 380, 382, 548

| ㅁ |

마데라스 오미카미 275
마츠다히라 요시코 460
마츠자와 병원 348, 349, 350
만주사변 193
메이지 천황 21, 40, 118, 150, 537
명성황후 28, 57, 62, 295
명월관 401, 402, 404, 421
명혜회관 235
명휘원 235, 236, 239, 240
모리다 요시오 183
모리마사
모모야마 겐이치 464
미와 와사부로 79
민갑완 31, 32, 48, 58, 62
민덕임 306
민병기 136, 213
민병휘 200, 203, 226
민영돈 31, 47, 53, 60, 61, 67, 69, 205
민영찬 213
민영환 136, 313, 386

민용완 361
민천식 73, 74, 83, 88, 89, 90, 101

| ㅂ |

박석고개 71
박열 75, 116
박정희 135, 136, 137, 213
박찬주 138, 161, 214, 362
방기환 171
방우한화 410
변영태 126, 127
보린회 234, 235
보빙대사 372, 373, 377
복상 325, 463
부산극장 226

| ㅅ |

사이토 마코토 99
상하이 53, 70, 73, 79, 82, 86, 90, 105
석주선 362, 363
성빈전 189
송병준 70, 166
수강재 38, 364, 365
숙대재단분규 221
숙명여고보 97
순정효황후 25, 34, 107, 109, 189, 214, 217, 263, 270
순종황제 316
숭인원 183, 187, 188, 215
시모노세키 27, 78
시부야 198, 464
신봉승 500
신적강하 111, 254
신한민보 431
신흥우 113, 407

심바시 27
쑨원 103

|ㅇ|

아관파천 28, 30, 301
아라히토가미 75
아리타 기누코 241, 275, 276, 277, 281
아카데미 보자르 208
아카사카호텔 17
안상호 68, 69
안중근 43, 396
야나기사와 483
야스쿠니 신사 99
어릉 187
어배식 60
엄 황귀비 22, 23, 24, 26, 28, 29, 31, 34, 36, 46
엄정복 233
엄주명 26, 50, 136, 137
영친왕 이은 7, 70, 154, 185, 226
영휘원 183, 215
왕공가궤범 161, 325, 461, 485
요시나리 히로시 499
요시히토 21, 27
요코하마 79, 131, 249, 435
우쓰노미야 98, 99, 193, 194, 390
운현궁 442, 454, 458, 475, 477
윌리엄 샌즈 39
육영수 233, 362, 363
윤덕영 32, 53, 61, 63, 311, 316, 323, 434
윤보선 132, 493
윤우경 507, 508, 510
윤원선 493
윤치호 40, 311, 399, 418
윤택영 107

윤홍섭 107, 109
을미사변 28, 29, 30, 301
의친왕 이강 7, 38, 120, 166, 201, 289, 299, 326
의친왕비 김덕수 8, 38, 444
이강하 91, 103
이건 161, 198
이건공의 수기 452
이경길 516
이공재 241, 275
이광수 87
이구 95, 98, 109, 121, 125, 129
이기권 201, 439
이기붕 126, 127
이기현 69, 70, 72, 83
이난향 401, 402
이명길 476, 515
이문길 520
이민 524
이방자 27, 39, 41, 51, 52, 53, 58
이병위 507
이석 520, 523
이석주 513
이수길 120, 133, 135, 136
이승만 103, 112, 113, 114, 121
이시영 200
이완용 24, 30, 43, 166
이왕직 52, 77, 94, 161
이용길 437, 458
이우 138, 161
이인용 514
이재면 457, 477
이재호 411, 412, 414
이정길 520
이종 138, 361
이종욱 411, 420
이종찬 95

이준용 373, 457, 477
이창길 513
이창석 508
이청 490, 501, 506
이충 461
이충길 289, 442, 519
이츠코 27, 52, 150, 152, 156
이토 히로부미 22, 23, 25, 39, 43, 44, 46, 388
이학진 406, 440, 484
이해경 327, 371, 381
이해란 523
이해숙 521, 522
이해연 524
이해완 521
이해원 453, 454, 476
이해춘 521, 522
이헌재 91
이형길 446, 512, 516
이홍길 512, 513
이희자 520, 523
인목대비 444
일심회 386

| ㅈ |

자행회 231, 232, 233, 240
장면 132
장옥식 305
장혁주 98
전협 409, 411, 412, 413
정운복 412, 413
정태균 396, 397
조남철 440, 441, 522
조발성치매 329, 338
조선왕조의 말예 471
조선통치비화 419

조중응 26, 306
조지훈 410, 411, 416
종묘 94
줄리아 뮬록 129, 130, 241, 257
중일전쟁 94, 100, 106, 195, 461
즉조당 305, 306
지바 료 419, 420, 422
진주만 100, 194

| ㅊ |

찬행회 231
창경궁 518
창덕궁 21, 24, 25, 38, 41, 109, 118, 166
창덕궁 인정전 180
채병덕 95
초헌관 284
최은희 37, 407, 418
칙허 63, 78, 160, 161, 485

| ㅌ |

타이위안 490, 492
태평양전쟁 194, 493

| ㅍ |

펜실베이니아 259, 270
프랭클린 전문 미술학교 259
프레몽·이스트·포스트 383, 384

| ㅎ |

하란사 407, 408
하세가와 요시미치 55, 403
한무숙 171

한상룡 313, 334
호리바 류타로 455
혼다 세츠코 40, 44, 48, 75, 77, 98
홍사익 490
홍희료 96
화족 42, 150, 158, 330, 348

황실전범 157, 158, 159, 460
황제의 밀서 390, 393
황현 21, 22, 23, 29, 297
흥친왕 477, 480
히로시마 463, 475
히로시마 쥬고크 482

제국의 후예들

첫판 1쇄 펴낸날 2006년 5월 25일
첫판 2쇄 펴낸날 2006년 7월 10일

지은이 | 정범준
펴낸이 | 지평님
마케팅 | 김재균
본문 조판 | 성인기획 (02)360~4567
필름 출력 | 삼화전산 (02)2263~2651
종이 공급 | 화인페이퍼 (02)3275~0526
인쇄 | 한영문화사 (031)903~1101
제본 | 세진제책 (031)945~9161

펴낸곳 | 황소자리 출판사
출판등록 | 2003년 7월 4일 제2003-123호
주소 | 서울시 종로구 누상동 10 웰빙하우스 101호 (110-041)
대표전화 | (02)720-7542 팩시밀리 (02)723-5467
E-mail : candide1968@hanmail.net

ⓒ 정범준, 2006

ISBN 89-91508-18-9 03900

*잘못된 책은 교환해드립니다.
*이 책의 반품 기한은 2009년 5월 24일까지입니다.